에듀윌과 함께 시작하면, 당신도 합격할 수 있습니다!

대학 진학 후 진로를 고민하다 1년 만에
서울시 행정직 9급, 7급에 모두 합격한 대학생

직장생활과 병행하며 7개월간 공부해
국가공무원 세무직에 당당히 합격한 51세 직장인까지

누구나 합격할 수 있습니다.
시작하겠다는 '다짐' 하나면 충분합니다.

마지막 페이지를 덮으면,

**에듀윌과 함께
공무원 합격이 시작됩니다.**

공무원 1위

70개월 베스트셀러 1위
에듀윌 공무원 교재

기초부터 확실하게 기본 이론

| 기본서 국어 독해 | 기본서 국어 문법 | 기본서 영어 독해(생활영어·어휘 포함) | 기본서 영어 문법 |

기본서 한국사   기본서 행정법총론   기본서 행정학

다양한 출제 유형 대비 문제집

유형별 문제집 국어 | 유형별 문제집 영어 독해·생활영어 | 유형별 문제집 영어 문법·어휘 | 단원별 기출&예상 문제집 한국사 | 단원별 기출&예상 문제집 행정법총론 | 단원별 기출문제집 행정학

* YES24 수험서 자격증 공무원 베스트셀러 1위 (2017년 3월, 2018년 4월~6월, 8월, 2019년 4월, 6월~12월, 2020년 1월~12월, 2021년 1월~12월, 2022년 1월~12월, 2023년 1월~12월, 2024년 1월~7월, 9월~10월 월별 베스트, 매월 1위 교재는 다름)
* YES24 국내도서 해당분야 월별, 주별 베스트 기준

에듀윌 공무원

출제경향 파악 기출문제집

기출 품은 모의고사
국어

기출문제집
영어

기출문제집
한국사

기출문제집
행정법총론

기출문제집
행정학

7급 대비 PSAT 교재

7급/민간경력자
PSAT 기출문제집

더 많은
공무원 교재

* 교재 이미지는 변경될 수 있습니다.

eduwill

공무원 1위

1초 합격예측
모바일 성적분석표

1초 안에 '클릭' 한 번으로 성적을 확인하실 수 있습니다!

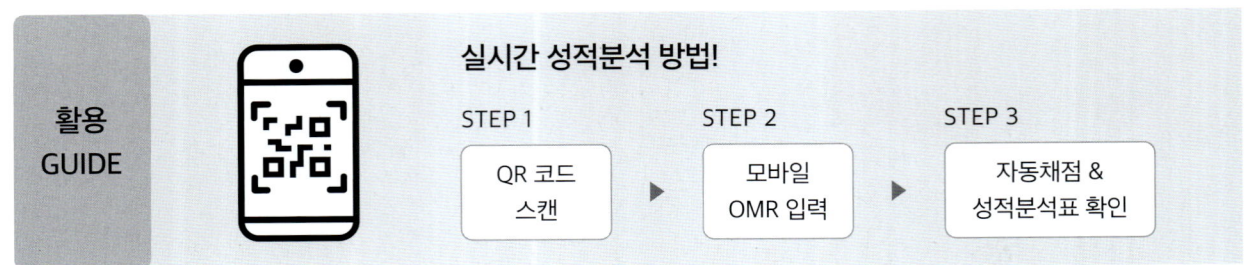

활용 GUIDE

실시간 성적분석 방법!

- STEP 1: QR 코드 스캔
- STEP 2: 모바일 OMR 입력
- STEP 3: 자동채점 & 성적분석표 확인

STEP 1
QR 코드 스캔

- 교재의 QR 코드를 모바일로 스캔 후 에듀윌 회원 로그인
- QR 코드 하단의 바로가기 주소로도 접속 가능

STEP 2
모바일 OMR 입력

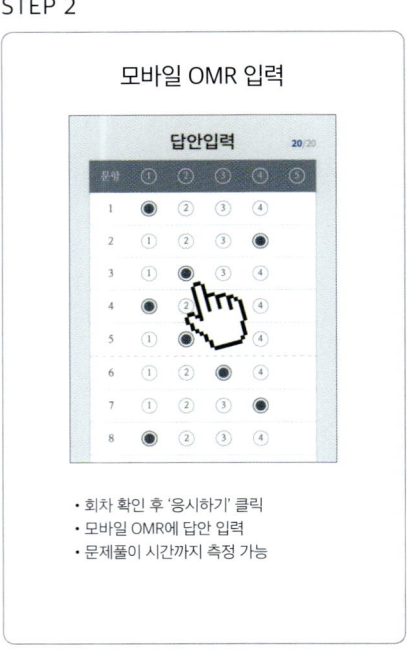

- 회차 확인 후 '응시하기' 클릭
- 모바일 OMR에 답안 입력
- 문제풀이 시간까지 측정 가능

STEP 3
자동채점 & 성적분석표 확인

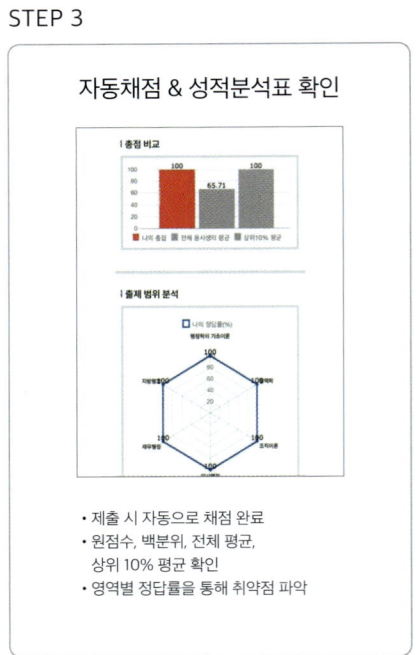

- 제출 시 자동으로 채점 완료
- 원점수, 백분위, 전체 평균, 상위 10% 평균 확인
- 영역별 정답률을 통해 취약점 파악

※ 본 서비스는 에듀윌 공무원 교재(연도별, 회차별 문항이 수록된 교재)를 구입하는 분에게 제공됨.

에듀윌 공무원

공무원, 에듀윌을 선택해야 하는 이유

합격자 수 수직 상승
2,100%

명품 강의 만족도
99%

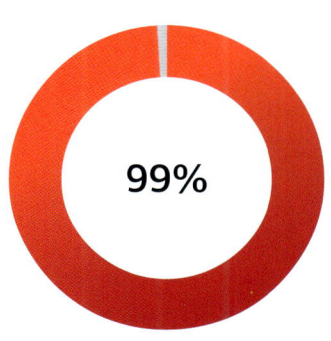

공무원

베스트셀러 1위
70개월(5년 10개월)

5년 연속 공무원 교육
1위

* 2017/2022 에듀윌 공무원 과정 최종 환급자 수 기준   * 9급공무원 대표 교수진 2023년 7월 ~ 2024년 4월 강의 만족도 평균(배영표, 헤더진, 한유진, 이광호, 김용철)
* YES24 수험서 자격증 공무원 베스트셀러 1위 (2017년 3월, 2018년 4월~6월, 8월, 2019년 4월, 6월~12월, 2020년 1월~12월, 2021년 1월~12월, 2022년 1월~12월, 2023년 1월~12월, 2024년 1월~7월, 9월~10월 월별 베스트, 매월 1위 교재는 다름)
* 2023, 2022, 2021 대한민국 브랜드만족도 7·9급공무원 교육 1위 (한경비즈니스) / 2020, 2019 한국브랜드만족지수 7·9급공무원 교육 1위 (주간동아, G밸리뉴스)

공무원 1위

1위 에듀윌만의
체계적인 합격 커리큘럼

원하는 시간과 장소에서
온라인 강의

① 업계 최초! 기억 강화 시스템 적용
② 과목별 테마특강, 기출문제 해설강의 무료 제공
③ 초보 수험생 필수 기초강의와 합격필독서 무료 제공

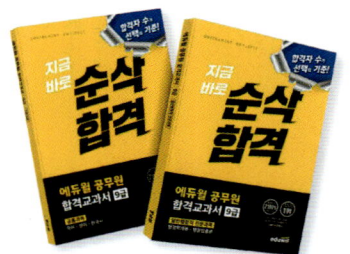

쉽고 빠른 합격의 첫걸음 **합격필독서 무료** 신청

최고의 학습 환경과 빈틈 없는 학습 관리
직영 학원

① 현장 강의와 온라인 강의를 한번에
② 확실한 합격관리 시스템, 아케르
③ 완벽 몰입이 가능한 프리미엄 학습 공간

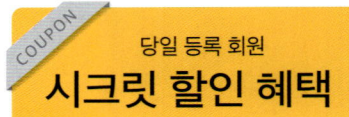

COUPON 당일 등록 회원 **시크릿 할인 혜택**

합격전략 설명회 신청 시 **당일 등록 수강 할인권** 제공

친구 추천 이벤트

"**친구 추천**하고 한 달 만에
920만원 받았어요"

친구 1명 추천할 때마다 현금 10만원 제공
추천 참여 횟수 무제한 반복 가능

※ *a*o*h**** 회원의 2021년 2월 실제 리워드 금액 기준
※ 해당 이벤트는 예고 없이 변경되거나 종료될 수 있습니다.

친구 추천 이벤트 바로가기

* 2023 대한민국 브랜드만족도 7·9급공무원 교육 1위 (한경비즈니스)

세상을 움직이려면
먼저 나 자신을 움직여야 한다.

– 소크라테스(Socrates)

설문조사에 참여하고 스타벅스 아메리카노를 받아가세요!

에듀윌 7·9급공무원 5개년 기출문제집 행정학을 선택한 이유는 무엇인가요?
소중한 의견을 주신 여러분들에게 더욱더 완성도 있는 교재로 보답하겠습니다.

참여 방법	QR코드 스캔 ▶ 설문조사 참여(1분만 투자하세요!)
이벤트 기간	2025년 10월 1일~2026년 9월 30일
추첨 방법	매월 1명 추첨 후 당첨자 개별 연락
경품	스타벅스 아메리카노(tall)

2026
에듀윌 7·9급공무원 5개년 기출문제집

행정학

당신의 미래를 응원합니다

공무원 시험을 준비하는 수험생 여러분, 반갑습니다.
합격이라는 목표를 향한 고된 여정에서, 수험생 여러분의 땀과 노력이 가장 빛나는 결실로 이어질 수 있도록 돕는 충실한 길잡이가 되고자, 최신 5개년의 행정학 기출문제를 정성을 다해 한 권의 책으로 엮었습니다. 이 책에는 국가직 9급, 지방직 9급, 국가직 7급, 지방직 7급, 그리고 군무원 9급에 이르기까지, 가장 신뢰도 높은 최신 기출문제들이 연도별로 수록되어 있습니다.

공무원 시험을 준비하는 데 기출문제 분석은 합격 전략의 시작이자 끝이라 할 수 있습니다. 기출문제는 방대한 행정학 이론 속에서 길을 잃지 않도록 방향을 제시하는 '나침반'이자, 자신의 실력을 객관적으로 가늠하고 보완할 수 있는 가장 정확한 '척도'이기 때문입니다.

이 책이 가진 가장 큰 강점은 모든 보기를 관통하는 상세하고 입체적인 해설입니다. 단순히 정답의 근거를 제시하는 것을 넘어, 오답 보기 하나하나에 대해서도 왜 틀렸는지, 어떤 개념과 연결되는지를 명확하게 분석하여 제시하였습니다. 이러한 심층적인 해설은 수험생 여러분께서 한 문제를 통해 관련된 여러 핵심 쟁점을 통합적으로 이해하고, 출제자의 의도를 파악하여 변형된 문제나 까다로운 함정에도 흔들리지 않는 단단한 실력을 쌓는 데 큰 도움이 될 것입니다. 앎의 깊이를 더하는 과정이야말로 고득점으로 가는 가장 바른 길이라 믿습니다.

이 책을 통해 합격 가능성을 높이는 학습 전략은 다음과 같습니다.

첫째, 실전과 동일한 환경에서 문제 풀이를 진행하십시오.
정해진 시간 안에 모든 문제를 풀어내는 연습을 통해 시간 관리 능력을 배양하고, 시험장에서의 집중력을 최상으로 끌어올리는 훈련을 하시길 바랍니다.

둘째, 채점 후에는 정답 여부 확인을 넘어선 깊이 있는 분석이 필요합니다.
맞힌 문제일지라도 정확한 논리로 해결했는지 다시 한번 점검하고, 틀린 문제는 해설을 통해 개념을 완벽히 숙지한 후 자신만의 오답 노트에 정리하여 약점을 보완해 나가시길 권합니다.

셋째, 본서의 상세한 해설을 정독하며 지식을 확장하고 체계화하십시오.
해설 자체를 하나의 훌륭한 요약서처럼 활용하여, 흩어져 있던 지식을 하나의 체계로 엮어내는 기회로 삼으시길 바랍니다.

합격에 이르는 과정이 때로는 외롭고 힘들게 느껴질 수 있음을 잘 알고 있습니다. 부디 이 한 권의 책이 여러분의 빛나는 노력이 헛되지 않도록 돕는 든든한 동반자이자 신뢰할 수 있는 지침서가 되기를 소망합니다.

수험생 여러분의 최종 합격을 진심으로 기원합니다.

이준모

기출문제가 학습의 기준이 되는 이유

☑ 주요 빈출 개념은 반드시 반복 출제된다.
☑ 매년 출제되는 문제 유형은 정해져 있다.

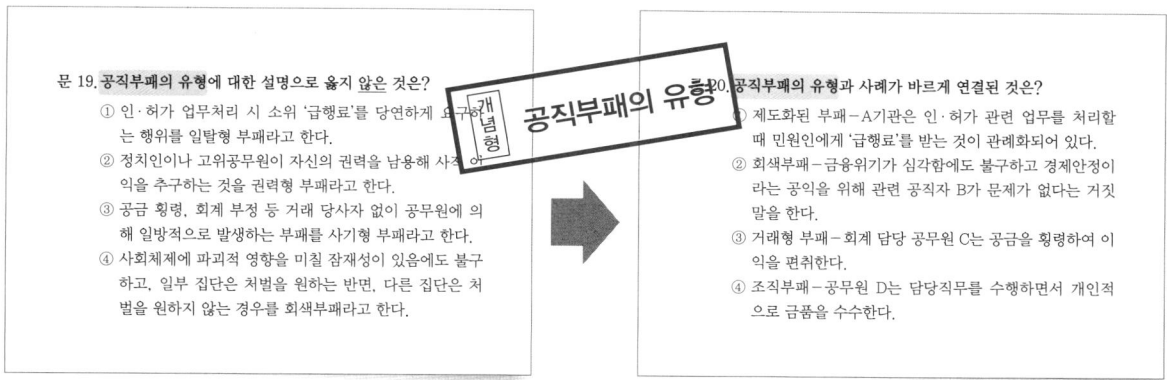

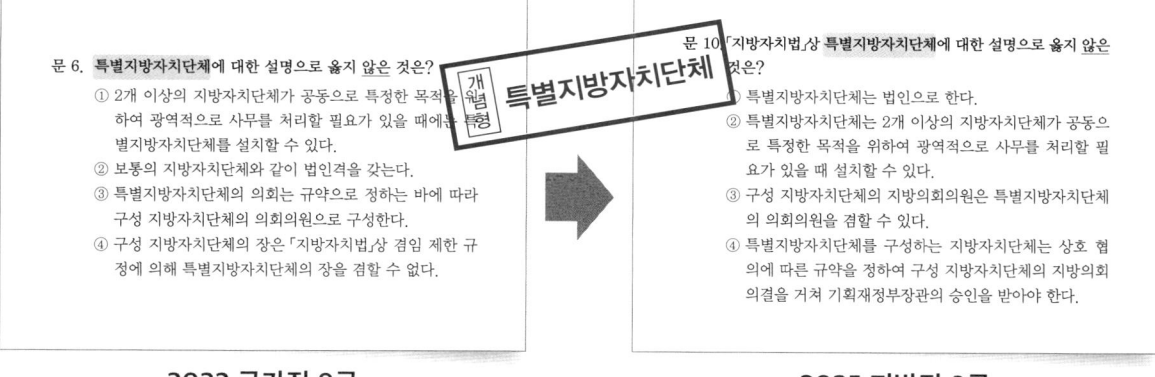

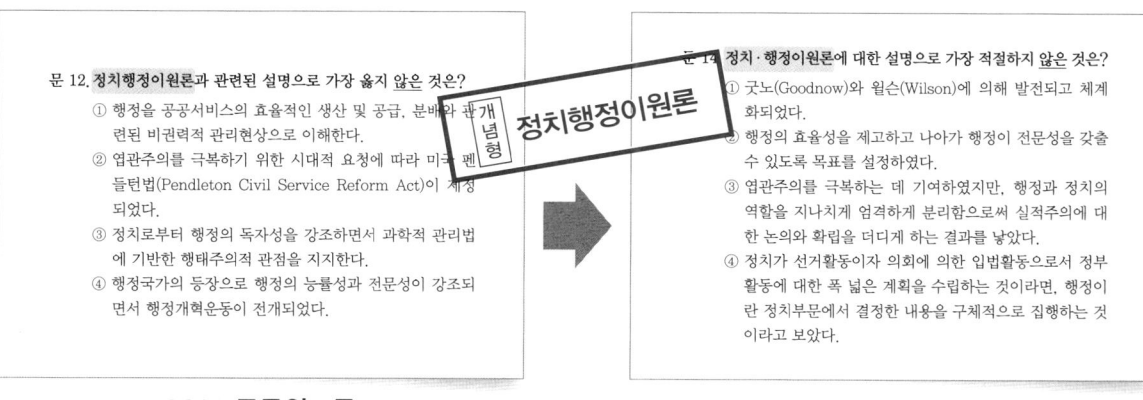

이 책의 구성

문제편

2025~2021년도 5개년 기출문제 23회

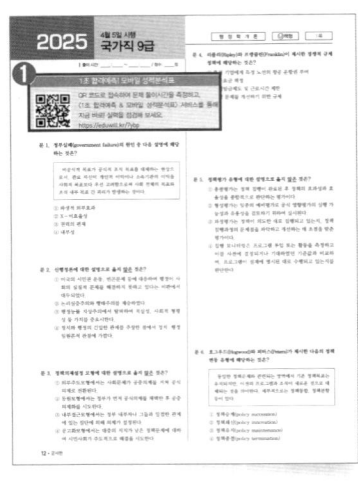

❶ **1초 합격예측 서비스**
회차별 QR코드 스캔 후, 모바일 OMR을 이용하여 기출문제를 실전처럼 풀이할 수 있습니다.

해설편

직렬별 기출분석 REPORT

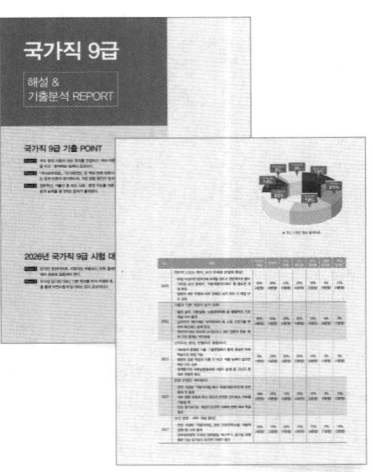

❶ **출제 POINT & 대비전략**
과년도 기출의 핵심 내용과 2026년도 시험 대비 전략을 한눈에 파악할 수 있습니다.

❷ **최근 5개년 출제경향 & 출제비중**
회차별 출제경향과 영역별 출제비중을 확인할 수 있습니다.

수준&약점 체크 가능한 해설

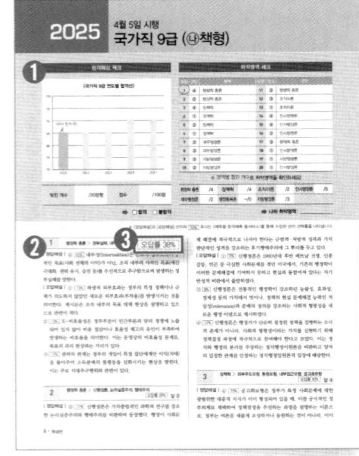

❶ **합격예상 체크 + 취약영역 체크**
채점 후 나의 수준을 파악하고 취약영역을 체계적으로 분석할 수 있습니다.

❷ **자세하고 풍부한 해설**
선택지 하나하나를 꼼꼼히 분석한 해설과 보충이론 및 최신법령 정리로 출제개념을 정확히 학습할 수 있습니다.

❸ **문항별 오답률 + 선택지 선택률**
함정 선택지와 오답률 높은 문항을 확인하여 문제풀이 정확성을 높일 수 있습니다.

SPECIAL

에듀윌 기출문제집의 자신감
완벽한 학습을 도와줄 무료 합격팩

1. 최신기출 해설특강

2025 최신기출 해설특강

에듀윌 도서몰(book.eduwill.net) 접속 → 동영상강의실 → 공무원 → '[최신기출 해설특강] 9급공무원 행정학(국가직/지방직)' → 수강
(또는 좌측 QR코드를 통해 바로 접속)

2. 1초 합격예측 서비스

1초 합격예측! 모바일 성적분석표 발급 서비스

· 회차별 QR 스캔 후 모바일 OMR 자동채점으로 점수 확인
· 모바일 성적분석표 즉시 발급(전체 & 상위 10% 평균, 백분위, 영역별 정답률 등)

※ 자세한 내용은 앞광고 4페이지를 확인하세요!

3. OMR 카드 + 빠른 정답표

실전 연습을 위한 OMR 카드 + 빠른 정답표

· 여러 번 사용할 수 있는 특수 OMR 카드로 실전처럼 마킹하며 문제풀이와 회독 가능
· 한 장으로 제공되는 정답표를 활용하여 빠른 채점 가능

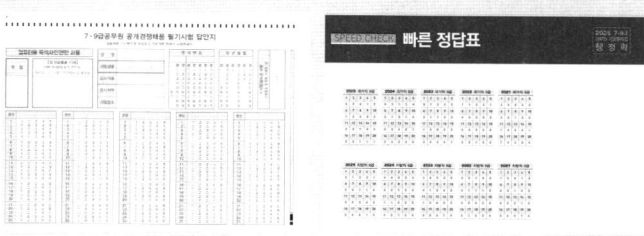

※ 1~2 서비스는 에듀윌 회원가입 후 이용하실 수 있습니다.

이 책의 차례

- INTRO 4
- WHY 5
- STRUCTURE 6
- SPECIAL 7
- 회독용 OMR 카드   문제편 맨 뒤
- 빠른 정답표   해설편 맨 앞

국가직 9급

	문제편	해설편
2025 국가직 9급	12	6
2024 국가직 9급	15	11
2023 국가직 9급	18	16
2022 국가직 9급	21	21
2021 국가직 9급	24	25

지방직 9급

	문제편	해설편
2025 지방직 9급	28	32
2024 지방직 9급	31	37
2023 지방직 9급	34	42
2022 지방직 9급	37	47
2021 지방직 9급	40	51

국가직 7급

	문제편	해설편
2024 국가직 7급	44	58
2023 국가직 7급	48	64
2022 국가직 7급	52	70
2021 국가직 7급	56	75

지방직 7급

	문제편	해설편
2024 지방직 7급	62	82
2023 지방직 7급	65	87
2022 지방직 7급	69	92
2021 지방직 7급	72	96

군무원 9급

	문제편	해설편
2025 군무원 9급	78	102
2024 군무원 9급	82	108
2023 군무원 9급	86	115
2022 군무원 9급	90	121
2021 군무원 9급	94	127

국가직 9급 공개경쟁채용 필기시험

응시번호	
성 명	

문제책형

【시험 과목】

제1과목	국 어	제2과목	영 어	제3과목	한 국 사
제4·5과목	행정법총론, 행정학개론				

응시자 주의사항

1. **시험 시작 전**에 시험문제를 열람하는 행위나 **시험 종료 후** 답안을 작성하는 행위를 한 사람은 「지방공무원 임용령」 제65조 등 관련 법령에 의거 **부정행위자**로 처리됩니다.

2. 시험 시작 즉시 **과목편철 순서, 문제누락 여부, 인쇄상태 이상 유무 및 표지와 개별과목의 문제책형 일치 여부 등을 확인**한 후 문제책 표지에 응시번호, 성명을 기재합니다.

3. 반드시 본인의 **응시표에 인쇄된 선택과목 순서에 따라** 제4과목과 제5과목의 **답안을 표기**하여야 합니다. 과목 순서를 바꾸어 표기한 경우에도 **본인의 응시표에 기재된 과목 순서대로 채점**되므로 반드시 유의하시기 바랍니다.

4. 시험이 시작되면 문제를 주의 깊게 읽은 후, **문항의 취지에 가장 적합한 하나의 정답만을 고르며**, 문제 내용에 관한 질문은 받지 않습니다.

5. **시험시간 관리의 책임**은 전적으로 응시자 본인에게 있습니다.

2025 국가직 9급

4월 5일 시행

행정학개론 / 나책형 / 1쪽

문 1. 정부실패(government failure)의 원인 중 다음 설명에 해당하는 것은?

> 비공식적 목표가 공식적 조직 목표를 대체하는 현상으로서, 관료 자신이 개인적 이익이나 소속기관의 이익을 사회적 목표보다 우선 고려함으로써 사회 전체의 목표와 조직 내부 목표 간 괴리가 발생하는 것이다.

① 파생적 외부효과
② X-비효율성
③ 권력의 편재
④ 내부성

문 2. 신행정론에 대한 설명으로 옳지 않은 것은?

① 미국의 시민권 운동, 빈곤문제 등에 대응하여 행정이 사회의 실질적 문제를 해결하지 못하고 있다는 비판에서 대두되었다.
② 논리실증주의와 행태주의를 계승하였다.
③ 행정능률 지상주의에서 탈피하여 적실성, 사회적 형평성 등 가치를 중요시한다.
④ 정치와 행정의 긴밀한 관계를 주장한 점에서 정치·행정 일원론적 관점에 가깝다.

문 3. 정책의제설정 모형에 대한 설명으로 옳지 않은 것은?

① 외부주도모형에서는 사회문제가 공중의제를 거쳐 공식의제로 전환된다.
② 동원모형에서는 정부가 먼저 공식의제를 채택한 후 공중의제화를 시도한다.
③ 내부접근모형에서는 정부 내부자나 그들과 밀접한 관계에 있는 집단에 의해 의제가 설정된다.
④ 공고화모형에서는 대중의 지지가 낮은 정책문제에 대하여 시민사회가 주도적으로 해결을 시도한다.

문 4. 리플리(Ripley)와 프랭클린(Franklin)이 제시한 경쟁적 규제정책에 해당하는 것은?

① 특정 기업에게 특정 노선의 항공 운항권 부여
② 공공요금 책정
③ 최저임금제도 및 근로시간 제한
④ 환경 문제를 개선하기 위한 규제

문 5. 정책평가 유형에 대한 설명으로 옳지 않은 것은?

① 총괄평가는 정책 집행이 완료된 후 정책의 효과성과 효율성을 종합적으로 판단하는 평가이다.
② 형성평가는 일종의 예비평가로 공식 영향평가의 실행 가능성과 유용성을 검토하기 위하여 실시된다.
③ 과정평가는 정책이 의도한 대로 집행되고 있는지, 정책 집행과정의 문제점을 파악하고 개선하는 데 초점을 맞춘 평가이다.
④ 집행 모니터링은 프로그램 투입 또는 활동을 측정하고 이를 사전에 결정되거나 기대하였던 기준값과 비교하여, 프로그램이 설계에 명시된 대로 수행되고 있는지를 판단한다.

문 6. 호그우드(Hogwood)와 피터스(Peters)가 제시한 다음의 정책변동 유형에 해당하는 것은?

> 동일한 정책문제와 관련되는 영역에서 기존 정책목표는 유지되지만, 이전의 프로그램과 조직이 새로운 것으로 대체되는 것을 의미한다. 세부적으로는 정책통합, 정책분할 등이 있다.

① 정책승계(policy succession)
② 정책쇄신(policy innovation)
③ 정책유지(policy maintenance)
④ 정책종결(policy termination)

문 7. 기금에 대한 설명으로 옳지 않은 것은?
① 국회는 정부가 제출한 기금운용계획안의 주요항목 지출금액을 증액하는 경우에도 미리 정부의 동의를 얻어야 한다.
② 기금의 종류 중 사업성 기금에는 공무원연금기금, 기술보증기금, 무역보험기금 등이 있다.
③ 기획재정부장관은 회계연도마다 전체 기금 중 3분의 1 이상의 기금에 대해 대통령령으로 정하는 바에 따라 그 운용실태를 조사 및 평가하여야 한다.
④ 기금관리주체는 안정성, 유동성, 수익성, 공공성을 고려하여 투명하고 효율적으로 운용하여야 한다.

문 8. 성과주의예산제도에 대한 설명으로 옳은 것만을 모두 고르면?

ㄱ. 행정의 재량 범위를 축소시켜 입법부의 통제가 상대적으로 용이하다.
ㄴ. 각 사업마다 가능한 한 업무 측정단위를 선정하여 업무를 계량화한다.
ㄷ. 사례로는 미국 테네시계곡개발청(TVA) 사업의 예산제도가 있다.
ㄹ. 이 제도는 1970년대 미국 연방정부 예산에 도입되었다.

① ㄱ, ㄴ　　② ㄱ, ㄹ
③ ㄴ, ㄷ　　④ ㄷ, ㄹ

문 9. 지방자치 이론에 대한 설명으로 옳지 않은 것은?
① 피터슨(Peterson)의 도시한계론은 엘리트론과 다원론의 정치적 자율주의 관점과 달리 시장경제의 구조적 요인을 강조하였다.
② 티부(Tiebout)는 주민들의 자유로운 이동을 통해 지방정부가 제공하는 공공서비스를 선택함으로써 효율적인 자원배분이 가능하다고 보았다.
③ 로즈(Rhodes)의 권력의존모형은 정부 간 관계에서 지방의 중앙에 대한 의존을 강조하여 상호 의존적 관계를 부정하였다.
④ 엘코크(Elcock)의 정부 간 관계 모형 중 대리인 모형은 중앙정부가 지방정부를 권력적으로 통제한다고 본다.

문 10. 주민참여제도에 대한 설명으로 옳은 것만을 모두 고르면?

ㄱ. 주민감사청구는 사무처리가 있었던 날이나 끝난 날부터 3년이 지나면 제기할 수 없다.
ㄴ. 주민은 비례대표 지방의회의원을 포함한 모든 지방의회의원을 소환할 수 있다.
ㄷ. 지방자치단체의 사무 중 예산 편성·의결 및 집행에 관한 사항을 주민투표에 부칠 수 있다.
ㄹ. 주민참여예산기구의 구성·운영에 관한 사항은 해당 지방자치단체의 조례로 정한다.

① ㄱ, ㄴ　　② ㄱ, ㄹ
③ ㄴ, ㄷ　　④ ㄷ, ㄹ

문 11. 우리나라 정부조직에 대한 설명으로 옳지 않은 것은?
① 중앙행정기관의 설치와 직무 범위는 법률로 정한다.
② 식품 및 의약품의 안전에 관한 사무를 관장하기 위하여 보건복지부 소속으로 식품의약품안전처를 둔다.
③ 국무총리가 특별히 위임하는 사무를 수행하기 위하여 부총리 2명을 둔다.
④ 특허청은 중앙책임운영기관의 유형에 해당한다.

문 12. 관료제 비판 중 다음 설명에 해당하는 것은?

각 계층에서 유능한 자가 승진하고 나면 결국 무능한 자만 남게 되어 관료제의 대다수 계층이 무능력자로 채워진다.

① 번문욕례(red tape)
② 파킨슨 법칙(Parkinson's law)
③ 피터의 원리(Peter's principle)
④ 훈련된 무능(trained incapacity)

문 13. 블라우(Blau)와 스콧(Scott)의 조직유형에 대한 설명으로 옳지 않은 것은?
① '호혜적 조직(mutual-benefit associations)'은 고객이 주요 수익자가 되는 조직이다.
② '사업조직(business concerns)'은 조직의 소유자나 관리자가 주요 수익자가 된다.
③ '서비스조직(service organizations)'의 대표적인 예는 법률상담소, 학교, 사회사업기관 등이다.
④ '공익조직(commonweal organizations)'의 대표적인 예는 일반행정기관, 경찰서, 소방서 등이다.

문 14. 공무원의 인사이동 방식에 대한 설명으로 옳지 않은 것은?
① '승진'은 상위 직급에 적합한 인재를 하위 직급으로부터 선별해 내는 내부임용을 말한다.
② '겸임'은 한 사람의 공무원에게 둘 이상의 직위를 부여하는 것을 말한다.
③ '강임'은 같은 직렬 내에서 하위 직급에 임명하거나 하위 직급이 없어 다른 직렬의 하위 직급으로 임명하는 것을 말한다.
④ '전직'은 같은 직급 내에서의 보직 변경 또는 고위공무원단 직위 간의 보직 변경을 말한다.

문 15. 공무원의 보수에 대한 설명으로 옳지 않은 것은?
① 직능급은 직무수행능력을 기준으로 기본급을 결정하는 보수체계이다.
② 연공급은 사람을 중심으로 하는 속인적 기본급이다.
③ 실적급은 근무실적을 기준으로 기본급을 결정하는 보수체계이다.
④ 계급제에서의 보수는 직무급이 특징이다.

문 16. 근무성적평정 시 나타날 수 있는 오류에 대한 설명으로 옳지 않은 것은?
① '후광효과(halo effect)'는 어떤 요소에 대한 평정이 다른 요소에 대한 평정에 연쇄적으로 영향을 미치는 현상이다.
② '근접효과(recency effect)'는 최초의 근무성적에 대한 평정자의 인식이 전체 기간의 평정에 영향을 미치는 현상이다.
③ '관대화 경향(tendency of leniency)'은 실제 수준보다 더 높게 평정하여 발생하는 현상이다.
④ '집중화 경향(central tendency)'은 평정 결과가 중간 등급을 중심으로 집중되는 현상이다.

문 17. 우리나라 공공기관 및 지방공기업에 대한 설명으로 옳지 않은 것은?
① 「지방공기업법」에 근거하여 지방공기업 경영평가가 시행되고 있다.
② 지방직영기업은 지방자치단체가 직접 운영하는 지방공기업으로 하수도, 주택사업, 토지개발사업 등의 사업을 수행한다.
③ 「공공기관의 운영에 관한 법률」에 근거하여 공공기관운영위원회를 설치하며, 행정안전부장관이 위원장이 된다.
④ 준정부기관에는 기금관리형과 위탁집행형이 있다.

문 18. 다음 설명에 해당하는 개념은?

공직자는 옳은 일을 하기 위해 비도덕적인 행위를 하는 상황에 놓이기도 한다. 왈처(Walzer)가 제시한 이 개념은 공직을 통해 대표성을 지닌 개인이 국가나 공동체의 대의를 위해, 개인의 가치관이나 윤리관에서는 수용할 수 없는 결정을 내려야 하는 문제 상황을 의미한다.

① 더러운 손의 딜레마(the problem of dirty hands)
② 선택의 역설(the paradox of choice)
③ 집단행동의 딜레마(collective action problems)
④ 편견의 동원(mobilization of bias)

문 19. 「지방재정법」상 지방재정진단제도의 내용에 해당하는 것은?
① 재정위험 수준 점검결과 재정위험 수준이 대통령령으로 정하는 기준을 초과하는 지방자치단체에 대하여 실시할 수 있다.
② 대규모의 재정적 부담을 수반하는 사업의 유치를 신청할 때 미리 지방자치단체의 재정에 미칠 영향을 평가한다.
③ 지방재정을 계획성 있게 운용하기 위하여 매년 중기지방재정계획을 수립한다.
④ 소속 공무원의 인건비를 30일 이상 지급하지 못하여 자력으로 재정위기상황을 극복하기 어렵다고 판단되는 경우 실시한다.

문 20. 공직부패의 유형과 사례가 바르게 연결된 것은?
① 제도화된 부패 – A기관은 인·허가 관련 업무를 처리할 때 민원인에게 '급행료'를 받는 것이 관례화되어 있다.
② 회색부패 – 금융위기가 심각함에도 불구하고 경제안정이라는 공익을 위해 관련 공직자 B가 문제가 없다는 거짓말을 한다.
③ 거래형 부패 – 회계 담당 공무원 C는 공금을 횡령하여 이익을 편취한다.
④ 조직부패 – 공무원 D는 담당직무를 수행하면서 개인적으로 금품을 수수한다.

2024 국가직 9급

3월 23일 시행

행정학개론 | 가책형 | 1쪽

문 1. 정책과정에서 철의 삼각(iron triangle)에 해당하지 않는 것은?
① 의회 상임위원회
② 행정부 관료
③ 이익집단
④ 법원

문 2. 실적주의 공무원제도에 대한 설명으로 옳은 것은?
① 미국에서는 잭슨(Jackson) 대통령에 의해 공식화되었다.
② 공직의 일은 건전한 상식과 인품을 가진 일반 대중 누구나 수행할 수 있는 것이라고 전제하였다.
③ 공개경쟁시험, 신분보장, 정치적 중립이 핵심적인 요소이다.
④ 사회적 형평성을 가장 중요한 가치로 삼는 인사제도이다.

문 3. 신공공관리론에 입각한 정부개혁의 내용으로 옳지 않은 것은?
① 효율성 대신 형평성에 초점을 맞춘 고객지향적 정부 강조
② 수익자 부담 원칙의 강화
③ 정부 부문 내의 경쟁 원리 도입
④ 결과 혹은 성과 중심주의 강조

문 4. 시장실패에 대한 설명으로 옳지 않은 것은?
① 민영화를 강조하는 작은 정부론은 시장실패에 대한 대응으로 제기되었다.
② 시장기구를 통해 자원을 효율적으로 배분할 수 없는 상태를 말한다.
③ 정부는 시장개입 및 규제를 통해 시장실패를 교정한다.
④ 공공재의 존재는 시장실패를 야기하는 요인이다.

문 5. 영기준예산(ZBB)에 대한 설명으로 옳지 않은 것은?
① 기존 사업과 새로운 사업을 구분하지 않고 사업의 목적, 방법, 자원에 대한 근본적인 재평가를 바탕으로 예산을 편성하는 제도이다.
② 우리나라는 정부예산에 영기준예산 제도를 적용한 경험이 있다.
③ 예산편성의 기본 단위는 의사결정 단위(decision unit)이며 조직 또는 사업 등을 지칭한다.
④ 집권화된 관리체계를 갖기 때문에 예산편성 과정에 소수의 조직 구성원만이 참여하게 된다.

문 6. 정책참여자에 대한 설명으로 옳지 않은 것은?
① 시민단체(NGO)는 비공식적 참여자로서 시민 여론을 동원해 정책의제설정, 정책대안제시, 정부의 집행활동 감시 등 정책과정 전반에 영향을 미친다.
② 정당은 공식적 참여자로서 대중의 여론을 형성하고 일반 국민에게 정책 관련 주요 정보를 전달하는 역할을 통해 정책과정에 영향을 미친다.
③ 사법부는 공식적 참여자로서 정책과 관련된 법적 쟁송이 발생한 경우 그 정책의 타당성에 대한 판결을 통해 정책에 영향을 미친다.
④ 이익집단은 비공식적 참여자로서 특정 이해관계를 공유하는 사람들의 모임이며, 구성원들의 이익을 실현하기 위해 정부에 압력을 가함으로써 정책에 영향을 미친다.

문 7. 국고채무부담행위에 대한 설명으로 옳은 것만을 모두 고르면?

ㄱ. 사항마다 필요한 이유를 명백히 하고 그 행위를 할 연도와 상환연도, 채무부담의 금액을 표시해야 한다.
ㄴ. 국가가 금전 급부 의무를 부담하는 행위로서 그 채무 이행의 책임은 다음 연도 이후에 부담됨을 원칙으로 한다.
ㄷ. 국가가 채무를 부담할 권한과 채무의 지출권한을 부여받은 것으로, 지출을 위한 국회 의결 대상에서 제외된다.
ㄹ. 단년도 예산 원칙의 예외라는 점에서 계속비와 동일하지만, 공사나 제조 및 연구개발 사업 등 대상이 한정되어 있다는 점에서는 대상이 한정되지 않는 계속비와 차이가 있다.

① ㄱ, ㄴ
② ㄱ, ㄹ
③ ㄴ, ㄷ
④ ㄷ, ㄹ

문 8. 정책평가의 논리모형에 대한 설명으로 옳지 않은 것은?
① 정책프로그램의 요소들과 해결하려는 문제들 사이의 논리적 인과관계를 투입(input)-활동(activity)-산출(output)-결과(outcome)로 도식화한다.
② 산출은 정책집행이 종료된 직후의 직접적인 결과물을 의미하며, 결과는 산출로 인해 나타나는 변화를 의미한다.
③ 과정평가이기 때문에 정책프로그램의 목표달성 여부를 보여 주지는 못한다는 한계가 있다.
④ 정책프로그램과 관련된 다양한 이해관계자의 이해도를 높일 수 있다.

문 9. 로위(Lowi)의 정책 유형에 대한 설명으로 옳지 않은 것은?
① 정부 혹은 정치체제의 정통성과 정당성을 확보하고, 국민의 단결력이나 자부심을 높여 줌으로써 정부의 정책활동을 원활하게 하기 위한 정책은 구성정책에 해당한다.
② 기초생활보장 대상자에 대한 생활 보조금 지급 등과 같이 소득이전과 관련된 정책은 재분배정책에 해당한다.
③ 도로 건설, 하천·항만 사업과 같이 국민에게 공공서비스나 혜택을 제공하기 위한 정책은 분배정책에 해당한다.
④ 사회구성원이나 집단의 활동을 통제해 다른 사람이나 집단을 보호하려는 목적을 가진 정책은 규제정책에 해당한다.

문 10. 「비영리민간단체 지원법」상 정부의 비영리민간단체 지원에 대한 설명으로 옳지 않은 것은?
① 비영리민간단체는 영리가 아닌 공익활동을 수행하는 것을 주된 목적으로 하는 민간단체이어야 한다.
② 등록비영리민간단체는 공익사업의 소요경비를 지원받을 수 있으며 소요경비의 범위는 사업비를 원칙으로 한다.
③ 등록비영리민간단체가 공익사업 추진의 보조금을 교부받고자 할 때에는 사업의 목적과 내용, 소요경비, 기타 필요한 사항을 기재한 사업계획서를 제출해야 한다.
④ 등록비영리민간단체는 보조금을 받아 수행한 공익사업을 완료한 때에는 사업보고서를 대통령에게 제출해야 하며 사업평가, 사업보고서 및 평가결과의 공개 등에 필요한 사항은 대통령령으로 정한다.

문 11. 신고전적 조직이론인 인간관계론이 강조한 내용으로 옳은 것은?
① 기계적 능률성
② 공식적 조직구조
③ 합리적·경제적 인간관
④ 인간의 사회·심리적 요인

문 12. 갈등관리 유형에 대한 설명으로 옳지 않은 것은?
① 회피(avoiding)는 갈등이 존재함을 알면서도 표면상으로는 그것을 무시하거나 인정하지 않음으로써 갈등 상황에 소극적으로 대응한다.
② 수용(accommodating)은 자신의 이익을 양보하고 상대방의 이익을 배려해 협조한다.
③ 타협(compromising)은 갈등 당사자 간 서로 존중하고 자신과 상대방 모두의 이익을 극대화하려는 유형으로 'win-win' 전략을 취한다.
④ 경쟁(competing)은 갈등 당사자가 자기 이익은 극대화하고 상대방의 이익은 최소화한다.

문 13. 다음 내용에 해당하는 조직유형에 대한 설명으로 옳지 않은 것은?

A회사는 장기적인 제품개발 프로젝트 수행을 위해 각 부서에서 총 10명을 차출하여 팀을 운영하려고 한다. 이 팀에 소속된 팀원들은 원부서에서 주어진 고유 기능을 수행하면서 제품개발을 위한 별도 직무가 부여된다. 따라서 프로젝트 수행 기간 중 팀원들은 프로젝트팀장과 원소속 부서장의 지휘를 동시에 받게 된다.

① 기능구조와 사업구조를 결합한 혼합형 구조이다.
② 동태적 환경 및 부서 간 상호 의존성이 높은 상황에서 효과적이다.
③ 조직 내부의 갈등 가능성이 커질 우려가 있다.
④ 명령 계통의 다원화로 유연한 인적자원 활용이 어렵다.

문 14. 「공직자의 이해충돌 방지법」상 '사적이해관계자'로 규정하고 있는 대상이 아닌 것은?

① 공직자 자신 또는 그 가족
② 공직자의 직무수행과 관련하여 이익 또는 불이익을 직접적으로 받는 다른 공직자
③ 공직자로 채용·임용되기 전 2년 이내에 공직자 자신이 재직하였던 법인 또는 단체
④ 공직자 자신 또는 그 가족이 임원·대표자·관리자 또는 사외이사로 재직하고 있는 법인 또는 단체

문 15. 다음 설명에 해당하는 공무원 교육훈련 방법은?

> 교육 참가자들을 소그룹 규모의 팀으로 구성해 개인, 그룹 또는 조직에 중요한 의미가 있는 실제 현안 문제를 해결하면서 동시에 문제 해결 과정에 대한 성찰을 통해 학습하도록 지원하는 교육방식이다. 우리나라 정부 부문에는 2005년부터 고위공직자에 대한 교육훈련 방법으로 도입되었다.

① 액션러닝
② 역할연기
③ 감수성훈련
④ 서류함기법

문 16. 공무원과 관할 소청심사기관의 연결로 옳지 않은 것은?

① 경기도청 소속의 지방공무원 甲 – 경기도 소청심사위원회
② 지방검찰청 소속의 검사 乙 – 법무부 소청심사위원회
③ 소방청 소속의 소방위 丙 – 인사혁신처 소청심사위원회
④ 국립대학교 소속의 교수 丁 – 교육부 교원소청심사위원회

문 17. 지방행정제도에 대한 설명으로 옳지 않은 것은?

① 일정 조건을 충족한 주민은 해당 지방의회에 조례를 제정하거나 개정 또는 폐지할 것을 청구할 수 있다.
② 지방자치단체 간 관할 구역의 경계변경 조정 시 일정기간 이내에 경계변경자율협의체를 구성하지 못 한 경우 행정안전부장관은 지방자치단체 중앙분쟁조정위원회의 심의·의결을 거쳐 조정할 수 있다.
③ 정책지원 전문인력인 정책지원관 제도는 지방자치단체장의 정책기능을 강화하기 위해 도입되었다.
④ 자치경찰사무는 합의제 행정기관인 시·도지사 소속 시·도 자치경찰위원회가 관장하며 업무는 독립적으로 수행한다.

문 18. 규제유형에 대한 설명으로 옳지 않은 것은?

① 오염배출부과금제도, 이산화탄소 배출권거래제도는 시장유인적 규제유형에 속한다.
② 포지티브 규제방식은 네거티브 규제방식에 비해 피규제자의 자율성을 더 보장한다.
③ 명령지시적 규제는 시장유인적 규제에 비해 일반 국민이 이해하기 쉽고 직관적 설득력이 높다는 장점이 있다.
④ 사회규제는 주로 사회적 영향을 야기하는 기업행동에 대한 규제를 말하며 작업장 안전 규제, 소비자 보호 규제 등이 있다.

문 19. 「국가재정법」상 온실가스감축인지 예산제도에 대한 설명으로 옳지 않은 것은?

① 온실가스감축인지 예산제도는 정부예산의 원칙 중 하나이다.
② 온실가스감축인지 예산서에는 온실가스 감축에 대한 기대효과, 성과목표, 효과분석 등을 포함해야 한다.
③ 정부의 기금은 온실가스감축인지 예산제도의 대상에 포함되지 않는다.
④ 정부는 예산이 온실가스를 감축하는 방향으로 집행되었는지를 평가하는 보고서를 작성하여야 한다.

문 20. 다음은 4차 산업혁명 시대의 주요 정보기술을 설명하고 있다. 이에 해당하는 것은?

> 거래정보의 기록을 중앙집중화된 서버나 관리 기능에 의존하지 않고, 분산원장(distributed ledger)을 기반으로 모든 참여자에게 분산된 형태로 배분함으로써, 데이터 관리의 탈집중화된 환경을 제공하는 기술이다.

① 인공지능(AI)
② 블록체인(block chain)
③ 빅데이터(big data)
④ 사물인터넷(IoT)

2023 국가직 9급
4월 8일 시행

행정학개론 | 나책형 | 1쪽

| 풀이 시간: ___:___ ~ ___:___ / 점수: ___점

1초 합격예측! 모바일 성적분석표
QR 코드로 접속하여 문제 풀이시간을 측정하고, 〈1초 합격예측 & 모바일 성적분석표〉 서비스를 통해 지금 바로! 실력을 점검해 보세요.
https://eduwill.kr/Sybp

문 1. 행정이론에 대한 설명으로 옳은 것은?
① 과학적 관리론은 최고관리자의 운영원리로 POSDCoRB를 제시하였다.
② 행정행태론은 가치와 사실을 구분하고 가치에 기반한 행정의 과학화를 시도하였다.
③ 신행정론은 실증주의적 방법론을 비판하고 사회적 형평성과 적실성을 강조하였다.
④ 신공공관리론은 민간과 공공 부문의 파트너십을 강조하고 기업가 정신보다 시민권을 중요시하였다.

문 2. 베버(Weber)의 이념형(ideal type) 관료제에 대한 설명으로 옳지 않은 것은?
① 관료제 성립의 배경은 봉건적 지배체제의 확립이다.
② 법적·합리적 권위에 기초를 둔 조직구조와 형태이다.
③ 직위의 권한과 임무는 문서화된 법규로 규정된다.
④ 관료는 원칙적으로 상관이 임명한다.

문 3. 예산이론에 대한 설명으로 옳지 않은 것은?
① 총체주의는 계획예산(PPBS), 영기준예산(ZBB)과 같은 예산제도 개혁을 설명하기에 적합한 이론이다.
② 점증주의는 거시적 예산결정과 예산삭감을 설명하기에 적합한 이론이다.
③ 총체주의는 합리적·분석적 의사결정과 최적의 자원배분을 전제로 한다.
④ 점증주의는 예산을 결정할 때 대안을 모두 고려하지는 못한다는 것을 전제로 한다.

문 4. 바흐라흐(Bachrach)와 바라츠(Baratz)의 무의사결정론에 대한 설명으로 옳지 않은 것은?
① 무의사결정의 행태는 정책과정 중 정책문제 채택단계 이외에서도 일어난다.
② 기존 정치체제 내의 규범이나 절차를 동원하여 변화 요구를 봉쇄한다.
③ 정책문제화를 막기 위해 폭력과 같은 강제력을 사용하기도 한다.
④ 엘리트의 두 얼굴 중 권력행사의 어두운 측면을 고려하지 못한다고 비판했기 때문에 신다원주의로 불린다.

문 5. 우리나라의 통합재정에 대한 설명으로 옳지 않은 것은?
① 세입과 세출은 경상거래와 자본거래로 구분하여 작성한다.
② 통합재정의 범위에는 일반정부와 공기업 등 공공부문 전체가 포함된다.
③ 정부의 재정이 국민 경제에 미치는 효과를 파악하고자 하는 예산의 분류체계이다.
④ 통합재정 산출 시 내부거래와 보전거래를 제외함으로써 세입·세출을 순계 개념으로 파악한다.

문 6. 정책분석 및 평가연구에 적용되는 기준 중 내적 타당성에 대한 설명으로 옳은 것은?
① 분석 및 평가 결과를 다른 상황에서도 적용할 수 있는 정도를 의미한다.
② 이론적 구성요소들의 추상적 개념을 성공적으로 조작화한 정도를 의미한다.
③ 집행된 정책내용과 발생한 정책효과 간의 관계에 대한 인과적 추론의 정확성 정도를 의미한다.
④ 반복해서 측정했을 때 일관성 있는 결과를 얻는 정도를 의미한다.

문 7. 「지방공무원법」상 인사위원회의 위원으로 임명되거나 위촉될 수 없는 사람은?
① 지방의회의원
② 법관·검사 또는 변호사 자격이 있는 사람
③ 공무원으로서 20년 이상 근속하고 퇴직한 사람
④ 초등학교·중학교·고등학교 교장 또는 교감으로 재직하는 사람

문 8. 조직구조의 유형에 대한 설명으로 옳지 않은 것은?
① 사업(부)구조는 조직의 산출물에 기반을 둔 구조화 방식으로 사업(부) 간 기능 조정이 용이하다.
② 매트릭스구조는 수직적 기능구조에 수평적 사업구조를 결합시켜 조직운영상의 신축성을 확보한다.
③ 네트워크구조는 복수의 조직이 각자의 경계를 넘어 연결고리를 통해 결합 관계를 이루어 환경 변화에 대처한다.
④ 수평(팀제)구조는 핵심업무 과정 중심의 구조화 방식으로 부서 사이의 경계를 제거하여 의사소통을 원활하게 한다.

문 9. 연공주의(seniority system)에 대한 설명으로 옳은 것만을 모두 고르면?

ㄱ. 장기근속으로 조직에 대한 공헌도를 높인다.
ㄴ. 개인의 성과에 따른 적절한 보상을 통해 사기를 높인다.
ㄷ. 계층적 서열구조 확립으로 조직 내 안정감을 높인다.
ㄹ. 조직 내 경쟁을 통해서 개인의 역량 개발에 기여한다.

① ㄱ, ㄴ
② ㄱ, ㄷ
③ ㄴ, ㄹ
④ ㄷ, ㄹ

문 10. 앨리슨(Allison)의 관료정치모형(모형 Ⅲ)에 대한 설명으로 옳은 것은?
① 정책결정은 준해결(quasi-resolution)적 상태에 머무르는 경우가 많다.
② 정책결정자들은 국가 전체의 이익이나 전략적 목표를 극대화하기 위한 결정을 한다.
③ 정책결정에 참여하는 구성원들 간의 목표 공유 정도와 정책결정의 일관성이 모두 매우 낮다.
④ 정부는 단일한 결정주체가 아니며 반독립적(semi-autonomous) 하위조직들이 느슨하게 연결된 집합체이다.

문 11. 재니스(Janis)의 집단사고(groupthink)의 특성에 해당하지 않는 것은?
① 토론을 바탕으로 한 집단지성의 활용
② 침묵을 합의로 간주하는 만장일치의 환상
③ 집단적 합의에 대한 이의 제기에 대한 자기 검열
④ 집단에 대한 과대평가로 집단이 실패할 리 없다는 환상

문 12. 조직이론과 그 내용에 대한 설명으로 옳지 않은 것은?
① 구조적 상황이론 - 불안정한 환경 속에 있는 조직은 유기적인 조직구조를 선택하는 것이 효과적이다.
② 전략적 선택이론 - 동일한 환경에 처한 조직도 환경에 대한 관리자의 지각 차이로 상이한 선택을 할 수 있다.
③ 거래비용이론 - 시장에서의 거래비용이 조직의 내부 거래비용보다 클 경우 내부 조직화를 선택한다.
④ 조직군생태학이론 - 조직군의 변화를 이끄는 변이는 우연적 변화(돌연변이)로 한정되며, 계획적이고 의도적인 변화는 배제된다.

문 13. 직무평가 방법에 대한 설명으로 옳지 않은 것은?
① 점수법은 직무를 구성하는 하위요소별 점수를 합산하여 평가하는 방법이다.
② 분류법은 미리 정한 등급기준표와 직무 전체를 비교하여 등급을 결정하는 비계량적 방법이다.
③ 서열법은 직무의 구성요소를 구별하지 않고 직무 전체의 중요도를 종합적으로 평가하는 방법이다.
④ 요소비교법은 기준직무(key job)와 평가할 직무를 상호 비교해 가며 평가하는 비계량적 방법이다.

문 14. 우리나라의 전자정부에 대한 설명으로 옳지 않은 것은?
① 정부는 '지능정보사회 종합계획'을 3년 단위로 수립하여야 한다.
② 과학기술정보통신부장관은 5년마다 행정기관 등의 기관별 계획을 종합하여 '전자정부기본계획'을 수립하여야 한다.
③ 「전자정부법」상 '전자화문서'는 종이문서와 그 밖에 전자적 형태로 작성되지 아니한 문서를 정보시스템이 처리할 수 있는 형태로 변환한 문서를 말한다.
④ 중앙행정기관의 장과 지방자치단체의 장은 해당 기관의 지능정보사회 시책의 효율적 수립·시행과 대통령령이 정하는 업무를 총괄하는 '지능정보화책임관'을 임명하여야 한다.

문 15. 롬젝(Romzeck)의 행정책임 유형에 대한 설명으로 옳지 않은 것은?
① 계층적 책임 – 조직 내 상명하복의 원칙에 따라 통제된다.
② 법적 책임 – 표준운영절차(SOP)나 내부 규칙(규정)에 따라 통제된다.
③ 전문가적 책임 – 전문직업적 규범과 전문가집단의 관행을 중시한다.
④ 정치적 책임 – 민간 고객, 이익집단 등 외부 이해관계자의 기대에 부응하는가를 중시한다.

문 16. 우리나라의 재정사업 성과관리에 대한 설명으로 옳지 않은 것은?
① 재정사업 성과관리의 내용은 성과목표관리와 성과평가로 구성된다.
② 재정사업 성과평가 결과는 지출 구조조정 등의 방법으로 재정운용에 반영될 수 있다.
③ 재정사업 심층평가 결과 기획재정부장관이 필요하다고 판단하면 재정사업 자율평가를 실시할 수 있다.
④ 재정사업 자율평가는 미국 관리예산처(OMB)의 PART(Program Assessment Rating Tool)를 우리나라 실정에 맞게 도입한 제도이다.

문 17. 공직자의 이해충돌에 대한 설명으로 옳지 않은 것은?
① 우리나라는 2021년 5월 「공직자의 이해충돌 방지법」을 제정하였다.
② 이해충돌은 그 특성에 따라 실제적, 외견적, 잠재적 형태로 분류할 수 있다.
③ 이해충돌 회피에 있어서는 '어느 누구도 자신이 연루된 사건의 재판관이 되어서는 안 된다'라는 원칙이 적용된다.
④ 「공직자의 이해충돌 방지법」의 위반행위는 감사원, 수사기관, 국민권익위원회 등에 신고할 수 있으나 위반행위가 발생한 기관은 제외된다.

문 18. 공무원의 직위해제에 대한 설명으로 옳은 것은?
① 직위해제는 공무원 징계의 한 종류이다.
② 직위해제 처분을 받은 공무원은 잠정적으로 공무원 신분이 상실된다.
③ 직무수행 능력이 부족하거나 근무성적이 극히 나쁜 자에 대해서도 직위해제가 가능하다.
④ 직위해제의 사유가 소멸된 경우 임용권자는 인사위원회의 심의를 거쳐 3개월 이내에 직위를 부여하여야 한다.

문 19. 2021년 1월 전부개정된 「지방자치법」에서 처음으로 도입된 주민참여 제도는?
① 주민소환
② 주민의 감사청구
③ 조례의 제정과 개정·폐지 청구
④ 규칙의 제정과 개정·폐지 관련 의견 제출

문 20. 정책평가를 위한 사회실험에 대한 설명으로 옳지 않은 것은?
① 통제집단 사전·사후 설계는 검사효과를 통제할 수 있다.
② 준실험은 진실험에 비해 실행 가능성이 높다는 장점이 있다.
③ 회귀불연속 설계는 구분점(구간)에서 회귀직선의 불연속적인 단절을 이용한다.
④ 솔로몬 4집단 설계는 통제집단 사전·사후 설계와 통제집단 사후 설계의 장점을 갖는다.

문 1. 직업공무원제의 특징으로 옳지 않은 것은?

① 직무급 중심 보수체계
② 능력발전의 기회 부여
③ 폐쇄형 충원방식
④ 신분의 보장

문 2. 정책의 유형 중에서 정책목표에 의해 일반 국민에게 인적·물적 자원을 부담시키는 정책은?

① 추출정책
② 구성정책
③ 분배정책
④ 상징정책

문 3. 직위분류제의 주요 개념에 대한 설명으로 옳지 않은 것은?

① '직위'는 한 사람의 공무원에게 부여할 수 있는 직무와 책임을 의미한다.
② '직급'은 직무의 종류가 유사하고 곤란도·책임도가 서로 다른 군(群)을 의미한다.
③ '직류'는 동일 직렬 내에서 담당분야가 동일한 직무의 군(群)을 의미한다.
④ '직무등급'은 직무의 곤란도·책임도가 유사해 동일 보수를 줄 수 있는 직위의 군(群)을 의미한다.

문 4. 윌슨(Wilson)의 규제정치 유형 중 다음 설명에 해당하는 것은?

정부규제로 발생하게 될 비용은 상대적으로 작고 이질적인 불특정 다수에게 부담된다. 그러나 편익은 크고 동질적인 소수에 귀속된다. 이런 상황에서 상당한 이익을 얻을 수 있는 소수집단은 정치조직화하여 편익이 자신들에게 제도적으로 보장될 수 있도록 정치적 압력을 행사한다.

① 대중정치
② 고객정치
③ 기업가정치
④ 이익집단정치

문 5. 동기유발의 과정을 설명하는 '과정이론'에 해당하는 것만을 모두 고르면?

ㄱ. 브룸(Vroom)의 기대이론
ㄴ. 애덤스(Adams)의 공정성이론
ㄷ. 로크(Locke)의 목표설정이론
ㄹ. 앨더퍼(Alderfer)의 ERG이론
ㅁ. 맥그리거(McGregor)의 X이론·Y이론

① ㄱ, ㄴ, ㄷ
② ㄱ, ㄴ, ㄹ
③ ㄴ, ㄷ, ㅁ
④ ㄷ, ㄹ, ㅁ

문 6. 특별지방자치단체에 대한 설명으로 옳지 않은 것은?

① 2개 이상의 지방자치단체가 공동으로 특정한 목적을 위하여 광역적으로 사무를 처리할 필요가 있을 때에는 특별지방자치단체를 설치할 수 있다.
② 보통의 지방자치단체와 같이 법인격을 갖는다.
③ 특별지방자치단체의 의회는 규약으로 정하는 바에 따라 구성 지방자치단체의 의회의원으로 구성한다.
④ 구성 지방자치단체의 장은 「지방자치법」상 겸임 제한 규정에 의해 특별지방자치단체의 장을 겸할 수 없다.

문 7. 나카무라(Nakamura)와 스몰우드(Smallwood)의 정책결정자와 정책집행자의 관계에 따른 정책집행의 유형에 대한 설명으로 옳지 않은 것은?

① '고전적 기술자형'은 정책결정자가 구체적인 목표를 설정하면, 정책집행자는 그 목표를 지지하고 목표달성을 위한 기술적인 수단을 강구하는 역할을 담당한다고 본다.
② '재량적 실험형'은 정책결정자가 추상적인 목표를 설정하면, 정책집행자는 정책결정자를 위해 목표와 수단을 명확하게 하는 역할을 담당한다고 본다.
③ '관료적 기업가형'은 정책집행자가 목표와 수단을 강구한 다음 정책결정자를 설득하고, 정책결정자는 정책집행자가 수립한 목표와 수단을 기술하는 역할을 담당한다고 본다.
④ '지시적 위임형'은 정책결정자가 구체적인 목표와 수단을 설정하면, 정책집행자는 정책결정자의 지시와 위임을 받아 정책대상집단과 협상하는 역할을 담당한다고 본다.

문 8. 목표관리제(MBO)에 대한 설명으로 옳은 것만을 모두 고르면?

ㄱ. 부하와 상사의 참여를 통해 목표를 설정한다.
ㄴ. 중·장기목표를 단기목표보다 강조한다.
ㄷ. 조직 내·외의 상황이 안정적이고 예측가능한 조직에서 성공확률이 높다.
ㄹ. 개별 구성원의 직무 특수성을 반영하기 위하여 목표의 정성적, 주관적 성격이 강조된다.

① ㄱ, ㄴ
② ㄱ, ㄷ
③ ㄴ, ㄹ
④ ㄷ, ㄹ

문 9. 동일 회계연도 예산의 성립을 기준으로 볼 때 시기적으로 빠른 것부터 순서대로 바르게 나열한 것은?

① 본예산, 수정예산, 준예산
② 준예산, 추가경정예산, 본예산
③ 수정예산, 본예산, 추가경정예산
④ 잠정예산, 본예산, 준예산

문 10. (가)~(라)의 행정이론이 등장한 시기를 순서대로 바르게 나열한 것은?

(가) 정부와 공공부문에 참여하는 다양한 참여자들의 네트워크를 중시하고, 정부는 전체 네트워크를 관리하는 조정자의 입장에 있다고 하였다.
(나) 미국 행정학의 '지적 위기'를 지적하면서 인간을 이기적·합리적 존재로 전제하고, 공공재의 공급이 서비스 기관 간 경쟁과 고객의 선택에 의해 이루어지는 시스템을 제안하였다.
(다) 정치는 국가의 의지를 표명하고 정책을 구현하는 것이며, 행정은 이를 실천하는 관리활동으로서 정치와 행정의 차이를 분명히 하였다.
(라) 왈도(Waldo)를 중심으로 가치와 형평성을 중시하면서 사회의 문제해결에 대한 현실 적합성을 갖는 새로운 행정학의 정립을 시도하였다.

① (다) → (라) → (가) → (나)
② (다) → (라) → (나) → (가)
③ (라) → (다) → (가) → (나)
④ (라) → (다) → (나) → (가)

문 11. 예산집행의 신축성을 유지하기 위한 제도로 옳지 않은 것은?

① 계속비
② 수입대체경비
③ 예산의 재배정
④ 예산의 이체

문 12. 정부관의 변천에 대한 설명으로 옳지 않은 것은?

① 19세기 근대 자유주의 국가는 '야경국가'를 지향하였다.
② 대공황 이후 케인스주의, 루스벨트 대통령의 뉴딜정책은 큰 정부관을 강조하였다.
③ 영국의 대처리즘, 미국의 레이거노믹스는 작은 정부를 지향하였다.
④ 하이에크(Hayek)는 『노예의 길』에서 시장실패를 비판하고 큰 정부를 강조하였다.

문 13. 공무원 신분의 변경과 소멸에 대한 설명으로 옳지 않은 것은?

① 직권면직은 법률상 징계의 종류로 규정되어 있지 않다.
② 정직은 징계처분의 일종으로, 정직 기간 중에는 보수의 1/2을 감하도록 되어 있다.
③ 임용권자는 사정에 따라서는 공무원 본인의 의사에도 불구하고 휴직을 명해야 한다.
④ 임용권자는 직무수행 능력 부족을 이유로 직위해제를 받은 공무원이 직위해제 기간에 능력의 향상을 기대하기 어렵다고 인정된 때에 직권면직을 통해 공무원의 신분을 박탈할 수 있다.

문 14. 립스키(Lipsky)의 '일선관료제'에서 일선관료들이 처하는 업무환경의 특징으로 옳지 않은 것은?

① 자원의 부족
② 일선관료 권위에 대한 도전
③ 모호하고 대립되는 기대
④ 단순하고 정형화된 정책대상집단

문 15. 의사결정 모형에 대한 설명으로 옳지 않은 것은?

① '최적모형'은 정책결정자의 합리성뿐 아니라 직관·판단·통찰 등과 같은 초합리성을 아울러 고려한다.
② '쓰레기통모형'은 대학조직과 같이 조직구성원 사이의 응집력이 아주 약한 상태, 즉 조직화된 무정부상태(organized anarchy)에서 의사결정이 이루어지는 과정을 설명하려고 시도한다.
③ '점증모형'은 실제 정책의 결정이 점증적인 방식으로 이루어질 뿐 아니라 정책을 점증적으로 결정하는 것이 바람직하다는 입장을 견지한다.
④ '회사모형'은 조직의 불확실한 환경을 회피하고 조직 내 갈등을 극복하기 위하여 장기적인 전략과 기획의 중요성을 강조한다.

문 16. 공무원의 정치적 중립의 정당화 근거로 옳지 않은 것은?

① 엽관주의의 폐해를 극복하여 행정의 안정성과 전문성을 제고할 수 있다.
② 공무원은 국민 전체의 이익을 위해 공평무사하게 봉사해야 하는 신분이다.
③ 공무원의 정치적 기본권을 강화하여 공직의 계속성을 제고할 수 있다.
④ 공명선거를 통해 민주적 기본질서를 제고할 수 있다.

문 17. 지방교부세에 대한 설명으로 옳지 않은 것은?

① 지역 간 재정력 격차를 완화시키는 재정 균등화 기능을 수행한다.
② 보통교부세, 특별교부세, 부동산교부세, 소방안전교부세로 구분한다.
③ 신청주의를 원칙으로 하며 각 중앙관서의 예산에 반영되어야 한다.
④ 부동산교부세는 종합부동산세를 재원으로 하며 전액을 지방자치단체에 교부한다.

문 18. 「정부업무평가 기본법」상 우리나라 정부업무평가제도에 대한 설명으로 옳지 않은 것은?

① 특정평가는 국무총리가 중앙행정기관과 공공기관을 대상으로 국정을 통합적으로 관리하기 위한 목적을 갖는다.
② 국무총리 소속하에 심의·의결기구로서 정부업무평가위원회를 둔다.
③ 지방자치단체의 자체평가에 있어서 행정안전부장관은 평가 관련 사항에 대하여 지방자치단체를 지원할 수 있다.
④ 자체평가는 중앙행정기관 또는 지방자치단체가 소관 정책 등을 스스로 평가하는 것을 말한다.

문 19. 중앙정부 결산보고서상의 재무제표로 옳은 것은?

① 손익계산서, 순자산변동표, 현금흐름표
② 대차대조표, 재정운영보고서, 이익잉여금처분계산서
③ 재정상태표, 재정운영표, 순자산변동표, 현금흐름표
④ 재정상태보고서, 순자산변동표, 현금흐름보고서

문 20. 「전자정부법」에서 정의하고 있는 다음의 개념은?

일정한 기준과 절차에 따라 업무, 응용, 데이터, 기술, 보안 등 조직 전체의 구성요소들을 통합적으로 분석한 뒤 이들 간의 관계를 구조적으로 정리한 체제 및 이를 바탕으로 정보화 등을 통하여 구성요소들을 최적화하기 위한 방법

① 전자문서
② 정보기술아키텍처
③ 정보시스템
④ 정보자원

2021 4월 17일 시행 국가직 9급

행정학개론 나책형 1쪽

문 1. 정부개입의 근거가 되는 시장실패의 원인으로 옳지 않은 것은?
① 외부효과 발생
② 시장의 독점 상태
③ X-비효율성 발생
④ 시장이 담당하기 어려운 공공재의 존재

문 2. 조직목표의 기능에 대한 설명으로 옳지 않은 것은?
① 조직구성원들이 목표로 인해 일체감을 느끼기 때문에 구성원들의 동기를 유발해준다.
② 조직의 구조와 과정을 설계하는 준거를 제공하고 성과를 평가하는 기준이 되기도 한다.
③ 미래의 바람직한 상태를 밝혀 조직활동의 방향을 제시한다.
④ 조직이 존재하는 정당성의 근거가 될 수는 없다.

문 3. 결정과 기획 같은 핵심기능만 수행하는 조직을 중심에 놓고 다수의 독립된 조직들을 협력 관계로 묶어 일을 수행하는 조직 형태는?
① 태스크포스
② 프로젝트팀
③ 네트워크조직
④ 매트릭스조직

문 4. 행정부에 대한 외부통제에 해당하는 것만을 모두 고르면?

ㄱ. 행정안전부의 각 중앙행정기관 조직과 정원 통제
ㄴ. 국회의 국정조사
ㄷ. 기획재정부의 각 부처 예산안 검토 및 조정
ㄹ. 국민들의 조세부과 처분에 대한 취소소송
ㅁ. 국무총리의 중앙행정기관에 대한 기관평가
ㅂ. 환경운동연합의 정부정책에 대한 반대
ㅅ. 중앙행정기관장의 당해 기관에 대한 자체평가
ㅇ. 언론의 공무원 부패 보도

① ㄱ, ㄷ, ㅁ, ㅅ
② ㄴ, ㄷ, ㄹ, ㅁ
③ ㄴ, ㄹ, ㅁ, ㅇ
④ ㄴ, ㄹ, ㅂ, ㅇ

문 5. 우리나라 지방자치단체의 권한(자치권)으로 옳지 않은 것은?
① 지방자치단체는 법률의 위임이 있어야 주민의 권리를 제한하는 조례를 제정할 수 있다.
② 지방자치단체는 주민의 복지증진과 사업의 효율적 수행을 위하여 지방공기업을 설치·운영할 수 있다.
③ 지방자치단체는 조례를 위반한 행위에 대하여 조례로써 1,500만 원 이하의 과태료를 정할 수 있다.
④ 지방자치단체조합도 따로 법률로 정하는 바에 따라 지방채를 발행할 수 있다.

문 6. 근무성적평정 과정상의 오류와 완화방법에 대한 설명으로 옳지 않은 것은?
① 일관적 오류는 평정자의 기준이 다른 사람보다 높거나 낮은 데서 비롯되며 강제배분법을 완화방법으로 고려할 수 있다.
② 근접효과는 전체 기간의 실적을 같은 비중으로 평가하지 못할 때 발생하며 중요사건기록법을 완화방법으로 고려할 수 있다.
③ 관대화 경향은 비공식집단적 유대 때문에 발생하며 평정 결과의 공개를 완화방법으로 고려할 수 있다.
④ 연쇄효과는 도표식평정척도법에서 자주 발생하며 피평가자별이 아닌 평정요소별 평정을 완화방법으로 고려할 수 있다.

문 7. 테일러(Taylor)의 과학적 관리론에 대한 설명으로 옳지 않은 것은?
① 관리자는 생산 증진을 통해서 노·사 모두를 이롭게 해야 한다.
② 조직 내의 인간은 사회적 욕구에 의해 동기가 유발된다고 전제한다.
③ 업무와 인력의 적정한 결합은 노동자가 아닌 관리자에 의해 결정되어야 한다.
④ 업무 수행에 관한 유일 최선의 방법을 찾기 위해 동작연구와 시간연구를 사용한다.

문 8. 신공공관리와 뉴거버넌스에 대한 설명으로 옳은 것은?
① 뉴거버넌스가 상정하는 정부의 역할은 방향잡기(steering)이다.
② 신공공관리의 인식론적 기초는 공동체주의이다.
③ 신공공관리가 중시하는 관리 가치는 신뢰(trust)이다.
④ 뉴거버넌스의 관리 기구는 시장(market)이다.

문 9. 로위(Lowi)의 정책유형과 그에 대한 설명으로 옳은 것만을 모두 고르면?

ㄱ. 규제정책은 특정 개인이나 집단에 대한 선택의 자유를 제한하는 유형의 정책으로 강제력이 특징이다.
ㄴ. 분배정책의 사례에는 FTA협정에 따른 농민피해 지원, 중소기업을 위한 정책자금 지원, 사회보장 및 의료보장정책 등이 있다.
ㄷ. 재분배정책은 고소득층으로부터 저소득층으로 소득이전을 목적으로 하기 때문에 계급대립적 성격을 지닌다.
ㄹ. 재분배정책의 사례로는 저소득층을 위한 근로장려금 제도, 영세민을 위한 임대주택 건설, 대덕 연구개발특구 지원 등이 있다.
ㅁ. 구성정책은 정부기관의 신설과 선거구 조정 등과 같이 정부기구의 구성 및 조정과 관련된 정책이다.

① ㄱ, ㄴ, ㄷ
② ㄱ, ㄷ, ㅁ
③ ㄴ, ㄹ, ㅁ
④ ㄷ, ㄹ, ㅁ

문 10. 우리나라 예산제도에 대한 설명으로 옳지 않은 것은?
① 국회는 정부의 동의 없이 정부가 제출한 지출예산 각 항의 금액을 증가시킬 수 없다.
② 정부가 예산안 편성 시 감사원의 세출예산요구액을 감액하고자 할 때에는 국무회의에서 감사원장의 의견을 구하여야 한다.
③ 정부는 회계연도 개시 전까지 예산안이 의결되지 못한 때에는 전년도 예산에 준해 모든 예산을 편성해 운영할 수 있다.
④ 국회는 감사원이 검사를 완료한 국가결산보고서를 정기회 개회 전까지 심의·의결을 완료해야 한다.

문 11. 「국가공무원법」에 명시된 공무원의 의무에 해당하지 않는 것은?
① 부패행위 신고 의무
② 품위 유지의 의무
③ 복종의 의무
④ 성실 의무

문 12. 예산주기에 비추어 볼 때 2021년도에 볼 수 없는 예산과정은?
① 국방부의 2022년도 예산에 대한 예산요구서 작성
② 기획재정부의 2021년도 예산에 대한 예산배정
③ 대통령의 2022년도 예산안에 대한 국회 시정연설
④ 감사원의 2021년도 예산에 대한 결산검사보고서 작성

문 13. 「국가재정법」상 추가경정예산안 편성이 가능한 사유에 해당하지 않는 것은?
① 전쟁이나 대규모 재해가 발생한 경우
② 남북관계의 변화와 같은 중대한 변화가 발생한 경우
③ 경기침체, 대량실업 같은 중대한 변화가 발생할 우려가 있는 경우
④ 경제협력, 해외원조를 위한 지출을 예비비로 충당해야 할 우려가 있는 경우

문 14. 공기업에 대한 설명으로 옳지 않은 것은?
① 공공수요가 있으나 민간부문의 자본이 부족한 경우 공기업 설립이 정당화된다.
② 시장에서 독점성이 나타나는 경우 공기업 설립이 정당화된다.
③ 전통적인 자본주의적 사기업 질서에 반하여 사회주의적 간섭을 하는 것으로 볼 수 있다.
④ 주식회사형 공기업은 특별법 혹은 상법에 의해 설립되지만 일반행정기관에 적용되는 조직·인사 원칙이 적용된다.

문 15. 동기요인 이론에 대한 설명으로 옳지 않은 것은?
① 아담스(Adams)의 공정성이론에 따르면 공정하다고 인식할 때 동기가 유발된다.
② 매클리랜드(McClelland)의 성취동기이론에 따르면 개인들의 욕구가 학습을 통해 개발될 수 있다.
③ 브룸(Vroom)의 기대이론에서 기대감은 특정 결과는 특정한 노력으로 인해 나타날 수 있다는 가능성에 대한 개인의 신념으로 통상 주관적 확률로 표시된다.
④ 앨더퍼(Alderfer)의 ERG이론에 따르면 상위욕구 충족이 좌절되면 하위욕구를 충족시키고자 할 수 있다.

문 16. 정책평가와 관련하여 실험결과의 외적 타당성을 저해하는 요인으로 옳지 않은 것은?
① 연구자의 측정기준이나 측정도구가 변화되는 경우
② 표본으로 선택된 집단의 대표성이 약할 경우
③ 실험집단 구성원 자신이 실험대상임을 인지하고 평소와 다른 특별한 반응을 보일 경우
④ 실험의 효과가 크게 나타날 것으로 예상되는 집단만을 의도적으로 실험집단에 배정하는 경우

문 17. 우리나라의 주민소환제도에 대한 설명으로 옳지 않은 것은?
① 가장 유력한 직접민주주의 제도이다.
② 비례대표 지방의회의원은 주민소환 대상이 아니다.
③ 심리적 통제 효과가 크다.
④ 군수를 소환하려고 할 경우에는 해당 군의 주민소환투표청구권자 총수의 100분의 10 이상의 서명을 받아 청구해야 한다.

문 18. 신공공서비스론의 특성에 대한 설명으로 옳지 않은 것은?
① 정부의 역할은 시민에 대한 봉사여야 한다.
② 공익은 개인적 이익의 집합체이기 때문에 시민들과 신뢰와 협력의 관계를 확립해야 한다.
③ 책임성이란 단순하지 않기 때문에 관료들은 헌법, 법률, 정치적 규범, 공동체의 가치 등 다양한 측면에 관심을 기울여야 한다.
④ 생산성보다는 사람에게 가치를 부여하기 때문에 공공조직은 공유된 리더십과 협력의 과정을 통해 작동되어야 한다.

문 19. 공공사업의 경제성 분석에 대한 설명으로 옳은 것만을 모두 고르면?

ㄱ. 할인율이 높을 때는 편익이 장기간에 실현되는 장기투자사업보다 단기간에 실현되는 단기투자사업이 유리하다.
ㄴ. 직접적이고 유형적인 비용과 편익은 반영하고, 간접적이고 무형적인 비용과 편익은 포함하지 않는다.
ㄷ. 순현재가치(NPV)는 비용의 총현재가치에서 편익의 총현재가치를 뺀 것이며 0보다 클 경우 사업의 타당성을 인정할 수 있다.
ㄹ. 내부수익률은 할인율을 알지 못해도 사업평가가 가능하도록 하는 분석기법이다.

① ㄱ, ㄴ
② ㄱ, ㄹ
③ ㄴ, ㄷ
④ ㄱ, ㄷ, ㄹ

문 20. 공공봉사동기이론(public service motivation)에 대한 설명으로 옳지 않은 것은?
① 공사부문 간 업무성격이 다르듯이, 공공부문의 조직원들은 동기구조 자체도 다르다는 입장에 있다.
② 정책에 대한 호감, 공공에 대한 봉사, 동정심(compassion) 등의 개념으로 구성되어 있다.
③ 공공봉사동기가 높은 사람을 공직에 충원해야 한다는 주장의 근거가 될 수 있다.
④ 페리와 와이스(Perry & Wise)는 제도적 차원, 금전적 차원, 감성적 차원을 제시하였다.

지방직 9급 공개경쟁채용 필기시험

응시번호		문제책형	
성 명			

【시험과목】

제1과목	국 어	제2과목	영 어	제3과목	한 국 사
제4·5과목	행정법총론, 행정학개론				

응시자 주의사항

1. **시험 시작 전**에 시험문제를 열람하는 행위나 **시험 종료 후** 답안을 작성하는 행위를 한 사람은 「지방공무원 임용령」 제65조 등 관련 법령에 의거 **부정행위자**로 처리됩니다.

2. 시험 시작 즉시 **과목편철 순서, 문제누락 여부, 인쇄상태 이상 유무 및 표지와 개별과목의 문제책형 일치 여부 등을 확인**한 후 문제책 표지에 응시번호, 성명을 기재합니다.

3. 반드시 본인의 **응시표에 인쇄된 선택과목 순서에 따라** 제4과목과 제5과목의 **답안을 표기**하여야 합니다. 과목 순서를 바꾸어 표기한 경우에도 **본인의 응시표에 기재된 과목 순서대로 채점**되므로 반드시 유의하시기 바랍니다.

4. 시험이 시작되면 문제를 주의 깊게 읽은 후, **문항의 취지에 가장 적합한 하나의 정답만을 고르며**, 문제 내용에 관한 질문은 받지 않습니다.

5. **시험시간 관리의 책임**은 전적으로 응시자 본인에게 있습니다.

2025 지방직 9급 (6월 21일 시행)

행정학개론 | B책형 | 1쪽

문 1. 직위분류제에 대한 설명으로 옳은 것만을 모두 고르면?

> ㄱ. 인사의 탄력성과 융통성이 높다.
> ㄴ. 사람보다는 일을 기준으로 공직을 분류한다.
> ㄷ. 동일직무에 동일보수를 지급하는 보수체계 확립이 장점이다.
> ㄹ. 신분이 강하게 보장되어 직업공무원제 확립에 유리하다.

① ㄱ, ㄷ
② ㄱ, ㄹ
③ ㄴ, ㄷ
④ ㄴ, ㄹ

문 2. 입법부 우위의 전통적 예산원칙에서 '국민의 눈높이에서 국민이 쉽게 이해할 수 있도록 예산서의 과목과 구조가 작성되어야 한다'는 원칙은?

① 명료성의 원칙
② 완전성의 원칙
③ 공개성의 원칙
④ 한정성의 원칙

문 3. 우리나라 균형인사정책에 대한 설명으로 옳지 않은 것은?

① 장애인, 지방·지역인재, 양성평등, 이공계, 저소득층을 주요 대상으로 한다.
② 지방인재채용목표제, 전국 지역인재추천채용제, 양성평등채용목표제 순으로 도입하였다.
③ 장애인 구분모집제는 선발예정인원의 일정 규모를 장애인만 응시할 수 있도록 구분하여 시험을 실시한다.
④ 사회적 소수집단의 공직진출을 위한 지원정책으로 대표관료제의 적용사례라고 할 수 있다.

문 4. 하우스(House)의 경로-목표모형에서 부하들의 욕구를 배려하고 그들의 복지에 관심을 가지며 구성원들의 인간관계를 강조하는 리더십은?

① 지시적(directive) 리더십
② 후원적(supportive) 리더십
③ 참여적(participative) 리더십
④ 성취 지향적(achievement-oriented) 리더십

문 5. 조직구조에 대한 설명으로 옳지 않은 것은?

① 이음매 없는(seamless) 조직은 내부적 필요에 의해 조직단위와 기능을 분산적으로 설계한다.
② 네트워크조직은 수직적 계층의 수가 최소화되고 유기적 구조로 환경적 변화에 적응성이 높다.
③ 매트릭스조직은 기능적 조직의 역할과 프로젝트팀의 구조적 역할을 동시에 수행하는 이중구조의 성격을 갖는다.
④ 팀제는 수평적 구조와 자율적 권한부여로 구성원의 지식과 아이디어를 모아 창의적 문제해결에 유리하다.

문 6. 다음 설명에 해당하는 행정가치는?

> 신행정론의 등장과 함께 강조된 개념으로 민주이념 실현과정에서 정치·경제적으로 소외된 약자 및 소수집단에 대한 특별한 배려가 필요함을 의미하며 롤스(Rawls)의 '차등의 원리'가 이론적 근거이다.

① 평등성
② 형평성
③ 민주성
④ 능률성

문 7. 정책집행의 하향적 접근법과 상향적 접근법에 대한 설명으로 옳지 않은 것은?

① 하향적 접근법은 정책결정자의 의도와 정책목표를 중시한다.
② 상향적 접근법은 집행과정을 이해하기 위해 일선집행관료의 행태에 주목한다.
③ 하향적 접근법은 정책목표와 정책수단 간 긴밀한 인과관계를 강조한다.
④ 상향적 접근법은 정책결정과 집행의 엄격한 분리를 강조한다.

문 8. 행정이론에 대한 설명으로 옳지 않은 것은?
① 공공가치관리론에서 보즈만(Bozeman)은 정당성과 지지, 공공가치, 운영역량으로 구성된 전략적 삼각형(strategic triangle) 모형을 제시한다.
② 신공공서비스론은 정부의 역할에 대해 시장에 의한 방향잡기보다 시민에 대한 봉사를 강조한다.
③ 뉴거버넌스론은 정부와 민간부문 그리고 비영리부문 간 상호신뢰 관계에 기초한 협력적 네트워크를 강조한다.
④ 공공선택론은 공공부문의 시장경제화를 통해 시민의 편익을 극대화할 수 있는 서비스의 공급과 생산이 가능하다고 본다.

문 9. 정책결정 모형에 대한 설명으로 옳지 않은 것은?
① 킹던(Kingdon)의 정책흐름모형은 문제의 흐름, 해결책의 흐름, 참여자의 흐름, 선택기회의 흐름을 제시한다.
② 혼합탐사모형은 정책결정을 근본적 결정과 세부적 결정으로 구분하고 지속적인 교호작용이 이루어진다고 본다.
③ 최적모형은 정책결정에 경제적 합리성과 함께 직관, 통찰력과 같은 초합리적 요소들도 고려해야 한다고 주장한다.
④ 앨리슨모형 중 조직과정모형(Model Ⅱ)에 따르면 정부는 하위조직들의 집합체이며, 하위조직의 표준운영절차(SOP)에 의해 정책이 결정된다.

문 10. 「지방자치법」상 특별지방자치단체에 대한 설명으로 옳지 않은 것은?
① 특별지방자치단체는 법인으로 한다.
② 특별지방자치단체는 2개 이상의 지방자치단체가 공동으로 특정한 목적을 위하여 광역적으로 사무를 처리할 필요가 있을 때 설치할 수 있다.
③ 구성 지방자치단체의 지방의회의원은 특별지방자치단체의 의회의원을 겸할 수 있다.
④ 특별지방자치단체를 구성하는 지방자치단체는 상호 협의에 따른 규약을 정하여 구성 지방자치단체의 지방의회 의결을 거쳐 기획재정부장관의 승인을 받아야 한다.

문 11. 다음 설명에 해당하는 제도는?

주민이 지방자치단체의 조례를 제정하거나 개정하거나 폐지할 것을 청구할 수 있는 제도로 주민의 직접참여를 보장하고 지방자치행정의 민주성과 책임성을 높이는 것을 목적으로 한다.

① 주민소환제도
② 주민감사청구제도
③ 주민발안제도
④ 주민소송제도

문 12. 우리나라 정부의 규제제도에 대한 설명으로 옳은 것은?
① 정부의 규제정책을 심의·조정하고 규제의 심사·정비 등에 관한 사항을 종합적으로 추진하기 위하여 국무총리 소속으로 규제개혁위원회를 둔다.
② 규제일몰제는 규제의 존속기한 또는 재검토기한을 정하지 않고 규제의 타당성을 주기적으로 관리하는 제도이다.
③ 포지티브 규제는 '원칙적 허용, 예외적 금지'의 형식을 갖는 규제체계를 의미한다.
④ 규제샌드박스는 특정한 신기술을 활용한 새로운 서비스 또는 제품에 관련된 기존 규제의 적용을 일정 기간 면제 또는 완화해 주는 제도이다.

문 13. 행정기관위원회에 대한 설명으로 옳지 않은 것은?
① 행정위원회는 합의제 행정기관으로 법률에 의하여 행정기관 소관사무의 일부를 독립하여 수행할 필요가 있을 때 둔다.
② 자문위원회는 행정기관의 자문에 응해 의견을 제공하거나 심의·조정·협의를 통해 의사결정에 도움을 준다.
③ 행정위원회인 공정거래위원회는 의사결정의 권한은 갖지만 집행까지 책임지지는 않는다.
④ 다양한 이해관계자들의 참여와 의견 반영으로 다양성의 가치를 증진할 수 있다.

문 14. 정책평가의 타당성에 대한 설명으로 옳지 않은 것은?
① 외적 타당성(external validity)은 추정된 인과관계를 다른 상황에서도 일반화시킬 수 있는가를 의미한다.
② 구성적 타당성(construct validity)은 추상적 개념과 이를 측정하는 측정도구가 얼마나 일치하는가를 의미한다.
③ 통계적 결론의 타당성(statistical conclusion validity)은 표본자료의 통계적 검증에서 도출한 결론이 얼마나 정확한가를 의미한다.
④ 내적 타당성(internal validity)에 대한 논의는 우선 외적 타당성의 확보가 전제되어야 한다.

문 15. 우리나라 정부의 예산제도에 대한 설명으로 옳은 것은?
① 회계연도는 매년 3월 1일부터 다음 해 2월 28일까지이다.
② 예산안 국회 제출 기한은 헌법상 회계연도 개시 90일 전까지이나 「국가재정법」상 회계연도 개시 120일 전까지이다.
③ 각 중앙관서의 장은 한 회계연도가 끝나기 전에 해당 회계연도의 중앙관서결산보고서를 기획재정부장관에게 제출하여야 한다.
④ 회계연도 개시 전까지 예산안이 국회에서 의결되지 못한 경우 잠정예산을 편성해야 한다.

문 16. 베덩(Vedung)이 강제성의 정도에 따라 분류한 정책수단에 해당하지 않는 것은?
① 규제적 도구
② 종교적 도구
③ 경제적 도구
④ 정보적 도구

문 17. 중앙정부의 일반회계에 대한 설명으로 옳지 않은 것은?
① 조세수입 등을 주요 재원으로 한다.
② 특정한 세입과 특정한 세출의 연계를 배제한다.
③ 세출은 주로 국가의 존립과 유지를 위한 기본적 경비로 구성된다.
④ 국가의 고유 기능 수행을 위해 양곡관리, 조달, 우편사업, 우체국예금, 책임운영기관 등 총 6개의 일반회계가 설치되어 있다.

문 18. 정책분석 기준에 대한 설명으로 옳지 않은 것은?
① 효과성(effectiveness)이란 정책대안이 의도한 목표를 어느 정도 달성할 수 있는가를 판단하는 기준이다.
② 대응성(responsiveness)이란 정책대안이 수혜집단의 요구를 어느 정도 반영하였는가를 판단하는 기준이다.
③ 실현가능성(feasibility)이란 정책대안의 내용이 충실히 집행될 수 있는가를 판단하는 기준이다.
④ 능률성(efficiency)이란 정책대안에 따른 비용과 편익이 상이한 개인 및 집단에게 얼마나 고르게 배분될 수 있는가를 판단하는 기준이다.

문 19. 우리나라 공무원 구분에 대한 설명으로 옳은 것은?
① 임용주체와 경비부담을 기준으로 국가공무원과 지방공무원으로 나누며 지방공무원의 임용권자에는 지방의회의 의장도 포함된다.
② 별정직 공무원은 기술·연구 또는 행정 일반에 대한 업무를 담당하는 경력직 공무원이다.
③ 특정직 공무원은 헌법재판소 헌법연구관, 경찰공무원, 군무원 등 특수 분야의 업무를 담당하는 특수경력직 공무원이다.
④ 정무직 공무원은 대통령, 국무총리 등 선거로 취임하거나 임명할 때 국회의 동의가 필요한 경력직 공무원이다.

문 20. 데이터기반행정에 대한 설명으로 옳지 않은 것은?
① 우리나라는 2020년 「데이터기반행정 활성화에 관한 법률」을 제정하였다.
② 데이터기반행정이란 공공기관이 생성하거나 취득하여 관리하고 있는 데이터를 수집하고 분석하여 정책 수립 및 결정에 활용하는 행정을 의미한다.
③ 데이터 분석뿐만 아니라 정책결정자의 경험에 근거한 의사결정을 지향하여 객관적이고 과학적인 행정을 구현하고자 한다.
④ 행정안전부장관은 데이터기반행정을 체계적으로 추진하기 위하여 데이터기반행정 활성화를 위한 기본계획을 3년마다 수립하여야 한다.

2024 지방직 9급

6월 22일 시행

행정학개론 / C책형 / 1쪽

| 풀이 시간: ___:___ ~ ___:___ / 점수: ___점

1초 합격예측! 모바일 성적분석표

QR 코드로 접속하여 문제 풀이시간을 측정하고,
〈1초 합격예측 & 모바일 성적분석표〉 서비스를 통해
지금 바로! 실력을 점검해 보세요.
https://eduwill.kr/6Hre

문 1. 애덤스(Adams)의 공정성이론에 대한 설명으로 옳지 않은 것은?
① 투입과 산출의 비율을 준거인과 비교하여 공정성을 지각한다.
② 불공정성을 느낄 때 자신의 지각을 의도적으로 왜곡하기도 한다.
③ 노력과 기술은 투입에 해당하며, 보수와 인정은 산출에 해당한다.
④ 준거인과 비교하여 과소보상자는 불공정하다고 생각하고, 과대보상자는 공정하다고 생각한다.

문 2. 공공선택이론에 대한 설명으로 옳지 않은 것은?
① 인간을 이기적이고 합리적인 경제인으로 본다.
② 비시장적 의사결정을 경제학적 관점에서 연구한다.
③ 뷰캐넌(Buchanan), 털럭(Tullock), 오스트롬(Ostrom) 등이 대표적인 학자이다.
④ 경제주체의 집단적 선택행위를 중시하는 방법론적 집단주의 입장이다.

문 3. 피터스(Peters)가 『미래의 국정관리(The Future of Governing)』에서 제시한 정부개혁 모형에 해당하지 않는 것은?
① 시장모형
② 자유민주주의모형
③ 참여모형
④ 탈규제모형

문 4. 「지방공무원법」상 공무원 인사이동에 대한 설명으로 옳지 않은 것은?
① 전직은 직렬을 달리하는 임명을 말한다.
② 전보는 같은 직급 내에서 보직변경을 말한다.
③ 강임의 경우, 같은 직렬의 하위 직급이 없는 경우 다른 직렬의 하위 직급으로는 이동할 수 없다.
④ 지방자치단체의 장 또는 지방의회의 의장은 공무원을 전입시키려고 할 때에는 해당 공무원이 소속된 지방자치단체의 장 또는 지방의회의 의장의 동의를 받아야 한다.

문 5. 프로그램 예산제도에 대한 설명으로 옳지 않은 것은?
① 우리나라 중앙정부는 2007년부터 프로그램 예산제도를 도입하였다.
② 예산 전 과정을 프로그램 중심으로 구조화하고 성과평가체계와 연계시킨다.
③ 세부 업무와 단가를 통해 예산 금액을 산정하는 상향식(bottom up) 방식을 사용한다.
④ 일반회계, 특별회계, 기금이 포괄적으로 표시되어 총체적 재정배분 파악이 가능하다.

문 6. 사회적 형평성(social equity)에 대한 설명으로 옳지 않은 것은?
① 1968년 개최된 미노부룩 회의(Minnowbrook Conference)에서 태동한 신행정론에서 강조하였다.
② 롤스(Rawls)의 『정의론』은 사회적 형평성 논의에 영향을 주었다.
③ 수직적 형평성(vertical equity)은 '동등한 여건에 있지 않은 사람을 동등하게 취급'함을 의미하며, 누진세가 그 예이다.
④ 수평적 형평성(horizontal equity)은 '동등한 여건에 있는 사람을 동등하게 취급'함을 의미하며, 동일노동 동일임금이 그 예이다.

문 7. 다음 설명에 해당하는 정책분석기법은?

> 관련 사건이 일어났느냐 일어나지 않았느냐에 기초하여 미래에 어떤 사건이 일어날 확률에 대해서 식견 있는 판단(informed judgments)을 끌어내는 방법이다.

① 브레인스토밍
② 교차영향분석
③ 델파이기법
④ 선형경향추정

문 8. 예산과정에 대한 설명으로 옳지 않은 것은?
① 「국가재정법」에서는 대통령의 승인을 얻은 정부 예산안이 회계연도 개시 90일 전까지 국회에 제출되어야 한다고 규정하고 있다.
② 기획재정부장관은 국무회의의 심의를 거쳐 대통령의 승인을 얻은 다음 연도의 예산안편성지침을 매년 3월 31일까지 중앙관서의 장에게 통보해야 한다.
③ 국회 예산결산특별위원회는 소관 상임위원회에서 삭감한 세출예산 각 항의 금액을 증가하게 하거나 새 비목을 설치할 경우 소관 상임위원회의 동의를 받아야 한다.
④ 정부는 국회에 예산안을 제출한 후 부득이한 사유로 인하여 그 내용의 일부를 수정하고자 하는 때에는 국무회의의 심의를 거쳐 대통령의 승인을 얻은 수정예산안을 국회에 제출할 수 있다.

문 9. 신공공서비스론에 대한 설명으로 옳지 않은 것은?
① 신공공관리론을 극복하기 위해 등장하였으며, 비판이론과 포스트 모더니즘을 활용한다.
② 공익은 시민의 공유된 가치에 대한 담론의 결과이다.
③ 정부는 '노젓기'보다 '방향잡기'에 집중하면서 시민에게 더 많은 권력을 부여해야 한다.
④ 정부관료는 헌법과 법률, 정치 규범, 시민에 대한 대응성을 중요시해야 한다.

문 10. 팀제 조직에 대한 설명으로 옳은 것만을 모두 고르면?

ㄱ. 결정과 기획의 핵심 기능만 남기고 사업집행 기능은 전문 업체에 위탁한다.
ㄴ. 역동적 환경변화에 유연하게 적응하고 신속한 문제해결이 가능하다.
ㄷ. 기술구조 부문이 중심이 되고 작업 과정의 표준화가 주요 조정수단이다.
ㄹ. 관료제의 병리를 타파하고 업무수행에 새로운 의식과 행태의 변화 필요성으로 등장하였다.

① ㄱ, ㄴ
② ㄱ, ㄷ
③ ㄴ, ㄹ
④ ㄷ, ㄹ

문 11. 옹호연합모형(Advocacy Coalition Framework)에 대한 설명으로 옳은 것만을 모두 고르면?

ㄱ. 정책하위체제에 초점을 두어 정책변화를 이해한다.
ㄴ. 정책지향학습은 옹호연합 내부만 아니라 옹호연합 사이에서도 발생한다.
ㄷ. 행정규칙, 예산배분, 규정의 해석에 대한 결정은 정책 핵심 신념과 관련된다.
ㄹ. 신념 체계 구조에서 규범적 핵심 신념은 관심 있는 특정 정책 규범에 적용되며, 이차적 측면(secondary aspects)보다 변화 가능성이 작다.

① ㄱ, ㄴ
② ㄱ, ㄹ
③ ㄴ, ㄷ
④ ㄷ, ㄹ

문 12. 「공직자윤리법」에서 규정하고 있는 것만을 모두 고르면?

ㄱ. 이해충돌 방지 의무
ㄴ. 등록재산의 공개
ㄷ. 종교 중립의 의무
ㄹ. 품위 유지의 의무

① ㄱ, ㄴ
② ㄱ, ㄹ
③ ㄴ, ㄷ
④ ㄷ, ㄹ

문 13. 밑줄 친 연구에 해당하는 것은?

이 연구에서는 정책과 성과를 연결하는 모형에 정책 기준과 목표, 집행에 필요한 자원, 조직 간 의사소통과 집행활동(enforcement activities), 집행기관의 특성, 경제·사회·정치적 조건, 정책집행자의 성향(disposition)이라는 변수를 제시하였다.

① 립스키(Lipsky)의 일선관료제 연구
② 오스트롬(Ostrom)의 제도분석 연구
③ 사바티어와 마즈마니언(Sabatier & Mazmanian)의 집행과정 연구
④ 반 미터와 반 혼(Van Meter & Van Horn)의 정책 집행과정 연구

문 14. 예산집행의 신축성 유지 방안에 대한 설명으로 옳지 않은 것은?
① 추가경정예산의 경우, 정부는 국회에서 추가경정예산안이 확정되기 전에 이를 미리 배정하거나 집행할 수 없다.
② 예비비의 경우, 정부는 예측할 수 없는 예산 외의 지출 또는 예산초과지출에 충당하기 위하여 일반회계 예산총액의 100분의 5 이내의 금액으로 세입세출예산에 계상할 수 있다.
③ 계속비의 경우, 국가가 지출할 수 있는 연한은 그 회계연도로부터 5년 이내이나, 사업규모 및 국가재원 여건을 고려하여 필요한 경우에는 예외적으로 10년 이내로 할 수 있다.
④ 각 중앙관서의 장은 예산의 목적범위 안에서 재원의 효율적 활용을 위하여 대통령령으로 정하는 바에 따라 기획재정부장관의 승인을 얻어 각 세항 또는 목의 금액을 전용(轉用)할 수 있다.

문 15. 「지방공기업법」상 지방공기업에 대한 설명으로 옳지 않은 것은?
① 지방직영기업의 관리자는 해당 지방자치단체의 공무원으로서 지방직영기업의 경영에 관하여 지식과 경험이 풍부한 사람 중에서 지방자치단체의 장이 임명한다.
② 지방공사를 설립하고자 하는 시장·군수·구청장은 설립 전에 행정안전부장관과 협의하여야 한다.
③ 지방자치단체는 상호 규약을 정하여 다른 지방자치단체와 공동으로 지방공사를 설립할 수 있다.
④ 지방자치단체는 지방직영기업을 설치·경영하려는 경우에는 그 설치·운영의 기본사항을 조례로 정하여야 한다.

문 16. 정책문제의 구조화기법에 대한 설명으로 옳은 것만을 모두 고르면?

ㄱ. 가정분석: 문제상황의 가능성 있는 원인, 개연성(plausible) 있는 원인, 행동가능한 원인을 식별하기 위한 기법
ㄴ. 계층분석: 정책문제에 관해 서로 대립되는 가정의 창조적 종합을 목표로 하는 기법
ㄷ. 시네틱스(유추분석): 문제들 사이에 유사한 관계를 인지하는 것이 분석가의 문제해결 능력을 크게 증가시킬 것이라는 가정에 기초한 기법
ㄹ. 분류분석: 문제상황을 정의하고 분류하기 위해 사용되는 개념을 명확하게 하기 위한 기법

① ㄱ, ㄴ ② ㄱ, ㄹ
③ ㄴ, ㄷ ④ ㄷ, ㄹ

문 17. 직무평가 방법에 대한 설명으로 옳지 않은 것은?
① 분류법은 미리 정해진 등급기준표를 이용하는 비계량적 방법이다.
② 서열법은 비계량적 방법으로, 직무의 수가 적은 소규모 조직에 적절하다.
③ 점수법은 직무와 관련된 평가요소를 선정하고 각 요소별로 중요도를 부여하는 과정에서 계량화를 통해 명확하고 객관적인 이론적 증명이 가능하다.
④ 요소비교법은 조직 내 기준직무(key job)를 선정하여 평가하려는 직무와 기준직무의 평가요소를 상호비교하여 상대적 가치를 판단하는 방법이다.

문 18. 리더-구성원교환이론에 대한 설명으로 옳은 것만을 모두 고르면?

ㄱ. 내집단(in-group)에 속한 구성원이 많을수록 집단의 성과가 높아진다고 본다.
ㄴ. 리더와 구성원이 파트너십 관계로 발전하는 과정을 '리더십 만들기'라 한다.
ㄷ. 리더가 모든 구성원을 차별 없이 대우하는 공정성을 중시한다.
ㄹ. 리더와 구성원이 점점 높은 도덕성과 동기 수준으로 서로를 이끌어 가는 상호 관계를 중시한다.

① ㄱ, ㄴ ② ㄱ, ㄹ
③ ㄴ, ㄷ ④ ㄷ, ㄹ

문 19. 정책학의 발달에 대한 설명으로 옳지 않은 것은?
① 1951년 「정책지향(Policy Orientation)」이라는 논문은 정책학의 정체성 확립에 기여하였다.
② 라스웰(Lasswell)은 1971년 『정책학 소개(A Pre-View of Policy Sciences)』에서 맥락지향성, 이론지향성, 연합학문지향성을 제시하였다.
③ 1980년대 정책학의 연구는 정책형성, 집행, 평가, 변동 등 다양한 분야로 확대되었다.
④ 드로(Dror)는 정책결정 단계를 상위정책결정(meta-policymaking), 정책결정(policymaking), 정책결정 이후(post-policymaking)로 나누는 최적모형을 제시하였다.

문 20. 공공가치론에 대한 설명으로 옳은 것만을 모두 고르면?

ㄱ. 무어(Moore)는 공공가치 실패를 진단하는 도구로 '공공가치 지도그리기(mapping)'를 제안한다.
ㄴ. 보즈만(Bozeman)은 공공기관에 의해 생산된 순(純)공공가치를 추정하는 '공공가치 회계'를 제시했다.
ㄷ. '전략적 삼각형' 모델은 정당성과 지지, 운영 역량, 공공가치로 구성된다.
ㄹ. 시장과 공공부문이 공공가치 실현에 필수적으로 요구되는 재화와 서비스를 제공하지 못할 때 '공공가치 실패'가 일어난다.

① ㄱ, ㄴ ② ㄱ, ㄹ
③ ㄴ, ㄷ ④ ㄷ, ㄹ

문 1. 계급제에 대한 설명으로 옳지 않은 것은?

① 직무의 속성을 중심으로 공직을 분류하는 제도이다.
② 폐쇄형 충원방식을 원칙으로 한다.
③ 일반행정가 양성을 지향한다.
④ 탄력적 인사관리에 용이하다.

문 2. 민츠버그(Mintzberg)가 제시한 조직유형이 아닌 것은?

① 기계적 관료제
② 애드호크라시(adhocracy)
③ 사업부제 구조
④ 홀라크라시(holacracy)

문 3. 정책결정모형에 대한 설명으로 옳은 것은?

① 혼합주사모형(mixed scanning approach)은 1960년대 미국의 쿠바 미사일 위기사건을 설명하기 위해 연구된 모형이다.
② 사이버네틱스모형을 설명하는 예시로 자동온도조절장치를 들 수 있다.
③ 쓰레기통모형은 갈등의 준해결, 문제 중심의 탐색, 불확실성 회피, 표준운영절차의 활용을 설명하는 모형이다.
④ 합리모형은 만족할 만한 수준에서 의사결정이 이루어진다고 설명하는 모형이다.

문 4. 행정이론의 발달을 오래된 순서대로 바르게 나열한 것은?

(가) 과학적 관리론 - 테일러(Taylor)
(나) 신공공관리론 - 오스본과 게블러(Osborne & Gaebler)
(다) 신행정론 - 왈도(Waldo)
(라) 행정행태론 - 사이먼(Simon)

① (가)-(다)-(라)-(나)
② (가)-(라)-(다)-(나)
③ (라)-(가)-(나)-(다)
④ (라)-(다)-(나)-(가)

문 5. 엘리트이론과 다원주의이론에 대한 설명으로 옳지 않은 것은?

① 고전적 엘리트이론에서 엘리트들은 다른 계층에 대해 책임을 지지 않는다.
② 밀즈(Mills)는 명성접근법을 사용하여 엘리트들을 분석한다.
③ 달(Dahl)은 권력이 분산되어 있음을 전제로 다원주의론을 전개한다.
④ 바흐라흐와 바라츠(Bachrach & Baratz)는 무의사결정이 의제설정과정뿐만 아니라 정책결정과정에서도 발생할 수 있다고 주장한다.

문 6. 예산 불성립에 따른 예산 종류에 대한 설명으로 옳지 않은 것은?

① 준예산은 전년도 예산을 기준으로 예산을 편성해 운영하는 제도이다.
② 현재 우리나라는 준예산제도를 채택하고 있다.
③ 가예산은 1개월분의 예산을 국회의 의결을 거쳐 집행하는 것으로 우리나라가 운영한 경험이 있다.
④ 잠정예산은 수개월 단위로 임시예산을 편성해 운영하는 것으로 가예산과 달리 국회의 의결이 불필요하다.

문 7. 동기부여 이론에 대한 설명으로 옳은 것은?
① 로크(Locke)의 목표설정이론에서는 목표의 도전성(난이도)과 명확성(구체성)을 강조했다.
② 매슬로우(Maslow)의 욕구 5단계설에서는 욕구의 좌절과 퇴행을 강조했다.
③ 해크만과 올드햄(Hackman & Oldham)의 직무특성이론에서는 유의성, 수단성, 기대감을 동기부여의 핵심으로 보았다.
④ 앨더퍼(Alderfer)의 ERG이론에서는 위생요인이 충족되었다고 하더라도 동기부여가 되는 것은 아니라고 주장했다.

문 8. 품목별예산제도(line-item budget system)에 대한 설명으로 옳지 않은 것은?
① 미국에서 공무원의 부정부패를 막고 행정의 능률을 향상시키기 위해 도입되었다.
② 정부 활동에 대한 총체적인 사업계획과 우선순위 결정에 유리하다.
③ 예산 집행의 책임성을 확보할 수 있는 통제지향 예산제도이다.
④ 특정 사업의 지출 성과에 대해서는 파악하기 어렵다.

문 9. 블랙스버그 선언(Blacksburg Manifesto)과 행정재정립운동(refounding movement)에 대한 설명으로 옳지 않은 것은?
① 블랙스버그 선언은 행정의 정당성을 침해하는 정치·사회적 상황을 비판했다.
② 행정재정립운동은 직업공무원제를 옹호했다.
③ 행정재정립운동은 정부를 재창조하기보다는 재발견해야 한다고 주장했다.
④ 블랙스버그 선언은 신행정학의 태동을 가져왔다.

문 10. 정부예산의 종류에 대한 설명으로 옳지 않은 것은?
① 기금은 예산원칙의 일반적 제약으로부터 벗어나 탄력적으로 운용된다.
② 특별회계예산은 국가의 회계 중 특정한 세입으로 특정한 세출을 충당하기 위한 예산이다.
③ 특별회계예산은 일반회계예산과 달리 예산편성에 있어 국회의 심의 및 의결을 받지 않는다.
④ 기금은 예산 통일성 원칙의 예외가 된다.

문 11. 지방정부의 사무에 대한 설명으로 옳지 않은 것은?
① 기관위임사무의 처리에 드는 경비는 중앙정부와 지방정부가 공동 부담하는 것이 원칙이다.
② 단체위임사무는 집행기관장이 아닌 지방정부 그 자체에 위임된 사무이다.
③ 지방의회는 단체위임사무의 처리 과정에 관한 조례를 제정할 수 있다.
④ 중앙정부는 자치사무에 대해 합법성 위주의 통제를 주로 한다.

문 12. 대표관료제에 대한 설명으로 옳지 않은 것은?
① 우리나라는 양성채용목표제, 장애인 의무고용제 등 다양한 균형인사제도를 통해 대표관료제의 논리를 반영하고 있다.
② 다양한 집단의 이익을 반영하는 실적주의 이념에 부합하는 인사제도이다.
③ 할당제를 강요하는 결과를 초래하고, 특정 집단에 대한 역차별 문제를 야기할 수 있다.
④ 임용 전 사회화가 임용 후 행태를 자동적으로 보장한다는 가정하에 전개되어 왔다.

문 13. 킹던(Kingdon)이 제시한 정책흐름모형에 대한 설명으로 옳은 것만을 모두 고르면?

> ㄱ. 경쟁하는 연합의 자원과 신념 체계(belief system)를 강조한다.
> ㄴ. 쓰레기통모형을 발전시킨 것이다.
> ㄷ. 정책 과정의 세 흐름은 문제흐름, 정책흐름, 정치흐름이 있다.

① ㄱ
② ㄷ
③ ㄱ, ㄴ
④ ㄴ, ㄷ

문 14. 행정가치에 대한 설명으로 옳지 않은 것은?
① 합리성은 어떤 행위가 궁극적 목표 달성의 최적 수단이 되느냐의 여부를 가리는 개념이다.
② 효율성은 목표의 달성도를 나타내고, 효과성은 투입 대비 산출의 비율을 의미한다.
③ 자율적 책임성은 공무원이 직업윤리와 책임감에 기초해 전문가로서 자발적인 재량을 발휘할 때 확보된다.
④ 행정의 민주성은 국민과의 관계뿐만 아니라 관료조직의 내부 의사결정 과정의 측면에서도 고려된다.

문 15. 근무성적평정상의 오류에 대한 설명으로 옳지 않은 것은?
① 평정자가 피평정자를 잘 모르는 경우 집중화 경향이 발생할 수 있다.
② 평정자의 평정기준이 일정하지 않은 경우 총계적 오류(total error)가 발생할 수 있다.
③ 연쇄효과(halo effect)는 초기 실적이나 최근의 실적을 중심으로 평가함으로써 발생하는 시간적 오류를 의미한다.
④ 관대화 경향의 폐단을 막기 위해 강제배분법을 활용할 수 있다.

문 16. 라이트(Wright)의 정부 간 관계(Inter-Governmental Relations: IGR) 모형에 대한 설명으로 옳지 않은 것은?
① 정부 간 상호권력관계와 기능적 상호의존관계를 기준으로 정부 간 관계(IGR)를 3가지 모델로 구분한다.
② 대등권위모형(조정권위모형, coordinate-authority model)은 연방정부, 주정부, 지방정부가 모두 동등한 권한을 가지고 있다고 설명한다.
③ 내포권위모형(inclusive-authority model)은 연방정부, 주정부, 지방정부를 수직적 포함관계로 본다.
④ 중첩권위모형(overlapping-authority model)은 연방정부, 주정부, 지방정부가 상호 독립적인 실체로 존재하며 협력적 관계라고 본다.

문 17. 변혁적 리더십에 대한 설명으로 옳지 않은 것은?
① 도전적 목표와 임무, 미래에 대한 비전을 추구하도록 격려한다.
② 구성원 개개인에게 관심을 가지고 배려한다.
③ 상황적 보상과 예외관리를 특징으로 한다.
④ 새로운 관점에서 문제를 재구성하고 해결책을 찾도록 자극한다.

문 18. 무어(Moore)의 공공가치창출론(creating public value)적 시각에 대한 설명으로 옳지 않은 것은?
① 행정의 정당성 위기를 극복하기 위한 대안적 접근이다.
② 전략적 삼각형 개념을 제시한다.
③ 신공공관리론을 계승하여 행정의 수단성을 강조한다.
④ 정부의 관리자들은 공공가치 실현에 힘써야 한다고 주장한다.

문 19. 로위(Lowi)의 정책 유형과 리플리와 프랭클린(Ripley & Franklin)의 정책 유형에는 없지만, 앨먼드와 파월(Almond & Powell)의 정책 유형에는 있는 것은?
① 상징정책
② 재분배정책
③ 규제정책
④ 분배정책

문 20. 정부 예산팽창이론에 대한 설명으로 옳지 않은 것은?
① 바그너(Wagner)는 경제 발전에 따라 국민의 욕구 부응을 위한 공공재 증가로 인해 정부 예산이 증가한다고 주장한다.
② 피코크(Peacock)와 와이즈맨(Wiseman)은 전쟁과 같은 사회적 변동이 끝난 후에도 공공지출이 그 이전 수준으로 되돌아가지 않는 데에서 예산팽창의 원인을 찾고 있다.
③ 보몰(Baumol)은 정부 부문과 민간 부문 간의 생산성 격차를 통해 정부 예산의 팽창 원인을 설명하고 있다.
④ 파킨슨(Parkinson)은 관료들이 자신들의 권력 극대화를 위해 필요 이상으로 자기 부서의 예산을 추구함에 따라 정부 예산이 지속적으로 증가한다고 주장한다.

2022 지방직 9급

6월 18일 시행

행정학개론 | A책형 | 1쪽

문 1. 공익에 대한 설명으로 옳은 것만을 모두 고르면?

ㄱ. 실체설에 의하면 공익은 사익을 초월한 것이다.
ㄴ. 과정설에 의하면 공익은 사익 간 갈등을 조정·타협하는 과정에서 산출되는 것이다.
ㄷ. 실체설은 다원적 민주주의에 도움을 준다.
ㄹ. 플라톤(Plato)과 루소(Rousseau) 모두 공익 실체설을 주장하였다.

① ㄱ, ㄴ
② ㄴ, ㄷ
③ ㄱ, ㄴ, ㄹ
④ ㄱ, ㄷ, ㄹ

문 2. 허즈버그(Herzberg)의 욕구충족요인 이원론에서 위생요인에 해당하지 않는 것은?

① 감독
② 대인관계
③ 보수
④ 성취감

문 3. 서번트(servant) 리더십에 대한 설명으로 옳은 것만을 모두 고르면?

ㄱ. 구성원들이 공동의 목표를 이뤄 나갈 수 있도록 환경을 조성하고 도와준다.
ㄴ. 보상과 처벌을 핵심 관리수단으로 한다.
ㄷ. 그린리프(Greenleaf)는 존중, 봉사, 정의, 정직, 공동체 윤리를 강조했다.
ㄹ. 리더의 최우선적인 역할은 업무를 명확하게 지시하는 것이다.

① ㄱ, ㄷ
② ㄱ, ㄹ
③ ㄴ, ㄷ
④ ㄴ, ㄹ

문 4. 행정학의 주요 접근법, 학자, 특성을 바르게 연결한 것은?

① 행정생태론 – 오스본(Osborne)과 게블러(Gaebler) – 환경요인 중시
② 후기행태주의 – 이스턴(Easton) – 가치중립적·과학적 연구 강조
③ 신공공관리론 – 리그스(Riggs) – 시장원리인 경쟁을 도입
④ 뉴거버넌스론 – 로즈(Rhodes) – 정부·시장·시민사회 간 네트워크

문 5. 티부(Tiebout) 모형의 전제조건으로 옳지 않은 것은?

① 시민의 이동성
② 외부효과의 배제
③ 고정적 생산요소의 부존재
④ 지방정부 재정패키지에 대한 완전한 정보

문 6. 관료제 병리현상과 그 특징을 짝지은 것으로 옳지 않은 것은?

① 할거주의 – 조정과 협조 곤란
② 형식주의 – 번거로운 문서 처리
③ 피터(Peter)의 원리 – 관료들의 세력 팽창 욕구로 인한 기구와 인력의 증대
④ 전문화로 인한 무능 – 한정된 분야의 전문성 강조로 타 분야에 대한 이해력 부족

문 7. 정책집행 연구 중 상향적 접근방법(bottom-up approach)으로 옳은 것만을 모두 고르면?

ㄱ. 엘모어(Elmore)의 후방향적 집행연구
ㄴ. 사바티어(Sabatier)와 매즈매니언(Mazmanian)의 집행과정 모형
ㄷ. 립스키(Lipsky)의 일선관료제
ㄹ. 반 미터(Van Meter)와 반 호른(Van Horn)의 집행연구

① ㄱ, ㄷ
② ㄱ, ㄹ
③ ㄴ, ㄷ
④ ㄴ, ㄹ

문 8. 호그우드(Hogwood)와 피터스(Peters)가 제시한 정책변동의 유형에 대한 설명으로 옳지 않은 것은?
① 정책혁신은 기존의 조직이나 예산을 기반으로 새로운 형태의 개입을 결정하는 것이다.
② 정책승계는 정책의 기본 목표는 유지하되, 정책을 대체 혹은 수정하거나 일부 종결하는 것이다.
③ 정책유지는 기존 정책의 기본 골격을 유지하면서 정책수단의 부분적인 변화만 이루어지는 것이다.
④ 정책종결은 다른 정책으로의 대체 없이 기존 정책을 완전히 중단하는 것이다.

문 9. 조직문화의 경쟁가치모형에 대한 설명으로 옳지 않은 것은?
① 위계문화는 응집성을 강조한다.
② 혁신지향문화는 창의성을 강조한다.
③ 과업지향문화는 생산성을 강조한다.
④ 관계지향문화는 사기 유지를 강조한다.

문 10. 2015년 공무원연금 개혁에 대한 설명으로 옳지 않은 것은?
① 퇴직연금 지급률을 1.7%로 단계적 인하
② 퇴직연금 수급 재직요건을 20년에서 10년으로 완화
③ 퇴직연금 기여율을 기준소득월액의 9%로 단계적 인상
④ 퇴직급여 산정 기준은 퇴직 전 3년 평균보수월액으로 변경

문 11. 특별시·광역시의 보통세와 도의 보통세에 공통적으로 속하는 세목만을 모두 고르면?

ㄱ. 지방소득세   ㄴ. 지방소비세
ㄷ. 주민세   ㄹ. 레저세
ㅁ. 재산세   ㅂ. 취득세

① ㄱ, ㄴ, ㄹ
② ㄱ, ㄷ, ㅁ
③ ㄴ, ㄹ, ㅂ
④ ㄷ, ㅁ, ㅂ

문 12. 정부회계에 대한 설명으로 옳지 않은 것은?
① 국가회계는 디브레인(dBrain) 시스템을 통해, 지방자치단체회계는 e-호조 시스템을 통해 처리된다.
② 재무회계는 현금주의 단식부기 회계방식이, 예산회계는 발생주의 복식부기 방식이 적용된다.
③ 발생주의에서는 미수수익이나 미지급금을 자산과 부채로 표시할 수 있다.
④ 재무제표는 거래가 발생하면 차변과 대변 양쪽에 동일한 금액으로 이중기입하는 복식부기 방식을 채택하고 있다.

문 13. 정부위원회에 대한 설명으로 옳은 것만을 모두 고르면?

ㄱ. 책임성이 결여될 수 있다.
ㄴ. 자문위원회는 업무가 계속성·상시성이 있어야 한다.
ㄷ. 민주성을 제고하는 장점이 있다.
ㄹ. 방송통신위원회, 공정거래위원회, 국민권익위원회, 금융위원회, 개인정보 보호위원회, 원자력안전위원회는 중앙행정기관이다.

① ㄱ, ㄷ
② ㄴ, ㄷ
③ ㄴ, ㄹ
④ ㄱ, ㄷ, ㄹ

문 14. 공무원 보수의 유형에 대한 설명으로 옳지 않은 것은?
① 직능급은 자격증을 갖춘 유능한 인재의 확보에 유리하다.
② 연공급은 근속연수를 기준으로 하기 때문에 전문기술인력 확보에 유리하다.
③ 직무급은 동일노동에 대한 동일임금이라는 합리적인 보수 책정이 가능하다.
④ 성과급은 결과를 중시하며 변동급의 성격을 가진다.

문 15. 다음은 「국가재정법」상 예비타당성조사에 대한 내용이다. (가)와 (나)에 들어갈 숫자로 옳은 것은?

> 기획재정부장관은 총사업비가 [(가)] 억 원 이상이고 국가의 재정지원 규모가 [(나)] 억 원 이상인 신규 사업으로서 건설공사가 포함된 사업 등에 대한 예산을 편성하기 위하여 미리 예비타당성조사를 실시하고, 그 결과를 요약하여 국회 소관 상임위원회와 예산결산특별위원회에 제출하여야 한다.

	(가)	(나)		(가)	(나)
①	300	100	②	300	200
③	500	250	④	500	300

문 16. 「공직자윤리법」상 재산등록의무자로 옳지 않은 것은?
① 법관 및 검사
② 소령 이상의 장교 및 이에 상당하는 군무원
③ 총경 이상의 경찰공무원과 소방정 이상의 소방공무원
④ 4급 이상의 일반직 공무원에 상당하는 보수를 받는 별정직 공무원

문 17. 살라몬(Salamon)의 정책도구 분류에서 강제성이 가장 높은 것은?
① 경제적 규제
② 바우처
③ 조세지출
④ 직접대출

문 18. 일반회계, 특별회계, 기금에 대한 설명으로 옳지 않은 것은?
① 일반회계는 조세수입 등을 주요 세입으로 하여 국가의 일반적인 세출에 충당하기 위하여 설치한다.
② 특별회계와 기금은 예산총계주의 원칙의 예외이다.
③ 일반회계, 특별회계, 기금 모두 국회로부터 결산의 심의 및 의결을 받아야 한다.
④ 일반회계와 특별회계는 전쟁이나 대규모 재해가 발생한 경우 추가경정예산을 편성할 수 있다.

문 19. 다음 설명에 해당하는 유연근무제의 유형은?

> • 탄력근무제의 한 유형
> • 1일 8시간에 구애받지 않음
> • 주 3.5~4일 근무

① 재택근무형
② 집약근무형
③ 시차출퇴근형
④ 근무시간선택형

문 20. 홀릿(Howlett)과 라메쉬(Ramesh)의 모형에 따라 정책의 제설정 유형을 분류할 때, (가)~(라)에 대한 설명으로 옳지 않은 것은?

의제설정 주도자 \ 공중의 지지	높음	낮음
사회 행위자(societal actors)	(가)	(나)
국가(state)	(다)	(라)

① (가) - 시민사회단체 등이 이슈를 제기하여 정책의제에 이른다.
② (나) - 특별히 의사결정자들에게 접근할 수 있는 영향력 있는 집단이 정책을 주도한다.
③ (다) - 이미 공중의 지지가 높기 때문에 정책이 결정된 후 집행이 용이하다.
④ (라) - 정책결정자가 이슈를 제기하면 자동적으로 정책의제화되기 때문에 성공적인 집행을 위한 공중의 지지는 필요없다.

2021 지방직 9급 (6월 5일 시행)

행정학개론 Ⓐ책형

문 1. 정치·행정 일원론에 대한 설명으로 옳은 것은?
① 행정국가의 등장과 연관성이 깊다.
② 윌슨(Wilson)의 「행정연구」가 공헌하였다.
③ 정치는 의사결정의 영역이고, 행정은 결정된 내용을 집행한다고 보았다.
④ 행정은 경영과 비슷해야 하며, 행정이 지향하는 가치로 절약과 능률을 강조하였다.

문 2. 신공공관리론에서 지향하는 '기업가적 정부'의 특성에 해당하지 않는 것은?
① 경쟁적 정부
② 노젓기 정부
③ 성과 지향적 정부
④ 미래 대비형 정부

문 3. 공직 분류 체계에 대한 설명으로 옳은 것은?
① 소방공무원은 특수경력직 공무원에 해당한다.
② 국회 수석전문위원은 일반직 공무원에 해당한다.
③ 차관에서 3급 공무원까지는 특정직 공무원에 해당한다.
④ 경력직 공무원은 실적과 자격에 의해 임용되고 신분이 보장된다.

문 4. 예산제도에 대한 설명으로 옳지 않은 것은?
① 품목별예산제도는 행정부의 재량권을 확대하기 위해 도입되었다.
② 성과주의예산제도에서는 사업의 단위원가를 기초로 예산을 편성한다.
③ 계획예산제도에서는 장기적인 기획과 단기적인 예산편성을 연계하여 합리적 예산 배분을 시도한다.
④ 영기준예산제도는 예산을 편성할 때 전년도 예산에 구애받지 않는다.

문 5. 특별회계 예산과 기금에 대한 설명으로 옳지 않은 것은?
① 기금은 특정 수입과 지출의 연계가 강하다.
② 특별회계 예산은 세입과 세출이라는 운영 체계를 지닌다.
③ 특별회계 예산은 합목적성 차원에서 기금보다 자율성과 탄력성이 강하다.
④ 특별회계 예산과 기금은 모두 결산서를 국회에 제출하여야 한다.

문 6. 지방재정에 대한 설명으로 옳지 않은 것은?
① 재정자립도는 일반회계 세입 중 지방세와 세외수입이 차지하는 비중을 말한다.
② 국고보조금은 지방재정 운영의 자율성을 제고한다.
③ 지방교부세는 지역 간의 재정 불균형을 시정하기 위한 제도이다.
④ 지방자치단체는 재해예방 및 복구사업에 경비를 조달하기 위해서 지방채를 발행할 수 있다.

문 7. 변혁적(transformational) 리더십에 대한 설명으로 옳은 것은?
① 적응보다 조직의 안정을 강조한다.
② 기계적 조직체계에 적합하며, 개인적 배려는 하지 않는다.
③ 부하에게 새로운 비전을 제시하며, 지적 자극을 통한 동기부여를 강조한다.
④ 리더와 부하의 관계를 경제적 교환관계로 인식하고, 보상에 관심을 둔다.

문 8. 조직이론에 대한 설명으로 옳은 것은?
① 인간관계론은 동기 유발 기제로 사회심리적 측면을 강조한다.
② 귤릭(Gulick)은 시간-동작 연구를 통해 과학적 관리론을 주장하였다.
③ 고전적 조직이론은 조직 내 사회적 능률을 강조하고, 조직 속의 인간을 자아실현인으로 간주한다.
④ 상황이론(contingency theory)은 모든 상황에서 적용되는 유일·최선의 조직구조를 찾는다.

문 9. 균형성과표(BSC)에 대한 설명으로 옳지 않은 것은?
① 조직의 장기적 전략 목표와 단기적 활동을 연결할 수 있게 한다.
② 재무적 성과지표와 비재무적 성과지표를 통한 균형적인 성과관리도구라고 할 수 있다.
③ 재무적 정보 외에 고객, 내부 절차, 학습과 성장 등 조직 운영에 필요한 관점을 추가한 것이다.
④ 고객 관점에서의 성과지표는 시민참여, 적법절차, 내부 직원의 만족도, 정책 순응도, 공개 등이 있다.

문 10. 정책옹호연합모형(advocacy coaliton framework)에 대한 설명으로 옳지 않은 것은?
① 외적인 환경변수를 정책과정과 연계함으로써 정책변동을 설명한다.
② 정책학습을 통해 행위자들의 기저 핵심 신념(deep core beliefs)을 쉽게 변화시킬 수 있다.
③ 옹호연합 사이에서 정치적 갈등 발생 시 정책중개자가 이를 조정할 수 있다.
④ 옹호연합은 그들의 신념 체계가 정부 정책에 관철되도록 여론, 정보, 인적자원 등을 동원한다.

문 11. 엽관주의와 실적주의에 대한 설명으로 옳은 것은?
① 엽관주의는 개인의 능력, 적성, 기술을 공직 임용 기준으로 한다.
② 엽관주의는 정치지도자의 국정 지도력을 약화한다.
③ 실적주의는 국민에 대한 관료의 대응성을 높인다.
④ 실적주의는 공직 임용에 대한 기회의 균등을 보장한다.

문 12. 고위공무원단제도에 대한 설명으로 옳지 않은 것은?
① 역량 중심의 인사관리
② 계급 중심의 인사관리
③ 성과와 책임 중심의 인사관리
④ 개방과 경쟁 중심의 인사관리

문 13. 4차 산업혁명에 관한 설명으로 옳지 않은 것은?
① 초연결성, 초지능성 등의 특징이 있다.
② 대량 생산 및 규모의 경제 확산이 핵심이다.
③ 사물인터넷은 스마트 도시 구현에 도움이 된다.
④ 빅데이터를 활용한 맞춤형 공공 서비스 제공이 가능하다.

문 14. 행정통제와 행정책임에 대한 설명으로 옳은 것만을 모두 고르면?

ㄱ. 파이너(Finer)는 법적·제도적 외부통제를 강조한다.
ㄴ. 감사원의 직무감찰과 회계감사는 외부통제에 해당한다.
ㄷ. 프리드리히(Friedrich)는 내재적 통제보다 객관적·외재적 책임을 강조한다.

① ㄱ
② ㄴ
③ ㄱ, ㄷ
④ ㄴ, ㄷ

문 15. 자치경찰제도에 대한 설명으로 옳지 않은 것은?
① 지역 실정에 맞는 치안 행정을 펼칠 수 있다.
② 경찰 업무의 통일성과 효율성을 높일 수 있다.
③ 제주자치경찰단은 주민의 생활안전 활동에 관한 사무를 수행한다.
④ 자치경찰 사무를 관장하기 위하여 광역자치단체에 시·도자치경찰위원회를 둔다.

문 16. 지방자치단체의 예비비에 대한 설명으로 옳지 않은 것은?
① 예측할 수 없는 예산 외의 지출에 충당하기 위하여 예산에 계상한다.
② 일반회계의 경우 예산총액의 100분의 1 이내의 금액을 예비비로 계상하여야 한다.
③ 지방의회의 예산안 심의 결과 감액된 지출항목에 대해 예비비를 사용할 수 있다.
④ 재해·재난 관련 목적 예비비는 별도로 예산에 계상할 수 있다.

문 17. 앨리슨(Allison)모형 중 다음 내용에 초점을 두고 정책결정을 설명하는 것은?

> 1960년대 쿠바 미사일 사태에서 미국은 해안봉쇄로 위기를 극복하였다. 정부의 각 부처를 대표하는 사람들은 위기상황에서 각자가 선호하는 대안을 제시하였다. 대표자들은 여러 대안에 대하여 갈등과 타협의 과정을 거쳤고, 결국 해안봉쇄 결정이 내려졌다. 이는 대통령이 사태 초기에 선호했던 국지적 공습과는 다른 결정이었다. 물론 해안봉쇄가 위기를 해소하는 최선의 대안이라는 보장은 없었고, 부처에 따라서는 불만을 가진 대표자도 있었다.

① 합리적 행위자 모형
② 쓰레기통모형
③ 조직과정모형
④ 관료정치모형

문 18. 신제도주의에 대한 설명으로 옳지 않은 것은?

① 제도는 법률, 규범, 관습 등을 포함한다.
② 역사적 제도주의는 제도가 경로의존성을 따른다고 본다.
③ 사회학적 제도주의는 적절성의 논리보다 결과성의 논리를 중시한다.
④ 합리적 선택 제도주의는 제도가 합리적 행위자의 이기적 행태를 제약한다고 본다.

문 19. 정책실험에서 내적 타당성을 위협하는 요인 중 다음 설명에 해당하는 것은?

> 사전측정을 경험한 실험 대상자들이 측정 내용에 대해 친숙해지거나 학습 효과를 얻음으로써 사후측정 때 실험집단의 측정값에 영향을 주는 효과이며, '눈에 띄지 않는 관찰' 방법 등으로 통제할 수 있다.

① 검사요인
② 선발요인
③ 상실요인
④ 역사요인

문 20. 지방정부의 기관구성 형태에 대한 설명으로 옳지 않은 것은?

① 강시장-의회(strong mayor-council) 형태에서는 시장이 강력한 정치적 리더십을 행사한다.
② 위원회(commission) 형태에서는 주민 직선으로 선출된 의원들이 집행부서의 장을 맡는다.
③ 약시장-의회(weak mayor-council) 형태에서는 일반적으로 의회가 예산을 편성한다.
④ 의회-시지배인(council-manager) 형태에서는 시지배인이 의례적이고 명목적인 기능을 수행한다.

국가직 7급 공개경쟁채용 필기시험

응시번호		문제책형	
성　　명			

【시험과목】

제1과목	헌　법	제2과목	행정법
제3과목	행정학	제4과목	경제학

응시자 주의사항

1. **시험 시작 전**에 시험문제를 열람하는 행위나 **시험 종료 후** 답안을 작성하는 행위를 한 사람은 「지방공무원 임용령」 제65조 등 관련 법령에 의거 **부정행위자**로 처리됩니다.

2. 시험 시작 즉시 **과목편철 순서, 문제누락 여부, 인쇄상태 이상 유무 및 표지와 개별과목의 문제책형 일치 여부 등을 확인**한 후 문제책 표지에 응시번호, 성명을 기재합니다.

3. 반드시 본인의 **응시표에 인쇄된 선택과목 순서에 따라 답안을 표기**하여야 합니다.
   과목 순서를 바꾸어 표기한 경우에도 **본인의 응시표에 기재된 과목 순서대로 채점**되므로 반드시 유의하시기 바랍니다.

4. 시험이 시작되면 문제를 주의 깊게 읽은 후, **문항의 취지에 가장 적합한 하나의 정답만을 고르며**, 문제 내용에 관한 질문은 받지 않습니다.

5. **시험시간 관리의 책임**은 전적으로 응시자 본인에게 있습니다.

2024 10월 12일 시행 국가직 7급

행정학 | 나책형 | 1쪽

문 1. 윌슨(J. Wilson)의 규제정치이론에서 수입규제가 유발하는 정치경제적 상황은?
① 대중정치
② 기업가정치
③ 고객정치
④ 이익집단정치

문 2. 행정이념 중에서 수단적 가치로만 묶인 것은?
① 효과성, 형평성, 합법성, 공익성
② 합법성, 평등성, 효과성, 공익성
③ 형평성, 합법성, 가외성, 능률성
④ 가외성, 능률성, 효과성, 합법성

문 3. 예산의 원칙과 그 예외가 바르게 짝지어지지 않은 것은?
① 통일성의 원칙 - 목적세
② 단일성의 원칙 - 특별회계
③ 완전성의 원칙 - 전대차관
④ 사전의결의 원칙 - 예산의 이용

문 4. 다음과 같은 특징이 나타나는 정책네트워크의 유형은?

○ 의회의 상임위원회 또는 분과위원회, 행정부처, 이익집단이 형성하는 정책네트워크를 의미한다.
○ 네트워크의 자율성과 안정성이 비교적 높다.
○ '철의 삼각' 개념과 거의 동일한 의미를 지닌다.

① 정책공동체 모형
② 하위정부 모형
③ 이슈네트워크 모형
④ 협력적 거버넌스 모형

문 5. 우리나라 행정통제 방법 중 내부통제에 해당하는 것은?
① 감사원의 회계검사
② 헌법재판소의 위헌법률심판
③ 국회의 국무위원에 대한 탄핵소추
④ 지방자치단체의 주민참여예산제도

문 6. 정치·행정이원론에 대한 설명으로 옳지 않은 것은?
① 엽관주의 극복을 위한 반엽관주의(anti-spoils system) 움직임에 따라 대두되었다.
② 부패한 정치로부터 행정의 분리를 주장했다.
③ 행정의 정책형성기능 강화로 인해 기능적 행정학을 추구했다.
④ 윌슨(W. Wilson)은 행정을 관리와 경영의 영역으로 규정했다.

문 7. 다음의 상황에 해당하는 지각오류는?

○ 공격적인 성격의 소유자는 다른 사람도 공격적으로 보기 쉽다.
○ 노조 대표와 관리층의 대표는 자신의 불신 감정을 다른 집단에게로 전가한다.

① 대조효과(contrast effect)
② 투사(projection)
③ 후광효과(halo effect)
④ 기대성 착오(expectancy error)

문 8. 신공공관리론의 특징으로 옳지 않은 것은?
① 성과에 의한 관리를 중요시한다.
② 신관리주의와 시장주의가 결합된 개념이다.
③ 수익자부담원칙을 강조한다.
④ 분절화의 축소와 조직구조의 통합, 조정을 강조한다.

문 9. 정책평가에 대한 설명으로 옳지 않은 것은?

① 내부평가는 기관 내부에서 평가를 주도하며, 외부평가와 비교하면 평가 결과의 활용성이 높다.
② 비용편익분석은 정책 실행이 가져올 모든 비용과 편익을 화폐 단위로 계량화하여 비교하는 방법으로서, 정책의 능률성과 대응성을 측정하기에 효과적이다.
③ 총괄평가는 정책이 종료한 시점에서 효과성이나 능률성 등 다각적 관점에서 결과를 살펴보는 것이다.
④ 평가성검토는 본평가를 실시하기 전에 평가의 소망성과 실행가능성을 개괄적으로 검토하는 예비평가이다.

문 10. 정책집행에 대한 설명으로 옳은 것은?

① 하향식 접근방법은 후방접근법이라고 불리며, 정책집행 현장에서 집행조직과 정책사업 간 상호작용의 중요성을 강조한다.
② 상향식 접근방법은 정책결정의 결과물인 정책목표를 달성해 가는 과정을 정책집행으로 이해한다.
③ 매틀랜드(Matland)는 정책목표의 모호성과 갈등 개념을 활용하여 특정 집행상황을 네 가지로 구조화하였다.
④ 나카무라와 스몰우드(Nakamura & Smallwood)에 따르면, 관료적 기업가형은 정책결정자들이 개괄적인 정책을 결정하고, 집행 과정에서 정책의 집행자와 협상한다.

문 11. 체제이론에서 제시하는 개방체제의 특징으로 옳지 않은 것은?

① 목적 달성을 위한 유일 최선의 방법은 없으며 다양한 방법이 존재한다.
② 환경의 변화에 맞도록 구조와 기능이 다양하게 분화될 것을 요구한다.
③ 체제의 에너지 소모로 인한 소멸 가능성을 강조한다.
④ 환경과 끊임없는 상호작용을 강조한다.

문 12. 정책결정모형에 대한 설명으로 옳은 것은?

① 사이버네틱스모형은 비목적적 적응(non-purposive adaption)을 특징으로 한다.
② 회사모형은 합리적 분석과 함께 정책결정자의 직관적 판단도 정책결정의 중요 요인으로 수용한다.
③ 앨리슨(Allison)이 제시한 조직과정모형은 의사결정이 분산되어 있는 상황에서 합의된 정책결정을 위해 타협을 시도하는 상황을 설명하기 쉽다.
④ 혼합주사모형은 정책결정을 하나의 우연한 현상으로 설명한다.

문 13. 예산제도에 대한 설명으로 옳은 것만을 모두 고르면?

ㄱ. 영기준예산제도에서는 사업을 원점에서 재검토하여 예산을 편성하기 때문에 사업담당자들이 자신의 사업평가 과정에서 위협을 느끼게 된다.
ㄴ. 성과주의예산제도는 업무단위 선정이 곤란하지만 단위원가 계산은 용이하다.
ㄷ. 계획예산제도는 의사결정 집권화를 완화할 수 있고, 목표설정의 계량화를 용이하게 할 수 있다.
ㄹ. 품목별예산제도는 행정부의 예산집행 과정에서 유용이나 남용을 방지할 수 있고, 예산심의가 용이하여 행정부에 대한 의회의 권한을 강화할 수 있다.

① ㄱ, ㄴ
② ㄱ, ㄹ
③ ㄴ, ㄷ
④ ㄷ, ㄹ

문 14. 예산 집행 과정의 신축성 유지 방안에 대한 설명으로 옳은 것만을 모두 고르면?

ㄱ. 예산의 전용이란 각 기관·장·관·항 간에 상호 융통하는 것을 말한다.
ㄴ. 예산의 명시이월이란 예산 성립 후 연도 내 지출원인행위를 하고 불가피한 사유로 지출하지 못한 경비와 지출원인행위를 하지 아니한 그 부대경비의 금액에 대한 이월을 말한다.
ㄷ. 예비비란 예측할 수 없는 예산 외의 지출 또는 예산초과지출에 충당하기 위해 세입·세출예산에 계상한 금액을 말한다.
ㄹ. 예산의 이체란 정부조직 등에 관한 법령의 제정, 개정 또는 폐지로 인해 그 직무와 권한에 변동이 있을 때에 예산도 이에 따라 변경하는 것을 말한다.

① ㄱ, ㄴ
② ㄱ, ㄷ
③ ㄴ, ㄹ
④ ㄷ, ㄹ

문 15. 국가와 지방자치단체 간의 사무배분에 대한 설명으로 옳지 않은 것은?
① 기관위임사무는 주로 지방적 이해관계보다 국가적 차원의 이해관계가 크게 걸려 있는 사업이 대상이며, 지방자치단체 그 자체에 위임한 사무이다.
② 효율성의 원칙은 보충성의 원칙을 받아들인다 해도 사무에 따라서는 보다 넓은 지역을 담당하는 광역지방자치단체나 중앙정부가 일차적인 책임을 지고 처리하는 것이 훨씬 효율적일 수 있다는 것이다.
③ 포괄성의 원칙은 지방자치단체가 배분받은 사무에 대해 배타적인 권한을 행사할 수 있도록 해야 한다는 내용도 포함한다.
④ 자치사무는 지방자치단체의 고유사무이므로 스스로의 책임과 부담으로 처리하는 것이 원칙이며, 중앙정부는 사후 감독과 합법성 감독을 수행한다.

문 16. 공무원의 신분보장 및 징계에 대한 설명으로 옳지 않은 것은?
① 임용권자는 정직에 해당하는 징계 의결이 요구 중인 공무원에게 직위를 부여하지 아니할 수 있다.
② 정직은 중징계 처분 중의 하나로 사유에 따라 1개월 이상 3개월 이하의 기간이 적용되며, 정직기간 중 감봉조치는 별도로 없다.
③ 임용권자는 직제 또는 정원의 변경이나 예산의 감소 등으로 직위가 폐직되거나 하위의 직위로 변경되어 과원이 된 경우 또는 본인이 동의한 경우에는 소속 공무원을 강임할 수 있다.
④ 해임은 강제퇴직 처분으로 3년간 공무원 임용이 제한되며, 금품·향응수수·공금횡령·유용 등으로 해임된 경우를 제외하고 퇴직급여 감액의 불이익이 없다.

문 17. 규제유형에 대한 설명으로 옳지 않은 것은?
① 투입규제(수단규제)는 관리규제에 비해 피규제자에게 더욱 많은 자율성을 부여한다.
② 성과규제는 사회문제 해결목표(규제목표)에 대한 달성 수준을 정하고 피규제자에게 이를 달성하도록 요구하는 것이다.
③ 직접규제는 정부가 규제주체인 반면 자율규제는 민간이 규제주체가 된다.
④ 네거티브 규제는 포지티브 규제보다 피규제자의 자율성을 더욱 보장해 준다.

문 18. 「공직자윤리법」상 공직자 윤리 확보에 대한 설명으로 옳지 않은 것은?
① 「공직자윤리법」의 목적은 공익과 사익의 이해충돌을 방지하고, 국민 전체의 봉사자로서 행정의 민주성과 능률성을 확립하는 것이다.
② 국가는 공직자가 공직에 헌신할 수 있도록 공직자의 생활을 보장하고 공직윤리 확립에 노력하여야 한다.
③ 퇴직공직자는 재직 중인 공직자의 공정한 직무수행을 해치는 상황이 일어나지 않도록 노력하여야 한다.
④ 공직자는 자신이 수행하는 직무가 자신의 재산상 이해와 관련되어 공정한 직무수행이 어려운 상황이 일어나지 않도록 직무수행의 적정성을 확보하여야 한다.

문 19. 「국가공무원법」상 공무원의 복무에 대한 설명으로 옳지 않은 것은?
① 공무원은 국민 전체의 봉사자로서 친절하고 공정하게 직무를 수행하여야 한다.
② 사실상 노무에 종사하는 공무원은 노동운동이나 그 밖에 공무 외의 일을 위한 집단 행위를 하여서는 아니 된다.
③ 공무원이 외국 정부로부터 영예나 증여를 받을 경우에는 대통령의 허가를 받아야 한다.
④ 공무원은 직무와 관련하여 직접적이든 간접적이든 사례·증여 또는 향응을 주거나 받을 수 없다.

문 20. 정책의제에 대한 설명으로 옳지 않은 것은?
① 호그우드와 건(Hogwood & Gunn)은 정책문제의 성격이 인간의 감정보다 이성적 측면에 호소하는 문제일수록 정책의제화가 쉽다고 하였다.
② 외부주도형 정책의제설정모형은 다원화되고 민주화된 선진국에서 많이 나타난다.
③ 정부의제는 정부의 공식적인 의사결정에 의해 해결을 심각하게 고려하기로 명백히 밝힌 문제를 말한다.
④ 바흐라크와 바라츠(Bachrach & Baratz)는 기존 질서의 변화를 주장하는 요구가 정치적 이슈가 되지 못하도록 하는 가장 직접적인 수단으로 폭력을 제시하였다.

문 21. 실적주의의 정당화 근거로 옳지 않은 것은?
① 공직 취임에 대한 기회의 균등 보장
② 행정의 능률성 제고
③ 행정의 공정성과 안정성 확보
④ 행정에 대한 민주적 통제 강화

문 22. 직업공무원제에 대한 설명으로 옳지 않은 것은?
① 공무원의 직업의식을 고무시키는 시스템이며, 공직에 대한 자부심과 일체감을 제고한다.
② 젊은 인재를 공직에 임용하여 장기간 근무하게 만드는 제도이다.
③ 외부환경에 대한 적극적 대응과 새로운 지식 및 기술 도입이 활성화되어 행정의 전문성을 강화한다.
④ 계급제를 근간으로 하며, 정부 업무의 안정성과 계속성을 확보할 수 있다는 장점이 있다.

문 23. 정부 간 관계이론에 대한 설명으로 옳지 않은 것은?
① 앤더슨(Anderson)에 따르면 정부 간 관계는 연방체계 내에서 모든 계층과 모든 형태의 정부단위들 간에 일어나는 상호작용과 행위의 총체이다.
② 라이트(Wright)의 중첩권위모형에서는 연방정부, 주정부, 지방정부가 때로는 경쟁하고 때로는 협력하는 관계를 맺으며, 그 과정에서 합의를 이루고 협력체제를 구축하기 위한 협상과 협의가 계속된다.
③ 로즈(Rhodes)의 지배인 모형에 따르면 지방정부는 중앙정부로부터 어느 정도의 자율성을 가지고 지방을 관리한다.
④ 엘코크(Elcock)의 동반자모형에 따르면 중앙정부와 지방정부 간 관계는 상호협력적이며 대등한 국정의 파트너이다.

문 24. 우드워드(Woodward)의 기술 유형과 조직의 구조적 특성에 대한 설명으로 옳지 않은 것은?
① 대량생산기술의 경우 공식적인 절차나 규칙에 따라 관리한다.
② 단위소량생산기술의 경우 문서에 의한 의사소통이 낮게 나타나고, 작업자 간 구두에 의한 의사소통이 많이 이루어진다.
③ 단위소량생산기술 조직은 대량생산기술 조직에 비해 느슨한 조직구조와 낮은 수직적 분화의 특징을 갖는다.
④ 단위소량생산기술에서 연속공정생산기술로 기술의 복잡성이 증가함에 따라 전체 구성원 중에서 관리자가 차지하는 비율이 감소한다.

문 25. 딜런(Dillon)의 원칙에 대한 설명으로 옳은 것은?
① 지방정부의 절대적 권리를 인정하고, 주정부가 이를 폐지할 수 없다는 것을 강조한다.
② 지방정부는 연방헌법이 부여한 권한만을 행사할 수 있다.
③ 엽관주의로 인해 나타난 지방정부의 부패와 무능을 해결하려는 의도를 담고 있다.
④ 지역사회에서 만든 헌장 안을 주민투표 등을 통하여 결정하는 방식을 지지한다.

2023 국가직 7급

9월 23일 시행

행정학 | 가책형 | 1쪽

문 1. 주인-대리인이론(principal-agent theory)에 대한 설명으로 옳지 않은 것은?
① 경제적 능률을 중시하는 인간관에 기반한 이론으로, 행위자들이 이기적 존재임을 전제한다.
② 주인과 대리인의 목표 상충으로 인해 X-비효율성이 나타난다.
③ 인간의 인지적 한계와 정보 부족 등 상황적 제약으로 인해 합리성은 제약된다고 본다.
④ 주인과 대리인 사이에 정보비대칭성이 존재하고, 대리인이 기회주의적으로 행동하는 경우 역선택이나 도덕적 해이가 발생할 수 있다.

문 2. 정책평가의 유형에 대한 설명으로 옳지 않은 것은?
① 평가성사정(evaluability assessment)은 평가의 실행가능성을 검토하는 일종의 예비평가이다.
② 정책영향평가는 사후평가이며 동시에 효과성 평가로 볼 수 있다.
③ 모니터링은 과정평가에 속하지만 집행의 능률성과 효과성을 확보하기 위한 평가이다.
④ 형성평가는 집행이 종료된 후 정책이 의도했던 목적을 달성했는지에 초점을 맞춘다.

문 3. 근무성적평정 방법 중 강제배분법에 대한 설명으로 옳지 않은 것은?
① 역산식 평정이 불가능하며 관대화 경향을 초래한다.
② 평가의 집중화 경향을 억제하는 효과가 있다.
③ 평정대상 다수가 우수한 경우에도 일정한 비율의 인원은 하위 등급을 받을 수 있다는 단점이 있다.
④ 등급별 할당 비율에 따라 피평가자들을 배정하는 것이다.

문 4. 정책네트워크의 개념과 유형에 대한 설명으로 옳지 않은 것은?
① 수많은 공식·비공식적 참여자가 존재하는 정책네트워크는 정책과정의 참여자들 간 상호작용을 구조적인 차원으로 설명하는 틀이다.
② 정책네트워크의 경계는 구조적인 틀에 따라 달라지는 상호인지의 과정에 의하기보다는 공식기관들에 의해 결정된다.
③ 하위정부 모형은 이익집단, 의회의 상임위원회, 주요 행정부처로 구성되는 네트워크를 말하며, 안정성이 높은 것이 특징이다.
④ 정책공동체 모형은 하위정부 모형에 대한 대안으로 대두되었으나 전문화된 정책영역에서 정책결정이 이루어진다는 측면에서 서로 유사한 점이 있다.

문 5. 다음 대화에서 옳지 않은 말을 한 사람은?

A: 신공공관리론의 학문적 토대는 신고전학파 경제학인데, 넛지이론은 공공선택론이야.
B: 신공공관리론은 효율성을 증대하여 고객 대응성을 높이자는 목표를 가지는데, 넛지이론은 행동변화를 통해서 삶의 질을 높이는 것이 목표야.
C: 신공공관리론에서는 경제적 합리성을 가정하지만, 넛지이론에서는 제한된 합리성을 가정하지.
D: 신공공관리론에서는 공무원이 정치적 기업가가 되길 원하지만 넛지이론에서는 선택설계자가 되길 바라지.

① A ② B
③ C ④ D

문 6. 립스키(Lipsky)의 일선관료제(street level bureaucracy)에 대한 설명으로 옳지 않은 것은?
① 일선관료에 대한 재량권 강화는 집행현장의 특수성 및 예상치 못한 사태에 대비하게 할 수 있다.
② 일선관료는 만성적으로 부족한 자원, 모호한 역할 기대, 그들의 권위에 대한 위협과 도전이라는 업무환경에 처해 있다.
③ 일선관료는 일반시민을 분류하지 않고, 모든 계층을 공평하게 대우한다.
④ 일선관료는 정부를 대신하여 시민에게 정책을 직접 전달하는 존재로, 특히 사회경제적 취약계층의 삶에 큰 영향력을 미친다.

문 7. 집권화와 분권화에 대한 설명으로 옳지 않은 것은?
① 집권화는 조직의 규모가 작고 신설 조직일 때 유리하다.
② 집권화의 장점으로는 전문적 기술의 활용가능성 향상과 경비절감을 들 수 있다.
③ 탄력적 업무수행은 분권화의 장점이다.
④ 분권화는 행정기능의 중복과 혼란을 회피할 수 있고 분열을 억제할 수 있다.

문 8. 만족모형에 대한 비판으로 옳은 것만을 모두 고르면?

ㄱ. 책임회피의식과 보수적 사고가 지배적인 상황에서 혁신을 이끄는 데 한계가 있다.
ㄴ. 만족에 대한 기대수준을 지나치게 명확히 규정하여 획일적인 의사결정 구조가 나타난다.
ㄷ. 조직 내 상하관계 등에서 나타나는 권력적 측면이 의사결정에 미치는 영향을 간과한다.
ㄹ. 일반적이고 가벼운 의사결정과 달리 중대한 의사결정에 적용하기 어려울 수 있다.

① ㄱ, ㄴ
② ㄱ, ㄹ
③ ㄴ, ㄷ
④ ㄷ, ㄹ

문 9. 정책대안의 미래예측 방법인 추세연장(extrapolation) 예측 기법에 대한 설명으로 옳지 않은 것은?
① 과거부터 현재까지의 자료를 토대로 미래 사회의 상태를 예상하는 방법이다.
② 추세연장의 주요 방법에는 이동평균법(moving average), 지수평활법(exponential smoothing), 교차영향행렬(cross-impact matrix) 분석이 있다.
③ 지속성(persistence), 규칙성(regularity), 자료의 신뢰성(reliability) 및 타당성(validity)의 가정이 충족되는 것을 전제로 한다.
④ 추세연장 예측 분석을 위해서는 시계열 자료가 주로 사용되며, 인구감소, 경제성장, 기관의 업무량 등을 예측하는 데 이용된다.

문 10. 리더십과 팔로워십 이론에 대한 설명으로 옳은 것만을 모두 고르면?

ㄱ. 켈리(Kelley)는 소외적 추종자(alienated followers), 순응적 추종자(sheep), 수동적 추종자(yes people), 효과적 추종자(effective followers) 등 네 가지 추종자 유형을 제시하였고, 그중 소외적 추종자가 가장 위험하다고 주장하였다.
ㄴ. 블레이크(Blake)와 머튼(Mouton)은 생산에 대한 관심과 사람에 대한 관심이 모두 높은 단합형(team management) 리더십 유형을 최선의 관리방식으로 제안하였다.
ㄷ. 상황적응적 리더십 모형의 주창자 중 하나인 피들러(Fiedler)는 리더-구성원 관계, 직무구조, 직위권력 등 3가지 변수를 중요한 상황요소로 설정하였다.
ㄹ. 오하이오 주립대 리더십 연구자들은 리더의 행동을 구조주도(initiating structure)와 배려로 설명하며 가장 훌륭한 리더유형을 중간 수준의 구조주도와 배려를 갖춘 균형잡힌 리더형태로 보았다.

① ㄱ, ㄴ
② ㄱ, ㄹ
③ ㄴ, ㄷ
④ ㄷ, ㄹ

문 11. 예산과 법률의 차이점에 대한 설명으로 옳지 않은 것은?
① 법률안은 국회의원과 정부가 제출할 수 있지만, 예산안은 정부만이 제출할 수 있다.
② 발의·제출된 법률안에 대해 국회는 수정할 수 있지만, 예산안의 경우 국회는 정부의 동의 없이 제출된 지출예산 각 항의 금액을 증가하거나 새 비목을 설치할 수 없다.
③ 법률안은 대외적 효력을 인정받기 위해 공포 절차를 거쳐야 하지만 예산안은 국회에서 의결되면 효력을 갖는다.
④ 대통령은 국회가 의결한 법률안에 대해 재의 요구를 할 수 있으나, 국회는 정부가 제출한 예산안에 대한 심의·의결 자체를 거부할 수 있다.

문 12. 행정PR(public relations)에 대한 설명으로 옳지 않은 것은?
① 행정민주화의 요청에 따라 그 필요성이 제기되고 있다.
② 정부가 잘못된 정보를 국민에게 투입하는 것은 행정PR의 객관성에 반하는 것이다.
③ 개발도상국가에서는 국민들에 대한 계몽적·교육적 성격을 갖는다.
④ 국민의 알 권리에 대한 정부의 도덕적·법적 의무로 이해되기 때문에 일방적·명령적이어야 한다.

문 13. 우리나라의 공무원 복무와 징계에 대한 설명으로 옳은 것은?
① 공무원은 직무상의 관계가 있든 없든 그 소속 상관에게 증여하거나 소속 공무원으로부터 증여를 받아서는 아니 된다.
② 중징계의 일종인 파면의 경우 5년간 공무원으로 재임용될 수 없으나, 연금급여의 불이익은 없다.
③ 공무원은 어떠한 경우에도 자신의 직무권한을 행사하여 직무관련자로부터 사적 노무를 제공받아서는 아니 된다.
④ 감봉은 경징계에 해당하며 1개월 이상 3개월 이하 기간 동안 직무에 종사하지 못하고, 보수의 1/3을 삭감하는 처분이다.

문 14. 정부 간 관계와 지방자치권에 대한 설명으로 옳지 않은 것은?
① 라이트(Wright)는 미국의 연방정부, 주정부, 지방정부 간 관계에 주목하면서 중앙·지방정부 간 관계를 3가지 형태로 구분하였다.
② 엘코크(Elcock)가 제시한 대리인모형은 지방정부의 자율성이 제약되는 상황을 특징으로 한다.
③ 우리나라 지방자치단체의 자치조직권은 「지방자치법」의 위임에 따라 제정된 대통령령의 제약을 받는다.
④ 우리나라 지방자치단체의 단체위임사무는 의결기관인 지방의회가 그 사무의 처리에 관여할 수 없다.

문 15. 「국가재정법」에 규정되지 않은 재정제도는?
① 재정준칙
② 총액계상
③ 총사업비관리
④ 국가재정운용계획

문 16. 정책집행을 주어진 정책목표의 달성을 위한 수단적 행위로 파악하는 접근방법에 대한 설명으로 옳지 않은 것은?
① 타당한 인과이론에 바탕을 둔 정책결정의 내용은 이러한 접근에서 제시하는 규범적 처방이 된다.
② 효과적인 정책집행을 위해서는 정책내용으로서 명확한 법령과 구체적인 정책지침을 갖고 있어야 한다.
③ 정부 및 민간 프로그램에서의 의도하지 않은 효과까지도 분석할 수 있다는 장점이 있다.
④ 정책에 반대하는 정책행위자들의 입장이나 전략적 행동을 쉽게 파악할 수 없다는 단점이 있다.

문 17. 우리나라 공무원제도에 대한 설명으로 옳은 것만을 모두 고르면?

ㄱ. 중앙정부·지방자치단체 및 그 하부기관에 근무하는 공무원은 직장협의회를 설립할 수 있으며, 하나의 기관에 복수의 협의회 설립이 가능하다.
ㄴ. 휴직은 공무원으로서의 신분을 보유하게 하면서 직무 담임을 일시적으로 해제하는 것으로서 임용권자가 직권으로 휴직을 명하는 직권휴직과 본인의 원에 따라 휴직을 명하는 청원휴직이 있다.
ㄷ. 공무원은 소청심사위원회를 통해 부당하다고 여겨지는 징계에 대한 구제를 신청할 수 있으며, 소청심사위원회의 결정은 처분청과 소청인 모두를 기속한다.
ㄹ. 시보임용기간 중에 있는 공무원이 근무성적·교육훈련성적이 나빠서 공무원으로서의 자질이 부족하다고 판단되는 경우에는 면직시킬 수 있다.

① ㄱ, ㄴ
② ㄱ, ㄷ
③ ㄴ, ㄹ
④ ㄷ, ㄹ

문 18. 국가채무에 대한 설명으로 옳지 않은 것은?
① 「국가재정법」에 따른 국가채무는 국가의 회계가 발행한 채권을 포함하며, 모든 기금이 발행한 채권은 제외된다.
② 우리나라 중앙정부가 발행하는 국채에는 국고채권, 국민주택채권, 외화표시 외국환평형기금채권 등이 있다.
③ 국가채무는 크게 금융성 채무와 적자성 채무로 구분한다.
④ 채권의 발행 주체가 중앙정부일 때는 국채, 지방자치단체일 때는 지방채라고 할 수 있다.

문 19. 백지신탁 제도에 대한 설명으로 옳지 않은 것은?
① 주식백지신탁의 수탁기관은 신탁재산을 관리·운용·처분한 내용을 관할 공직자윤리위원회에 보고하여야 한다.
② 우리나라의 「공직자의 이해충돌 방지법」에는 백지신탁 제도가 규정되어 있지 않다.
③ 공개대상자 및 그 이해관계인이 보유하고 있는 주식의 직무관련성을 심사·결정하기 위하여 인사혁신처에 주식백지신탁 심사위원회를 둔다.
④ 백지신탁은 이해충돌이 존재하는 주식을 신탁회사에서 해당 공직자의 의견을 반영해 이해충돌이 없는 주식으로 변경하는 제도이다.

문 20. 「공직자윤리법」상 재산 등록에 대한 내용으로 옳은 것은?
① 등록하여야 할 재산이 국채, 공채, 회사채인 경우는 액면가로 등록하여야 한다.
② 혼인한 직계비속인 여성이 소유한 재산은 재산등록 의무자가 등록할 재산에 포함된다.
③ 공직자는 등록의무자가 된 날부터 3개월이 되는 날이 속하는 달의 말일까지 재산등록을 해야 한다.
④ 교육공무원 중 대학교 학장은 재산등록 의무자가 아니다.

문 21. 「지방자치법」상 지방의회에 대한 설명으로 옳지 않은 것은?
① 지방의회의원의 의정활동을 지원하기 위하여 정책지원 전문인력을 둘 수 있다.
② 지방의회의 의장은 지방의회의 사무직원을 지휘·감독한다.
③ 지방의회는 매년 4회 정례회를 개최한다.
④ 지방의회의원은 각급 선거관리위원회 위원을 겸직할 수 없다.

문 22. 재정투명성에 대한 설명으로 옳지 않은 것은?
① 재정투명성이란 재정에 관한 정보를 체계적으로 적시에 공개하는 것을 의미한다.
② 2007년의 IMF 「재정투명성 규약」에는 '예산과정의 공개', '재정정보의 완전성 보장', '정부의 역할과 책임에 대한 명확성' 등이 규정되어 있다.
③ 「국가재정법」에서는 공공부문을 제외한 일반정부의 재정통계를 매년 1회 이상 투명하게 공표하도록 규정하고 있다.
④ 「국가재정법」은 예산·기금의 불법 지출에 대한 국민감시 규정을 두고 있다.

문 23. 정부신뢰 및 시민참여에 대한 설명으로 옳은 것만을 모두 고르면?

ㄱ. 도덕성 확보, 정책 내용의 일관성 유지, 정부 역량은 모두 정부신뢰의 구성인자이다.
ㄴ. 정부와 시민 간의 신뢰 유형 중 신탁적 신뢰는 대칭적 관계에서 형성된다.
ㄷ. 시민들이 기피하는 시설의 건설 추진 여부에 대한 공론조사에서 시민대표단을 구성하여 토론하는 것은 숙의민주주의의 사례이다.

① ㄱ
② ㄱ, ㄷ
③ ㄴ, ㄷ
④ ㄱ, ㄴ, ㄷ

문 24. 지방재정에 대한 설명으로 옳지 않은 것은?
① 부동산교부세는 일반재원이다.
② 내국세 및 교육세의 일부는 지방교육재정교부금의 재원이다.
③ 지역균형발전특별회계는 노무현 정부의 국가균형발전특별회계의 신설에서 비롯되었다.
④ 지역상생발전기금은 지방소비세 도입 과정에서의 광역지자체와 기초지자체 간 세수입 배분의 불균형을 해소하기 위한 것이다.

문 25. 정보기술의 활용을 통해 업무처리의 절차를 근본적으로 개선하는 데 초점을 맞추고, ICT 기반 행정혁신을 촉진하는 것은?
① 혼합현실(mixed reality)
② 업무재설계(business process reengineering)
③ 정보자원관리(information resource management)
④ 제3의 플랫폼(the 3rd platform)

문 1. 조직구조에 대한 설명으로 옳지 않은 것은?
① 일상적 기술을 가진 조직의 경우 높은 공식화 구조를 가진다.
② 조직구조의 형태를 기계적 구조와 유기적 구조로 구분할 수 있다.
③ 환경이 복잡하고 불안정한 경우 유기적 구조가 적합하다.
④ 조직구조는 조직 내 여러 부문 간 결합의 형태로 구성원 간 상호작용과는 관련성이 없다.

문 2. 동기부여이론에 대한 설명으로 옳지 않은 것은?
① 앨더퍼(Alderfer)의 욕구내용 중 관계욕구는 머슬로(Maslow)의 생리적 욕구와 안전욕구에 해당한다.
② 브룸(Vroom)의 기대이론은 과정이론에 해당한다.
③ 허즈버그(Herzberg)는 위생요인이 충족되었다고 하더라도 동기부여가 되는 것은 아니라고 하였다.
④ 애덤스(Adams)는 투입한 노력 대비 얻은 보상에 대해서 준거인과 비교해 상대적으로 느끼는 공평함의 정도가 동기부여에 영향을 미친다고 하였다.

문 3. 2022년 10월 14일 기준, 「국가공무원법」상 공무원으로 임용될 수 없는 사람은? (단, 다른 상황은 고려하지 않음)
① 2021년 10월 13일에 성년후견이 종료된 甲
② 파산선고를 받고 2021년 10월 13일에 복권된 乙
③ 2019년 10월 13일에 공무원으로서 징계로 파면처분을 받은 丙
④ 2017년 금고형을 선고받고 그 집행유예기간이 2019년 10월 13일에 끝난 丁

문 4. 정실주의와 엽관제에 대한 설명으로 옳지 않은 것은?
① 실적제로 전환을 위한 영국의 추밀원령은 미국의 펜들턴법보다 시기적으로 앞섰다.
② 엽관제는 전문성을 통한 행정의 효율성 제고와 정부관료의 역량 강화에 기여한 것으로 평가된다.
③ 미국의 잭슨 대통령은 엽관제를 민주주의의 실천적 정치원리로 인식하고 인사행정의 기본 원칙으로 채택하였다.
④ 엽관제는 관료제의 특권화를 방지하고 국민에 대한 대응성을 높인다는 점에서 현재도 일부 정무직에 적용되고 있다.

문 5. 관료제에 대한 설명으로 옳지 않은 것은?
① 계층제의 원리에 의해 체계가 확립된다.
② 업무에 대한 훈련을 받고 지식을 갖춘 전문적인 관료가 업무를 담당할 것을 요구한다.
③ 훈련된 무능은 관료가 제한된 분야에서 전문성은 있으나 새로운 상황에서 적응력과 업무능력이 떨어지는 현상이다.
④ 동조과잉은 적극적으로 새로운 과업을 찾아서 실행하기보다 현재의 주어진 업무만을 소극적으로 수행하는 것이다.

문 6. 전문경력관제도에 대한 설명으로 옳지 않은 것은?
① 계급 구분과 직군 및 직렬의 분류를 적용하지 않는다.
② 직무의 특성, 난이도 및 직무에 요구되는 숙련도 등에 따라 가군, 나군, 다군으로 구분한다.
③ 전직시험을 거쳐 다른 일반직 공무원을 전문경력관으로 전직시킬 수 있으나, 전문경력관을 다른 일반직 공무원으로 전직시킬 수는 없다.
④ 소속 장관은 해당 기관의 일반직 공무원 직위 중 순환보직이 곤란하거나 장기 재직 등이 필요한 특수 업무 분야의 직위를 전문경력관 직위로 지정할 수 있다.

문 7. 다음은 동기부여 실험에 대한 설명이다. (가)~(다)에 들어갈 말을 바르게 연결한 것은?

> 유치원 어린이들을 세 집단으로 나누고 그림 그리기 놀이를 하였다. 첫 번째 집단에는 그림을 완성하면 선물을 준다고 약속하였고 그림을 완성한 어린이들에게는 약속한 선물을 주었다. 두 번째 집단에는 선물을 준다는 약속은 없었지만 그림을 완성한 어린이들에게는 깜짝 선물을 주었다. 세 번째 집단에는 어떤 약속도 선물도 없이 평소처럼 그림 그리기를 하였다.
> 그 이후, 그림 그리기 놀이를 계속하는지에 대한 집단 간 차이를 관찰하였다. 관찰 결과, 두 번째와 세 번째 집단은 그림 그리기 놀이를 계속하였지만 첫 번째 집단은 상대적으로 적은 수만이 그림 그리기 놀이를 계속하였다. 이러한 현상을 통해 학자들은 (가) 동기가 (나) 동기를 밀어내는 구축효과가 있다는 점을 제시하였으며 (나) 동기의 예시로는 (다) 을/를 들 수 있다.

	(가)	(나)	(다)
①	내재적	외재적	성과급
②	내재적	외재적	가치관 일치
③	외재적	내재적	처벌
④	외재적	내재적	일에 대한 즐거움

문 8. 정책의 효과를 확인하기 위한 평가설계에 대한 설명으로 옳은 것만을 모두 고르면?

> ㄱ. 동일 정책대상집단에 대해 정책집행을 기준으로 여러 번의 사전, 사후측정을 하여 정책효과를 추정하는 '단절적 시계열설계'는 준실험설계 유형 중 하나이다.
> ㄴ. 내적 타당성을 위협하는 역사요인은 정책집행 기간이 상대적으로 길고 정책대상이 사람일 때 주로 나타나며 시간의 경과 때문에 발생하는 조사대상 집단의 특성변화가 정책의 효과에 혼재되어 나타나는 경우를 말한다.
> ㄷ. 정책실험을 할 수 없는 경우, 통계분석 기법을 이용해서 정책효과의 인과관계를 추론하는 것을 비실험적 정책평가설계라고 하며 회귀분석이나 경로분석 등이 있다.

① ㄱ
② ㄱ, ㄷ
③ ㄴ, ㄷ
④ ㄱ, ㄴ, ㄷ

문 9. 중앙정부의 지출 성격상 의무지출에 해당하는 것만을 모두 고르면?

> ㄱ. 지방교부세
> ㄴ. 유엔 평화유지활동(PKO) 예산 분담금
> ㄷ. 정부부처 운영비
> ㄹ. 지방교육재정교부금
> ㅁ. 국채에 대한 이자지출

① ㄱ, ㄴ, ㅁ
② ㄴ, ㄷ, ㄹ
③ ㄱ, ㄴ, ㄹ, ㅁ
④ ㄱ, ㄷ, ㄹ, ㅁ

문 10. 예산제도에 대한 설명으로 옳지 않은 것은?
① 영기준예산제도는 예산배분의 관행을 인정하지 않는 제도로서 미국의 민간기업 Texas Instruments에서 처음 시작되었고, 1970년대 미국 연방정부에 도입되었다.
② 계획예산제도는 장기적 계획, 사업, 예산을 연결시키는 제도로서 미국에서 베트남 전쟁, 위대한 사회 프로그램 등 정부예산이 팽창하던 1960년대에 도입·운영되었다.
③ 성과주의예산제도는 산출 이후의 성과에 관심을 가지며 예산집행의 재량과 결과에 대한 책임을 강조하는 제도로서 1950년대 연방정부를 비롯해 지방정부에 확산되었다.
④ 품목별예산제도는 예산을 지출대상별로 분류해 편성하는 통제지향적 제도로서 1920년대 대부분 미국 연방 부처가 도입하였다.

문 11. 정치행정이원론에 대한 설명으로 옳지 않은 것은?
① 행정과 경영이 차이가 없음을 강조하는 공사행정일원론의 입장을 취한다.
② 의사결정 역할을 하는 정치와 결정된 의사를 집행하는 행정의 역할을 엄격하게 구분할 것을 주장하였다.
③ 윌슨(Wilson)은 행정을 전문적·기술적 영역으로 규정하고, 정부는 효율성과 전문성을 갖추어야 한다고 주장하였다.
④ 대공황 이후 각종 사회문제를 해결하기 위해서 행정의 정책결정·형성 및 준입법적 기능수행을 정당화하였다.

문 12. 정부실패의 요인에 대한 설명으로 옳지 않은 것은?
① 'X-비효율성'은 정부가 가진 권력을 통해 불평등한 분배가 이루어지는 현상이다.
② '지대추구'는 정부개입에 따라 발생하는 인위적 지대를 획득하기 위해 자원을 낭비하는 활동이다.
③ '파생적 외부효과'는 시장실패를 해결하기 위해 정부가 개입하지만 의도하지 않은 부작용을 초래하는 것이다.
④ '내부성(internalities)'은 공공조직이 공익적 목표보다는 관료 개인이나 소속기관의 이익을 우선적으로 고려하는 것이다.

문 13. 리플리(Ripley)와 프랭클린(Franklin)의 경쟁적 규제정책에 대한 설명으로 옳지 않은 것은?
① 국가가 소유한 희소한 자원에 대해 다수의 경쟁자 중에서 지정된 소수에게만 서비스나 재화를 공급하도록 규제한다.
② 선정된 승리자에게 공급권을 부여하는 대신에 이들에게 규제적인 조치를 하여 공익을 도모할 수 있다.
③ 경쟁적 규제정책의 예로는 주파수 할당, 항공노선 허가 등이 있다.
④ 정책집행 단계에서 규제받는 자들은 규제기관에 강하게 반발하거나 저항하기도 한다.

문 14. 지방자치단체의 기관구성형태에 대한 설명으로 옳지 않은 것은?
① 기관통합형은 행정에 주민들의 의사를 보다 정확하게 반영할 수 있다는 장점이 있다.
② 기관통합형은 지방의회에서 의결기능과 집행기능을 모두 수행하는 형태로, 영국의 의회형이 대표적이다.
③ 기관대립형 중 약시장-의회형은 시장의 고위직 지방공무원인사에 대해서 의회의 동의를 요하는 반면, 시장은 지방의회의결에 대한 거부권을 가진다.
④ 기관대립형은 견제와 균형을 통해 권력남용을 방지하는 장점이 있지만, 의결기관과 집행기관 간의 대립 및 마찰 가능성이 있다는 단점이 있다.

문 15. 전자정부 구현사례에 대한 설명으로 옳지 않은 것은?
① 'G2B'의 대표적 사례는 '나라장터'이다.
② 'G2C'는 조달 관련 온라인 서비스를 통합적으로 제공하는 것이다.
③ 'G4C'는 단일창구를 통한 민원업무혁신사업으로 데이터베이스 공동활용시스템 구축을 내용으로 한다.
④ 'G2G'는 정부 내 업무처리의 전자화를 내용으로 하고 있으며 대표적 사례로는 '온나라 서비스'가 있다.

문 16. 우리나라 중앙예산기관의 변천에 대한 설명으로 옳지 않은 것은?
① 국무총리 직속 기획처 예산국이 우리나라에서 처음으로 중앙예산기관의 역할을 담당하였다.
② 1961년 설립된 경제기획원은 수입·지출의 총괄기능을 담당하였으며, 재무부는 중앙예산기관의 역할을 담당하였다.
③ 김영삼 정부는 1994년 정부조직개편을 통해 경제기획원과 재무부를 재정경제원으로 통합하여 세제, 예산, 국고 기능을 일원화하였다.
④ 현재는 기획재정부 예산실이 중앙예산기관의 역할을 담당하고 있다.

문 17. 다음의 역사적 배경을 바탕으로 태동한 행정학 연구에 대한 설명으로 옳지 않은 것은?

○ 월남전 패배, 흑인 폭동, 소수민족 문제 등 미국사회의 혼란을 해결하지 못하는 학문의 무력함에 대한 반성으로 나타났다.
○ 1968년 미국 미노브룩회의에서 왈도의 주도 하에 새로운 행정학의 방향모색으로 태동하였다.

① 고객중심의 행정, 시민의 참여, 가치문제 등을 중시했다.
② 행정학의 실천적 성격과 적실성을 회복하기 위한 정책지향적 행정학을 요구하였다.
③ 행정의 능률성을 강조했으며, 논리실증주의 및 행태주의의 주장을 지지하였다.
④ 소외계층을 위한 복지서비스를 확대해 사회적 형평을 실현해야 한다는 행정의 적극적 역할을 강조했다.

문 18. 정책결정요인론에 대한 설명으로 옳은 것은?
① 정책의 내용에 영향을 미치는 요인이 무엇인가를 밝히는 이론으로, 사회경제적 요인의 중요성을 과소평가했다는 비판을 받고 있다.
② 도슨-로빈슨(Dawson-Robinson) 모형은 사회경제적 변수가 정치체제와 정책 모두에 영향을 미친다는 모형으로, 사회경제적 변수로 인해 정치체제와 정책의 상관관계가 유발된다고 설명한다.
③ 키-로커트(Key-Lockard) 모형은 사회경제적 변수가 정책에 직접적으로 영향을 미친다는 모형으로, 예를 들면 경제발전이 복지지출 수준에 직접 영향을 준다고 본다.
④ 루이스-벡(Lewis-Beck) 모형은 사회경제적 변수가 정책에 영향을 주는 직접효과가 있고, 정치체제가 정책에 독립적 영향을 주지 않는다고 설명한다.

문 19. 공직부패의 유형에 대한 설명으로 옳지 않은 것은?
① 인·허가 업무처리 시 소위 '급행료'를 당연하게 요구하는 행위를 일탈형 부패라고 한다.
② 정치인이나 고위공무원이 자신의 권력을 남용해 사적 이익을 추구하는 것을 권력형 부패라고 한다.
③ 공금 횡령, 회계 부정 등 거래 당사자 없이 공무원에 의해 일방적으로 발생하는 부패를 사기형 부패라고 한다.
④ 사회체제에 파괴적 영향을 미칠 잠재성이 있음에도 불구하고, 일부 집단은 처벌을 원하는 반면, 다른 집단은 처벌을 원하지 않는 경우를 회색부패라고 한다.

문 20. 다음 설명에 해당하는 정책집행 모형을 제시한 학자는?

○ 효과적인 정책집행을 위해 갖추어야 할 조건으로서 정책결정의 내용은 타당한 인과이론에 바탕을 두어야 하며 정책내용으로서 법령은 명확한 정책지침을 가지고 있어야 한다.
○ 집행과정에서 발생할 수 있는 변수들을 미리 예견할 수 있도록 해 주는 체크리스트로서의 기능을 한다는 장점이 있다.
○ 정책집행 현장의 일선관료들이나 대상집단의 전략 등을 과소평가하거나 쉽게 파악할 수 없다는 단점이 있다.

① 사바티어(Sabatier)와 마즈매니언(Mazmanian)
② 린드블롬(Lindblom)
③ 프레스만(Pressman)과 윌다브스키(Wildavsky)
④ 레인(Rein)과 라비노비츠(Rabinovitz)

문 21. 우리나라 공공기관의 정보공개제도에 대한 설명으로 옳지 않은 것은?
① 당시 법률의 구체적 위임은 없었으나 청주시에서 우리나라 최초로 행정정보공개조례가 제정되었다.
② 청구에 의한 공개도 가능하지만 특정 정보는 별도의 청구 없이도 사전에 공개해야 한다.
③ 비공개 대상 정보를 제외한 모든 정보를 공개 대상으로 하는 네거티브 방식을 취하고 있다.
④ 정보목록은 비공개 대상 정보가 포함된 경우라도 공공기관이 작성, 공개하여야 한다.

문 22. 신고전 조직이론에 대한 설명으로 옳은 것은?
① 조직군생태론, 자원의존이론 등이 대표적이다.
② 인간을 복잡한 내면구조를 가진 복잡인으로 간주한다.
③ 환경과 상호작용하는 개방적·동태적·유기적 조직을 강조한다.
④ 조직 내 사회적 능률을 강조하고, 조직의 비공식적 구조나 요인에 초점을 둔다.

문 23. 「지방자치법」상 지방자치단체 종류별 사무배분의 기준에 대한 설명으로 옳지 않은 것은?
① 인구 30만 이상의 시에 대해서는 도가 처리하는 사무의 일부를 직접 처리하게 할 수 있다.
② 시·군 및 자치구가 독자적으로 처리하기 어려운 사무는 시·도의 사무이다.
③ 지방자치단체의 구역, 조직, 행정관리 등은 시·도와 시·군 및 자치구에 공통된 사무이다.
④ 국가와 시·군 및 자치구 사이의 연락·조정 등의 사무는 시·도의 사무이다.

문 24. 우리나라 지방자치의 역사에 대한 설명으로 옳은 것은?
① 제헌의회가 성립하면서 1949년 전국에서 도의회의원 선거가 실시되었다.
② 1991년 지방선거에서 지방의회의원을 선출하였으나, 지방자치단체장 선거는 실시되지 않았다.
③ 1995년부터 주민직선제에 의한 시·도교육감 선거가 실시되면서 실질적 의미의 교육자치가 시작되었다.
④ 1960년 지방선거에서는 서울특별시장·도지사 선거는 실시되었으나, 시·읍·면장 선거는 실시되지 않았다.

문 25. 다음은 정책순응을 확보하기 위한 수단과 그 특징에 대한 설명이다. (가)~(다)에 들어갈 말을 바르게 연결한 것은?

○ (가) : 일선 집행관료는 큰 저항을 하지 않으나 정책에 의해 피해를 입는 대상집단은 의도적으로 불응의 핑계를 찾으려 한다.
○ (나) : 도덕적 자각이나 이타주의적 고려에 의해 자발적으로 순응하는 사람들의 명예나 체면을 손상시키고 사람의 타락을 유발할 수 있다.
○ (다) : 불응의 형태를 정확하게 점검 및 파악하기 어려운 경우가 많다는 약점이 있다.

	(가)	(나)	(다)
①	도덕적 설득	유인	처벌
②	도덕적 설득	처벌	유인
③	유인	도덕적 설득	처벌
④	처벌	유인	도덕적 설득

2021 9월 11일 시행 국가직 7급

행 정 학 / 가 책형 / 1쪽

문 1. 다음의 단점 혹은 한계로 인하여 정착이 어려운 예산제도는?

> ○ 사업구조를 작성하는 것이 어렵다.
> ○ 결정구조가 집권화되는 문제가 있다.
> ○ 행정부처의 직원들이 복잡한 분석 기법을 이해하기 어렵다.

① 품목별예산제도
② 성과주의예산제도
③ 계획예산제도
④ 영기준예산제도

문 2. 준예산에 대한 설명으로 옳지 않은 것은?

① 예산안이 회계연도 개시일까지 국회에서 의결되지 못한 경우에 활용된다.
② 국회의 의결을 필요로 한다.
③ 법률상 지출 의무를 이행하기 위한 경우에 집행할 수 있다.
④ 이미 예산으로 승인된 사업의 계속을 위해 집행할 수 있다.

문 3. 우리나라 주민참여예산제도에 대한 설명으로 옳지 않은 것은?

① 주민이 참여할 수 있는 예산의 범위는 「지방재정법」에 규정되어 있다.
② 지방자치단체의 장은 주민참여예산제도를 마련하여 시행해야 할 법적 의무가 있다.
③ 지방자치단체 중 최초로 주민참여예산조례를 제정한 곳은 광주광역시 북구이다.
④ 지방의회 예산심의권 침해 논란이 있다.

문 4. 거래비용이론에 대한 설명으로 옳지 않은 것은?

① 기회주의적 행동을 제어하는 데에는 시장이 계층제보다 효율적인 수단이다.
② 거래비용은 탐색비용, 거래의 이행 및 감시비용 등을 포함한다.
③ 시장의 자발적 교환행위에서 발생하는 거래비용이 계층제의 조정비용보다 크면 내부화하는 것이 효율적이다.
④ 거래비용이론은 조직이 생겨나고 일정한 구조를 가지는 이유를 조직경제학적으로 설명하는 접근방법이다.

문 5. 행정개혁에 대한 저항을 극복하는 전략 및 방법에 관한 설명으로 옳은 것은?

① 경제적 손실 보상, 임용상 불이익 방지는 규범적·사회적 전략이다.
② 개혁지도자의 신망 개선, 의사전달과 참여의 원활화, 사명감 고취는 공리적·기술적 전략이다.
③ 교육훈련과 자기계발 기회 제공은 규범적·사회적 전략이다.
④ 개혁 시기 조정은 강제적 전략이다.

문 6. 중앙정부의 지방자치단체 사무배분 원칙에 대한 설명으로 옳은 것만을 모두 고르면?

> ㄱ. 지역주민생활과 밀접한 관련이 있는 사무는 원칙적으로 시·군 및 자치구의 사무로 배분하여야 한다.
> ㄴ. 서로 관련된 사무들을 배분할 때는 포괄적으로 배분하여야 한다.
> ㄷ. 시·군 및 자치구가 처리하기 어려운 사무는 국가보다는 시·도에 우선적으로 배분하여야 한다.
> ㄹ. 시·군 및 자치구가 해당 사무를 원활히 처리할 수 있도록 행정적·재정적 지원을 병행하여야 한다.
> ㅁ. 주민의 편익증진과 집행의 효과 등을 고려하여 지방자치단체 상호 간 중복되지 않도록 해야 한다.

① ㄱ, ㄷ, ㅁ
② ㄴ, ㄷ, ㄹ
③ ㄱ, ㄴ, ㄹ, ㅁ
④ ㄱ, ㄴ, ㄷ, ㄹ, ㅁ

문 7. 사회적 자본에 대한 설명으로 옳은 것은?
① 사회적 자본이 증가하면 제재력이 약화되는 역기능이 있다.
② 타인에 대한 신뢰는 사회적 자본의 구성요소가 아니다.
③ 호혜주의는 사회적 자본에 영향을 미치지 않는다.
④ 사회적 자본은 거래비용을 감소시키는 순기능이 있다.

문 8. 일반적인 조직구조 설계원리에 대한 설명으로 옳은 것만을 모두 고르면?

ㄱ. 계선은 부하에게 업무를 지시하고, 참모는 정보제공, 자료분석, 기획 등의 전문지식을 제공한다.
ㄴ. 부문화의 원리는 일정한 기준에 따라 서로 기능이 같거나 유사한 업무를 조직단위로 묶는 것을 의미한다.
ㄷ. 통솔범위가 넓을수록 고도의 수직적 분화가 일어나 고층구조가 형성되고, 좁을수록 평면구조가 이뤄진다.
ㄹ. 명령통일의 원리는 부하가 한 사람의 상관으로부터 명령을 받게 해야 함을 의미한다.

① ㄱ, ㄴ, ㄷ
② ㄱ, ㄴ, ㄹ
③ ㄱ, ㄷ, ㄹ
④ ㄴ, ㄷ, ㄹ

문 9. 홉스테드(Hofstede)의 문화 차원에 대한 설명으로 옳지 않은 것은?
① 불확실성 회피 정도가 강한 경우 공식적 규정을 많이 만들어 불확실한 요소를 최대한 통제하려 한다.
② 집단주의가 강한 문화는 개인주의가 강한 문화보다 상대적으로 느슨한 개인 간 관계를 더 중요시한다.
③ 권력거리가 큰 경우 제도나 조직 내에 내재되어 있는 상당한 권력의 차이를 자연스럽게 인정한다.
④ 남성성이 강한 문화는 여성성이 강한 문화보다 상대적으로 남성과 여성의 역할에 대한 분명한 차이를 인정하려고 한다.

문 10. 피들러(Fiedler)의 상황적합적 리더십 이론에 대한 설명으로 옳지 않은 것은?
① 리더와 부하의 관계, 부하의 성숙도, 과업구조의 조합에 따라 리더의 상황적 유리성(situational favorableness)을 설명한다.
② 리더에게 매우 유리한 상황인 경우 과업 지향적 리더십이 효과적이다.
③ LPC(Least Preferred Coworker) 점수를 사용하여 리더를 과업 지향적 리더와 관계 지향적 리더로 분류했다.
④ 리더가 처한 상황에 따라서 리더십의 효과성이 달라질 수 있다.

문 11. 엽관주의의 정당화 근거로 옳지 않은 것은?
① 행정 민주화에 기여
② 정치지도자의 행정 통솔력 강화
③ 정당정치 발달에 공헌
④ 행정의 안정성과 지속성 확보

문 12. 직업공무원제에 대한 설명으로 옳지 않은 것은?
① 공무원의 신분을 보장해 행정의 연속성과 일관성을 유지하는 데 긍정적인 제도이다.
② 젊고 유능한 인재들이 공직을 보람있는 직업으로 선택하여 일생을 바쳐 성실히 근무하도록 유도하는 인사제도이다.
③ 공무원이 환경적 요청에 민감하지 못하고 특권집단화할 염려가 있다.
④ 공무원의 일체감과 단결심 및 공직에 헌신하려는 정신을 강화하는 데 불리한 제도이다.

문 13. 살라몬(Salamon)의 정책수단 유형 중 직접 수단에 해당하는 것은?
① 사회적 규제
② 보조금
③ 조세지출
④ 공기업

문 14. 정책평가의 일반적인 절차를 순서대로 바르게 나열한 것은?

> ㄱ. 정책평가 대상 확정
> ㄴ. 평가 결과 제시
> ㄷ. 인과모형 설정
> ㄹ. 자료 수집 및 분석
> ㅁ. 정책목표 확인

① ㄱ → ㅁ → ㄷ → ㄹ → ㄴ
② ㅁ → ㄱ → ㄷ → ㄴ → ㄹ
③ ㅁ → ㄱ → ㄷ → ㄹ → ㄴ
④ ㅁ → ㄷ → ㄱ → ㄹ → ㄴ

문 15. 개방형 또는 폐쇄형 인사제도에 대한 설명으로 옳은 것은?

① 개방형 인사제도는 외부전문가나 경력자에게 공직을 개방하여 새로운 지식과 기술, 아이디어를 수용해 공직사회의 침체를 막고 행정의 효율성을 높이는 데 유리하다.
② 일반적으로 폐쇄형 인사제도는 직위분류제에 바탕을 두고 있으며, 일반행정가보다 전문가 중심의 인력구조를 선호한다.
③ 개방형 인사제도는 폐쇄형 인사제도에 비해 안정적인 공직사회를 형성함으로써 공무원의 사기를 높이고 장기근무를 장려한다.
④ 폐쇄형 인사제도는 개방형 인사제도에 비해 내부승진과 경력 발전을 위한 교육훈련의 기회가 적다.

문 16. 다양성 관리(diversity management)에 대한 설명으로 옳지 않은 것은?

① 오늘날 개인의 성격, 가치관의 차이와 같은 내면적 다양성의 중요성이 커지고 있다.
② 다양성 관리란 내적·외적 차이를 가진 다양한 조직구성원을 공평하고 효율적으로 활용하기 위한 체계적인 인적자원관리 과정이다.
③ 균형인사정책, 일과 삶 균형정책은 다양성 관리의 방안으로 볼 수 없다.
④ 대표관료제를 통한 조직 내 다양성 증대는 실적주의와 충돌할 가능성이 있다.

문 17. 쓰레기통모형에 대한 설명으로 옳은 것은?

① 조직구성원의 응집성이 아주 강한 혼란상태에 있는 조직에서 의사결정이 어떻게 이루어지는가를 기술하고 설명한다.
② 불명확한 기술(unclear technology)은 조직에서 의사결정 참여자의 범위와 그들이 투입하는 에너지가 유동적임을 의미한다.
③ 쓰레기통모형의 의사결정 방식에는 끼워넣기(by oversight)와 미뤄두기(by flight)가 포함된다.
④ 문제성 있는 선호(problematic preferences)는 목표와 수단 사이의 인과관계가 명확하지 않음을 의미한다.

문 18. 정책델파이(policy delphi) 기법에 대한 설명으로 옳지 않은 것은?

① 대립되는 입장에 내재된 가정과 논증을 표면화시키고 명백하게 하기 위하여 노력한다.
② 개인의 판단을 집약할 때, 불일치와 갈등을 의도적으로 강조하는 수치를 사용한다.
③ 정책대안에 대한 주장들이 표면화된 후에는 참가자들로 하여금 비공개적으로 토론을 벌이게 한다.
④ 참가자를 선발하는 과정은 '전문성' 자체보다는 이해관계와 식견이라는 기준에 바탕을 둔다.

문 19. 통계적 가설검정의 오류에 대한 설명으로 옳지 않은 것은?

① 제1종 오류는 실제로는 모집단의 특성이 영가설과 같은 것인데 영가설을 기각하는 경우에 발생한다.
② 제2종 오류는 모집단의 특성이 영가설과 같지 않은데 영가설을 기각하지 않는 경우에 발생한다.
③ 제1종 오류는 α로 표시하고, 제2종 오류는 β로 표시한다.
④ 확률 $1-\alpha$는 검정력을 나타내며, 확률 $1-\beta$는 신뢰수준을 나타낸다.

문 20. 브룸(Vroom)의 기대이론에 대한 설명으로 옳지 <u>않은</u> 것은?
① 동기부여의 과정이론(process theory) 중 하나이다.
② 기대감(expectancy)은 개인의 노력(effort)이 공정한 보상(reward)으로 이어질 것이라는 주관적 믿음을 의미한다.
③ 수단성(instrumentality)은 개인의 성과(performance)와 보상(reward) 간의 관계에 대한 인식이다.
④ 유인가(valence)는 개인이 특정 보상(reward)에 대해 갖는 선호의 강도를 의미한다.

문 21. 성인지예산제도에 대한 설명으로 옳은 것은?
① 2010회계연도 성인지예산서가 처음으로 국회에 제출되었다.
② 성인지예산제도의 목적은 여성성을 지원하는 것이다.
③ 1984년 독일에서 처음 도입되었다.
④ 우리나라 성인지예산제도는 예산사업만을 대상으로 하고 기금사업을 제외한다.

문 22. 오츠(Oates)의 분권화정리가 성립하기 위한 조건에 대한 설명으로 옳은 것만을 모두 고르면?

> ㄱ. 중앙정부의 공공재 공급 비용이 지방정부의 공공재 공급 비용보다 더 적게 든다.
> ㄴ. 공공재의 지역 간 외부효과가 없다.
> ㄷ. 지방정부가 해당 지역에서 파레토 효율적 수준으로 공공재를 공급한다.

① ㄱ
② ㄷ
③ ㄱ, ㄴ
④ ㄴ, ㄷ

문 23. 예산의 이용과 전용에 대한 설명으로 옳은 것은?
① 이용은 입법과목 사이의 상호 융통으로 국회의 의결을 얻으면 기획재정부장관의 승인이나 위임 없이도 할 수 있다.
② 기관(機關) 간 이용도 가능하다.
③ 세출예산의 항(項) 간 전용은 국회 의결 없이 기획재정부장관의 승인을 얻어서 할 수 있다.
④ 이용과 전용은 예산 한정성 원칙의 예외로 볼 수 없다.

문 24. 옴부즈만 제도에 대한 설명으로 옳은 것은?
① 시민의 요구가 없다면 직권으로 조사활동을 할 수 없다.
② 부족한 인력과 예산으로 국민의 권익을 구제하는 데 한계가 있다.
③ 사법부가 임명한다.
④ 시정조치를 법적으로 강제할 수 있는 권한이 있다.

문 25. 빅데이터에 대한 설명으로 옳지 <u>않은</u> 것은?
① 사진은 빅데이터에 포함되지 않는다.
② 정형 데이터도 포함하는 개념이다.
③ 각종 센서 장비의 발달로 데이터가 늘어나면서 나타났다.
④ 데이터를 실시간으로 처리하기도 한다.

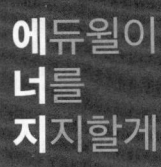

에듀윌이
너를
지지할게
ENERGY

항상 맑으면 사막이 된다.
비가 내리고 바람이 불어야만
비옥한 땅이 된다.

– 스페인 속담

지방직 7급 공개경쟁채용 필기시험

응시번호	
성 명	

문제책형

【시험 과목】

필수	국어(한문 포함), 헌법, 행정법, 행정학
선택	경제학원론, 지방자치론, 지역개발론 중 1과목 선택

응시자 주의사항

1. **시험 시작 전**에 시험문제를 열람하는 행위나 **시험 종료 후** 답안을 작성하는 행위를 한 사람은 「지방공무원 임용령」 제65조 등 관련 법령에 의거 **부정행위자**로 처리됩니다.

2. 시험 시작 즉시 **과목편철 순서, 문제누락 여부, 인쇄상태 이상 유무 및 표지와 개별과목의 문제책형 일치 여부 등을 확인**한 후 문제책 표지에 응시번호, 성명을 기재합니다.

3. 반드시 본인의 **응시표에 인쇄된 선택과목 순서에 따라 답안을 표기**하여야 합니다.
   과목 순서를 바꾸어 표기한 경우에도 **본인의 응시표에 기재된 과목 순서대로 채점**되므로 반드시 유의하시기 바랍니다.

4. 시험이 시작되면 문제를 주의 깊게 읽은 후, **문항의 취지에 가장 적합한 하나의 정답만을 고르며**, 문제 내용에 관한 질문은 받지 않습니다.

5. **시험시간 관리의 책임**은 전적으로 응시자 본인에게 있습니다.

문 1. 신공공관리론과 뉴거버넌스에 대한 설명으로 옳은 것은?
① 신공공관리론은 신뢰를 기반으로 조정의 원리를 강조하고, 뉴거버넌스는 시장지향적 경쟁원리를 강조한다.
② 신공공관리론은 국민을 덕성을 지닌 시민으로 보고, 뉴거버넌스는 국정의 대상인 고객으로 본다.
③ 신공공관리론은 정부의 역할로 방향잡기(steering)를 중시하고, 뉴거버넌스는 방향잡기보다 노젓기를 중시한다.
④ 신공공관리론은 행정의 효율성을 보다 중시하고, 뉴거버넌스는 행정의 민주성에 더 초점을 둔다.

문 2. 동기부여 이론에 대한 설명으로 옳은 것은?
① 아지리스(Argyris)의 성숙·미성숙이론은 사회문화적으로 학습된 욕구를 성취욕구, 권력욕구, 친교욕구로 구분한다.
② 해크만(Hackman)과 올드햄(Oldham)의 직무특성이론은 핵심적인 직무특성을 기술 다양성, 과업 정체성, 과업 중요성, 자율성, 피드백으로 구분한다.
③ 애덤스(Adams)의 공정성이론은 타인과 비교하지 않고 자신의 노력 대비 보상 정도가 동기부여에 영향을 미친다고 본다.
④ 포터(Porter)와 롤러(Lawler)의 업적·만족이론은 목표의 난이도와 구체성에 의해 개인의 동기부여가 결정된다고 주장한다.

문 3. 사바티어(Sabatier)의 옹호연합모형(Advocacy Coalition Framework)에 대한 설명으로 옳지 않은 것은?
① 정책 변화를 이해하기 위한 분석 단위로서 정책하위체제(policy subsystem)에 중점을 두고 있다.
② 정책 변화과정을 이해하기 위해 1년 이내 단기간에 초점을 둔다.
③ 옹호연합들 간의 대립과 갈등을 정책 중재자(policy broker)가 중재한다.
④ 정책하위체제에 영향을 미치는 외생변수는 안정적 변수와 역동적 변수로 구분된다.

문 4. 공익에 대한 설명으로 옳은 것은?
① 실체설은 사익들의 타협과 조정의 산물로서 실체를 드러내는 가치를 공익이라고 본다.
② 과정설은 정부 또는 행정관료가 공익결정 과정에서 주체로서 적극적인 역할을 수행한다고 본다.
③ 공익은 정책의 비용과 편익 등 자원 배분원칙의 가치기준을 제공한다.
④ 공익은 자유, 형평, 평등과 같이 수단적 행정가치에 해당한다.

문 5. 정책결정모형에 대한 설명으로 옳은 것은?
① 혼합주사모형에서 '문제성 있는 선호(problematic preferences)'란 의사결정 참여자들이 무엇이 바람직한지에 관한 선호가 분명하지 않은 상태에서 결정에 참여하는 것이다.
② 최적모형에서 '불명확한 기술'이란 목표와 수단 사이의 인과관계가 명확하지 않은 것이다.
③ 쓰레기통모형에서 '문제 중심의 탐색'이란 정책결정 능력의 한계로 관심 있는 문제 중심으로 대안을 탐색하는 것이다.
④ 앨리슨모형(Allison Model)의 '합리적 행위자모형(모형 I)'에 따르면 국가 또는 정부에 의해서 채택된 정책은 그 국가의 전략적 목표나 목적을 극대화하도록 의도된다.

문 6. 「국가재정법」상 (가)에 들어갈 말로 옳은 것은?

제53조((가) 원칙의 예외) ① 각 중앙관서의 장은 용역 또는 시설을 제공하여 발생하는 수입과 관련되는 경비로서 대통령령으로 정하는 경비(이하 "수입대체경비"라 한다)의 경우 수입이 예산을 초과하거나 초과할 것이 예상되는 때에는 그 초과수입을 대통령령으로 정하는 바에 따라 그 초과수입에 직접 관련되는 경비 및 이에 수반되는 경비에 초과지출할 수 있다.

① 예산총계주의
② 예산사전의결
③ 예산공개성
④ 예산기구 상호성

문 7. 사바스(Savas)의 공공서비스 유형에 대한 설명으로 옳지 않은 것은?
① 요금재는 자연독점 등으로 인한 시장실패에 대응하기 위하여 정부가 직접 공급하거나 공기업이 공급하는 경우가 많다.
② 집합재는 비용 부담에 따라 서비스 혜택을 차별화하거나 서비스에서 배제할 수 없어 무임승차 문제가 일어날 수 있다.
③ 시장재는 주로 시장에서 제공되어 공공부문의 개입이 최소화되는 서비스이다.
④ 공유재는 비경합성과 비배제성을 특징으로 하며 국방, 외교 등이 여기에 속한다.

문 8. 우리나라의 책임운영기관 제도에 대한 설명으로 옳지 않은 것은?
① 행정안전부장관은 기획재정부 및 해당 중앙행정기관의 장과 협의하여 책임운영기관을 설치하거나 해제할 수 있다.
② 기관의 지위에 따라 중앙책임운영기관과 소속책임운영기관으로 구분된다.
③ 소속책임운영기관의 장은 공개모집 절차에 따라 「국가공무원법」상 임기제 공무원으로 임용된다.
④ 책임운영기관은 「공공기관의 운영에 관한 법률」상 종합평가의 대상이다.

문 9. 「지방재정법」상 지방재정에 대한 설명으로 옳지 않은 것은?
① 특정한 재정수요에 충당하기 위한 특별조정교부금은 민간에 지원하는 보조사업의 재원으로 사용할 수 있다.
② 지방자치단체나 그 기관이 법령에 따라 처리하여야 할 사무로서 국가와 지방자치단체 간에 이해관계가 있는 경우에는 원활한 사무처리를 위하여 국가에서 부담하지 아니하면 아니 되는 경비는 국가가 그 전부 또는 일부를 부담한다.
③ 국가가 스스로 하여야 할 사무를 지방자치단체나 그 기관에 위임하여 수행하는 경우 그 경비는 국가가 전부를 그 지방자치단체에 교부하여야 한다.
④ 국가는 정책상 필요하다고 인정할 때 또는 지방자치단체의 재정 사정상 특히 필요하다고 인정할 때에는 예산의 범위에서 지방자치단체에 보조금을 교부할 수 있다.

문 10. 「지방자치법」상 지방자치단체의 관할구역에 대한 설명으로 옳은 것은?
① 지방자치단체의 명칭과 구역을 바꾸거나 지방자치단체를 폐지하거나 설치하거나 나누거나 합칠 때에는 조례로 정한다.
② 지방자치단체를 폐지하거나 설치하거나 나누거나 합칠 때는 반드시 관계 지방의회의 의견을 들어야 한다.
③ 지방자치단체의 장은 지방의회 재적의원 과반수 출석과 출석의원 과반수의 동의를 받아, 행정안전부장관에게 지방자치단체의 관할구역 경계변경에 대한 조정을 신청할 수 있다.
④ 지방자치단체의 구역을 변경하거나 지방자치단체를 폐지하거나 설치하거나 나누거나 합칠 때에는 새로 그 지역을 관할하게 된 지방자치단체가 그 사무와 재산을 승계한다.

문 11. 넛지(Nudge)이론에 대한 설명으로 옳은 것은?
① 자유주의적 개입주의 원리에 따라 시장기반의 경제적 인센티브 수단을 선호한다.
② 행동경제학에 기반하여 실험을 통한 귀납적 분석보다는 가정에 기초한 연역적 분석을 지향한다.
③ 정부의 역할 및 정책수단으로서 선택설계의 개념을 도입한다.
④ 인간의 휴리스틱은 인지적 오류와 행동편향을 방지한다.

문 12. 총액인건비제에 대한 설명으로 옳은 것만을 모두 고르면?

> ㄱ. 총액인건비제의 시행으로 보수관리에 대한 각 부처의 자율성이 확대되었다.
> ㄴ. 책임운영기관의 설치·운영에 관한 법령에 따른 책임운영기관은 총액인건비제 시행의 대상에 해당하지 않는다.
> ㄷ. 총액인건비제를 시행하는 기관은 의도적 절감노력으로 확보한 재원을 성과상여금 및 성과연봉 등에 활용할 수 있다.

① ㄱ
② ㄱ, ㄷ
③ ㄴ, ㄷ
④ ㄱ, ㄴ, ㄷ

문 13. 「정부업무평가 기본법」상 정부업무평가에 대한 설명으로 옳은 것만을 모두 고르면?

> ㄱ. 정부업무평가의 실시와 평가기반의 구축을 체계적·효율적으로 추진하기 위하여 행정안전부장관 소속하에 정부업무평가위원회를 둔다.
> ㄴ. 정부업무평가위원회는 위원장 2인을 포함한 15인 이내의 위원으로 구성한다.
> ㄷ. 행정안전부장관은 매년 각종 평가결과보고서를 종합하여 이를 국무회의에 보고하거나 평가보고회를 개최하여야 한다.
> ㄹ. 정부업무평가의 대상에는 중앙행정기관 또는 지방자치단체의 소속기관이 포함된다.

① ㄱ, ㄷ
② ㄱ, ㄹ
③ ㄴ, ㄷ
④ ㄴ, ㄹ

문 14. 「국가공무원법」상 공무원 임용 결격사유에 해당하지 않는 사람은?

① 공무원 재직 중 징계로 해임처분을 받은 때부터 3년이 지나지 아니한 자
② 파산선고를 받고 복권된 때부터 5년이 지나지 아니한 자
③ 금고 이상의 형의 집행유예를 선고받고 그 유예기간이 끝난 날부터 2년이 지나지 아니한 자
④ 공무원 재직 중 징계로 파면처분을 받은 때부터 5년이 지나지 아니한 자

문 15. 직무급 보수체계에 대한 설명으로 옳은 것은?

① 직무급이란 공무원의 직무수행능력을 측정하여 그 능력이 우수할수록 보수를 우대하는 보수체계이다.
② 직무성과에 따른 차등보수의 원칙을 적용한다.
③ 직무급 산정 시 근속이나 연령을 반영한다.
④ 직무급을 도입하기 위해서는 직무분석과 직무평가를 통한 직무별 상대가치 평가가 선행되어야 한다.

문 16. 발생주의회계에 대한 설명으로 옳지 않은 것은?

① 고정자산 등 경제적 자원을 회계과정에서 인식하기 어렵다.
② 미지급비용을 부채로 인식한다.
③ 감가상각을 비용으로 인식한다.
④ 현금의 유입, 유출과 관계없이 수익과 비용이 발생된 시점에 거래를 인식한다.

문 17. 공공기관과 지방공기업에 대한 설명으로 옳은 것은?

① 「공공기관의 운영에 관한 법률」상 기획재정부장관은 경영실적 평가 결과 경영실적이 부진한 공기업·준정부기관에 대하여 공공기관운영위원회의 심의·의결을 거쳐 기관장·상임이사의 임명권자에게 그 해임을 건의하거나 요구할 수 있다.
② 지방자치단체는 다른 지방자치단체와 공동으로 「지방공기업법」상 지방공사를 설립할 수 없다.
③ 공공기관의 운영에 관한 법률상 시장형 공기업은 자산규모가 2조 원 이상이거나 총수입액 중 자체수입액이 차지하는 비중이 50% 이상인 공기업이다.
④ 「지방공기업법」상 지방공사의 자본금은 그 전액을 지방자치단체가 출자하며, 민간출자를 허용하지 않는다.

문 18. 지방채에 대한 설명으로 옳지 않은 것은?

① 「지방재정법 시행령」상 지방채의 종류는 지방채증권과 차입금으로 구분된다.
② 「지방재정법」상 외채를 발행하려면 지방의회의 의결을 거친 이후 행정안전부장관의 승인을 받아야 한다.
③ 「지방재정법」상 지방채의 차환을 위해 자금조달이 필요할 때 발행할 수 있다.
④ 「지방재정법」상 지방채의 발행, 원금의 상환, 이자의 지급, 증권에 관한 사무절차 및 사무 취급기관은 대통령령으로 정한다.

문 19. 조직이론 중 '조직군생태학(population ecology)'에 대한 설명으로 옳지 않은 것은?

① 조직의 성공은 환경적 상황에 대한 적합성 여부에 달려있다고 본다.
② 환경 변화에 대한 조직의 적응능력을 둔감하게 하는 구조적 타성 개념을 제시한다.
③ 생태적 환경 변화에 적응하기 위한 조직의 전략적 선택을 주요 분석 대상으로 본다.
④ 조직의 분석 수준은 하나의 조직보다 일정한 경계 내의 조직군이다.

문 20. 「공무원 행동강령」에 대한 설명으로 옳지 않은 것은?

① 대통령령으로 제정되었다.
② 법원, 헌법재판소, 선거관리위원회 소속 공무원에게도 적용된다.
③ 외부강의 등의 사례금 수수 제한 규정을 담고 있다.
④ 「부패방지 및 국민권익위원회의 설치와 운영에 관한 법률」 제8조에 따라 공무원이 준수하여야 할 행동기준을 규정하는 것을 목적으로 한다.

2023 10월 28일 시행 지방직 7급

행정학 Ⓑ책형 1쪽

| 풀이 시간: ___:___ ~ ___:___ / 점수: ___점

1초 합격예측! 모바일 성적분석표

QR 코드로 접속하여 문제 풀이시간을 측정하고,
〈1초 합격예측 & 모바일 성적분석표〉 서비스를 통해
지금 바로! 실력을 점검해 보세요.
https://eduwill.kr/0ybp

문 1. 직위분류제의 특징이 아닌 것은?

① 특정 직무에 대한 능력과 전문성을 갖춘 사람을 임용 대상으로 한다.
② 동일직무에 대한 동일보수의 원칙을 반영한 직무급체계가 확립될 수 있다.
③ 개방형 인사제도를 기반으로 운영되며, 공직 내부에서 수평적 이동 시 인사배치의 유연함과 신축성이 있다.
④ 조직개편이나 직무의 불필요성 등으로 직무 자체가 없어진 경우, 그 직무 담당자는 원칙적으로 퇴직의 대상이 된다.

문 2. 사바스(Savas)의 재화 및 서비스 유형에 대한 설명으로 옳지 않은 것은?

① 시장재(private goods)는 소비자 보호와 서비스 안전을 위해 행정의 개입도 가능하다.
② 공유재(common pool goods)는 과다 소비와 공급 비용 귀착 문제가 발생한다.
③ 요금재(toll goods)는 X-비효율성으로 인해 발생할 수 있는 문제 때문에 대부분 정부가 공급한다.
④ 집합재(collective goods)는 비용 부담에 따라 서비스 혜택을 차별화하거나 배제할 수 없기 때문에 무임승차 문제가 발생한다.

문 3. 행정가치에 대한 설명으로 옳은 것은?

① 가외성은 예측하지 못한 행정수요에 대응이 가능하게 함으로써 행정에 대한 신뢰성을 제고한다.
② 공익 실체설은 공익을 사익의 총합이거나 사익 간 타협 또는 집단 간 상호작용의 산물로 본다.
③ 기계적 효율성은 행정의 사회목적 실현과 다차원적 이익들 간의 통합 조정 등을 내용으로 한다.
④ 수평적 형평성은 '다른 사람은 다르게 취급한다'는 원칙으로, 실적과 능력의 차이로 인한 상이한 배분을 용인한다.

문 4. 다음 글의 저자와 그의 주장으로 옳은 것은?

> 격언에 대한 일반적인 사실의 하나는, 예를 들어 "뛰기 전에 살펴라"라는 격언과 "지체하는 자는 진다"라는 격언에서 볼 수 있듯이, 상호모순적인 경우가 많다는 것이다. 이러한 격언과 같이 기존 행정학의 내용을 구성하고 있는 수많은 원리는 상호모순성이 많다.

① 윌슨(Wilson)은 행정의 탈정치화를 통해 자유로운 행정 영역을 확립하려고 했다.
② 애플비(Appleby)는 정치와 행정의 관계는 연속·순환적이기 때문에 양자를 구별하는 것은 적절하지 않다고 했다.
③ 굿노(Goodnow)는 정치를 국가의지의 표명으로, 행정을 국가의지의 집행으로 정의했다.
④ 사이먼(Simon)은 사실과 가치를 구분해 사실만을 다루는 과학으로서의 행정학을 주장했다.

문 5. 「국가재정법」상 (가)에 해당하는 기관만을 모두 고르면?

> 정부는 협의에도 불구하고 (가) 의 세출예산요구액을 감액하고자 할 때에는 국무회의에서 해당 (가) 의 장의 의견을 들어야 하며, 정부가 (가) 의 세출예산요구액을 감액한 때에는 그 규모 및 이유, 감액에 대한 (가) 의 장의 의견을 국회에 제출하여야 한다.

ㄱ. 헌법재판소
ㄴ. 중앙선거관리위원회
ㄷ. 국민권익위원회
ㄹ. 국가인권위원회

① ㄱ, ㄴ
② ㄱ, ㄹ
③ ㄴ, ㄷ
④ ㄷ, ㄹ

문 6. 공공기관 기업지배구조의 이념형적 모델인 주주(shareholder) 자본주의 모델과 이해관계자(stakeholder) 자본주의 모델에 대한 설명으로 옳지 않은 것은?

① 주주 자본주의 모델은 주주가 기업의 주인이라고 보며, 주주의 이익 극대화가 경영목표이다.
② 주주 자본주의 모델의 기업규율방식에는 이사회의 경영 감시, 시장에 의한 규율 등이 있다.
③ 이해관계자 자본주의 모델은 기업을 하나의 공동체로 보며, 이해관계자의 이익 극대화가 경영목표이다.
④ 이해관계자 자본주의 모델에서 근로자의 경영 참여는 종업원 지주제도 등을 통해서 이루어지며 단기 업적주의를 추구한다.

문 7. 주민참여제도에 대한 설명으로 옳은 것은?
① 주민투표의 대상·발의자·발의요건, 그 밖에 투표절차 등에 관한 사항은 따로 「주민투표법」으로 정하고 있다.
② 주민은 지방자치단체의 권한에 속하는 사무의 처리가 법령에 위반되거나 공익을 현저히 해친다고 판단될 때 해당 지방자치단체장에게 감사를 청구할 수 있다.
③ 주민은 지방자치단체의 공금지출에 관한 위법한 행위에 대하여 해당 지방자치단체의 장을 상대방으로 주민소송이 가능하며, 이 제도는 2021년 「지방자치법」 전부개정을 통해 처음 도입되었다.
④ 주민은 지방의회의원과 지방자치단체장에 대해 소환할 권리를 가지며 비례대표 지방의회의원도 소환 대상에 포함된다.

문 8. 동기부여이론에 대한 설명으로 옳지 않은 것은?
① 앨더퍼(Alderfer)의 ERG이론은 하위단계에서 상위단계로의 욕구단계 이동뿐만 아니라 욕구 좌절 시 회귀적이고 하향적인 욕구단계로의 이동도 가능하다고 본다.
② 허츠버그(Herzberg)의 2요인이론은 종업원의 직무환경 개선과 창의적 업무 할당을 통한 직무성취감 증대가 동기부여에 미치는 영향이 다르다고 본다.
③ 아담스(Adams)의 공정성이론은 인식된 불공정성이 중요한 동기요인으로 작동한다고 본다.
④ 브룸(Vroom)의 기대이론은 노력, 성과, 보상, 만족, 환류로 이어지는 동기부여 과정을 제시하면서 노력-성과 간 관계에 있어 개인의 능력과 자질, 그리고 역할 인지를 강조했다.

문 9. 「지방자치법」상 지방자치단체 상호 간 분쟁 발생 시 조정에 대한 설명으로 옳지 않은 것은?
① 지방자치단체 상호 간 사무를 처리할 때 의견이 달라 생긴 분쟁이 공익을 현저히 해쳐 조속한 조정이 필요하다고 인정되면 당사자의 신청이 없어도 행정안전부장관이나 시·도지사가 직권으로 조정할 수 있다.
② 행정안전부장관이나 시·도지사는 조정 결정 사항이 성실히 이행되지 아니할 경우 그 지방자치단체에 대하여 직무이행명령을 통해 이행하게 할 수 있다.
③ 지방분쟁조정위원회는 시·도에 설치하며 시·도와 시·군 및 자치구 간 또는 그 장 간의 분쟁을 심의·의결한다.
④ 중앙분쟁조정위원회는 행정안전부에 설치하며 시·도 간 또는 그 장 간의 분쟁을 심의·의결한다.

문 10. 조직문화 및 변동의 이론에 대한 설명으로 옳은 것만을 모두 고르면?

ㄱ. 퀸(Quinn)은 경쟁가치모형을 활용해 '내부지향-외부지향'과 '유연성-통제(안정성)'라는 두 가지 차원에서 4가지 조직문화 유형을 도출하였다.
ㄴ. 홉스테드(Hofstede)는 '권력거리'의 크기가 큰 문화에서는 평등한 관계를 중시하기 때문에 조직 내 의사소통이 활발하고 분권화된 경우가 많다고 본다.
ㄷ. 레빈(Lewin)은 조직 변화의 과정을 현재 상태에 대한 해빙(unfreezing), 원하는 상태로의 변화(moving), 새로운 변화가 지속될 수 있도록 재동결(refreezing)하는 3단계로 제시하였다.

① ㄱ
② ㄱ, ㄷ
③ ㄴ, ㄷ
④ ㄱ, ㄴ, ㄷ

문 11. 다음 설명에 해당하는 근무성적평정 방법은?

○ 다수의 평정요소와 평정요소별 수준을 나타내는 등급으로 구성
○ 평정요소별 해당 등급에 표시하는 방법으로 평정대상자 평가
○ 평정요소와 평정등급에 대한 평정자의 자의적 해석 가능

① 도표식평정척도법
② 가감점수법
③ 서열법
④ 체크리스트 평정법

문 12. 현대조직이론에 대한 설명으로 옳지 않은 것은?
① 자원의존이론은 조직을 환경적 결정에 피동적인 존재로 보지 않고 스스로의 이익을 위해 주도적·능동적으로 환경에 대처하며, 환경을 조직에 유리하도록 관리하려는 존재로 본다.
② 조직군생태론은 조직을 외부 환경의 선택에 따라 좌우되는 피동적인 존재로 보고, 조직의 발전이나 소멸의 원인을 환경에 대한 조직 적합도에서 찾는다.
③ 혼돈이론은 조직이라는 복잡한 체제의 총체적 이해를 도울 수 있다는 장점이 있으나, 복잡한 현상에 대한 통합적 연구를 지향한다는 점에서 현실세계에 적용하기 어렵다는 한계를 보인다.
④ 상황론적 조직이론은 기술, 규모, 환경 등의 다양한 상황요인에 대한 조직적합성을 발견함으로써, 모든 상황에 적합하고 유일한 최선의 조직설계와 관리방법을 찾을 수 있다고 본다.

문 13. 공무원 임용에 대한 설명으로 옳지 않은 것은?

① 국가기관의 장은 국가안보 및 보안·기밀에 관계되는 분야를 제외하고 대통령령 등으로 정하는 바에 따라 외국인을 공무원으로 임용할 수 있다.
② 임용시험 성적과 임용 후 근무성적 간의 연관성이 높다면 임용시험의 기준타당성이 높다고 할 수 있다.
③ 국가기관의 장은 업무의 특성이나 기관의 사정 등을 고려하여 소속 공무원을 대통령령 등으로 정하는 바에 따라 통상적인 근무시간보다 짧게 근무하는 공무원으로 임용할 수 있다.
④ 신규 채용되는 공무원의 경우 시보임용을 면제하거나 그 기간을 단축할 수 없다.

문 14. 공직윤리 관련 제도에 대한 설명으로 옳지 않은 것은?

① 공익신고자의 동의 없이 공익신고자의 인적사항 등을 다른 사람에게 알려주거나 공개할 경우, 징역 또는 벌금 등 법적 제재 대상이 된다.
② 지방공무원이 외국 정부로부터 영예나 증여를 받을 경우에는 소속 지방자치단체장의 허가를 받아야 한다.
③ 「공직자윤리법」을 통해 이해충돌 방지 의무를 규정하고 주식백지신탁 제도를 도입하였다.
④ 「공직자윤리법」상 재산 등록의무자 모두가 등록재산 공개대상은 아니다.

문 15. 지방재정에 대한 설명으로 옳지 않은 것은?

① 재정자립도는 일반회계 예산규모에서 지방세와 세외수입 합계액의 비(比)를 의미하며 지방자치단체의 실제 재정력과 차이가 있다는 비판이 있다.
② 재정자주도는 일반회계 예산규모에서 자체수입과 자주재원 합계액의 비를 의미하며 보통교부세 교부 여부의 적용기준으로 활용된다.
③ 재정력지수는 기준재정수요액에서 기준재정수입액의 비를 의미하며 기본적 행정 수행을 위한 재정수요의 실질적 확보 능력을 판단하는 기준이 된다.
④ 주민 1인당 지방세 부담액은 지방세액을 해당 지방자치단체 주민 수로 나눈 것으로 세입구조 안정성을 판단하는 기준이 된다.

문 16. 예산과정에 대한 설명으로 옳지 않은 것은?

① 각 중앙관서의 장은 그 소관에 속하는 다음 연도의 세입세출예산·계속비·명시이월비 및 국고채무부담행위 요구서를 작성하여 매년 5월 31일까지 기획재정부장관에게 제출하여야 한다.
② 정부는 예산안을 국회에 제출한 후 부득이한 사유로 그 내용의 일부를 수정하고자 할 때에는 국무회의의 심의를 거쳐 대통령의 승인을 얻은 수정예산안을 국회에 제출할 수 있다.
③ 국회에 제출된 예산안은 예산결산특별위원회에서 예비심사하여 그 결과를 의장에게 보고하고, 의장은 소관 상임위에 회부하여 심사가 끝난 후 본회의에 부의한다.
④ 기획재정부장관은 회계연도마다 작성하여 대통령의 승인을 받은 국가결산보고서를 다음 연도 4월 10일까지 감사원에 제출하여야 한다.

문 17. 정책대안의 탐색에 대한 설명으로 옳지 않은 것은?

① 과거 또는 현재의 정책을 참고로 하거나 외국 또는 다른 지방자치단체에서 활용한 정책들을 대안으로 고려하는 것은 점증주의적 접근에 해당한다.
② 다른 정부의 정책을 대안으로 고려할 때는 가급적 사회문화적 배경이 이질적인 지역을 선택하는 것이 바람직하다.
③ 주관적·직관적 판단을 이용하는 방법으로 브레인스토밍과 델파이가 있으며 이들은 대안의 개발뿐만 아니라 대안의 결과예측에서도 활용된다.
④ 브레인스토밍은 기발하고 다양한 아이디어를 자유분방하게 제안하도록 함으로써 많은 아이디어를 얻기 위한 활동이다.

문 18. 정책의 유형에 대한 설명으로 옳은 것은?

① 로위(Lowi)의 분배정책은 돈이나 권력 등을 많이 소유하고 있는 집단으로부터 그렇지 못한 집단으로 이전시키는 정책이다.
② 리플리(Ripley)와 플랭클린(Franklin)의 보호적 규제정책은 국민을 보호하기 위해 개인이나 집단의 행동을 통제하는 정책이다.
③ 아몬드(Almond)와 파월(Powell)의 상징정책은 정책목표를 달성하기 위해 민간에게 인적·물적 자원을 부담시키는 정책이다.
④ 로위(Lowi)가 제시한 정책유형론은 포괄성과 상호배타성을 확보하고 있다.

문 19. 정책평가의 설계에 대한 설명으로 옳지 않은 것은?
   ① 사후적 비교집단 구성(비동질적집단 사후측정설계)은 선정효과로 인해 내적 타당성이 훼손될 수 있다.
   ② 진실험은 모방효과로 인해 내적 타당성이 훼손될 수 있다.
   ③ 비동질적 통제집단설계는 진실험과 같은 수준의 내적 타당성을 확보할 수 있다.
   ④ 진실험과 준실험을 비교하면 실행가능성 측면에서는 준실험이, 내적 타당성 측면에서는 진실험이 더 우수하다.

문 20. 「정부업무평가 기본법」상 정부업무평가제도에 대한 설명으로 옳은 것은?
   ① 기획재정부장관은 중앙행정기관의 자체평가결과를 확인·점검 후 평가의 객관성과 신뢰성에 문제가 있어 다시 평가가 필요하다고 판단되는 경우, 위원회의 심의·의결을 거쳐 재평가를 실시할 수 있다.
   ② 중앙행정기관의 장은 자체평가조직 및 자체평가위원회를 구성·운영하여야 하며, 이 경우 평가의 공정성과 객관성을 확보하기 위하여 자체평가위원의 3분의 2 이상은 민간위원으로 하여야 한다.
   ③ 행정안전부장관은 둘 이상의 중앙행정기관 관련 시책, 주요 현안시책, 혁신관리 및 대통령령이 정하는 부문에 대하여 특정평가를 실시하고 그 결과를 공개하여야 한다.
   ④ 지방자치단체 또는 그 장이 위임받아 처리하는 국가사무, 국고보조사업 그리고 국가의 주요 시책사업 등에 대해 국무총리는 관계중앙행정기관의 장과 합동으로 평가를 실시할 수 있다.

문 1. 애플비(Appleby)가 주장한 정치행정일원론의 내용에 해당하는 것은?
① 행정은 효율성을 추구하는 관리를 핵심으로 한다.
② 행정은 민의를 중시해야 하며 정책결정과 집행의 혼합작용이다.
③ 시간과 동작연구를 통한 직무의 전문화는 행정조직의 생산성을 극대화할 수 있다.
④ 고위 관료가 능률적으로 관리해야 할 행정원리는 기획, 조직, 인사, 지휘, 조정, 보고, 예산 등이 있다.

문 2. 행정이론에 대한 설명으로 옳지 않은 것은?
① 신행정학은 행정의 적실성 회복을 강조한다.
② 발전행정론은 환경이 행정에 미치는 영향에 주목한다.
③ 공공선택론은 시민들의 다양한 요구와 선호에 민감하게 부응할 수 있는 제도적 장치 마련을 강조한다.
④ 신공공관리론은 지역사회 문제를 해결하는 과정에서 시민들의 공유된 가치를 관료가 협상하고 중재해야 한다고 주장한다.

문 3. 민간위탁(contracting out)에 대한 설명으로 옳지 않은 것은?
① 정부가 제공하는 서비스를 민간부문에 맡기고 비용을 지불하는 방식이다.
② 비영리단체는 민간위탁의 대상이 되지 않는다.
③ 정부의 직접공급에 비해 고용과 인건비의 유연성 확보가 용이하다.
④ 대표적인 예로는 쓰레기수거업무나 도로건설업무가 있다.

문 4. 비용효과(cost-effectiveness)분석에 대한 설명으로 옳은 것은?
① 정책대안의 비용과 효과는 모두 화폐단위로 측정된다.
② 분석결과는 사회적 후생의 문제와 쉽게 연계시킬 수 있다.
③ 시장가격의 메커니즘에 전적으로 의존한다.
④ 국방, 치안, 보건 등의 영역에 적용할 수 있다.

문 5. 예산의 분류 방법과 분류 기준을 바르게 연결한 것은?

	분류 방법	분류 기준
①	기능별 분류	정부가 무슨 일을 하는 데 얼마를 쓰느냐
②	조직별 분류	정부가 무엇을 구입하는 데 얼마를 쓰느냐
③	경제 성질별 분류	누가 얼마를 쓰느냐
④	시민을 위한 분류	국민경제에 미치는 총체적인 효과가 어떠한가

문 6. 정책결정모형 중 점증모형에 대한 설명으로 옳지 않은 것은?
① 정책대안을 모두 분석하기보다 한정된 정책대안에 주목한다.
② 시행착오를 반복하면서도 문제를 해결하려는 특성이 있다.
③ 인간의 인지적 한계를 인정하므로 급격한 개혁과 새로운 환경을 반영하는 혁신적 정책결정을 설명하기가 용이하다.
④ 정책결정에서 집단 참여의 합의 과정이 중시되고 목표와 수단이 탄력적으로 상호 조정된다.

문 7. 정부 예산 편성에 대한 설명으로 옳지 않은 것은?
① 국가재정운용계획은 중·장기적 국가비전과 정책 우선순위를 고려한 계획으로 단년도 예산편성의 기본틀이 된다.
② 기획재정부는 예산안 편성 시 사전에 지출한도를 설정하고 각 중앙부처는 그 한도 내에서 예산을 자율적으로 편성한다.
③ 기획재정부는 예비타당성조사를 실시하여 정치·경제적 이해관계가 배제될 수 있도록 예산배분의 타당성을 검토한다.
④ 각 중앙관서의 장은 완성에 2년 이상이 소요되는 사업으로서 대통령령으로 정하는 대규모사업에 대하여는 그 사업규모·총사업비 및 사업기간을 정하여 미리 기획재정부장관과 협의해야 한다.

문 8. 현대조직이론에 대한 설명으로 옳은 것은?
① 조직군생태론은 단일조직을 기본 분석단위로 하며, 환경에 대한 조직 적합도에 초점을 둔다.
② 거래비용이론은 자원의존이론의 한 접근법으로, 조직 간 거래비용보다는 조직 내 거래비용에 더 많은 관심을 둔다.
③ 상황론적 조직이론은 독립변수를 한정하고 상황적 조건들을 유형화해 중범위라는 제한된 수준 내의 일반성과 규칙성을 발견하려고 한다.
④ 대리인이론에 따르면 정보의 대칭성과 자산 불특정성이 합리적 선택을 제약하며, 주인-대리인 관계는 조직 내에서 나타나지 않는다.

문 9. 정책의제 설정과정의 유형에 대한 설명으로 옳지 않은 것은?
① 내부접근모형에서는 일반 시민의 지지를 얻기 위해 관료집단이 주도한 의제가 정부의 홍보활동을 통해 공중의제로 확산된다.
② 동원모형은 정치지도자의 지시에 따라 사회문제가 바로 정부의제로 채택되며 정부의 힘이 강하고 민간 부문이 취약한 후진국에서 자주 볼 수 있다.
③ 외부주도형은 이익집단들에 의해 제기된 문제가 여론을 형성해 공중의제로 전환되며 정부가 외부의 요구에 민감하게 반응하는 정치체제에서 자주 볼 수 있다.
④ 공고화모형에서는 이미 광범위한 일반 대중의 지지가 있는 경우에, 정부는 동원 노력보다는 이미 존재하는 지지를 그대로 공고화해 의제를 설정한다.

문 10. 재정준칙에 대한 설명으로 옳지 않은 것은?
① 국가채무준칙은 재정 건전성을 확보하기 위해 국가채무 규모에 상한선을 설정한다.
② 재정수지준칙은 경기변동과 무관하게 설정되므로 경제안정화를 오히려 저해할 수 있다.
③ 재정지출준칙은 경제성장률이나 재정적자 규모의 예측에 의존하지 않는다.
④ 재정수입준칙은 조세지출을 우회적으로 활용함으로써 재정건전성이 훼손될 가능성이 있다.

문 11. 계급제와 직위분류제에 대한 설명으로 옳지 않은 것은?
① 계급제는 보직 관리 범위를 제한하여 공무원의 시야를 좁게 만드는 측면이 있다.
② 직위분류제는 공무원의 전문성을 강화하고 직무 중심의 동기유발이 가능하다.
③ 계급제는 공무원의 장기 근무를 유도하고 직업공무원제도 확립에 유리하다.
④ 직위분류제는 직무 한계와 책임소재가 명확하다.

문 12. 선발시험의 신뢰성을 검증하는 방법에 해당하지 않는 것은?
① 하나의 시험유형 내에서 각 문항 간의 상관관계를 종합하여 시험의 일관성을 검증한다.
② 시험성적과 본래 시험으로 예측하고자 했던 기준 사이에 얼마나 밀접한 상관관계가 있는가를 검증한다.
③ 시험을 본 수험자에게 일정한 시간이 지난 뒤, 다시 같은 문제로 시험을 보게 하여 두 점수 간의 일관성을 확인한다.
④ 문제 수준이 비슷한 두 개의 시험유형을 개발하여 동일 통제집단을 대상으로 시험을 보게 한 후 두 집단의 성적 간 상관관계를 분석한다.

문 13. 애드호크라시(adhocracy)에 대한 설명으로 옳지 않은 것은?
① 업무가 비정형적일 때 유용하다.
② 변화에 신속하게 대응할 수 있는 장점이 있다.
③ 책임소재가 명확하여 갈등이 생길 가능성이 작다.
④ 조직 목표 달성을 위해 조직 내 전문 능력이 있는 구성원들을 연결하는 구조이다.

문 14. 근무성적평정에 대한 설명으로 옳지 않은 것은?
① 다면평정법은 상급자, 동료, 부하, 고객 등 다양한 구성원에게 평정에 참여할 기회를 준다.
② 목표관리제 평정법은 참여를 통한 명확한 목표의 설정과 개인과 조직 간 목표의 통합을 추구한다.
③ 강제배분법은 평정치의 편중과 관대화 경향을 막기 위해 등급별로 비율을 미리 정해 놓는다.
④ 도표식평정척도법은 근무성적을 객관적 사실에 기초하여 평가하므로 평정자의 편견이 개입할 가능성이 작다.

문 15. 행정책임 확보 방안 중 내부통제에 해당하는 것은?
① 공정한 감시와 견제기능을 하는 시민단체 활동
② 부정청탁금지법 제정과 같은 국회의 입법 활동
③ 부당한 행정에 대한 언론의 감시 활동
④ 중앙부처의 예산 편성과 집행에 대한 기획재정부의 관리 활동

문 16. 넛지(nudge)의 특성으로 옳은 것만을 모두 고르면?

> ㄱ. 넛지 방식으로 정책을 설계하는 것을 선택설계라고 한다.
> ㄴ. 정책대상집단의 행동에 개입하지만 개인의 자유로운 선택을 허용한다.
> ㄷ. 넛지는 디폴트 옵션 설정 방식처럼 사람들의 인지적 편향을 전략적으로 활용하는 정책수단이다.

① ㄱ, ㄴ
② ㄱ, ㄷ
③ ㄴ, ㄷ
④ ㄱ, ㄴ, ㄷ

문 17. 동기부여이론에 대한 설명으로 옳은 것은?
① 스키너(Skinner)의 강화이론은 인간의 내면적 과정에 초점을 맞추며, 행동의 결과보다 원인을 더 강조한다.
② 로크(Locke)의 목표설정이론에 따르면, 개인의 강력한 동기유발을 위해서는 추상적인 목표를 채택해야 한다.
③ 포터(Porter)와 롤러(Lawler)의 업적·만족 이론은 직무성취 수준이 직무 만족의 요인이 될 수 있다고 주장한다.
④ 공공봉사동기(public service motivation)이론은 공공부문 종사자와 민간부문 종사자의 가치체계는 차이가 없고, 개인이 공공부문에 근무하면서 공공봉사 동기를 처음으로 획득하므로, 조직문화와 외재적 보상을 강조한다.

문 18. 지방자치에 관한 이론에 대한 설명으로 옳은 것은?
① 피터슨(Peterson)의 저서 『도시한계(City Limits)』에 따르면, 개방체제로서의 지방정부는 재분배정책보다 개발정책을 추구하는 경향이 있다.
② 라이트(Wright)는 정부 간 관계를 분쟁형, 창조형, 교환형으로 분류하고, 연방정부와 주정부 간 사회적·문화적 측면의 동태적 관계를 기술하였다.
③ 로즈(Rhodes)의 정부 간 관계론은 지방정부가 조직자원과 재정자원 측면에서 중앙정부보다 우월한 지위에 있다고 본다.
④ 티부(Tiebout)의 발에 의한 투표(voting with feet)가 가능하기 위해서는 주민의 자유로운 이동성, 공공서비스 제공에서 외부효과 존재 등의 전제조건이 충족되어야 한다.

문 19. 정책학의 발전과정에 대한 설명으로 옳은 것은?
① 드로어(Dror)는 정책결정의 방법, 지식, 체제에 관심을 두어야 한다고 주장하고, 정책결정체제에 대한 이해와 정책결정의 개선을 강조하였다.
② 정책의제설정이론은 정책의제의 해결방안 탐색을 강조하며, 문제가 의제로 설정되지 않는 비결정(nondecision making) 상황에 관하여는 관심이 적다.
③ 라스웰(Lasswell)은 정책과정에 관한 지식보다 정책에 필요한 지식이 더 중요하며, 사회적 가치는 분석 대상에서 제외해야 함을 강조하였다.
④ 1950년대에는 담론과 프레임을 통한 문제구조화에 관심이 높아 OR(operation research)과 후생경제학의 기법 활용에는 소홀하였다.

문 20. 현행 지방세의 탄력세율 제도에 대한 설명으로 옳은 것만을 모두 고르면?

> ㄱ. 지방세 일부 세목의 세율에 대해 일정 범위 내에서 지방자치단체가 자율적으로 결정할 수 있다.
> ㄴ. 레저세, 지방소비세는 탄력세율이 적용되지 않는다.
> ㄷ. 조례로 담배소비세, 주행분 자동차세에 대해 표준세율의 50%를 가감하는 방식과 같이 일정 비율을 가감하는 방식이 주로 활용된다.

① ㄱ
② ㄱ, ㄴ
③ ㄴ, ㄷ
④ ㄱ, ㄴ, ㄷ

2021 지방직 7급 (10월 16일 시행)

행정학　B책형　1쪽

문 1. 관료제 모형에서 베버(Weber)가 강조한 행정 가치는?
① 민주성
② 형평성
③ 능률성
④ 대응성

문 2. 다음은 콥과 로스(Cobb & Ross)가 제시한 의제 설정 과정이다. (가)~(다)에 들어갈 유형을 바르게 연결한 것은?

○ (가) : 사회문제 → 정부의제
○ (나) : 사회문제 → 공중의제 → 정부의제
○ (다) : 사회문제 → 정부의제 → 공중의제

	(가)	(나)	(다)
①	동원형	외부주도형	내부접근형
②	내부접근형	동원형	외부주도형
③	외부주도형	내부접근형	동원형
④	내부접근형	외부주도형	동원형

문 3. 공무원 인사제도에 대한 설명으로 옳지 않은 것은?
① 실적주의는 공무원의 인적 구성이 사회의 인구학적 특성과 비례가 되도록 해야 한다는 대표관료제를 비판하면서 등장하였다.
② 엽관주의는 정당제도 유지에 기여하고 공무원의 정치적 책임성을 확보할 수 있다는 장점이 있어 오늘날에도 부분적으로 남아 있다.
③ 실적주의는 엽관주의의 폐해와 급격한 경제발전으로 행정기능이 양적으로 확대되고 질적으로 복잡해짐에 따라 공무원들의 전문적 지식과 기술이 필요해지면서 정당성이 강화되었다.
④ 엽관주의에 따른 인사는 관료기구와 집권 정당의 동질성을 확보할 수 있으며, 정부가 공무원의 충성심을 확보하고 공무원을 효과적으로 통솔할 수 있다.

문 4. 예산 분류별 장단점에 대한 설명으로 옳지 않은 것은?
① 예산의 기능별 분류의 단점은 회계 책임이 불명확하다는 점이다.
② 예산의 조직별 분류의 장점은 예산지출의 목적(대상)을 파악하기 쉽다는 점이다.
③ 예산의 기능별 분류의 장점은 국민이 정부 예산을 이해하기 쉽다는 점이다.
④ 예산의 품목별 분류의 단점은 예산집행의 신축성을 저해한다는 점이다.

문 5. 다음에서 제시하는 정책결정모형에 대한 설명으로 옳은 것은?

○ 정책의 본질이 미래지향적 문제 해결에 있고, 정책결정에서 가치비판적 발전관에 기초한 가치지향적 행동 추구의 중요성을 고려할 때 매우 중요한 의의가 있다.
○ 대안을 선택할 수 있는 기준이 명확해야 한다.
○ 기존 정책이나 사업의 매몰비용으로 인해 현실 적합성이 떨어지는 한계가 있다.

① 시간의 흐름에 따라 환류되는 정보를 분석하여 잘못한 점이 있으면 수정·보완하는 방식이다.
② 문제성 있는 선호(problematic preferences), 불명확한 기술(unclear technology), 일시적 참여자(part-time participants)가 전제조건이다.
③ 갈등을 완전히 해결하지 못하고, 타협을 통한 봉합을 모색한다.
④ 같은 비용으로 최대의 목표산출을 얻을 수 있는 대안을 선택하는 행위를 의미한다.

문 6. 정부규제에 대한 설명으로 옳지 않은 것은?
① 종합편성 채널의 운영권을 부여하고, 이를 확보한 방송사에 대한 규제는 리플리와 프랭클린(Ripley & Franklin)의 보호적 규제 정책을 시행한 것으로 볼 수 있다.
② 네거티브 규제(negative regulation)는 포지티브 규제(positive regulation)보다 자율성을 적극적으로 부여한다는 측면에서 피규제자가 선호하는 방식이다.
③ 우리나라는 신기술과 신산업을 육성하기 위하여 규제샌드박스 제도를 도입하였다.
④ 윌슨(Wilson)의 규제정치 이론에 따르면, 대체로 경제적 규제는 고객정치의 상황으로 분류되며 사회적 규제는 기업가정치의 상황으로 분류된다.

문 7. 행정학의 접근 방법에 대한 설명으로 옳지 않은 것은?
① 생태론적 접근 방법은 외부 환경이 행정 체제에 영향을 미친다는 시각으로 환경에 대한 행정의 주체적인 역할을 경시했다는 비판을 받는다.
② 후기행태주의는 적실성(relevance)과 실천(action)을 강조하고, 가치중립적인 과학적 연구보다는 가치평가적인 정책연구를 지향하였다.
③ 공공선택이론은 권한이 분산된 여러 작은 조직들에 의해 공공서비스가 공급되는 것보다 단일의 대규모 조직에 의해 독점적으로 공급되는 것을 선호한다.
④ 역사적 제도주의에서 제도는 경로의존성과 관성적인 성향으로 인해 새로운 환경의 변화에 적절히 대응하지 못할 수도 있다.

문 8. 톰슨(Thompson)의 기술 분류에 따른 상호의존성과 조정 형태를 바르게 연결한 것은?
① 집약형 기술(intensive technology) – 연속적 상호의존성(sequential interdependence) – 정기적 회의, 수직적 의사전달
② 공학형 기술(engineering technology) – 연속적 상호의존성(sequential interdependence) – 사전계획, 예정표
③ 연속형 기술(long-linked technology) – 교호적 상호의존성(reciprocal interdependence) – 상호 조정, 수평적 의사전달
④ 중개형 기술(mediating technology) – 집합적 상호의존성(pooled interdependence) – 규칙, 표준화

문 9. 공무원고충처리에 대한 설명으로 옳지 않은 것은?
① 5급 이상 공무원 및 고위공무원단에 속하는 일반직 공무원의 고충을 다루는 중앙고충심사위원회의 기능은 소청심사위원회가 관장한다.
② 고충처리대상은 인사·조직·처우 등의 직무조건과 성폭력범죄, 성희롱 등으로 인한 신상문제에 대하여 광범위하게 인정된다.
③ 소청심사위원회의 결정은 처분청에 대한 법적 기속력이 있지만, 고충심사위원회의 결정은 처분청에 대한 법적 기속력이 없다.
④ 고충심사위원회가 청구서를 접수한 때에는 30일 이내에 고충심사에 대한 결정을 해야 하고 그 결정은 위원 과반수의 출석과 과반수의 합의에 의한다.

문 10. 프레스먼(Pressman)과 윌다브스키(Wildavsky)의 성공적인 정책집행에 관한 오클랜드 사례분석의 내용으로 옳지 않은 것은?
① 정책집행에 개입하는 참여자의 수가 적어야 한다.
② 정책집행은 정책결정과 분리되어 독립적으로 수행해야 한다.
③ 정책집행을 위한 프로그램 설계가 단순해야 한다.
④ 최초 정책집행 추진자 또는 의사결정자가 지속해서 집행을 이끌어야 한다.

문 11. 다음 중앙인사기관의 유형에 대한 설명으로 옳은 것은?

○ 행정수반이 인사관리에 직접적인 책임을 지며, 인사기관의 장은 행정수반을 보좌하여 집행업무를 담당한다.
○ 인적자원 확보, 능력발전, 유지, 보상 등 인사관리에 대한 기능을 부처의 협조 하에 통합적으로 수행한다.
○ 인사기관의 결정과 집행의 행위는 행정수반의 승인과 검토의 대상이 된다.

① 정치권력의 부당한 개입을 막아 정치적 중립성과 공직의 안정성을 확보할 수 있다.
② 인사기관의 구성방식을 통해서 인사 정책의 일관성을 확보할 수 있다.
③ 합의에 따른 결정방식으로 인사의 공정성을 유지하는 것이 중요하다.
④ 한 명의 인사기관의 장이 조직을 관장하고 행정수반의 지휘 아래 놓이게 된다.

문 12. 조직이론에 대한 설명으로 옳지 않은 것은?
① 카플란(Kaplan)과 노턴(Norton)은 균형성과표(BSC)의 네 가지 관점으로 고객 관점, 내부 프로세스 관점, 재무적 관점, 학습과 성장 관점을 제시하였다.
② 민츠버그(Mintzberg)는 조직의 5개 구성 요소로 전략적 최고관리층, 중간계선관리층, 작업층, 기술구조, 지원막료를 제시하였다.
③ 허시(Hersey)와 블랜차드(Blanchard)는 부하의 성숙도가 높은 경우 지시적 리더십이 효과적이라고 보았다.
④ 베버(Weber)는 법적·합리적 권한에 기초를 둔 이념형(ideal type) 관료제의 특징으로 법과 규칙의 지배, 계층제, 문서에 의한 직무수행, 비개인성(impersonality), 분업과 전문화 등을 제시하였다.

문 13. 지방분권화가 확대되는 이유로 옳지 않은 것은?
① 내생적 발전전략에 기반한 도시경쟁력 확보가 중요해지고 있다.
② 중앙집권 체제가 초래하는 낮은 대응성과 구조적 부패 등은 국가 성장의 장애 요인으로 작용하고 있다.
③ 사회적 인프라가 어느 정도 갖춰진 국가에서는 지역 간 평등한 공공서비스의 수요가 증가하고 있다.
④ 신공공관리론에 근거한 정부혁신이 강조되고 있다.

문 14. 모건(Morgan)이 제시한 조직의 8가지 이미지에 해당하지 않는 것은?
① 문화로서의 조직(Organizations as Culture)
② 적응적 사회구조로서의 조직(Organizations as Adaptive Social Structure)
③ 심리적 감옥으로서의 조직(Organizations as Prison Metaphor)
④ 흐름과 변환과정으로서의 조직(Organizations as Flux and Transformation)

문 15. (가)~(라)에 들어갈 숫자를 바르게 연결한 것은?

○ 정부는 재정운용의 효율화와 건전화를 위하여 매년 해당 회계연도부터 (가) 회계연도 이상의 기간에 대한 재정운용계획을 수립하여야 한다.
○ 기획재정부장관은 대통령의 승인을 얻은 다음 연도의 예산안편성지침을 매년 (나) 월 31일까지 각 중앙관서의 장에게 통보해야 한다.
○ 기획재정부장관은 「국가회계법」에 따라 회계연도마다 국가결산보고서를 작성하여 대통령의 승인을 얻어 다음 연도 4월 (다) 일까지 감사원에 제출하여야 한다.
○ 예산의 편성 및 의결, 집행, 그리고 결산 및 회계검사의 단계가 일정한 주기로 반복되는 것을 예산주기 또는 예산순기라고 하는데 우리나라의 경우 통상 (라) 년이다.

	(가)	(나)	(다)	(라)
①	10	3	10	1
②	5	3	10	3
③	5	5	20	1
④	10	5	20	3

문 16. 공직윤리 확보를 위한 제도에 대한 설명으로 옳지 않은 것은?
① 국민권익위원회는 공익신고자 등으로부터 보호조치를 신청받은 때에는 바로 공익신고자 등이 공익신고 등을 이유로 불이익조치를 받았는지에 대한 조사를 시작하여야 한다.
② 취업심사대상자는 퇴직 전 3년 동안 소속하였던 부서의 업무와 밀접한 관련이 있는 기관에 퇴직일로부터 5년간 취업할 수 없다. 단, 관할 공직자윤리위원회로부터 취업 승인을 받은 경우는 예외로 한다.
③ 재직자는 퇴직공직자로부터 직무와 관련한 청탁 또는 알선을 받은 경우 이를 소속 기관의 장에게 신고하여야 한다.
④ 국민권익위원회는 접수된 부패행위 신고사항을 그 접수일부터 60일 이내에 처리하여야 한다. 단, 신고내용의 특정에 필요한 사항을 확인하기 위한 보완 등이 필요하다고 인정되는 경우에는 그 기간을 30일 이내에서 연장할 수 있다.

문 17. 우리나라 지방재정조정제도에 대한 설명으로 옳은 것은?
① 「지방교부세법」상 지방교부세는 보통교부세, 특별교부세, 부동산교부세 및 소방안전교부세로 구분된다.
② 지방교부세는 중앙정부가 국가 사무를 지방정부에 위임하거나 지방정부가 추진하는 사업 경비의 전부 또는 일부를 보조하거나 지원하기 위한 제도이다.
③ 조정교부금은 전국적 최소한 동일 행정서비스 수준 보장을 위해 중앙정부가 내국세의 일정 비율을 자치단체에 배분하는 것이다.
④ 지방교부세 대비 국고보조금의 비중 증가는 지방재정의 자율성을 강화한다.

문 18. 「전자정부법」상 전자정부 추진에 대한 설명으로 옳지 않은 것은?
① 「고등교육법」상 사립대학은 적용받지 않는다.
② 행정기관 등의 장은 해당 기관의 전자정부의 구현·운영 및 발전을 위한 기본계획을 5년마다 수립하여야 한다.
③ 전자정부의 날이 지정되었다.
④ 필요한 경우 둘 이상의 지방자치단체가 공동으로 지역정보통합센터를 설립·운영할 수 있다.

문 19. 예산제도에 대한 설명으로 옳은 것은?

① 주민참여예산제도는 정부가 지역주민에 대해 비과세, 감면, 공제 등 세제상 각종 유인장치를 통해 간접적 지원을 해주는 제도이다.
② 예비타당성조사는 총사업비와 국가의 재정지원 규모가 일정 금액 이상인 신규사업 중 특정 요건에 해당하는 경우에 실시하며, 국회가 의결로 요구하는 사업에 대해서도 실시하여야 한다.
③ 예산성과금은 수입이 증대되거나 지출이 절약된 때에 이에 기여한 자에게 지급할 수 있으며 절약된 예산은 다른 사업에 사용할 수 없다.
④ 총사업비관리제도는 소요 기간에 관계없이 고속도로, 국도 등 일정 규모 이상의 대규모 사업의 경우, 사업 규모·총사업비 및 사업기간 등을 정하여 미리 기획재정부 장관과 사전협의할 것을 요구한다.

문 20. 사회실험에 대한 설명으로 옳은 것만을 모두 고르면?

ㄱ. 자연과학의 실험실 실험과는 달리 상황에 따라 통제집단(control group) 또는 비교집단(comparison group) 없이 진행할 수 있다.
ㄴ. 진실험 방법을 활용하여 사회실험을 진행하면 호손 효과(Hawthorne Effect)를 방지할 수 있다는 점이 가장 큰 장점이다.
ㄷ. 아직 검증되지 않은 정책 프로그램에 대규모 투자를 하기 전에 그 결과를 미리 평가해 보는 것이 중요한 목적 중 하나이다.
ㄹ. 실험집단과 비교집단을 무작위 배정(random assignment)할 수 없어 집단 간 동질성 확보가 불가능하면, 준실험(quasi-experiment) 방법을 채택하여 진행할 수 있다.

① ㄱ, ㄴ
② ㄱ, ㄹ
③ ㄴ, ㄷ
④ ㄷ, ㄹ

군무원 9급 공개경쟁채용 필기시험

응시번호	
성 명	

문제책형

【시험과목】

제1과목	국 어	제2과목	행 정 법	제3과목	행 정 학

응시자 주의사항

1. **시험 시작 전**에 시험문제를 열람하는 행위나 **시험 종료 후** 답안을 작성하는 행위를 한 사람은 「지방공무원 임용령」 제65조 등 관련 법령에 의거 **부정행위자**로 처리됩니다.

2. 시험 시작 즉시 **과목편철 순서, 문제누락 여부, 인쇄상태 이상 유무 및 표지와 개별과목의 문제책형 일치 여부 등을 확인**한 후 문제책 표지에 응시번호, 성명을 기재합니다.

3. 반드시 본인의 **응시표에 인쇄된 선택과목 순서에 따라 답안을 표기**하여야 합니다.
   과목 순서를 바꾸어 표기한 경우에도 **본인의 응시표에 기재된 과목 순서대로 채점**되므로 반드시 유의하시기 바랍니다.

4. 시험이 시작되면 문제를 주의 깊게 읽은 후, **문항의 취지에 가장 적합한 하나의 정답만을 고르며**, 문제 내용에 관한 질문은 받지 않습니다.

5. **시험시간 관리의 책임**은 전적으로 응시자 본인에게 있습니다.

2025 군무원 9급 (7월 5일 시행)

행정학 | 공통 책형

문 1. 문서를 통한 명령이 효과적인 경우에 대한 설명으로 가장 적절한 것은?
① 긴급을 요하는 경우
② 수명자가 충분한 지식을 가지고 숙련돼 있는 경우
③ 극비사항의 누설 위험을 방지하고자 할 경우
④ 명령 내용이 복잡하여 이해하기 어려운 경우

문 2. 한국의 행정문화에 대한 설명으로 가장 적절한 것은?
① 일반능력자주의
② 상대주의
③ 합리주의
④ 모험주의

문 3. 조직구조에 대한 설명으로 가장 적절한 것은?
① 명령체계는 조직 내 구성원을 수직적으로 연결하는 연속된 권한의 흐름으로 보고체계를 결정한다.
② 집권화의 수준이 높은 조직의 의사결정권한은 조직의 저층부에 집중된다.
③ 공식화의 수준이 높을수록 조직 구성원들의 재량이 증가한다.
④ 통솔범위가 넓은 조직은 일반적으로 고층 구조의 형태를 보인다.

문 4. 엽관주의와 정실주의에 대한 설명으로 가장 적절하지 않은 것은?
① 엽관주의는 선거에서 승리한 정당이 관직을 전리품처럼 정치적 충성도에 따라 임의로 처분할 수 있는 인사행정제도이다.
② 엽관주의와 정실주의는 정권이 교체되면 공직의 전면 교체가 단행된다.
③ 정실주의는 영국에서 발달한 제도로서 개인적 친분과 정치성에 의거하여 공직을 임용하는 인사행정제도이다.
④ 최근 엽관주의는 국가의 중요한 의사결정을 하는 고위직 공무원에 한정적으로 허용된다.

문 5. 고전적 엘리트 이론에 대한 설명으로 가장 적절하지 않은 것은?
① 한 사회는 지배계급인 엘리트와 피지배계급인 대중으로 구분된다.
② 엘리트의 이익과 상충되는 요구를 적극적으로 좌절시키는 의도적 무결정 현상이 나타난다.
③ 엘리트는 자율적이고 다른 계층에 대해 책임을 지지 않는다.
④ 엘리트는 동질적이고 폐쇄적이다.

문 6. 거래적 리더십(Transactional Leadership)에 대한 설명으로 가장 적절한 것은?
① 부하에게 존중심을 바탕으로 창조적 사고의 여건을 마련함으로써 개인적 욕구를 뛰어넘어 조직을 위해 일할 수 있게끔 영감을 제공하는 것을 강조한다.
② 리더가 구성원을 위해 봉사하는 데 초점을 맞춘 리더십이다.
③ 업무수행 과정이 반복적이고 성과수준의 측정이 가능할 때 효과적이다.
④ 리더의 특출한 성격과 능력에 의해 추종자들의 강한 헌신과 리더와의 일체화를 이끌어내는 리더십을 의미한다.

문 7. 빈칸에 해당하는 개념으로 가장 적절한 것은?

> 정부는 예산이 성립된 후에 발생한 사유로 인해 이미 성립된 예산에 변경을 가할 필요가 있을 때 (　　)을 편성·제출하여 국회의 심의·의결을 받아야 한다. 일반적으로 예기치 못한 사유가 발생해 예산의 변경이 필요한 경우 예비비로 충당하거나 이용·전용을 활용해야 하지만, 이것으로 감당하기 어려운 재원은 (　　) 편성의 사유가 된다. (　　)은 예산단일성 원칙의 예외로서 빈번하게 편성될 경우 국회의 행정부에 대한 통제가 약화되고, 예산팽창의 원인이 된다.

① 본예산
② 기금
③ 추가경정예산
④ 수정예산

문 8. 베버(M. Weber)의 관료제 이론에 대한 비판으로 가장 적절하지 않은 것은?

① 조직의 비공식적 측면의 존재를 무시하였다.
② 발전론의 관점에서 분업이나 협업의 체계보다는 지배·복종관계로 보아야 한다.
③ 환경과의 관계를 무시한 폐쇄이론이다.
④ 합법성보다 효과성 또는 합목적성이 더 중요한 경우가 있다.

문 9. 행정에 대한 설명으로 가장 적절하지 않은 것은?

① 규범적으로 행정은 공공문제 해결을 통해 공익을 지향한다.
② 행정은 공공서비스의 생산, 공급, 분배와 관련된 모든 활동을 의미한다.
③ 행정은 정치권력을 배경으로 공공서비스의 생산과 공급을 독점한다.
④ 행정은 공공문제의 해결 과정에서 정치과정과 밀접하게 연계되어 있다.

문 10. 예산결정과정에서 점증주의에 대한 설명으로 가장 적절하지 않은 것은?

① 예산의 지속적인 증가를 조장하여 만성적인 예산적자의 원인이 될 수 있다.
② 경직된 예산구조로 인해 경기변동에 대응하는 재정정책적 기능을 수행하는 데 장애가 될 수 있다.
③ 예산과정 참여자들의 역할과 기대를 안정시켜 갈등의 소지를 줄이고, 예산과정의 예측가능성을 높인다.
④ 합리주의적 의사결정의 대표적인 형태로서, 예산결정에 대한 수용성을 높일 수 있다.

문 11. 행태론적 접근방법(Behaviorism)에 대한 설명으로 가장 적절하지 않은 것은?

① 사회현상을 관찰 가능한 객관적 대상으로 보며 인간의 주관이나 의식을 배제한다.
② 명백한 자극과 반응으로 볼 수 있는 행위 또는 행동 외에 의견, 개성 등도 행태에 포함시키고 있다.
③ 사회과학은 모두 행태에 관심을 갖고 있어 통합된다고 본다.
④ 집단의 고유한 특성을 인정하는 방법론적 개체주의의 입장을 취한다.

문 12. 정책의제의 형성 과정을 설명하는 '정책의 창(Policy Windows)'의 개념과 관련하여 빈칸에 들어갈 단어들의 묶음으로 가장 적절한 것은?

> 킹던(John W. Kingdon)에 따르면, 정책의 창(Policy Windows)은 정책결정권자들이 그들의 관심 대상인 정책문제에 주의를 기울이고, 그들이 선호하는 대안을 관철시키기 위해 열리는 일시적인 기회로 정의할 수 있다. 일반적인 정책 과정에서는 (　　)의 흐름, (　　)의 흐름, (　　)의 흐름이 각각 독립적인 활동을 전개하다가 특정 시점에서 동시에 결합되면서 아주 짧은 시간 동안 드물게 이 정책의 창이 열리게 된다.

① 상황(Situation), 언론(Media), 수단(Instrument)
② 문제(Problem), 언론(Media), 정책(Policy)
③ 문제(Problem), 정치(Political), 정책(Policy)
④ 상황(Situation), 정치(Political), 언론(Media)

문 13. 공무원의 징계 종류에 대한 설명으로 옳지 않은 것은?
① 파면: 공무원 신분을 완전히 잃는 것으로 향후 5년간 공무원 임용이 될 수 없다.
② 해임: 공무원 신분을 완전히 잃는 것으로 향후 3년간 공무원 임용이 될 수 없다.
③ 견책: 공무원 신분은 보유하나 직무에 종사할 수 없다. 신분보유 면에서는 직위해제와 유사하나, 견책은 미리 정한 기간이 지나면 자동으로 복직이 된다는 점이 다르다.
④ 감봉: 보수에 불이익을 받는 것으로, 감봉기간 동안 보수액의 1/3이 감해진다.

문 14. 정치·행정이원론에 대한 설명으로 가장 적절하지 않은 것은?
① 굿노(Goodnow)와 윌슨(Wilson)에 의해 발전되고 체계화되었다.
② 행정의 효율성을 제고하고 나아가 행정이 전문성을 갖출 수 있도록 목표를 설정하였다.
③ 엽관주의를 극복하는 데 기여하였지만, 행정과 정치의 역할을 지나치게 엄격하게 분리함으로써 실적주의에 대한 논의와 확립을 더디게 하는 결과를 낳았다.
④ 정치가 선거활동이자 의회에 의한 입법활동으로서 정부활동에 대한 폭 넓은 계획을 수립하는 것이라면, 행정이란 정치부문에서 결정한 내용을 구체적으로 집행하는 것이라고 보았다.

문 15. 예산 불성립 시 예산 집행 방법 및 예산 종류에 대한 설명으로 가장 적절하지 않은 것은?
① 잠정예산은 본예산이 성립되지 않을 때 잠정적으로 예산을 편성해서 입법부에 제출하고 입법부의 사전 의결을 얻어 사용하는 제도이다.
② 가예산은 잠정예산과 유사하지만 사용기간이 1개월에 국한된다.
③ 준예산 제도는 본예산이 회계연도 개시일까지 입법부를 통과하지 못하는 경우 예산안이 입법부에서 의결될 때까지 전년도 예산에 준해 집행할 권한을 정부에 부여하는 제도이다.
④ 가예산과 준예산은 잠정예산과 달리 입법부의 의결을 필요로 하지 않는다.

문 16. 민간위탁 방식에 대한 설명으로 가장 적절하지 않은 것은?
① 조세유인 방식 역시 민간위탁 방식에 해당한다.
② 면허 방식은 특정 민간조직에게 일정구역 내에서 공공서비스를 제공하는 권리를 인정하는 방식이다.
③ 보조금 방식은 민간조직 또는 개인의 공공서비스 제공활동에 대하여 재정 또는 현물로 지원하는 방식이다.
④ 자조활동이란 서비스 생산과 관련된 직접적 보수를 받지 않는 봉사자들이 생산을 담당하는 방식이다.

문 17. 정책대안의 비교평가기준 중 내부수익률(IRR)에 대한 설명으로 가장 적절하지 않은 것은?
① 여러 가지 정책대안들을 비교할 때, 내부수익률이 낮은 대안일수록 좋은 대안이다.
② 정책대안의 순현재가치를 0으로 만드는 할인율을 의미한다.
③ 내부수익률에 의한 사업의 우선순위는 사회적 할인율을 적용한 순현재가치에 의한 사업의 우선순위와 다를 수 있다.
④ 사업이 종료된 후 또 다시 투자비가 소요되는 변이된 사업유형에서는 복수의 내부수익률이 존재할 수 있다.

문 18. 보수 체계를 결정하는 원칙 중 노동 대가의 원칙과 가장 거리가 먼 것은?
① 근속급
② 직무급
③ 직능급
④ 성과급

문 19. 품목별예산제도(LIBS)에 대한 설명으로 가장 적절하지 않은 것은?
① 관료의 재량에 따라 해당 품목에 대한 예산 남용이 심해질 수 있으며 의회의 예산 심의가 용이하지 않다는 단점이 있다.
② 각 부처의 입장에서 볼 때 예산 확보를 위해 예산 항목에만 관심을 기울이기 때문에 정책 및 사업의 우선순위를 소홀히 할 수 있다.
③ 지출 대상별로 세부적으로 분류되어 있기 때문에 급여와 재화 및 서비스의 구매에 효과적이다.
④ 지출 대상별로 분류되기 때문에 정부가 무엇을 구매하는지는 밝혀지지만 왜 구매하는지는 밝혀지지 않는다.

문 20. 상향적 접근방법의 장점에 대한 설명으로 가장 적절하지 <u>않은</u> 것은?

① 공공부문과 민간부문의 조직 등 다양한 집행조직의 상대적 문제해결능력을 파악하는 것이 가능하다.
② 정책결정자가 설계한 정책을 중심으로 정책집행의 전체적인 틀을 체계적으로 파악할 수 있다.
③ 정책수혜자의 의견수렴이 적극적으로 가능하다.
④ 정책집행과정을 상세히 기술하여 집행과정의 인과관계 파악이 가능하다.

문 21. 정책결정모형 중 만족모형에 대한 비판으로 가장 적절한 것은?

① 가치와 사실의 분리 불가능
② 대안 선택 시 지나치게 주관적
③ 타성적 정책결정을 조장
④ 안정적 상황에서만 적용 가능

문 22. 국회 예산심의에 대한 설명으로 옳은 내용을 모두 고른 것은?

> ㄱ. 상임위원회의 예비심사를 거친 예산안은 예산결산특별위원회에 회부된다.
> ㄴ. 예산결산특별위원회의 심사를 거친 예산안은 본회의에 부의된다.
> ㄷ. 예산결산특별위원회를 구성할 때에는 그 활동 기한을 정하여야 한다. 다만, 본회의의 의결로 그 기간을 연장할 수 있다.
> ㄹ. 예산결산특별위원회는 소관상임위원회의 동의하에 새 비목을 설치할 수 있다.

① ㄱ, ㄴ
② ㄱ, ㄷ
③ ㄱ, ㄴ, ㄷ
④ ㄱ, ㄴ, ㄹ

문 23. 다음 설명에 해당하는 개념은?

> 이 개념은 소수 간부에 대한 권력 집중과 지위강화의 욕구를 설명하며, 미헬스(R. Michels)가 명명하였다. 이 개념에 따르면, 정치적 권력관계가 강조되는 공공부문에 있어 조직의 최고관리자는 조직의 본래 목표를 달성하기보다는 자신의 임기를 연장하고 권력을 유지·강화하기 위한 목표를 더 강조하는 경향이 있다.

① 더러운 손의 딜레마(The Problem Of Dirty Hands)
② 과두제의 철칙(Iron Law Of Oligarchy)
③ 철의 삼각(Iron Triangle)
④ 베버주의(Weberism)

문 24. 존 롤스(John Rawls)가 주장한 정의의 원리에 대한 설명 중 적절한 내용을 모두 고른 것은?

> ㄱ. 사회적 강자가 자신의 이익을 위해 사회적 약자의 자유를 침해하는 것을 허용하지 않는다.
> ㄴ. 사회적, 경제적 불평등이 존재하더라도 그로 인해 최소 수혜자(사회적 약자)에게 이득이 된다면 이러한 불평등은 용인될 수 있다.
> ㄷ. 개인의 자유는 평등하게 모두에게 보장되어야 한다.

① ㄱ, ㄴ
② ㄴ, ㄷ
③ ㄱ, ㄷ
④ ㄱ, ㄴ, ㄷ

문 25. 특별지방행정기관에 대한 설명으로 가장 적절하지 <u>않은</u> 것은?

① 관할지역 주민들의 직접적인 통제와 참여가 용이하기 때문에 책임행정을 실현할 수 있다.
② 국가의 사무를 집행하기 위해 중앙정부에서 설치한 일선 행정기관으로 자치권을 가지고 있지 않다.
③ 현장의 정보를 중앙정부에 전달하거나 중앙정부와 지방자치단체 사이의 매개 역할을 수행하기도 한다.
④ 출입국관리, 공정거래, 근로조건 등 국가적 통일성이 요구되는 업무를 수행한다.

문 1. 다음 중 공유재(common-pool goods)에 대한 설명으로 가장 적절하지 않은 것은?
① 국공립 도서관, 국립공원, 국방, 치안 등을 그 예로 들 수 있다.
② 경합성을 지닌다.
③ 비배제성을 지닌다.
④ 과잉 소비의 문제가 발생할 수 있다.

문 2. 다음 중 기계적 조직구조에 대한 설명으로 가장 적절하지 않은 것은?
① 대규모 조직에서 높은 공식화와 표준화를 추구한다.
② 막스 베버(Max Weber)의 관료제 모형과 같이 고전적이고 전형적인 관료제 조직구조이다.
③ 조직이 처해 있는 환경적 상황이 복잡하고 불안정하며, 동태적으로 불확실성이 높은 경우에 적합하다.
④ 직무를 분화하여 전문화함으로써 조직의 내적 통제 및 조정, 효율화, 합리화에 유리하다.

문 3. 다음 중 무의사결정론에 대한 설명으로 가장 적절하지 않은 것은?
① 기득권의 정치권력에 존재하는 두 얼굴 중 어두운 측면의 얼굴에 해당한다.
② 정책결정권자의 무관심이나 무능력 때문에 이루어지는 경향이 크다.
③ 정책 결정에 핵심적 권력을 갖는 개인이나 집단에 부정적 영향을 끼치는 주장을 억압·좌절시키거나 고의적으로 방치한다.
④ 기득권 세력은 때때로 정책의제 또는 정책대안의 범위·내용을 제한하여 집행의 의미가 없는 상징적 의제 또는 대안만 채택할 수 있도록 하기도 한다.

문 4. 다음 중 공공재의 공급 규모에 대한 설명으로 가장 적절하지 않은 것은?
① 니스카넨(Niskanen)의 예산극대화모형에 따르면 공공재는 과다 공급된다.
② 파킨슨(Parkinson)의 법칙이 적용되면 공공재는 과다 공급된다.
③ 보몰(Baumol)의 효과로 인하여 정부의 지출 규모가 감소하여 공공재는 과소 공급된다.
④ 다운스(Downs)에 의하면, 국민의 합리적 무지 내지 무관심은 공공재의 과소 공급을 가져온다.

문 5. 다음 중 실적주의와 직업공무원제에 대한 설명으로 가장 적절하지 않은 것은?
① 실적주의를 개방형 충원과 동시에 시행하면 직업공무원제가 확립되기 어렵다.
② 직업공무원제는 실적주의의 확립 요건 또는 구성요소 중 하나로 볼 수 있으며, 따라서 직업공무원제는 실적주의를 토대로 할 때 더욱 확고하게 뿌리내릴 수 있다.
③ 결원 충원 방식 및 공직 분류 제도에 있어서 실적주의는 개방형과 직위분류제에, 직업공무원제는 폐쇄형과 계급제에 가깝다고 할 수 있다.
④ 직업공무원제는 승진, 전보, 교육훈련 등을 통해 공무원 능력발전의 기회를 강조한다.

문 6. 다음 중 정부규제에 대한 설명으로 가장 적절하지 않은 것은?
① 경쟁적 규제란 재화나 용역을 제공할 수 있는 권리를 수많은 잠재적 또는 실제적 경쟁자들 중에서 선택·지정된 소수의 전달자에게만 제한시키는 규제를 말한다.
② 보호적 규제란 최대 노동시간의 제한, 최저임금제, 가격통제 등과 같이 일반 국민을 보호하기 위하여 기업이나 개인의 행위를 제한하는 규제를 말한다.
③ 정부규제에 대한 민간의 순응 비용을 '규제에 의한 조세' 또는 '숨겨진 조세'라고 설명하기도 한다.
④ 포지티브(positive) 규제란 어떤 행위를 원칙적으로 허용하되, 금지되는 행위만 예외적으로 규정하는 방식을 말한다.

문 7. 다음 중 정책네트워크의 유형에 대한 설명으로 가장 적절하지 않은 것은?

① 정책공동체는 대체로 제로섬게임(zero-sum game)의 성격을 띠지만, 정책문제망은 상대적으로 공동의 이익을 추구하는 포지티브섬 게임(positive-sum game)이다.
② 정책문제망은 주로 특정한 정책 문제별로 형성되며 그 경계는 모호하고 개방성이 높은 편이다.
③ 정책공동체는 주로 정책 분야별로 형성되며 그 참여자의 범위가 하위정부의 경우보다 비교적 넓은 편이다.
④ 하위정부 모형에서 '철의 3각 동맹관계'는 주로 정책 분야별로 형성되며 그들 간에 상호 활발한 교류를 한다.

문 8. 다음 중 행정과 경영의 유사성으로 가장 적절하지 않은 것은?

① 관리기술적 측면
② 관료제적 성격
③ 법적 규제
④ 협동 행위

문 9. 다음 중 책임운영기관에 대한 설명으로 가장 적절하지 않은 것은?

① 기관장은 계약직으로 임용되지만, 소속 직원은 공무원 신분을 유지하는 공법인이다.
② 성과를 중시하는 신공공관리론의 원리에 따라 등장한 제도이다.
③ 시장원리에 대한 강조로 인하여 공공서비스의 형평성과 안정성이 저하될 가능성이 있다.
④ 정책 결정 기능으로부터 집행 기능을 분리한 집행 중심의 조직이다.

문 10. 다음 중 우리나라의 예비비에 대한 설명으로 가장 적절하지 않은 것은?

① 목적예비비는 예산총칙 등에서 미리 사용목적을 지정해야 하며, 따로 세입·세출예산에 계상할 수 있다.
② 예측할 수 없는 예산 외의 지출 또는 초과지출에 충당하기 위하여 편성한다.
③ 재해대책비·공공요금·환율상승에 따른 원화부족액 보정 등을 위해 사용 가능한 한도액을 정한 목적예비비가 있다.
④ 일반예비비는 그 사용 목적을 특정하지 않고 국회의 사전 의결을 거친 경비이므로 회계연도를 달리하여 사용할 수 있다.

문 11. 다음 중 민츠버그(Mintzberg)의 전문적 관료제 구조에 대한 설명으로 가장 적절하지 않은 것은?

① 업무의 표준화가 어려워 개인의 전문성에 의존한다.
② 종합병원과 같이 높은 분화와 낮은 공식화의 특성을 가진다.
③ 환경변화에 적응하는 속도가 빠른 편이므로 복잡하고 불안정한 환경에 적절하다.
④ 핵심운영층에 해당하는 작업 계층의 역할이 강조된다.

문 12. 다음 중 공공선택이론에 대한 설명으로 가장 적절하지 않은 것은?

① 중위투표자 이론은 중간선호자만을 만족시킨 모형으로서 모든 투표자의 선호를 고려하지 않기 때문에 자원배분의 효율성을 보장하지 못한다.
② 티부(Tiebout)에 의하면, 지역주민의 완전한 이동성이라는 시장 배분적 과정을 통하여 지방공공재의 적정규모 공급이 가능하다.
③ 공공선택이론은 소비자인 개인의 선호를 존중하고, 경쟁을 통하여 공공서비스를 생산하고 공급함으로써 행정의 대응성을 높일 수 있다고 주장한다.
④ 고위직 관료들의 관청형성전략(bureau-shaping strategy)은 소속 조직을 보다 집권화된 대규모의 계서적 관료조직으로 개편시키게 된다.

문 13. 진보주의와 보수주의의 구분은 사회와 정책을 이해하는 한 방법이다. 진보주의 정부에서 선호하는 정책으로 가장 적절하지 않은 것은?

① 소수민족 기회 확대
② 소득재분배 강조
③ 조세 감면 확대
④ 정부규제 강화

문 14. 다음 중 우리나라 고위공무원단 또는 고위감사공무원단에 속하는 공무원이 아닌 것은?

①「정부조직법」제2조에 따른 중앙행정기관의 실장·국장 및 이에 상당하는 보좌기관
② 지방자치단체 및 지방교육행정기관의 지방공무원 중 국장급 직위에 상당하는 직위
③ 행정부 각급 기관의 직위 중 제1호의 직위에 상당하는 직위
④ 감사원 사무차장, 감사교육원장, 감사연구원장

문 15. 다음 중 우리나라 지방자치단체 간의 연결구조에 대한 설명으로 가장 적절하지 않은 것은?

① 하나의 자치단체가 다른 자치단체를 구역 안에 포괄하는 중층제를 원칙으로 하며, 광역단체(시·도)와 기초단체(시·군·구)의 연결구조가 그 예이다.
② 한 구역에 하나의 자치단체만이 존재하는 단층제를 예외적으로 채택하고 있으며, 강원특별자치도·전북특별자치도·제주특별자치도·세종특별자치시가 여기에 해당한다.
③ 자치계층이 자치권을 바탕으로 하는 계층 간 독립적 관계구조라면, 행정계층은 계층 간 지휘·감독적 관계구조라고 할 수 있다.
④ 자치계층이 정치적 민주성을 중심으로 한다면, 행정계층은 행정의 효율성을 중심으로 하는 개념이라고 할 수 있다.

문 16. 다음 중 지방자치단체의 재정자립도에 대한 설명으로 가장 적절하지 않은 것은?

① 특별회계와 기금을 제외하고 일반회계만을 고려하기 때문에 실제 재정 능력이 과소평가된다.
② 자체재원만을 반영하고 세출 구조를 고려하지 않아 세출의 질을 알 수 없다.
③ 중앙정부의 재정지원을 의존재원으로 처리함으로써 그 재정지원의 형태나 성격을 제대로 파악할 수 없다.
④ 지방자치단체가 중앙정부 등 외부의 간섭이나 통제 없이 자주적으로 편성·집행할 수 있는 재원의 비율을 말한다.

문 17. 네트워크구조의 기본원리로 가장 적절하지 않은 것은?

① 네트워크 참여자의 독립성
② 구성원 간의 자발적 연결
③ 네트워크 참여자에게 있는 공통된 목표
④ 계층의 통합과 단일의 지도자

문 18. 다음 중 델파이기법의 절차나 요소에 대한 설명으로 가장 적절하지 않은 것은?

① 전문가 집단에게 예측하고자 하는 문제나 관련된 분야에 대하여 설문지를 배부한다.
② 설문지의 응답 내용을 통계 처리한 뒤에 결과물을 다시 동일 전문가에게 발송하여 처음의 의견을 수정할 것인지를 물어서 결과를 회신하도록 한다.
③ 장래에 일어날 사건의 줄거리를 가상적 시나리오로 구성한다.
④ 문제나 이슈에 대한 전문가를 선정한다.

문 19. 탈신공공관리(post-NPM)에 대한 설명으로 가장 적절하지 않은 것은?

① 탈신공공관리의 기본 목표는 신공공관리의 역기능적 측면을 교정하고 통치역량을 강화하며, 정치·행정의 통제와 조정을 개선하기 위해 재집권화와 재규제를 주창하는 것이다.
② 탈신공공관리는 신공공관리의 조정이 아니라 신공공관리의 주요 아이디어들을 대체하는 것이다.
③ 탈신공공관리는 구조적 통합을 통해 분절화의 축소를 추구한다.
④ 중앙의 정치·행정적 역량 강화를 추구한다.

문 20. 증거기반 정책결정에 대한 설명으로 가장 적절하지 않은 것은?

① 정책이 이념, 신념, 의견 등에 기반하거나 과학적 사실이 부족한 담론 등에 의한 정책결정을 지양한다는 것이다.
② 증거기반 정책결정이 성공하기 위해서는 상당한 수준의 정보를 활용할 수 있는 정보기반이 갖추어져야 한다.
③ 증거기반 정책결정은 보건정책 분야, 사회복지정책 분야, 교육정책 분야, 형사정책 분야 등에서 상대적으로 용이하게 적용할 수 있다.
④ 증거기반 정책결정을 주장하는 학자들은 정치적 결정 과정을 증거기반 정책결정으로 대체할 수 있다고 주장한다.

문 21. 다음 중 정부회계에 대한 설명으로 가장 적절하지 않은 것은?

① 현금주의회계가 발생주의회계보다 상대적으로 절차가 간편하고 통제가 용이하다.
② 현금주의회계는 무상거래를 인식하지 않지만 발생주의회계는 이중거래로 인식한다.
③ 감가상각에 대해서 현금주의회계는 비용으로 인식하지만 발생주의회계에서는 인식이 안 된다.
④ 발생주의회계는 재정 성과 파악이 현금주의회계보다 용이하다.

문 22. 자아실현적 인간에 대한 관리 전략에 대한 설명으로 가장 적절하지 않은 것은?

① 상황 조건과 구성원 동기의 차별성을 고려하여 획일적이기보다는 유연하고 다원적이며 세분화된 관리 전략을 사용한다.
② 구성원이 자신들의 직무에서 의미를 발견하고, 긍지와 자존심을 가지며, 도전적으로 직무에 임할 수 있도록 한다.
③ 관리자는 구성원을 지시하고 통제하기보다는 구성원 스스로 자기통제와 자기계발을 통해 문제를 해결할 수 있도록 지원하고 촉진한다.
④ 통합모형에 근거해 개인과 조직의 목표를 융합하고 통합할 수 있도록 의사결정 과정에서 구성원들의 참여를 확대한다.

문 23. 공무원 부패에 대한 설명으로 가장 적절하지 않은 것은?

① 「부패방지 및 국민권익위원회의 설치와 운영에 관한 법률」에서는 부패행위를 공직자가 직무와 관련하여 그 지위 또는 권한을 남용하거나 법령을 위반하여 자기 또는 제3자의 이익을 도모하는 행위 등으로 규정하고 있다.
② 공무원 부패에 대해 체제론적 접근에서는 사회의 법과 제도상의 결함이나 이러한 것들에 대한 관리기구와 운영상의 문제들 또는 예기치 않았던 부작용이 부패의 원인으로 작용한다고 보는 입장이다.
③ 선의의 목적으로 행해지는 부패를 '백색부패'라고 한다.
④ 사회적으로 희소한 권력을 갖고 있는 사람들에 의한 부패를 '권력형 부패'라고 하며, 이는 사회적 지탄의 대상이 된다.

문 24. 역량평가제도에 대한 설명으로 가장 적절하지 않은 것은?

① 우리나라 역량평가제도는 고위공무원단의 구성과 함께 고위공무원으로서 요구되는 역량의 사전적 검증장치로 도입되었다.
② 역량평가는 특정 피평가자에 대해 다양한 사람으로부터 입체적이고 다면적인 평가 결과를 도출함으로써 평가의 공정성을 확보할 수 있다.
③ 역량평가는 구조화된 모의 상황을 설정해 현실적 직무 상황에 근거한 행정을 관찰해 평가하는 방식이다.
④ 역량평가는 다양한 실행 과제를 종합적으로 활용함으로써 개별 평가기법의 한계를 극복하고 대상자들의 몰입을 유도하며 다양한 역량을 측정할 수 있다.

문 25. 다음 중 정책집행의 접근법에 대한 설명으로 가장 적절하지 않은 것은?

① 상향적 접근법은 정책목표의 명확성과 그 실현을 위한 다양한 수단의 필요성을 강조한다는 점에서 합리모형에 입각한 이론이다.
② 엘모어(Elmore)의 통합적 접근법에 따르면, 정책집행에 있어서 정책목표는 하향적으로 접근하여 설정하고, 정책수단은 상향적으로 접근하여 집행 가능성이 가장 높은 수단을 선택한다.
③ 하향적 접근법은 정책결정에 대한 집행과정의 피동적 순응을 강조한다.
④ 타협모형(compromise model)에 따르면, 정책집행은 갈등을 야기하고 저항하는 세력과 타협하여 협력을 얻어내는 과정이다.

2023 군무원 9급 (7월 15일 시행)

문 1. 다음 중 비교행정론에 대한 설명으로 가장 거리가 먼 것은?
① 리그스(Fred W. Riggs)가 대표적인 학자이다.
② 생태론적 접근방법을 취한다.
③ 후진국의 국가발전에 대한 비관적 숙명론으로 귀결된다.
④ 행정학의 과학성보다는 기술성을 강조한다.

문 2. 다음 중 조직 구성원의 동기부여 이론에 대한 설명으로 가장 거리가 먼 것은?
① 매슬로(A. H. Maslow)의 5단계 욕구이론은 욕구계층의 고정성을 전제로 한다.
② 허츠버그(F. Herzberg)의 욕구충족이론에 의하면 위생요인(hygiene factor)이 충족되는 경우 동기가 부여된다.
③ 샤인(E. H. Schein)의 복잡 인간관에서는 구성원의 맞춤형 관리전략의 필요성을 강조한다.
④ 맥그리거(D. McGregor)의 X·Y이론은 욕구와 관리전략의 성장측면을 강조한다.

문 3. 다음 중 로위(T. J. Lowi)가 제시한 정책 유형과 사례 간의 연결이 가장 적절하지 않은 것은?
① 규제정책 – 환경규제, 금연정책, 마약단속
② 분배정책 – 종합소득세, 임대주택, 노령연금
③ 상징정책 – 국경일, 한일월드컵, 국군의 날
④ 구성정책 – 정부조직 개편, 선거구 조정, 행정구역 통합

문 4. 다음 중 조직관리에 대한 설명으로 가장 거리가 먼 것은?
① 조직은 구성원 간의 목표일치를 전제로 하여 관리전략을 수립한다.
② 고전이론과 인간관계론은 관리자에 의한 타율적인 조직관리를 전제로 한다.
③ 관료제 모형에 의한 관리전략은 구성원의 소외를 초래한다.
④ 조직관리 전략이 전반적으로 단순한 인간관에서 복잡 인간관으로 변화하고 있다.

문 5. 다음 중 '다양한 사회문제 중에서 정부가 적극적으로 개입하여 해결하기 위해 채택한 문제'를 무엇이라고 하는가?
① 정책문제
② 정책의제
③ 정책대안
④ 정책주제

문 6. 다음 중 현재 우리나라에서 새로운 회계연도 개시 때까지 국회 예산심의가 이루어지지 않았을 때(예산 불성립 시)에 적용하는 예산제도는?
① 준예산
② 가예산
③ 계속비예산
④ 잠정예산

문 7. 다음 중 추가경정예산에 대한 설명으로 가장 적절하지 않은 것은?
① 추가경정예산은 예산이 성립한 후의 사후적인 예산변경제도이다.
② 추가경정예산은 일반회계·특별회계·기금을 대상으로 한다.
③ 추가경정예산은 대내·외 여건에 중대한 변화가 발생하였거나 발생할 우려가 있는 경우에 편성할 수 있다.
④ 정부는 국회에서 추가경정예산안이 확정되기 전에 긴급한 상황이 발생한 경우 이를 미리 배정하거나 집행할 수 있다.

문 8. 다음 중 지방자치의 정치적·행정적인 기능과 가장 거리가 먼 것은?

① 민주정치에 대한 훈련
② 지역 간 행정의 통일성 확보
③ 행정의 대응성 제고
④ 정책의 지역별 실험 검증

문 9. 다음 중 뉴거버넌스(New Governance)에 대한 설명으로 가장 거리가 먼 것은?

① 국민을 고객으로만 보는 것을 넘어 국정의 파트너로 본다.
② 행정의 효율성을 중시하지만 신공공관리론적 정부개혁에 대해 비판적으로 접근한다.
③ 행정의 경영화와 시장화를 중시하기 때문에 행정과 정치의 관계를 이원론적으로 보는 경향이 강하다.
④ 파트너십과 유기적 결합관계를 중시한다.

문 10. 다음 중 신공공관리론의 특징에 대한 설명으로 가장 적절한 것은?

① 시장원리 도입으로서 경쟁 도입과 고객지향의 확대이다.
② 급격한 행정조직 확대로 행정의 공동화가 발생하지 않는다.
③ 정부, 시장, 시민사회의 평등한 관계를 중시한다.
④ 결과보다 과정에 가치를 둔다.

문 11. 다음 중 시장실패에 따른 정부개입 근거에 대한 설명으로 가장 거리가 먼 것은?

① 공공재의 공급이 부족한 경우 정부가 강제적으로 공급한다.
② 외부효과 발생 시 조세와 보조금 등을 사용하여 외부효과를 제거한다.
③ 사회적 소득불평등에 따른 문제를 해결하기 위해 사회보장정책을 시행한다.
④ 불완전경쟁에 대해서는 보조금 혹은 공적 공급으로 대응할 수 있다.

문 12. 나카무라와 스몰우드(R. T. Nakamura & F. Smallwood)는 정책결정자와 정책집행자 간의 관계에 착안하여 정책집행자 유형을 5가지로 나누었다. 다음 중 고전적 기술자형의 특징으로 가장 적절한 것은?

① 정책결정자가 추상적인 목표를 지지하지만 구체적인 정책목표를 결정할 수 없기에 정책결정자가 집행자에게 광범위한 재량권을 위임하게 되는 유형이다.
② 집행자가 많은 권한을 위임받아 정책을 집행하는 경우로서 많은 재량권을 갖게 되는 유형이다.
③ 정책결정자가 집행과정에 대해서 엄격하게 통제를 하는 것을 의미하며, 정책집행자는 약간의 정책적 재량만을 갖는 유형이다.
④ 정책결정자가 목표를 수립하고, 집행자들은 정책결정자와 목표나 목표달성을 위한 수단에 관하여 협상한다.

문 13. 다음 중 점증모형의 논리적 근거로 가장 거리가 먼 것은?

① 매몰비용   ② 실현가능성
③ 제한적 합리성   ④ 정보접근성

문 14. 다음 중 민간부분에 의한 공공서비스 생산의 유형과 설명으로 가장 거리가 먼 것은?

① 민간위탁은 계약에 의한 민간의 생산자가 공공서비스를 생산하는 것이다.
② 자원봉사는 간접적인 보수는 허용되는 공공서비스 생산 유형이다.
③ 면허는 일정구역 내에서 공공서비스를 제공하는 권리를 인정하는 유형이다.
④ 바우처 지급은 시민들에게 공공서비스 이용권을 지급하는 형태이다.

문 15. 오늘날 시민사회조직에 대한 설명으로 가장 적절하지 않은 것은?
① 비정부조직이 생산하는 공공재나 집합재의 생산비용을 정부가 지원하는 경우에는 정부와 대체적 관계를 형성한다.
② 정부와 비정부조직 간에 적대적 관계보다는 서로의 존재를 인정하는 동반자적 관계가 점차 확산되고 있다.
③ 비영리조직이 지닌 특징으로는 자발성, 자율성, 이익의 비배분성 등이 있다.
④ 정부가 지지나 지원의 필요성을 위해 특정한 비정부조직 분야의 성장을 유도하여 형성된 의존적 관계는 개발도상국에서 많이 나타난다.

문 16. 다음 중 엽관제 공무원제도(spoil system)에 대한 설명으로 가장 거리가 먼 것은?
① 공직에 대한 민주적 교체가 가능하다.
② 우리나라 공무원제도에도 엽관제 요소가 작동하고 있다.
③ 행정의 안정성과 중립성에 도움이 된다.
④ 개방형 인사제도이다.

문 17. 다음 중 전략적 인적자원관리에 대한 설명으로 가장 거리가 먼 것은?
① 장기적이며 목표 성과 중심적으로 인적자원을 관리한다.
② 조직의 전략 및 성과와 인적자원관리 활동 간의 연계에 중점을 둔다.
③ 인사업무 책임자가 조직 전략 수립에 적극적으로 관여한다.
④ 개인의 욕구는 조직의 전략적 목표달성을 위해 희생해야 한다는 입장이다.

문 18. 다음 중 성과주의예산(PBS, Performance Budgeting System)의 장점으로 가장 거리가 먼 것은?
① 프로그램을 이용하여 장기적인 계획과 연차별 예산이 유기적으로 연계된다.
② 사업별 총액배정을 통한 예산집행의 신축성·능률성 제고를 들 수 있다.
③ 투입·산출 간 비교와 평가가 쉬워 환류가 강화된다.
④ 과학적 계산에 의한 효율적 자원배분으로 예산편성과 집행의 관리가 쉽다.

문 19. 다음 중 정책(policy)에 대한 설명으로 가장 거리가 먼 것은?
① 정부목표 달성의 수단인 동시에 공적인 문제해결을 위한 수단이라는 이중성을 보유하고 있다.
② 정치행정이원론에 기초한 행정관리설과 밀접한 관련이 있다.
③ 정책은 삼권분립 하에서 입법부의 역할을 위축시킬 수 있다.
④ 정책결정은 공적인 의사결정 과정으로서 복수의 단계와 절차로 이루어진다.

문 20. 정부 규제에 대한 설명으로 가장 적절하지 않은 것은?
① 규제는 정부가 공권력을 이용하여 개인이나 기업의 활동을 정부가 원하는 바람직한 상태로 유도하기 위한 정책수단이다.
② 규제는 개인이나 기업의 자유로운 활동을 금지하거나 제한하고 이를 위반한 경우에 불이익이 가해지기 때문에 엄격한 법적 근거가 요구된다.
③ 경제적 규제는 기업의 본원적 활동을 제한하는 것은 아니고 정부와의 관계에 관한 규제이다.
④ 사회적 규제는 소비자, 환경, 노동자 등을 보호할 목적으로 안전, 위생, 오염, 고용 등에 관한 규제가 주를 이룬다.

문 21. 애드호크라시(Adhocracy)에 속하는 조직유형에 대한 설명으로 가장 적절하지 않은 것은?

① 태스크포스는 특수한 과업 완수를 목표로 기존의 서로 다른 부서에서 선발하여 구성한 팀으로, 목적을 달성하면 해체되는 임시조직이다.
② 프로젝트팀은 태스크포스와 마찬가지로 한시적이고 횡적으로 연결된 조직유형이지만 태스크포스에 비해 참여자의 전문성과 팀에 대한 소속감이 강하다는 특성을 가지고 있다.
③ 매트릭스조직은 기능 중심의 수직적 분화가 되어 있는 기존의 지시 라인에 횡적으로 연결된 또 하나의 지시 라인을 인정하는 이원적 권위계통을 가진다.
④ 네트워크조직은 전체 기능을 포괄하는 조직을 중심에 놓고 다수의 협력체를 묶어 일을 수행하는 조직형태이다.

문 22. 조직개혁에 있어서 임파워먼트(empowerment)에 대한 설명으로 가장 적절하지 않은 것은?

① 갈등을 줄이기 위해 일단 변화의 장애가 되는 요소는 그대로 두지만 구성원들이 변화의 비전과 전략을 직접 행동으로 옮길 수 있도록 힘을 실어주고 실행에 옮기는 것이다.
② 구성원들이 새로운 아이디어를 내고 그것을 실험하는 등 새로운 태도와 행동을 받아들일 수 있는 여건을 만드는 것이 중요하다.
③ 통제 중심의 관료제구조, 연공서열 중심의 평가 및 보상 시스템 등을 바꾸는 작업이 필요하다.
④ 변화관리에 관한 기법들이 구성원들에게 체계적으로 전달되어 추진팀이 해체되더라도 자율적이고 지속적인 변화가 가능하도록 만들어야 한다.

문 23. 고위공무원단에 대한 설명으로 가장 적절하지 않은 것은?

① 고위공무원단은 실·국장급 공무원을 적재적소에 활용하고 개방과 경쟁을 확대하여 성과책임을 강화하고자 하는 전략적 인사 시스템이다.
② 기존의 1~3급이라는 신분 중심의 계급을 폐지하고 직무의 난이도와 책임도에 따라 가급과 나급으로 직무를 구분한다.
③ 민간과 경쟁하는 개방형 직위제도와 타 부처 공무원과 경쟁하는 공모직위제도를 두고 있다.
④ 특히 경력에서 자격이 있는 민간인과 공무원이 지원하여 경쟁할 수 있는 경력개방형 직위제도도 도입되었다.

문 24. 직업공무원제에 대한 설명으로 가장 적절하지 않은 것은?

① 직업공무원은 일생 동안 일할 수 있도록 신분을 보장받고 근무하는 공무원이다.
② 영국에서는 과거 국왕의 영향력을 차단하기 위해 종신직 행정관료를 제도화하기 시작하였다.
③ 미국에서는 펜들턴법을 시작으로 실적주의 원칙이 도입되었으며 계급제 채용방식을 채택하고 있다.
④ 직업공무원제를 달성하기 위해서는 제도적으로 신분보장과 젊고 유능한 인재를 확보하는 것이 필수적이다.

문 25. 지역에서의 행정서비스 전달주체에 대한 설명으로 가장 적절하지 않은 것은?

① 지역에서의 행정서비스 전달주체는 크게 특별지방행정기관과 지방자치단체로 구분된다.
② 특별지방행정기관은 지역에 위치한 세무서 등인데 소속 중앙행정기관의 지시 및 감독을 받는다.
③ 지방자치단체는 독자적인 법인격은 없지만 국가의 위임사무나 자치사무를 수행한다.
④ 지역에서의 행정서비스는 주민복지 등 지역주민의 생활공간 안에서의 생활행정이자 근접행정이다.

2022 군무원 9급 (7월 16일 시행)

문 1. 국가재정운용계획에 대한 설명으로 가장 옳지 않은 것은?
① 중기재정계획은 정부가 매년 당해 회계연도부터 5회계연도 이상의 기간에 대해 수립하는 재정운용계획이다.
② 예산안과 함께 국회에 제출하는 국가재정운용계획은 5년 단위 계획이다.
③ 국가재정운용계획은 국회가 심의하여 확정한다.
④ 국가재정운용계획은 중·장기 국가비전과 정책우선순위를 고려한 중기적 시계를 반영하며, 단연도 예산편성의 기본틀이 된다.

문 2. 전략기획(strategic planning)에 대한 설명으로 가장 옳지 않은 것은?
① 불확실한 미래에 체계적이고 능동적으로 대응하기 위한 전략을 만드는 과정이다.
② 상대적으로 정치 및 경제 등이 불안정한 환경 속에서 유용성이 높다.
③ 정책결정에 비해 외부환경에 개방되지 않고 전문가의 역할이 강조되는 편이다.
④ 환경에 대한 체계적인 분석과 조직진단을 통해 실현가능한 설계에 초점을 맞춘다.

문 3. 정책결정모형에 대한 설명으로 가장 옳지 않은 것은?
① 합리모형은 합리적인 경제인을 가정하며 정책과정의 역동성을 고려하지 않는다.
② 만족모형은 조직 차원의 합리성과 정책결정자 개인 차원의 합리성 사이에 존재하는 괴리를 인정한다.
③ 점증모형은 정책을 이해관계자들 사이에 이루어지는 타협과 조정의 산물로 본다.
④ 최적모형은 합리모형의 한계를 극복하기 위해 만족모형과 점증모형의 강점을 취하고자 한다.

문 4. 행정개혁에 대한 저항이 나타나는 원인이나 요인으로 가장 옳지 않은 것은?
① 행정개혁을 담당하는 조직의 중복성 혹은 가외성(redundancy)의 존재
② 행정개혁의 내용이나 그 실행계획의 모호성
③ 행정개혁에 요구되는 지식이나 기술의 부족
④ 행정개혁에 필요한 관련 법규의 제·개정의 어려움

문 5. 정책결정요인론에 대한 비판으로 가장 옳지 않은 것은?
① 정치체제가 환경에 미치는 영향을 고려하지 않는다.
② 정치체제의 매개·경로적 역할을 고려하지 않는다.
③ 정치체제가 지니는 정량적 변수를 포함하지 않는다.
④ 정치체제가 정책에 미치는 영향을 과소평가한다.

문 6. 우리나라의 자치입법권에 관한 설명으로 가장 옳지 않은 것은?
① 법령의 범위 안에서 자치법규를 제정할 수 있다.
② 주민에 대하여 형벌의 성격을 지닌 벌칙은 정할 수 없다.
③ 자치입법권에 근거한 자치법규로는 조례, 규칙 및 교육규칙 등이 있다.
④ 조례는 지방의회의 의결을 필요로 하지만, 규칙은 지방의회의 의결을 필요로 하지 않는다.

문 7. 우리나라의 주민참여제도에 대한 설명으로 가장 옳지 않은 것은?
① 주민은 지방자치단체의 장을 상대로 소송을 제기할 수 있다.
② 주민은 지방자치단체의 장 및 지방의회의원(비례대표 지방의회의원은 제외)을 소환할 수 있다.
③ 주민은 지방자치단체의 장에게 조례의 제정과 개폐를 청구할 수 있다.
④ 주민은 지방예산 편성 등 예산과정에 참여할 수 있다.

문 8. 정책유형에 대한 설명으로 가장 옳지 않은 것은?
① 구성정책은 대외적으로 가치배분에 직접 영향을 주지 않으나 대내적으로 '게임의 규칙(rule of game)'을 결정한다.
② 규제정책은 국가공권력을 통해 개인이나 집단의 행동에 제약을 가하여 순응을 확보하는 정책이다.
③ 분배정책은 집단 간에 '나눠먹기식 다툼(pork-barrel)'이 일어나는 특징을 지닌다.
④ 추출정책은 정부가 집단 간에 재산, 소득, 권리 등의 배정을 변동시켜 그들로부터 자원을 획득하는 정책이다.

문 9. 우리나라의 시보제도에 대한 설명으로 가장 옳은 것은?
① 시보기간 동안은 신분이 보장되지 않기 때문에 그 기간은 공무원 경력에 포함되지 아니한다.
② 시보공무원은 공무원법상 공무원에 해당하기 때문에 시보기간 동안에도 보직을 부여받을 수 있다.
③ 시보기간 동안에 직권면직이 되면, 향후 3년간 다시 공무원으로 임용될 수 없는 결격사유에 해당한다.
④ 시보기간 동안은 신분이 보장되지 않기 때문에 징계처분에 대한 소청심사청구를 할 수 없다.

문 10. 공직동기이론에 대한 설명으로 가장 옳지 않은 것은?
① 공직동기는 민간부문 종사자와는 차별화되는 공공부문 종사자의 가치체계를 의미한다.
② 공직동기이론에서는 공공부문의 종사자들을 봉사의식이 투철하고 공공문제에 더 큰 관심을 가지며 공공의 문제에 영향을 미칠 수 있다는 것에 큰 가치를 부여하고 있는 개인으로 가정한다.
③ 페리와 와이즈(Perry & Wise)에 따르면 공직동기는 합리적 차원과 규범적 차원, 그리고 정서적 차원으로 구성된다.
④ 1980년대 이후 급격히 확산된 신공공관리론의 외재적 보상에 의한 동기부여를 재차 강조한다.

문 11. 베버(Max Weber)의 관료제에 대한 설명으로 가장 옳지 않은 것은?
① 합리성을 조직에 적용하여 목표달성을 위한 효과적인 수단으로 관료제를 간주한다.
② 실적을 인사행정의 기준으로 채택하는 실적주의를 바탕으로 한다.
③ 조직의 목표달성을 위해 절차나 방법을 문서화된 법규형태로 가진다.
④ 관료제의 구성원들은 조직 전반의 일반적인 업무에 대해 책임을 진다.

문 12. 정치행정이원론과 관련된 설명으로 가장 옳지 않은 것은?
① 행정을 공공서비스의 효율적인 생산 및 공급, 분배와 관련된 비권력적 관리현상으로 이해한다.
② 엽관주의를 극복하기 위한 시대적 요청에 따라 미국 펜들턴법(Pendleton Civil Service Reform Act)이 제정되었다.
③ 정치로부터 행정의 독자성을 강조하면서 과학적 관리법에 기반한 행태주의적 관점을 지지한다.
④ 행정국가의 등장으로 행정의 능률성과 전문성이 강조되면서 행정개혁운동이 전개되었다.

문 13. 공익(public interest)에 대한 '과정설'의 설명으로 가장 옳지 않은 것은?
① 공익은 인식 가능한 행동결정의 유용한 안내자 역할을 한다는 입장이다.
② 공익은 하나의 실체라기보다 다수의 이익들이 조정되면서 얻어진 결과로 본다.
③ 공무원의 행동을 경쟁관계에 있는 집단들의 이익을 돕는 조정자의 역할로 이해한다.
④ 실체설의 주장을 행정의 정당성 확보를 위해 도입된 상징적 수사로 간주한다.

문 14. 다음 중 공무원 부패를 방지하기 위해 가장 중요한 가치로서 인식되는 것은?
① 형평성   ② 민주성
③ 절차성   ④ 투명성

문 15. 정부 간 관계 모형에 대한 설명으로 가장 옳지 않은 것은?
① 라이트(D. S. Wright)는 미국의 연방, 주, 지방정부 간 관계에 주목하여 분리형, 중첩형, 포함형으로 구분했다.
② 그린피스(J. A. Griffith)는 영국의 중앙·지방관계는 중세 귀족사회에서 지주와 그 지주의 명을 받아 토지와 소작권을 관리하는 마름(steward)의 관계에 가깝다고 하여 지주-마름 모형을 제시했다.
③ 로데스(R. A. W Rhodes)는 집권화된 영국의 수직적인 중앙·지방 관계하에서도 상호의존현상이 나타남을 권력의존모형으로 설명했다.
④ 무라마쓰(村松岐夫)는 일본의 중앙·지방 관계의 변화에 주목하여 수직적 행정통제모형과 수평적 정치경쟁모형을 제시했다.

문 16. 시민단체 해석의 관점에 대한 설명으로 가장 옳지 않은 것은?
① 결사체 민주주의 입장에서는 이상적인 사회란 NGO 등의 자원조직이 많이 생겨서 효과적으로 활동하며 사회적 의미를 부여하는 형태를 의미한다.
② 공동체주의에서는 공동체를 위한 책임있는 개인의 자원봉사 정신을 강조한다.
③ 다원주의에서는 개인의 자유를 중시하는 전통적 자유주의와 개인의 책임을 강조하는 보수주의를 절충한 입장을 취하고 있다.
④ 사회자본론도 시민사회와 시민단체에 대해 의미있는 해석을 강화하며, 사회자본은 시민의 자발적 참여에 의해 생산되는 무형의 자본을 의미한다.

문 17. 주민자치위원회와 주민자치회에 대한 설명으로 가장 옳지 않은 것은?
① 주민자치위원회위원은 시·군·구청장이 위촉하고, 주민자치회위원은 읍·면·동장이 위촉한다.
② 주민자치회가 주민자치위원회보다 더 주민대표성이 강하다.
③ 주민자치위원회는 읍·면·동의 자문기구이고, 주민자치회는 주민자치의 협의·실행기구이다.
④ 지방자치단체와의 관계는 주민자치회가 주민자치위원회보다 더 대등한 협력적 관계이다.

문 18. 다음 중 우리나라의 행정환경에 대한 설명으로 가장 옳지 않은 것은?
① 개방체제에서의 국가 간 관계로 인해 글로벌 환경은 행정에 사회, 기술 등 여러 측면에서 영향력이 확대되었다.
② 법 집행 과정에서 재량의 폭이 커지면 법의 일관성과 공정성을 잃기 쉽다.
③ 경제환경의 불확실성은 정치적 환경에 의해 심화될 수도 있다.
④ 한국사회는 현재 공동체의식이 강하기 때문에 사회환경은 복잡하거나 불확실할 가능성이 낮다.

문 19. 애드호크라시(adhocracy)에 대한 설명으로 가장 옳지 않은 것은?
① 탈관료화 현상의 하나로 등장했다.
② 구조적으로 높은 수준의 복잡성, 낮은 수준의 공식화, 낮은 수준의 집권화를 특징으로 한다.
③ 고도의 창의성과 환경적응성이 필요한 상황에서 유효한 조직이다.
④ 업무처리과정에서 갈등과 비협조가 일어나고, 창의적인 업무 수행 과정에서 직원들이 심적 스트레스를 많이 받는다는 단점이 있다.

문 20. 기존 전자정부 대비 지능형 정부의 특징에 대한 설명으로 가장 옳지 않은 것은?
① 국민주도로 정책결정이 이루어진다.
② 현장 행정에서 복합문제의 해결이 가능하다.
③ 생애주기별 맞춤형 서비스를 제공한다.
④ 서비스 전달방식은 수요기반 온·오프라인 멀티채널이다.

문 21. 켈리(Kelly)의 귀인(歸因)이론에서 주장되는 귀인의 성향으로 가장 옳지 않은 것은?

① 판단대상 외 다른 사람들이 다른 상황에서 동일한 행동을 보이는 정도가 높다면, 그 행동의 원인을 내적 요소에 귀인하는 경향이 나타난다.
② 판단대상이 다른 상황에서는 달리 행동하는 정도가 높다면, 그 행동의 원인을 외적 요소에 귀인하는 경향이 나타난다.
③ 판단대상이 동일한 상황에서 과거와 동일한 행동을 보이는 정도가 높다면, 그 행동의 원인을 내적 요소에 귀인하는 경향이 나타난다.
④ 판단대상 외 다른 사람들도 동일한 상황에 대해 동일한 행동을 보이는 정도가 높다면, 그 행동의 원인을 외적 요소에 귀인하는 경향이 나타난다.

문 22. 중앙인사기관의 조직 형태에 대한 설명으로 가장 옳지 않은 것은?

① 1948년 대한민국 정부 수립 이후 비독립형단독제 기관으로서 총무처를 두고 있었다.
② 1999년 독립형 합의제 기관으로서 중앙인사위원회가 설치되어 행정자치부와 업무를 분담하였으며, 2004년부터는 중앙인사위원회로 통합되어 정부 인사 기능이 일원화되었다.
③ 2008년 중앙인사위원회의 폐지 이후 2013년까지 행정안전부를 거쳐 안전행정부로 인사관리기능이 독립형 단독제 기관으로 통합되어 운영되었다.
④ 2014년 국무총리 소속으로 인사혁신처가 신설되어 현재까지 비독립형 단독제 기관의 형태로 중앙인사기관이 운영되고 있다.

문 23. 조직구조에 대한 설명으로 가장 옳지 않은 것은?

① 기술(technology)과 집권화의 관계는 상관도가 높다.
② 우드워드(J. Woodward)는 대량 생산기술에는 관료제와 같은 기계적 구조가 효과적이라고 주장했다.
③ 톰슨(V. A. Thompson)은 업무 처리 과정에서 일어나는 조직 간·개인 간 상호의존도를 기준으로 기술을 분류했다.
④ 페로우(C. Perrow)는 과업의 다양성과 문제의 분석가능성을 기준으로 조직의 기술을 유형화했다.

문 24. 정책을 평가하기 위한 양적 평가방법에 대한 설명으로 가장 옳지 않은 것은?

① 계량적 기법을 응용하여 수치화된 지표를 통해 정책의 결과를 측정한다.
② 정량평가라고도 하며 실험적 방법과 비실험적 방법 등이 해당한다.
③ 정책대안과 정책산출 및 영향 간에 어떠한 인과관계가 있는지를 분석한다.
④ 대부분 데이터 수집을 심층면담 및 참여관찰 등의 방법에 의존한다.

문 25. 다음 중 우리나라의 예산심의에 대한 설명으로 가장 옳지 않은 것은?

① 정부의 시정연설 후에 국회에서 예비심사와 본회의 심의를 거쳐서 종합심사를 하고 의결을 한다.
② 예산심의는 행정부에 대한 관리통제기능이다.
③ 예산심의 과정에서 정당이 영향을 미친다.
④ 우리나라는 대통령 중심제로 인해 의원내각제인 나라에 비해 예산심의가 상대적으로 엄격하다.

문 1. 행정이론에 관한 다음의 기술 중 가장 옳지 않은 것은?
① 신공공관리론(New Public Management)은 국민을 고객으로 인식하고 공공부문에 시장원리를 도입하고자 하였다.
② 거버넌스(governance)이론은 정부, 시장, 시민사회의 협력과 협치를 지향한다.
③ 신제도주의는 제도가 개인과 조직, 국가의 성패를 결정한다고 보고 있다.
④ 신행정학(New Public Administration)은 행태주의와 논리실증주의를 비판하면서 등장하였다.

문 2. 막스 베버(Max Weber)의 관료제에 대한 설명으로 가장 옳지 않은 것은?
① 관료제는 계층제 구조를 본질로 하고 있다.
② 관료제를 현대사회의 보편적인 조직모형으로 보고 있다.
③ 신행정학에서는 탈(脫)관료제 모형으로서 수평적이고 임시적인 조직모형을 제안한다.
④ 행정조직 발전에 대한 패러다임(paradigm)의 관점에서 관료제 모형을 제시했다.

문 3. 발생주의회계제도에 대한 설명으로 옳은 것은?

가. 재화의 감가상각 가치를 회계에 반영할 수 있다.
나. 부채규모와 총자산의 파악이 용이하지 않다.
다. 현금이 거래되는 시점을 중심으로 기록한다.
라. 복식부기 기장방식을 채택하는 것이 일반적이다.

① 가, 라
② 나, 라
③ 나, 다
④ 가, 다

문 4. 행정과 경영의 유사점에 대한 설명으로 가장 옳지 않은 것은?
① 행정과 경영은 어느 정도 관료제적 성격을 지니고 있다.
② 행정과 경영은 관리기술이 유사하다.
③ 행정과 경영은 목표는 다르지만 목표달성을 위한 수단으로 작동한다.
④ 행정과 경영은 비슷한 수준의 법적 규제를 받는다.

문 5. 행정이념에 대한 설명으로 가장 옳지 않은 것은?
① 행정이념은 절대적인 것이 아니라 시대적 상황과 정치체제에 따라 변할 수 있다.
② 능률성은 투입 대비 산출의 비율을, 효과성은 목표의 달성도를 나타내는 개념이다.
③ 행정의 민주성은 대외적으로 국민 의사를 존중하고 수렴하며 대내적으로 행정조직을 민주적으로 운영한다는 두 가지 측면을 가지고 있다.
④ 수평적 형평성이란 동등하지 않은 것을 서로 다르게 취급하는 것, 수직적 형평성이란 동등한 것을 동등하게 취급하는 것을 의미한다.

문 6. 신공공관리에 대한 설명으로 가장 옳지 않은 것은?
① 신공공관리는 전통적이고 관료적인 관리방식을 개혁하기 위해 1980년대부터 진행된 개혁 프로그램이다.
② 신공공관리는 정부의 크기와 관계없이 시장지향적인 효율적인 정부를 만들 수 있는 개혁 방안에 관심을 갖는다.
③ 시장성 테스트, 경쟁의 도입, 민영화나 규제완화 등 일련의 정부개혁 아이디어가 적용된다.
④ 신공공관리 옹호론자들은 기존 관료제 중심의 패러다임을 대체할 수 있는 새로운 패러다임이 될 수 있다고 주장한다.

문 7. 구성원에 대한 동기부여는 미충족 시 불만이 제기되는 요인(불만요인)의 충족과 함께 적극적으로 동기를 자극하는 요인(동기요인)이 동시에 충족되었을 때 가능하다고 주장한 학자로 옳은 것은?

① F. Herzberg ② C. Argyris
③ A. H. Maslow ④ V. H. Vroom

문 8. 행정현상에 대한 접근방법의 설명으로 가장 옳지 않은 것은?

① 과학적 방법은 동작연구, 시간연구 등에서 같이 행정현상에 존재하는 규칙성을 찾아내 보편타당한 법칙성을 도출하는 데 가장 유용한 방법이다.
② 생태론적 접근방법은 행정변수 중에서 특히 환경변화와 사람의 행태를 연구대상으로 한다.
③ 역사적 접근방법과 법적·제도적 접근방법은 제도와 구조에 보다 초점을 맞춘 것으로 볼 수 있다.
④ 시스템적 방법의 장점은 시스템을 이루는 부분들 각각의 기능과 부분 간 유기적 상호작용을 잘 이해할 수 있다는 데 있다.

문 9. 정책에 대한 설명으로 가장 옳지 않은 것은?

① 정책은 행정학의 발달과정에 있어 통치기능설과 관계가 있다.
② 정책은 공정성과 가치중립성(value-free)을 지향한다.
③ 정책은 행정국가화 경향의 산물이다.
④ 정책은 정부실패의 원인이 될 수 있다.

문 10. 우리나라 「공직자윤리법」에 규정된 내용에 해당하지 않는 것은?

① 주식백지신탁 ② 퇴직공직자의 취업제한
③ 선물신고 ④ 상벌사항 공개

문 11. 정책결정의 장에 대한 이론 설명으로 가장 옳지 않은 것은?

① 다원주의는 소수의 개인이나 집단이 아니라 다수의 집단이 정책결정의 장을 주도하고 이들이 정치적 조정과 타협을 거쳐 도달한 합의가 정책이 된다고 본다.
② 엘리트주의는 대중에게 영향력을 행사할 수 있는 위치에 있는 소수의 리더들에 의해서 정책결정이 지배된다고 본다.
③ 정책결정에서 정부의 역할을 줄이고 이익집단과의 상호협력을 보다 중시하는 이론이 조합주의이다.
④ 철의 삼각(iron triangle) 논의는 정부관료, 선출직 의원, 그리고 이익집단의 3자가 장기적이고 안정적이며 우호적인 연합을 형성하면서 정책결정을 지배하는 것으로 본다.

문 12. 리더십에 대한 설명으로 가장 옳지 않은 것은?

① 리더십에 있어 자질론적 접근은 리더가 만들어지기보다는 특별한 역량을 타고나는 것임을 강조한다.
② 민주형 리더십은 권위와 최종책임을 위임하며 부하가 의사결정에 참여하도록 하는 쌍방향 의사전달의 특징을 지닌다.
③ 리더십에 있어 경로-목표모형은 리더의 행태가 어떻게 조직원으로 하여금 목표를 달성시키도록 하는 리더십 효과로 이어지는지를 설명해준다.
④ 상황론적 관점에서 보면 부하의 지식이 부족하고 공식적 규정이 마련되어 있지 않은 과업환경에서는 지원적 리더십보다 지시적 리더십이 보다 부하의 만족을 높이고 효과적일 수 있다.

문 13. 조직형태나 구조에 대한 설명으로 가장 옳지 않은 것은?

① 학습조직은 시스템적 사고에 의한 유기적, 체제적 조직관을 바탕으로 한다.
② 네트워크조직에서는 서비스나 재화의 생산과 공급, 유통 등을 서로 다양한 조직에서 따로 수행한다.
③ 매트릭스구조는 기능구조와 계층구조를 결합시킨 이원적 형태이다.
④ 가상조직은 영구적이라기보다는 잠정적이고 임시적 조직으로 볼 수 있다.

문 14. 참여적(민주적) 관리와 가장 관련이 없는 것은?

① ZBB(영기준예산)
② MBO(목표에 의한 관리)
③ 브레인스토밍(brainstorming)
④ PPBS(계획예산)

문 15. 계급제와 직위분류제에 대한 설명으로 가장 옳지 않은 것은?

① 계급제는 사람의 자격과 능력을 기준으로 분류하는 것이다.
② 직위분류제는 사람이 맡아 수행하는 직무와 그 직무수행에 수반되는 책임을 기준으로 하는 것이다.
③ 직위분류제는 전체 조직업무를 체계적으로 분업화하고 한 사람의 적정 업무량을 조직상 위계에서 고려하는 구조 중심의 접근이다.
④ '동일 업무에 대한 동일 보수'라는 보수의 형평성 요구가 직위분류제의 출발을 촉진시켰다고 할 수 있다.

문 16. 인사행정제도에 대한 설명으로 가장 옳지 않은 것은?

① 공직충원의 개방성을 확대하면 직업공무원제 확립에 보다 더 기여할 수 있다.
② 계급제는 직위분류제에 비해 인적자원의 탄력적 활용이 용이하다.
③ 엽관주의는 행정의 민주성을 강화하는 측면도 있다.
④ 대표관료제는 출신집단의 가치와 이익을 정책과정에 반영시킬 수 있다는 전제에서 출발한다.

문 17. 예산과정 중에서 재정민주주의(fiscal democracy)와 가장 관련이 깊은 것은?

① 예산심의 ② 예산집행
③ 회계검사 ④ 예비타당성조사

문 18. 예산제도에 대한 설명으로 가장 옳은 것은?

① 성과주의예산제도는 업무단위 비용과 업무량의 파악을 통해 효과성을 높이고자 한다.
② 품목별예산제도의 분석의 초점은 지출 대상이며 이를 통해 통제성을 높이고자 한다.
③ 새로운 성과주의예산제도는 산출물에 관심이 있으며 이를 통해 효율성을 높이고자 한다.
④ 계획예산제도는 목표와 예산의 연결을 통해 투명성과 대응성을 높이고자 한다.

문 19. 지방분권의 장점으로 가장 옳지 않은 것은?

① 행정의 민주화 진작
② 지역 간 격차 완화
③ 행정의 대응성 강화
④ 지방공무원의 사기진작

문 20. 단체자치에 대한 설명으로 옳은 것만을 모두 고르면?

가. 자치권에 대한 인식은 전래권으로 본다.
나. 권한부여 방식은 포괄적 위임주의이다.
다. 중앙정부와 지방자치단체의 관계는 기능적 협력관계이다.
라. 유럽대륙을 중심으로 발전해 왔다.

① 가, 나 ② 가, 다, 라
③ 나, 다, 라 ④ 가, 나, 다, 라

문 21. 다음 중 예산과 관련된 이론으로 가장 옳지 않은 것은?

① 욕구체계이론 ② 다중합리성 모형
③ 단절균형이론 ④ 점증주의

문 22. 지방재정 지표 중 총세입(總歲入)에서 자율적으로 사용 가능한 재원의 비율을 나타내는 것은?
① 재정자립도 ② 재정탄력도
③ 재정자주도 ④ 재정력지수

문 23. 조직이론과 인간관에 대한 설명으로 가장 옳지 않은 것은?
① 조직이론의 시작은 테일러의 과학적 관리론에서 찾을 수 있으며, 1900년대 초까지 효율성과 구조 중심의 사상을 담고 있었다.
② 기계적 조직으로서의 관료제는 합리적 경제인의 인간관을 반영하고 있는데 테일러의 차등 성과급제가 이러한 인간관에 기초한 보상 시스템이다.
③ 계층구조는 피라미드 모양의 구조를 가지며 명령과 통제가 위로부터 아래로 전달되는 특성을 가진다.
④ 관료제하에서 구성원들은 인간으로서의 감정이나 충동을 멀리하는 정의적 행동(personal conduct)이 기대된다.

문 24. 공공선택론(public choice theory)에 대한 설명으로 가장 옳지 않은 것은?
① 방법론적 집단주의를 지향한다.
② 정치·행정현상을 경제학적 논리를 통해 분석하고자 한다.
③ 개인 선호를 중시하여 공공서비스 관할권을 중첩시킬 수도 있다.
④ 중위투표자이론(median vote theorem)도 공공선택론의 일종이다.

문 25. 우리나라 예산편성절차에 대한 설명으로 가장 옳지 않은 것은?
① 우리나라 예산 담당 부처인 기획재정부는 예산안편성지침과 국가재정운용계획을 사전에 준비하고 범부처 예산사정을 담당한다.
② 각 중앙행정기관은 기획재정부의 지침에 따라 사업계획서와 예산요구서 작성을 준비한다.
③ 기획재정부는 총액배분·자율편성제도에 따라 각 부처의 세부사업에 대한 심사보다 부처예산요구 총액의 적정성을 집중적으로 심의한다.
④ 기획재정부는 조정된 정부예산안을 회계연도 개시 120일 전까지 국회에 제출한다.

에듀윌이
너를
지지할게

ENERGY

끝이 좋아야 시작이 빛난다.

– 마리아노 리베라(Mariano Rivera)

2026 에듀윌 7·9급공무원 5개년 기출문제집 행정학

발 행 일	2025년 10월 1일 초판
편 저 자	이준모
펴 낸 이	양형남
펴 낸 곳	(주)에듀윌
I S B N	979-11-360-3931-6
등록번호	제25100-2002-000052호
주 소	08378 서울특별시 구로구 디지털로34길 55 코오롱싸이언스밸리 2차 3층

* 이 책의 무단 인용 · 전재 · 복제를 금합니다.

www.eduwill.net

대표전화 1600-6700

여러분의 작은 소리
에듀윌은 크게 듣겠습니다.

본 교재에 대한 여러분의 목소리를 들려주세요.
공부하시면서 어려웠던 점, 궁금한 점,
칭찬하고 싶은 점, 개선할 점, 어떤 것이라도 좋습니다.

에듀윌은 여러분께서 나누어 주신 의견을
통해 끊임없이 발전하고 있습니다.

에듀윌 도서몰 book.eduwill.net
- 부가학습자료 및 정오표: 에듀윌 도서몰 → 도서자료실
- 교재 문의: 에듀윌 도서몰 → 문의하기 → 교재(내용, 출간) / 주문 및 배송

7·9급공무원 공개경쟁채용 필기시험 답안지

컴퓨터용 사인펜으로 마킹하고 지우개로 지워서 사용하세요.

응시자 준수사항

□ 답안지 작성요령

※ 다음 사항을 준수하지 않을 경우에 발생하는 불이익은 응시자의 귀책사유가 되므로 기재된 내용대로 이행하여 주시기 바랍니다.

1. 득점은 OCR 스캐너 판독결과에 따라 산출합니다. 모든 기재 및 표기사항은 "컴퓨터용 흑색 사인펜"을 사용하여 반드시 〈보기〉의 올바른 표기방식으로 표기해야 합니다. 올바르지 않아 발생하는 불이익(득점 불인정 등)은 응시자 본인의 책임입니다.
   - 특히, 답안을 전부 채우지 않고 밑점만 표기한 경우, 번점 등으로 두 개 이상의 답란에 표기된 경우, 농도가 옅은 컴퓨터용 사인펜을 사용하여 답란을 흐리게 표기한 경우 등에는 불이익(득점 불인정 등)을 받을 수 있으니 유의하시기 바랍니다.

   〈보기〉
   올바른 표기: ●   잘못된 표기: ⊗ ⊙ ◐ ⊖ ⊕ ⦶ · ⦁ ⊘ ⓧ

2. 적색볼펜, 연필, 샤프펜 등 펜의 종류와 상관없이 예비표기를 하여 중복 답안으로 판독된 경우에는 불이익을 받을 수 있으므로 각별히 주의하시기 바랍니다.

3. 답안지를 받으면 상단에 인쇄된 성명, 응시지역, 시험장소, 응시번호, 생년월일이 응시자 본인의 정보와 일치하는지 확인하시기 바랍니다.

가. (책 형) 응시자는 시험 전 감독관 지시에 따라 문제책 앞면에 인쇄된 책형을 확인한 후, 답안지에 해당 책형(1개)을 "●"로 표기하여야 합니다.
   ※ 책형 및 인적사항을 기재하지 않을 경우 불이익(답안지 무효 처리) 등을 받을 수 있습니다.

나. (필적감정용 기재) 예시문과 동일한 내용을 본인의 필적으로 직접 작성해야 합니다.

다. (자필성명) 본인의 한글성명을 정자로 직접 기재하여야 합니다.

라. (교체답안지 작성) 답안지를 교체한다면 반드시 교체답안지 상단 책형란에 해당 책형(1개)을 "●"로 표기하고, 필적감정용 기재란, 성명, 응시직렬, 응시지역, 시험장소, 응시번호, 생년월일을 빠짐없이 작성(표기)해야 하며, 작성한 답안지는 1인 1매만 유효합니다.

4. 답안이 시작되면 문제책 편철과 표지의 과목순서 일치 여부, 문제 누락, 파손 등 문제책 인쇄상태를 반드시 확인해야 합니다.

5. 시험이 시작되면 문제책 표지의 과목순서에 맞추어 과목별로 채점되므로 각별히 유의하시기 바라며, 과목 순서를 바꾸어 표기한 경우에도 문제책 표지의 과목순서대로 채점되므로 각별히 유의하시기 바랍니다.

- 답안을 수정할 때 문항마다 반드시 하나의 답안을 골라 그 숫자에 "●"로 표기해야 하며, 답안을 잘못 표기하였을 경우에는 답안지를 교체하거나 수정테이프(수정액 또는 수정스티커 등은 사용 불가)를 사용하여 수정할 수 있습니다.
  - 표기한 답안을 수정하는 경우에는 응시자 본인이 가져온 수정테이프를 사용하여 해당 부분을 완전히 덮어 수정해야 하며, 수정테이프가 떨어지지 않도록 눌러주어야 합니다(수정액 또는 수정스티커 등은 사용 불가).
  - 불완전한 수정처리로 인해 발생하는 문제는 응시자 본인에게 책임이 있습니다.

7. 답안지는 훼손·오염되거나 구겨지지 않도록 주의해야 하며, 특히 답안지 상단의 타이밍 마크(▮▮▮▮▮)를 절대 훼손해서는 안됩니다.

□ 부정행위 등 금지

※ 다음 사항을 위반한 경우에는 공무원임용시험령 제51조(부정행위자 등에 대한 조치)에 따라 그 시험의 정지, 무효, 합격취소, 5년간 공무원임용시험 응시자격정지 등의 불이익 처분을 받게 됩니다.

1. 시험시작 전까지 문제내용을 보아서는 안됩니다.

2. 시험시간 중 일체의 통신기기(휴대폰, 태블릿PC, 스마트시계, 이어폰, 등) 및 전자기기(전자계산기, 전자사전 등) 소지를 할 수 없습니다.

3. 응시표 출력사항 외 시험과 관련된 내용이 인쇄 또는 메모된 응시표를 시험시간 중 소지하고 있는 경우 당해시험 무효 처분을 받을 수 있으며, 특히 부정한 자료로 판단되는 경우 5년간 공무원 임용시험 응시자격 정지 처분을 받을 수 있습니다.

4. 시험종료 후에도 계속하여 답안지를 작성하거나, 시험감독관의 답안지 제출 지시에 불응할 경우 무효처분을 받게 됩니다.

5. 시험시간 중 시험시간 관리 및 답안지 등 인적사항 등 모든 작성은 시험종료 시 누락되는 항목이 없도록 시험감독관의 지시가 있을 때까지 답안지 제출해야 합니다.
   - 답안, 책형 및 인적사항 등 모든 기재(표기) 사항 작성 시 누락되는 항목이 없도록 답안지 교체 작성 시 특히 유의하시기 바랍니다.

6. 그 밖에 공고문의 응시자 준수사항이나 시험감독관의 정당한 지시 등을 따르지 않아 시험 진행을 방해한 경우 본인은 물론 다른 응시자에게 피해가 갈 수 있으므로 각별히 주의하시기 바랍니다.

에듀윌에서 꿈을 이룬 합격생들의 진짜 **합격스토리**

에듀윌 강의·교재·학습시스템의 우수성을
합격으로 입증하였습니다!

에듀윌의 체계적인 학습 관리 시스템 덕분에 합격!

에듀윌은 시스템도 체계적이고 학원도 좋았습니다. 저에게는 학원에서 진행하는 아케르 시스템이 큰 도움이 되었습니다. 아케르 시스템은 학원에 계시는 매니저님이 직접 1:1로 상담도 해주시고 학습 관리를 해주시는 시스템입니다. 제 담당 매니저님은 늘 진심으로 저와 함께 고민해주시고 제 건강이나 학습 상태도 상담해주시고, 전에 합격하신 선배님들이 어떤 식으로 학습을 진행했는지 조언해주셔서 많은 도움이 되었습니다. 수험생활에서 가장 힘든 것은 외로움과의 싸움이라고 생각하는데, 에듀윌 덕분에 주변에 제 편이 참 많다는 것을 느꼈고 공부하는 기간이 덜 힘들었던 것 같습니다.

에듀윌만의 합리적인 가격과 시스템, 꼼꼼한 관리에 만족

에듀윌을 선택한 가장 큰 이유는 금액적인 부분입니다. 타사 패스보다 훨씬 저렴한 금액이라 금전적인 부분이 큰 부담인 수험생 입장에서는 가장 크게 다가오는 장점 중 하나라고 생각합니다. 또한 공통 교재를 사용한다는 점이 저에게는 큰 장점이었습니다. 각 커리큘럼별로 여러 교수님 수업을 들으며 공부할 수 있어서 저에게는 큰 장점이었습니다. 그리고 에듀윌 학원은 매니저님들께서 진심으로 수험생 한 명 한 명에게 관심을 가지고 꼼꼼히 관리해주신다는 점이 마음에 들어 등록하게 되었습니다. 실제로 제가 힘들거나 방향을 잃을 때마다 학원 학습 매니저님들과의 상담을 통해 잘 극복할 수 있었습니다.

에듀윌은 공무원 합격으로 향하는 최고의 내비게이션

학교 특강 중에 현직 관세사 분께서 말씀해주신 관세직에 대한 간략한 정보만 가지고 에듀윌 학원을 방문하였습니다. 거기서 상담실장님과의 상담을 통해 관세직 공무원에 대해 자세히 알게 되었고 여기서 하면 합격할 것 같다는 확신이 들어 에듀윌과 함께 관세직만을 바라보고 관세직을 준비하였습니다. 흔들릴 때마다 에듀윌에 올라온 선배 합격자들의 합격수기를 읽으며 제가 합격수기를 쓰는 날을 상상을 했고, 학원의 매니저님과의 상담도 큰 도움이 되었습니다.

다음 합격의 주인공은 당신입니다!

더 많은 합격스토리

합격자 수 2,100% 수직 상승!
매년 놀라운 성장

에듀윌 공무원은 '합격자 수'라는 확실한 결과로 증명하며
지금도 기록을 만들어 가고 있습니다.

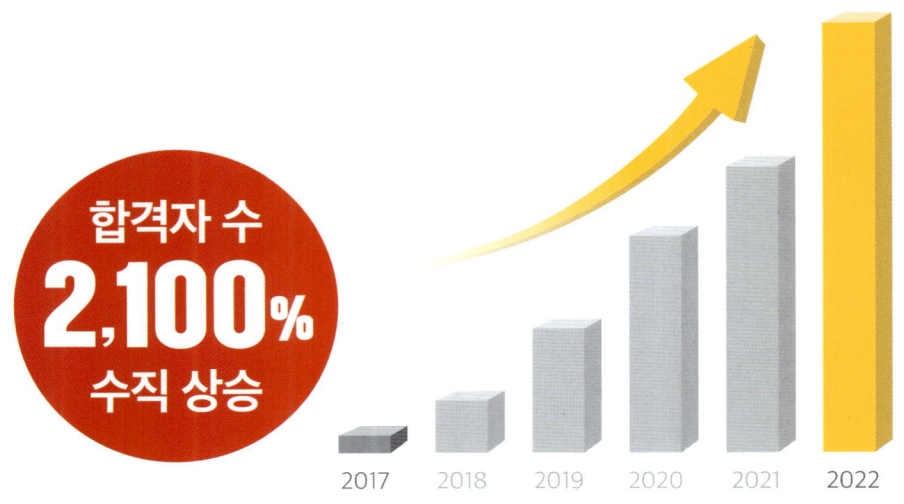

합격자 수를 폭발적으로 증가시킨 합격패스

| 합격 시 수강료 100% 환급 | + | 합격할 때까지 평생 수강 |

※ 환급내용은 상품페이지 참고. 상품은 변경될 수 있음.

상품
페이지

* 2017/2022 에듀윌 공무원 과정 최종 환급자 수 기준

2026
에듀윌
7·9급공무원
5개년 기출문제집
행정학

정답과 해설

eduwill

2026
에듀윌
7·9급공무원
5개년 기출문제집
행정학

빠른 정답표 SPEED CHECK

2021 국가직 9급

1	③	2	④	3	①	4	④	5	⑤
6	③	7	②	8	①	9	②	10	③
11	①	12	④	13	④	14	④	15	①
16	①	17	④	18	②	19	②	20	④

2022 국가직 9급

1	①	2	③	3	④	4	②	5	①
6	①	7	④	8	③	9	③	10	③
11	④	12	④	13	④	14	④	15	④
16	③	17	④	18	①	19	④	20	③

2023 국가직 9급

1	③	2	③	3	②	4	④	5	②
6	④	7	④	8	①	9	③	10	③
11	①	12	②	13	④	14	④	15	②
16	③	17	③	18	④	19	③	20	①

2024 국가직 9급

1	②	2	③	3	①	4	①	5	④
6	④	7	①	8	②	9	①	10	①
11	②	12	②	13	④	14	④	15	③
16	④	17	④	18	②	19	③	20	②

2025 국가직 9급

1	④	2	②	3	④	4	①	5	②
6	①	7	②	8	②	9	③	10	②
11	①	12	③	13	④	14	④	15	②
16	②	17	①	18	①	19	①	20	①

2021 지방직 9급

1	③	2	①	3	④	4	①	5	③
6	②	7	②	8	②	9	④	10	②
11	②	12	④	13	④	14	①	15	③
16	①	17	④	18	②	19	①	20	④

2022 지방직 9급

1	④	2	②	3	④	4	④	5	③
6	④	7	③	8	④	9	④	10	①
11	③	12	③	13	④	14	①	15	③
16	②	17	③	18	①	19	②	20	④

2023 지방직 9급

1	①	2	②	3	①	4	④	5	③
6	③	7	②	8	②	9	②	10	④
11	②	12	①	13	④	14	①	15	③
16	③	17	①	18	③	19	②	20	①

2024 지방직 9급

1	①	2	②	3	③	4	①	5	③
6	④	7	②	8	②	9	④	10	③
11	②	12	④	13	②	14	①	15	②
16	②	17	②	18	①	19	②	20	③

2025 지방직 9급

1	②	2	①	3	③	4	②	5	③
6	④	7	①	8	④	9	②	10	③
11	①	12	②	13	②	14	①	15	④
16	②	17	④	18	①	19	②	20	③

2024 국가직 7급

1	③	6	④	11	③	16	①	21	③
2	④	7	②	12	②	17	①	22	③
3	②	8	②	13	④	18	④	23	④
4	②	9	②	14	②	19	④	24	④
5	③	10	②	15	②	20	③	25	③

2024 지방직 7급

1	③	6	④	11	③	16	①
2	④	7	②	12	②	17	②
3	③	8	④	13	④	18	②
4	①	9	①	14	①	19	③
5	③	10	②	15	④	20	②

2025 군무원 9급

1	②	6	④	11	③	16	③	21	②
2	③	7	①	12	③	17	③	22	④
3	①	8	①	13	③	18	①	23	①
4	④	9	②	14	③	19	③	24	①
5	②	10	②	15	④	20	①	25	①

2023 국가직 7급

1	②	6	②	11	④	16	③	21	④
2	③	7	④	12	③	17	①	22	③
3	②	8	①	13	①	18	①	23	①
4	③	9	④	14	①	19	①	24	④
5	③	10	②	15	①	20	③	25	②

2023 지방직 7급

1	③	6	①	11	③	16	①
2	②	7	③	12	①	17	③
3	③	8	④	13	④	18	②
4	②	9	③	14	③	19	③
5	①	10	②	15	②	20	③

2024 군무원 9급

1	④	6	①	11	④	16	③	21	③
2	②	7	③	12	②	17	④	22	①
3	③	8	②	13	③	18	②	23	②
4	④	9	③	14	①	19	②	24	②
5	③	10	②	15	④	20	②	25	①

2022 국가직 7급

1	③	6	④	11	④	16	④	21	④
2	②	7	①	12	④	17	③	22	③
3	②	8	②	13	②	18	③	23	①
4	①	9	②	14	①	19	②	24	②
5	③	10	②	15	④	20	①	25	①

2022 지방직 7급

1	②	6	②	11	③	16	①
2	①	7	②	12	①	17	③
3	④	8	①	13	④	18	④
4	②	9	①	14	④	19	④
5	③	10	④	15	①	20	②

2023 군무원 9급

1	②	6	④	11	④	16	④	21	④
2	③	7	②	12	④	17	④	22	①
3	②	8	②	13	①	18	①	23	④
4	②	9	①	14	②	19	④	24	③
5	①	10	①	15	①	20	①	25	③

2021 국가직 7급

1	①	6	④	11	④	16	③	21	④
2	②	7	①	12	④	17	②	22	②
3	②	8	②	13	④	18	④	23	②
4	③	9	②	14	③	19	②	24	④
5	③	10	③	15	①	20	①	25	①

2021 지방직 7급

1	②	6	②	11	①	16	②
2	②	7	③	12	③	17	①
3	④	8	④	13	④	18	②
4	②	9	④	14	④	19	②
5	④	10	①	15	②	20	④

2022 군무원 9급

1	③	6	②	11	③	16	④	21	①
2	②	7	④	12	③	17	③	22	②③
3	③	8	②	13	②	18	①	23	④
4	①	9	①	14	④	19	④	24	④
5	①	10	④	15	①	20	④	25	④

2021 군무원 9급

1	④	6	④	11	②	16	②	21	①
2	②	7	①	12	①	17	②	22	③
3	③	8	②	13	②	18	④	23	②
4	①	9	②	14	②	19	②	24	①
5	①	10	②	15	④	20	②	25	③

2026
에듀윌 7·9급공무원 5개년 기출문제집

행정학 | 해설편

국가직 9급

해설 & 기출분석 REPORT

국가직 9급 기출 POINT

Point 1 주요 행정 이론과 대표 학자를 연결하고, 여러 이론의 공통점과 차이점을 비교·분석하는 능력이 중요하다.

Point 2 「국가공무원법」, 「국가재정법」 등 핵심 행정 법령의 구체적인 조문을 묻는 문제 비중이 증가했으며, 개정 법령 확인이 필수이다.

Point 3 정부혁신, 저출산 등 최신 사회·행정 이슈를 이론과 접목해 현실 문제 분석 능력을 평가하는 문제가 출제된다.

2026년 국가직 9급 시험 대비전략

Point 1 방대한 범위이므로, 지엽적인 부분보다 반복 출제되는 핵심 개념의 이해와 응용에 집중해야 한다.

Point 2 무작정 암기하기보다 기본 원리를 먼저 이해한 후, 다회독 등 반복 학습을 통해 자연스럽게 암기하는 것이 효과적이다.

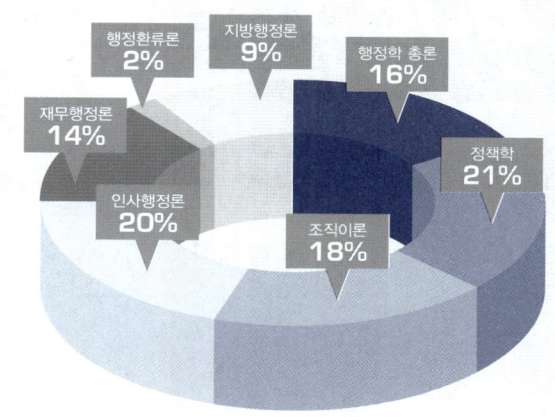

▲ 최근 5개년 평균 출제비중

연도	총평	행정학 총론	정책학	조직 이론	인사 행정론	재무 행정론	행정 환류론	지방 행정론
2025	**전반적 난도는 평이, 낯선 주제로 변별력 확보!** · 90점 이상이면 합격선에 유리할 정도로 전반적으로 평이 · '더러운 손의 딜레마', '지방재정진단제도' 등 생소한 개념 등장 · 법령의 세부 조항에 대한 정확한 숙지 미비 시 체감 난도 상승	20% (4문항)	20% (4문항)	10% (2문항)	25% (5문항)	10% (2문항)	0% (0문항)	15% (3문항)
2024	**기출과 기본 개념의 철저 검증!** · 철의 삼각, 시장실패, 신공공관리론 등 행정학의 기초 개념 다수 출제 · 실적주의·예산제도·정책참여자 등 수험 기본기를 탄탄히 확인하는 문제 중심 · 전반적으로는 무난한 난이도이나, 세부 법령의 조문·정의 구분 문제는 까다로움	20% (4문항)	20% (4문항)	20% (4문항)	20% (4문항)	15% (3문항)	0% (0문항)	5% (1문항)
2023	**난이도는 중상, 변별력은 응용에서!** · 대부분의 문항은 기출·기출변형에서 출제, 충실한 반복 학습으로 해결 가능 · 꼼꼼한 법령 학습과 이론 간 비교·적용 능력이 없으면 체감 난도 상승 · 정책평가의 사회실험(솔로몬 4집단 설계) 등 고난도 문제로 변별력 확보	5% (1문항)	25% (5문항)	20% (4문항)	25% (5문항)	15% (3문항)	5% (1문항)	5% (1문항)
2022	**법령 반영은 계속된다!** · 전면 개정된 「지방자치법」에서 특별지방자치단체 관련 문제 첫 출제 · 세부 법령 조항과 최신 제도의 반영은 앞으로도 지속될 가능성 高 · 단순 암기보다는 개념의 논리적 이해와 변형 대비 학습 필요	15% (3문항)	25% (5문항)	15% (3문항)	20% (4문항)	15% (3문항)	0% (0문항)	10% (2문항)
2021	**낯선 법령·세부 개념 등장!** · 전면 개정된 「지방자치법」 관련 조항(주민소환, 지방채 발행 등) 신규 출제 · 근무성적평정 오류와 완화방법, 예산주기, 공기업 유형 등은 단순 암기보다 논리적 이해가 필요	20% (4문항)	15% (3문항)	25% (5문항)	10% (2문항)	15% (3문항)	5% (1문항)	10% (2문항)

2025 4월 5일 시행 국가직 9급 (나책형)

---

1 행정학 총론 > 정부실패, 내부성   오답률 38%   답 ④

| 정답해설 | ④ 62% 내부성(Internalities)은 관료나 정부조직이 공적인 목표(사회 전체의 이익)가 아닌, 조직 내부의 사적인 목표(예산 극대화, 권력 유지, 승진 등)를 우선적으로 추구함으로써 발생하는 정부실패를 말한다.

| 오답해설 | ① 13% 파생적 외부효과는 정부의 특정 정책이나 규제가 의도하지 않았던 새로운 외부효과(부작용)를 발생시키는 것을 의미한다. 제시문은 조직 내부의 목표 대체 현상을 설명하고 있으므로 관련이 적다.

② 13% X-비효율성은 정부부문이 민간부문과 달리 경쟁에 노출되어 있지 않아 비용 절감이나 효율성 제고의 유인이 부족하여 발생하는 비효율을 의미한다. 이는 운영상의 비효율성 문제로, 목표의 괴리 현상과는 거리가 있다.

③ 12% 권력의 편재는 정부의 개입이 특정 집단에게만 이익(지대)을 몰아주어 소득분배의 불평등을 심화시키는 현상을 말한다. 이는 주로 지대추구행위와 관련이 있다.

---

2 행정학 총론 > 신행정론, 논리실증주의, 행태주의   오답률 29%   답 ②

| 정답해설 | ② 71% 신행정론은 가치중립적인 과학적 연구를 강조한 논리실증주의와 행태주의를 비판하며 등장했다. 행정이 사회문제 해결에 적극적으로 나서야 한다는 규범적·처방적 성격과 가치판단적인 성격을 강조하는 후기행태주의에 그 뿌리를 두고 있다.

| 오답해설 | ① 8% 신행정론은 1960년대 후반 베트남 전쟁, 인종 갈등, 빈곤 등 극심한 사회문제를 겪던 미국에서, 기존의 행정학이 이러한 문제해결에 기여하지 못하고 현실과 동떨어져 있다는 자기반성적 비판에서 출발하였다.

③ 9% 신행정론은 전통적인 행정학이 강조하던 능률성, 효과성, 경제성 등의 가치에서 벗어나, 정책의 현실 문제해결 능력인 적실성(relevance)과 분배의 정의를 강조하는 사회적 형평성을 새로운 행정 이념으로 제시하였다.

④ 12% 신행정론은 행정가가 단순히 결정된 정책을 집행하는 소극적 존재가 아니라, 사회적 형평성이라는 가치를 실현하기 위해 정책결정 과정에 적극적으로 참여해야 한다고 보았다. 이는 정치와 행정의 분리를 주장하는 정치행정이원론을 비판하고 양자의 밀접한 관계를 인정하는 정치행정일원론적 입장에 해당한다.

---

3 정책학 > 외부주도모형, 동원모형, 내부접근모형, 공고화모형   오답률 30%   답 ④

| 정답해설 | ④ 70% 공고화모형은 정부가 특정 사회문제에 대한 광범위한 대중적 지지가 이미 형성되어 있을 때, 이를 공식적인 정부의제로 채택하여 정책결정을 추진하는 과정을 설명하는 이론으로, 정부는 여론을 새롭게 조성하거나 동원하는 것이 아니라, 이미

존재하는 국민적 공감대를 확인하고 이를 기반으로 정책의 정당성을 확보하여 의제설정을 주도한다. 정부가 주도적 역할을 한다는 점에서 동원모형과 유사하지만, 대중의 지지를 사후적으로 '동원'하는 것이 아니라 이미 존재하는 지지를 '공고히' 한다는 점에서 차이를 보인다.

| 오답해설 | ① 10% 외부주도모형은 이익집단이나 시민단체 등 정부 외부의 행위자들이 제기한 사회문제가 언론 등을 통해 공중의 관심사(공중의제)가 된 후, 정부가 이를 받아들여 공식적인 정책의제(공식의제)로 채택하는 상향식(bottom-up) 과정을 설명한다. 다원주의 국가에서 주로 나타난다.

② 10% 동원모형은 최고 정책결정자나 관료 등 정부가 주도하여 정책 문제를 공식의제로 채택한 뒤, 대중의 지지를 얻기 위해 PR이나 캠페인 등을 통해 공중의제로 확산시키는 하향식(top-down) 과정을 말한다. 주로 후진국이나 권위주의 국가에서 나타난다.

③ 10% 내부접근모형은 정부기관 내부의 관료나 정책결정자와 긴밀한 관계를 맺고 있는 외부집단(전문가, 대기업 등)이 사회적 공론화 과정 없이 정책문제를 바로 공식의제로 만드는 모형이다. 공중의제 단계를 거치지 않는 것이 특징이다.

---

4 정책학 > 경쟁적 규제정책 오답률 30% 답 ①

| 정답해설 | ① 70% 특정 노선의 항공 운항권을 소수의 기업에게만 부여하고 다른 기업의 진입을 막는 것은, 경쟁을 제한하여 특정 공급자에게 독점적 이익을 주는 전형적인 경쟁적 규제정책에 해당한다.

| 오답해설 | ② 9% 전기, 수도, 가스 등 자연독점의 성격이 강한 공공서비스의 요금을 정부가 통제하는 것은 독점 기업의 횡포로부터 소비자를 보호하려는 목적이 강하므로 보호적 규제정책으로 분류된다.

③ 15% 최저임금제도와 근로시간 제한은 고용주의 부당한 행위로부터 노동자라는 일반 대중을 보호하기 위한 정책이므로 보호적 규제정책에 해당한다.

④ 6% 기업의 오염물질 배출을 규제하여 환경오염으로부터 일반 국민의 건강과 생활을 보호하려는 정책이므로 보호적 규제정책에 해당한다.

---

5 정책학 > 총괄평가, 형성평가, 과정평가, 집행 모니터링 오답률 35% 답 ②

| 정답해설 | ② 65% 지문은 '평가성 사정'에 대한 설명이다. 평가성 사정은 본격적인 평가를 실시하기에 앞서 해당 정책이 평가하기에 적합한지, 평가가 과연 유용할지 등 평가의 실행 가능성을 검토하는 예비평가이다. 반면, 형성평가는 정책집행 '과정 중에' 문제점을 발견하고 개선방안을 모색하여 정책을 더 발전시키기 위해 실시하는 평가이다.

| 오답해설 | ① 10% 총괄평가는 정책이나 사업이 종료된 후에 그 정책이 목표를 얼마나 달성했는지(효과성), 자원을 효율적으로 사용했는지(효율성) 등 정책의 전반적인 성과와 영향을 종합적으로 판단하는 평가활동이다.

③ 13% 과정평가는 정책집행 단계에서 정책이 원래 설계된 대로 잘 전달되고 있는지, 집행 과정상의 장애요인은 없는지 등을 점검하는 평가이다. 형성평가의 일환으로 볼 수 있으며, 정책의 성공 또는 실패 원인을 파악하는 데 중요한 정보를 제공한다.

④ 12% 집행 모니터링은 정책집행 과정에서 투입된 자원, 수행된 활동, 산출물 등을 지속적으로 추적하고 측정하여, 당초 계획이나 기준과 비교하는 활동이다. 정책이 계획대로 진행되는지를 확인하는 가장 기본적인 점검 활동이다.

---

6 정책학 > 정책변동, 정책승계, 정책유지 오답률 32% 답 ①

| 정답해설 | ① 68% 정책승계(Policy Succession)는 기존 정책의 기본적 목표는 그대로 유지하면서, 정책을 집행하는 수단인 프로그램이나 조직을 새로운 것으로 실질적으로 대체하는 것을 의미한다. 기존 정책들을 하나로 합치는 정책통합(consolidation)이나 하나의 정책을 여러 개로 나누는 정책분할(splitting)은 정책승계의 대표적인 예이다.

| 오답해설 | ② 16% 정책쇄신(Policy Innovation)은 기존에 없던 새로운 정책문제를 다루거나, 기존 문제를 해결하기 위해 완전히 새로운 목표와 수단을 도입하는 것을 말한다. 기존 정책목표가 유지된다는 설명과 맞지 않다.

③ 14% 정책유지(Policy Maintenance)는 기존 정책의 목표와 수단을 그대로 유지하면서 예산규모나 대상 집단의 범위 등을 일부 조정하는 등 소폭의 변화만 주는 것을 의미한다.

④ 2% 정책종결(Policy Termination)은 특정 정책이나 프로그램을 의도적으로 완전히 중단하고 폐지하는 것을 의미한다. 정책목표가 유지된다는 설명과 정반대이다.

오답률 TOP 3

7 재무행정론 > 기금, 사업성 기금 오답률 55% 답 ②

| 정답해설 | ② 45% 기금은 성격에 따라 사회보험성, 금융성, 사업성, 계정성 등으로 분류된다. 공무원연금기금은 연금지급을 목적으로 하므로 사회보험성 기금에 해당하며, 기술보증기금과 무역보험기금은 보증 및 보험제공 등 금융기능을 수행하므로 금융성 기금에 해당한다.

| 오답해설 | ① 23% 국회는 정부의 동의 없이 정부가 제출한 지출예산 각 항의 금액을 증가시키거나 새로운 비목을 설치할 수 없으며, 이 규정은 기금운용계획안에도 준용된다. 따라서 국회가 기금운용계획안의 주요항목 지출금액을 증액하려면 미리 정부의 동의를 받아야 한다.

③ 27% 「국가재정법」에 따르면, 기획재정부장관은 회계연도마다 전체 기금 중 3분의 1 이상의 기금에 대하여 대통령령으로 정하는 바에 따라 그 운용실태를 심층적으로 조사·평가하도록 규정하고 있다. 이는 기금운용의 성과를 분석하고 효율성을 제고하기 위함이다.

④ 5% 「국가재정법」은 기금자산운용의 원칙으로 안정성, 유동성, 수익성, 공공성을 명시하고 있다. 기금관리주체는 이 원칙들을 고려하여 기금을 투명하고 효율적으로 운용할 의무가 있다.

8 재무행정론 > 성과주의예산   오답률 42%   답 ③

| 정답해설 | ㄴ. 성과주의예산은 정부가 수행하는 업무(사업)를 중심으로 예산을 편성하며, 이를 위해 '단위원가 × 업무량 = 예산'이라는 공식을 사용한다. 따라서 각 사업의 업무량을 측정할 수 있는 객관적인 단위(업무 측정단위)를 선정하여 계량화하는 것이 핵심 과제이다.

ㄷ. 1930년대 미국 테네시계곡개발청(TVA)에서 댐 건설, 전력 생산 등 사업별 성과를 측정하고 원가를 계산하여 예산을 편성한 것이 성과주의예산의 효시로 꼽힌다. 이는 이후 1949년 후버 위원회가 연방정부에 도입을 권고하는 계기가 되었다.

| 오답해설 | ㄱ. 성과주의예산(PBS)은 사업이나 활동을 중심으로 예산을 편성하므로, 구체적인 지출품목을 통제하는 품목별예산(LIBS)에 비해 행정부의 재량이 확대된다. 따라서 입법부의 통제는 상대적으로 약화된다.

ㄹ. 성과주의예산은 1949년 후버 위원회의 권고에 따라 1950년대 미국 연방정부에 공식적으로 도입되었다. 1970년대에 미국 연방정부가 도입한 예산제도는 영기준예산(ZBB)이다.

9 지방행정론 > 도시한계론, 티부가설, 권력의존모형   오답률 50%   답 ③

| 정답해설 | ③ 50% 로즈(R. Rhodes)의 권력의존모형은 중앙정부와 지방정부가 각각 고유한 자원(중앙은 재정·법률, 지방은 집행력·지역정보 등)을 보유하고 있어 어느 일방이 절대적으로 우위에 있지 않으며, 서로의 자원을 필요로 하는 상호 의존적 관계에 있다고 본다. 따라서 상호 의존적 관계를 부정한 것이 아니라, 그 관계를 기반으로 협상하고 갈등하는 동태적 과정을 설명하는 이론이다.

| 오답해설 | ① 19% 피터슨(P. Peterson)은 그의 저서 『도시한계(City Limits)』에서 지방정부의 정책은 엘리트나 이익집단의 정치적 영향력보다는, 다른 도시와의 경쟁에서 이기기 위해 기업과 부유층을 유치해야 하는 시장경제의 구조적 제약에 의해 결정된다고 주장했다. 이는 정치적 요인을 중시한 다원론이나 엘리트론과는 다른 관점이다.

② 6% 티부(Tiebout) 가설은 주민들이 자신의 선호에 맞는 공공서비스와 세금 부담을 제공하는 지방정부를 찾아 자유롭게 이사(발로 하는 투표)함으로써, 시장에서 상품을 선택하듯 공공서비스에 대한 만족을 극대화하고 자원의 효율적 배분을 이룰 수 있다고 설명한다.

④ 25% 엘콕(H. Elcock)은 정부 간 관계를 대리인 모형과 동반자 모형으로 구분했다. 이 중 대리인 모형은 지방정부가 중앙정부의 대리인에 불과하며, 중앙정부가 우월한 법적·재정적 권한을 바탕으로 지방정부를 지시하고 통제하는 수직적·계층적 관계를 상정한다.

10 지방행정론 > 주민감사청구, 주민참여예산   오답률 48%   답 ②

| 정답해설 | ㄱ. 「지방자치법」에 따라, 주민감사청구는 해당 사무처리가 있었던 날이나 끝난 날부터 3년이 지나면 제기할 수 없다.

ㄹ. 「지방자치법」은 "주민참여예산기구의 구성·운영과 그 밖에 주민의 예산편성 참여에 필요한 사항은 해당 지방자치단체의 조례로 정한다."라고 규정하여, 주민참여예산제도의 구체적인 운영을 지방자치단체의 자율에 맡기고 있다.

| 오답해설 | ㄴ. 「주민소환에 관한 법률」에 따라, 비례대표 지방의회의원은 주민소환투표의 대상으로 하지 않는다. 따라서 지역구 지방의회의원만 소환할 수 있다.

ㄷ. 「주민투표법」에 따르면, 지방자치단체의 예산·회계·계약 및 재산관리에 관한 사항은 주민투표에 부칠 수 없는 사항으로 명시되어 있다.

오답률 TOP 1
11 행정학 총론 > 중앙행정기관, 식품의약품안전처   오답률 72%   답 ②

| 정답해설 | ② 28% 「정부조직법」에 따르면, 식품의약품안전처는 식품 및 의약품의 안전에 관한 사무를 관장하기 위하여 국무총리 소속으로 두도록 되어 있다. 과거 보건복지부 소속이었으나, 2013년 국무총리 소속의 독립된 중앙행정기관으로 격상되었다.

| 오답해설 | ① 14% 「정부조직법」은 "중앙행정기관의 설치와 직무범위는 법률로 정한다."라고 규정하고 있다. 이는 행정조직의 근거와 범위를 법률로 명확히 하여 법치행정의 원리를 구현하는 것이다.

③ 38% 「정부조직법」은 "국무총리가 특별히 위임하는 사무를 수행하기 위하여 부총리 2명을 둔다."라고 규정하고 있으며, 현재 기획재정부장관과 교육부장관이 부총리를 겸임하고 있다.

④ 20% 책임운영기관은 행정의 효율성과 서비스 품질 향상을 위해 기관장에게 행정 및 재정상의 자율성을 부여하고 성과에 대해 책임을 지도록 하는 기관이며, 이 중 기관장이 차관급 정무직 공무원으로 보임되는 특허청은 중앙책임운영기관의 대표적인 사례이다.

12 조직이론 > 피터의 원리, 훈련된 무능   오답률 43%   답 ③

| 정답해설 | ③ 57% 피터의 원리(Peter's principle)는 관료제 조직에서 구성원들은 자신의 현재 직위에서 능력을 인정받아 승진하지만, 결국 자신의 능력으로는 감당할 수 없는 직위(무능력의 수준)까지 올라가게 되면 더 이상 승진하지 못하고 그 자리에 머무른다는 이론이다. 이로 인해 조직의 여러 직위가 무능한 인물들로 채워지는 역기능을 설명하며, 제시문의 내용과 정확히 일치한다.

| 오답해설 | ① 11% 번문욕례(red tape)는 관료제가 지나치게 형식과 절차, 서류작업에 얽매여 비효율성을 초래하는 현상을 비판하는 용어이다.

② 14% 파킨슨 법칙(Parkinson's law)은 공무원의 수는 실제 업무량과 관계없이 계속 증가하는 경향(부하 배증의 법칙)과, 업무는 주어진 시간을 모두 채울 때까지 늘어지는 경향(업무 팽창의 법칙)을 설명하는 이론이다.

④ 18% 훈련된 무능(trained incapacity)은 관료들이 기존의 규칙과 절차를 지나치게 고수하도록 훈련받은 결과, 오히려 새로운 상황이나 특수한 환경에 적절히 대응하지 못하는 무능력한 상태에 빠지는 현상을 말한다.

13 조직이론 > 호혜적 조직, 사업조직, 서비스조직, 공익조직
오답률 54% 답 ①

| 정답해설 | ① 46% 호혜적 조직의 주요 수익자는 조직의 구성원이며 조직의 존립 목적이 구성원들의 이익을 도모하는 데 있다. 대표적인 예로는 정당, 노동조합, 전문가 협회 등이 있다. 고객이 주요 수익자가 되는 조직은 서비스조직이다.

| 오답해설 | ② 11% 사업조직(기업조직)의 주요 수익자는 조직의 소유주(owners)나 관리자이다. 이윤 극대화를 통해 소유주에게 이익을 돌려주는 것을 최우선 목표로 하기에 능률성을 중시한다. 일반적인 사기업, 은행, 보험회사 등이 여기에 해당한다.

③ 32% 서비스조직의 주요 수익자는 조직과 직접 접촉하는 고객(clients)이며 고객에게 전문적인 서비스를 제공하는 것을 목표로 한다. 제시된 법률상담소, 학교, 병원, 사회사업기관 등은 모두 서비스조직의 대표적인 예이다.

④ 11% 공익조직의 주요 수익자는 일반 대중이며 사회 전체의 이익, 즉 공익을 실현하는 것을 목표로 한다. 제시된 일반행정기관, 경찰서, 소방서, 군대 등이 여기에 해당한다.

14 인사행정론 > 승진, 겸임, 강임, 전직
오답률 46% 답 ④

| 정답해설 | ④ 54% 지문은 전보에 대한 설명이다. 전보는 같은 직급 내에서 보직(담당 직무)을 변경하는 수평적 인사이동을 의미한다. 반면, 전직은 담당 직무의 종류가 다른 직렬(예 행정직렬 → 감사직렬)로 이동하는 것을 말한다.

| 오답해설 | ① 11% 승진은 현재보다 높은 직급(계급)으로 이동하는 수직적 인사이동으로, 내부임용의 대표적인 방식이다.

② 7% 겸임은 「국가공무원법」에 근거하며, 한 명의 공무원이 본래의 직위 외에 다른 직위를 함께 보유하고 근무하는 것을 의미한다.

③ 28% 강임은 「국가공무원법」에 규정되어 있으며, 같은 직렬 내에서 바로 아래 직급으로 이동하거나, 직제 개편 등으로 하위 직급이 없을 경우 다른 직렬의 하위 직급으로 이동하는 것을 말한다.

15 인사행정론 > 직능급, 연공급, 실적급, 직무급
오답률 47% 답 ④

| 정답해설 | ④ 53% 계급제는 공무원의 자격, 신분, 근속연수 등 사람의 속성을 중시하는 인사제도이므로, 보수체계 역시 개인의 근속연수 등을 기준으로 하는 연공급이 주된 특징이다. 반면, 직무급(Job-based pay)은 직무의 난도와 책임도를 기준으로 보수를 결정하는 체계로, 직무(job)를 중심으로 하는 직위분류제의 특징적인 보수체계이다.

| 오답해설 | ① 10% 직능급은 근로자의 직무수행능력(숙련도, 자격, 역량 등)을 기준으로 보수를 결정하는 시스템으로, 능력에 따라 보상이 달라지는 체계이다.

② 25% 연공급은 근속연수, 연령, 학력 등 개인의 속성을 기준으로 보수를 결정하는 시스템이다. 사람을 중심으로 보수가 정해지므로 속인적 보수체계라고 한다.

③ 12% 실적급은 개인이나 집단의 업무 성과, 즉 실적을 평가하여 그 결과에 따라 보수를 차등 지급하는 시스템이다.

16 인사행정론 > 후광효과, 근접효과, 관대화 경향, 집중화 경향
오답률 34% 답 ②

| 정답해설 | ② 66% 지문은 '첫인상 효과' 또는 '초두효과(primacy effect)'에 대한 설명이다. 근접효과(recency effect)는 평정 기간 전체의 실적이 아닌, 평정 시점과 가까운 최근의 실적이나 사건을 중심으로 평가하려는 경향을 말한다. 예를 들어, 1년 내내 실적이 부진하다가 평정 직전에 큰 성과를 낸 경우 좋게 평가하는 오류이다.

| 오답해설 | ① 16% 후광효과(halo effect, 연쇄효과)는 피평정자의 어떤 한 가지 특성이나 실적이 뛰어나거나 열등할 경우, 그 인상이 다른 평정요소에도 영향을 미쳐 모든 요소를 좋거나 나쁘게 평가하는 오류를 말한다.

③ 7% 관대화 경향(tendency of leniency)은 평정자가 부하 직원과의 마찰을 피하거나 좋은 관계를 유지하기 위해 실제보다 점수를 후하게 주는 오류를 말한다. 이와 반대로 실제보다 점수를 낮게 주는 오류는 '엄격화 경향(tendency of strictness)'이라고 한다.

④ 11% 집중화 경향(central tendency)은 평정자가 '매우 우수'나 '매우 미흡'과 같은 극단적인 점수를 피하고, 대부분의 피평정자에게 중간 등급의 점수를 주는 오류를 말한다. 이로 인해 우수한 인재와 부진한 인재를 변별하기 어려워진다.

17 행정학 총론 > 지방공기업, 직영기업, 공공기관운영위원회
오답률 43% 답 ③

| 정답해설 | ③ 57% 「공공기관의 운영에 관한 법률」에 따라 공공기관운영위원회는 기획재정부 소속으로 설치되며, 위원장은 기획재정부장관이 된다. 행정안전부장관은 지방공기업 관련 정책을 담당한다.

| 오답해설 | ① 13% 「지방공기업법」은 행정안전부장관이 지방공기업의 경영평가를 실시할 수 있도록 규정하고 있다. 이는 지방공기업의 운영 효율성을 높이고 책임경영체제를 확립하기 위함이다.

② 20% 지방직영기업은 지방자치단체의 한 부서처럼 직접 설치하여 운영하는 지방공기업의 한 형태로, 「지방공기업법」에 따라 수도사업, 공업용수도사업, 하수도사업, 주택사업, 토지개발사업 등의 사업을 수행할 수 있다.

④ 10% 「공공기관의 운영에 관한 법률」에 따라, 준정부기관은 「국가재정법」에 따라 기금을 관리하거나 기금의 관리를 위탁받은 '기금관리형 준정부기관'과, 법률에 따라 정부의 업무를 위탁받아 집행하는 '위탁집행형 준정부기관'으로 구분된다.

18 인사행정론 > 더러운 손의 딜레마
오답률 46% 답 ①

| 정답해설 | ① 54% '더러운 손의 딜레마'는 정치 지도자나 공직자가 공동체 전체의 이익이라는 선한 목적을 달성하기 위해, 개인의 도덕적 신념으로는 용납할 수 없는 비도덕적 수단(거짓말, 폭력, 협박 등)을 사용해야만 하는 딜레마 상황을 말한다. 정치철학자 마이클 왈처(M. Walzer)에 의해 체계적으로 정립되었다.

| 오답해설 | ② 30% '선택의 역설'은 선택의 폭이 넓어질수록 오히려 만족도는 떨어지고 의사결정이 어려워지는 현상을 설명하는 심리학적 개념으로, 공직 윤리와는 직접적인 관련이 없다.
③ 12% '집단행동의 딜레마'는 합리적인 개인들이 각자의 이익만 추구할 경우, 집단 전체에게는 비합리적이거나 손해가 되는 결과가 나타나는 상황으로, '공유지의 비극'이나 '무임승차 문제'가 대표적인 예이다.
④ 4% '편견의 동원(무의사결정론)'은 사회의 지배적인 가치나 신념, 정치제도 등을 통해 기득권층에게 유리한 이슈만 정책의제로 채택되고, 불리한 이슈는 논의조차 되지 못하도록 봉쇄하는 권력의 작용을 설명하는 이론이다.

19 [오답률 TOP2] 지방행정론 > 지방재정진단제도, 중기지방재정계획
오답률 65% 답 ①

| 정답해설 | ① 35% 「지방재정법」에 따르면, 행정안전부장관은 '재정위험 수준 점검 결과 재정위험 수준이 대통령령으로 정하는 기준을 초과하는 지방자치단체'에 대하여 지방재정진단을 실시할 수 있다고 명시되어 있다. 이는 지방재정진단제도의 핵심적인 실시 요건 중 하나이다.

| 오답해설 | ② 24% 지방재정영향평가에 대한 설명이다. 「지방재정법」은 대규모 재정부담이 따르는 사업에 대해 사전에 재정적 영향을 평가하도록 규정하고 있다.
③ 22% 중기지방재정계획에 대한 설명이다. 「지방재정법」은 계획적인 재정운용을 위해 5회계연도 이상의 중기지방재정계획을 수립하도록 하고 있다.
④ 19% 지방자치단체를 긴급재정관리단체로 지정하는 요건 중 하나이다. 「지방재정법」은 인건비를 30일 이상 지급하지 못한 경우 등을 긴급재정관리단체 지정 신청 요건으로 규정하고 있으며, 이는 재정진단보다 더 심각한 상황에 대한 조치이다.

20 인사행정론 > 제도화된 부패, 회색부패, 거래형 부패
오답률 28% 답 ①

| 정답해설 | ① 72% 제도화된 부패는 부패 행위가 개인의 일탈이 아니라, 조직 내에서 관행처럼 굳어져 일상적인 규범으로 작동하는 상태를 말한다. 사례에서 '급행료' 수수가 '관례화'되었다는 점은 제도화된 부패의 특징을 보여준다.

| 오답해설 | ② 14% 회색부패는 부패 여부에 대해 의견이 갈리는 행위를 말한다. 공익을 위한 거짓말은 '더러운 손의 딜레마' 또는 '백색부패(선의의 부패)'의 사례로 보는 것이 더 적절하다.
③ 9% 거래형 부패는 공직자와 민원인 등 두 주체 간에 뇌물 등을 주고받는 상호작용이 있는 부패를 말한다. 공금을 횡령하는 것은 공직자 일방의 행위이므로, 거래가 없는 '사기형 부패' 또는 '비거래형 부패'에 해당한다.
④ 5% 조직부패는 개인이 아닌 조직 전체의 이익을 위해 조직 구성원들이 체계적으로 저지르는 부패를 말한다. 공무원이 '개인적으로' 금품을 수수하는 것은 '개인부패'에 해당한다.

2024 국가직 9급 (㉮책형)

3월 23일 시행

합격예상 체크

〈국가직 9급 연도별 합격선〉

2024 합격기준!

| 맞힌 개수 | /20문항 | 점수 | /100점 |

➡ □ 합격 □ 불합격

취약영역 체크

문항	정답	영역	문항	정답	영역
1	④	정책학	11	④	조직이론
2	③	인사행정론	12	③	조직이론
3	①	행정학 총론	13	④	조직이론
4	①	행정학 총론	14	②	인사행정론
5	④	재무행정론	15	①	인사행정론
6	④	정책학	16	②	인사행정론
7	①	재무행정론	17	③	지방행정론
8	③	정책학	18	②	행정학 총론
9	①	정책학	19	③	재무행정론
10	④	행정학 총론	20	②	조직이론

➡ 영역별 틀린 개수로 취약영역을 확인하세요!

| 행정학 총론 | /4 | 정책학 | /4 | 조직이론 | /4 | 인사행정론 | /4 |
| 재무행정론 | /3 | 행정환류론 | -/0 | 지방행정론 | /1 | | |

➡ 나의 취약영역 : _____

※해당 회차는 〈1초 합격예측 풀서비스〉의 데이터 누적 기간이 충분하지 않아 오답률, 선지 선택률 기재를 생략하였습니다.

---

1 정책학 > 철의 삼각   답 ④

| 정답해설 | ④ 법원은 입법부나 행정부와는 독립된 기관으로서, 정책 결정 과정에 직접 참여하기보다는 이미 결정된 정책이나 법률의 위헌·위법 여부를 판단하는 사법적 역할을 수행한다. 따라서 특정 정책 영역을 중심으로 안정적이고 배타적인 협력 관계를 형성하는 철의 삼각의 구성원으로 보지 않는다.

| 오답해설 | ① 의회 상임위원회는 특정 정책 분야의 입법과정과 예산심의를 주도하며, 관련 관료 및 이익집단과 긴밀한 관계를 형성하는 철의 삼각(Iron Triangle)의 핵심 구성요소이다.
② 행정부 관료는 정책의 집행에 대한 전문성과 정보를 바탕으로 의회 상임위원회와 이익집단에 영향을 미치며 상호 이익을 교환하는 철의 삼각의 한 축을 담당한다.
③ 이익집단은 자신들의 특수한 이익을 정책에 반영하기 위해 로비 활동, 선거 지원 등을 통해 의회 상임위원회와 행정부 관료에게 영향력을 행사하는 철의 삼각의 주요 주체이다.

2 인사행정론 > 실적주의, 신분보장, 정치적 중립   답 ③

| 정답해설 | ③ 실적주의는 공직 임용의 기회균등을 보장하고 능력과 실적에 따라 인재를 등용하는 제도로, 이를 위해 공개경쟁시험, 공무원의 신분보장, 정치적 중립 등을 핵심 요소로 한다.

| 오답해설 | ① 미국에서 잭슨(A. Jackson) 대통령에 의해 공식화된 것은 엽관주의(spoils system)이다. 실적주의(merit system)는 엽관주의의 폐단을 극복하기 위해 1883년 펜들턴법(Pendleton Act)에 의해 확립되었다.
② 공직의 일은 특별한 기술이나 지식이 필요 없으며, 건전한 상식을 가진 사람이라면 누구나 수행할 수 있다는 전제는 잭슨(A. Jackson) 대통령이 주장한 엽관주의의 철학적 기반이다. 실적주의는 직무수행에 필요한 능력과 자격을 갖춘 인재를 선발하는 것을 전제로 한다.
④ 사회적 형평성을 가장 중요한 가치로 삼는 인사제도는 대표관료제 또는 적극적 인사행정이다. 실적주의는 기회균등을 통한 능률성 확보를 핵심 이념으로 삼는다.

3 행정학 총론 > 신공공관리론, 수익자 부담   답 ①

| 정답해설 | ① 신공공관리론은 형평성보다는 효율성(능률성, 경제성, 효과성)을 핵심적인 가치로 추구한다. 시민을 '고객'으로 보고 고객지향적 정부를 강조하는 것은 맞지만, '효율성 대신 형평성'이라는 표현은 옳지 않다. 오히려 효율성을 지나치게 강조하여 형평성을 저해할 수 있다는 비판을 받는다.

| 오답해설 | ② 신공공관리론은 작은 정부를 지향하며, 공공서비스 제공에 있어 민간과 같이 사용료를 부과하는 등 수익자 부담 원칙을 강화한다.

③ 신공공관리론은 정부 부문에 민간 부문의 시장경쟁원리를 도입하여 행정의 효율성을 높이고자 한다(계약에 의한 외부위탁, 책임운영기관 등).
④ 신공공관리론은 전통적 관료제의 투입·과정 중심주의에서 벗어나, 목표 달성도와 같은 결과(산출) 및 성과 중심의 행정을 강조한다.

| **4** | 행정학 총론 > 시장실패 | 답 ① |

| **정답해설** | ① 민영화를 강조하는 작은 정부론은 정부의 과도한 시장 개입이 오히려 비효율을 초래하는 '정부실패'에 대한 대응으로 1980년대에 등장했다. 시장실패에 대한 전통적인 대응은 정부의 개입을 정당화하는 '큰 정부론'이다.
| **오답해설** | ② 시장실패는 시장의 가격기구가 자원의 효율적 배분을 자율적으로 달성하지 못하는 상태를 의미한다.
③ 시장실패가 발생했을 때, 정부는 보조금, 규제, 공기업 설립 등 다양한 개입 수단을 통해 이를 교정하고 자원배분의 효율성을 높이고자 한다.
④ 국방, 치안과 같은 공공재는 요금을 내지 않은 사람의 소비를 막을 수 없는 '비배제성'으로 인해 무임승차 문제가 발생하므로 시장에서 적정량이 공급되기 어렵다. 이는 대표적인 시장실패의 원인이다.

| **5** | 재무행정론 > 영기준예산 | 답 ④ |

| **정답해설** | ④ 영기준예산(ZBB)은 현장 관리자들이 직접 사업의 필요성을 입증하는 의사결정 패키지를 작성하고 우선순위 결정과정에 참여하는 상향식(bottom-up) 예산편성 방식이다. 따라서 조직 구성원의 참여 폭이 넓고, 분권적인 의사결정 구조를 가진다. 집권화된 관리와 소수의 참여는 계획예산(PPBS)과 같은 하향식(top-down) 예산제도의 특징에 더 가깝다.
| **오답해설** | ① 영기준예산(ZBB)은 전년도 예산을 고려하지 않고 모든 사업을 원점(zero-base)에서 재검토하여 우선순위에 따라 예산을 편성하는 합리주의적·감축 지향적 예산제도이다.
② 우리나라는 제5공화국 시절인 1982년과 1983년 회계연도 예산편성 과정에서 영기준예산제도를 도입하여 운용한 경험이 있다.
③ 영기준예산은 일선 부서의 관리자가 담당하는 사업이나 활동을 의미 있는 최소 단위인 '의사결정 단위(decision unit)'로 설정하고, 이를 바탕으로 예산안(의사결정 패키지)을 작성한다.

| **6** | 정책학 > 공식적 참여자, 비공식적 참여자 | 답 ② |

| **정답해설** | ② 정책참여자는 정책결정에 대한 법적·제도적 권한 유무에 따라 공식적 참여자와 비공식적 참여자로 구분된다. 정당은 선거를 통해 공식적 참여자(대통령, 국회의원 등)를 배출하고 정책과정에 막대한 영향을 미치지만, 정당 그 자체는 정책을 결정할 법적 권한을 가진 기구가 아니므로 비공식적 참여자로 분류하는 것이 일반적이다.
| **오답해설** | ① 시민단체(NGO)는 정부조직 외부에 있으면서 공익을 표방하며 정책과정에 영향력을 행사하므로 비공식적 참여자에 해당한다. 제시된 활동(여론 형성, 의제 설정, 집행 감시 등)은 시민단체의 주요 역할을 설명하고 있다.
③ 사법부(법원)는 「헌법」과 법률에 근거하여 정책의 위법성 및 정당성을 심판할 수 있는 법적 권한을 가진다. 따라서 대통령, 행정부, 국회와 함께 대표적인 공식적 정책참여자에 해당한다.
④ 이익집단은 특정 집단의 사적 이익을 실현하기 위해 정부에 압력을 행사하는 행위자로서, 정책결정에 대한 법적 권한이 없는 비공식적 참여자에 해당한다.

| **7** | 재무행정론 > 국고채무부담행위, 계속비 | 답 ① |

| **정답해설** | ㄱ. 「국가재정법」에 따라 정부는 국고채무부담행위를 할 때에는 미리 국회의 의결을 얻어야 하며, 이때 사항마다 그 필요한 이유를 명백히 하고 그 행위를 할 연도 및 상환 연도와 채무부담의 금액을 예산총칙에 표시해야 한다.
ㄴ. 국고채무부담행위는 당해 연도에 계약 등 채무 부담의 원인행위를 하고, 그 이행 및 지출은 다음 연도 이후에 하는 것을 말한다. 이는 예산의 단년도 원칙에 대한 예외가 된다.
| **오답해설** | ㄷ. 국고채무부담행위는 채무를 '부담할 권한'만을 국회로부터 부여받는 것이다. 실제 채무를 이행하기 위한 '지출권한'은 부여받은 것이 아니므로, 지출이 필요한 연도의 세출예산에 별도로 계상하여 국회의 의결을 다시 받아야 한다.
ㄹ. 단년도 예산 원칙의 예외라는 점에서는 계속비와 동일하지만, 사업 대상에 대한 설명이 반대로 되어 있다. 수년에 걸친 공사, 제조, 연구개발 사업에 한정되는 것은 '계속비'이다. 반면 국고채무부담행위는 법률에 따른 지출, 국제조약상 지출 등 사업의 종류에 특별한 제한이 없다.

| **8** | 정책학 > 정책평가의 논리모형 | 답 ③ |

| **정답해설** | ③ 논리모형은 평가의 한 '유형'이 아니라, 평가를 체계적으로 '설계하고 계획하기 위한 도구'이다. 특히 논리모형의 결과(Outcome) 부분은 정책이 달성하려는 목표에 해당하므로, 이를 측정하는 총괄평가(결과평가 또는 영향평가)의 핵심적인 기초가 된다. 오히려 정책활동이 목표달성으로 이어지는 과정을 명확히 보여주고 그에 대한 평가를 가능하게 하는 것이 주된 기능 중 하나이다.
| **오답해설** | ① 논리모형은 특정 정책이나 프로그램이 어떤 논리적 구조를 통해 의도한 결과를 산출하는지를 투입(Input) → 활동(Activity) → 산출(Output) → 결과(Outcome)의 인과관계로 도식화하여 보여주는 분석틀이다.
② 산출(Output)은 프로그램 활동의 직접적이고 가시적인 산물(예 교육 이수자 수, 보고서 발간 부수)을 의미하며, 결과(Outcome)는 그 산출로 인해 나타나는 수혜자의 실질적인 변화나 사회적 영향(예 취업률 증가, 만족도 향상)을 의미한다.

④ 논리모형은 정책의 구조와 인과관계를 시각적으로 명확하게 보여주는 장점이 있다. 이를 통해 정책 담당자, 평가자, 수혜자 등 다양한 이해관계자들이 정책에 대해 공통의 이해를 형성하고 원활하게 소통하는 데 도움을 준다.

| 9 | 정책학 > 구성정책, 재분배정책, 분배정책, 규제정책 | 답 ① |

| **정답해설** | ① 로위(T. Lowi)의 구성정책은 정부기구의 신설이나 개편, 선거구 조정, 공무원 연금제도 변경 등 정부의 구조 및 권한에 관한 정책, 즉 '게임의 규칙'을 정하는 정책을 의미한다. 지문에서 설명하는 국민의 자부심 고취나 체제의 정통성 확보와 관련된 정책은 '상징정책'에 해당한다.

| **오답해설** | ② 재분배정책은 특정 집단이 가진 부나 소득을 다른 집단에게 이전시키는 정책으로, 계급적 성격을 띤다. 기초생활보장제도나 누진세 제도는 저소득층에게 혜택을 준다는 점에서 재분배정책의 대표적인 예이다.
③ 분배정책은 특정 개인이나 집단, 지역에 사회간접자본(SOC)이나 각종 보조금 등 공공서비스를 배분하는 정책이다. 비용은 모든 국민이 부담하지만 혜택은 소수에게 돌아가므로 갈등이 적은 편이다.
④ 규제정책은 특정 개인이나 집단의 자유로운 활동에 일정한 제한이나 통제를 가하는 정책이다. 다른 사회 구성원이나 집단을 보호하는 것을 목적으로 하며, 직접적인 강제력을 수반한다.

| 10 | 행정학 총론 > 비영리민간단체 | 답 ④ |

| **정답해설** | ④ 「비영리민간단체 지원법」에 따르면, 등록비영리민간단체는 사업계획서에 따라 사업을 완료한 때에는 다음 회계연도 1월 31일까지 사업보고서를 작성하여 행정안전부장관, 시·도지사나 특례시의 장에게 제출하여야 하며, 사업평가, 사업보고서 및 평가결과의 공개 등에 필요한 사항은 행정안전부령으로 정한다.

| **오답해설** | ① 「비영리민간단체 지원법」은 '비영리민간단체'를 영리가 아닌 공익활동 수행을 주된 목적으로 하는 민간단체로 정의하고 있다.
② 「비영리민간단체 지원법」에 따르면, 지원되는 소요경비의 범위는 해당 공익사업을 수행하는 데 직접 필요한 경비인 '사업비'를 원칙으로 하며, 단체의 운영경비는 제외된다.
③ 「비영리민간단체 지원법」에 따르면, 등록비영리민간단체가 공익사업 추진의 보조금을 교부받고자 할 때에는 사업의 목적, 내용, 소요경비 등을 기재한 사업계획서를 행정안전부장관, 시·도지사와 특례시의 장에게 제출해야 한다.

| 11 | 조직이론 > 신고전적 조직이론, 기계적 능률성, 합리적·경제적 인간관 | 답 ④ |

| **정답해설** | ④ 인간관계론은 호손(Hawthorne) 실험을 통해 조직 내 인간의 감정, 태도, 사기 등 사회·심리적 요인과 비공식집단이 생산성 향상에 중요한 영향을 미친다는 사실을 발견하고 이를 강조했다. 이는 기계적·경제적 요인만을 중시한 고전적 조직이론과의 핵심적인 차이점이다.

| **오답해설** | ① 기계적 능률성은 인간을 기계의 부속품처럼 취급하여 효율성을 극대화하려는 고전적 조직이론, 특히 과학적 관리론에서 강조한 가치이다. 인간관계론은 이러한 관점을 비판하며 등장했다.
② 공식적 조직구조는 고전적 조직이론에서 조직의 목표달성을 위한 핵심 요소로 보았다. 반면 인간관계론은 공식구조 내에 자연발생적으로 존재하는 비공식조직의 중요성을 강조했다.
③ 합리적·경제적 인간관은 인간이 오직 경제적 보상에 의해서만 동기부여가 된다고 보는 관점으로, 고전적 조직이론의 기본 가정이다. 인간관계론은 이를 비판하고 '사회인'으로서의 인간관을 제시했다.

| 12 | 조직이론 > 갈등관리, 회피, 수용, 타협, 경쟁 | 답 ③ |

| **정답해설** | ③ 지문에서 설명하는 '자신과 상대방 모두의 이익을 극대화하려는 Win-Win 전략'은 협력(Collaborating) 유형에 해당한다. 타협(Compromising)은 갈등 당사자들이 조금씩 양보하여 부분적으로 만족하는 해결책을 찾는 방식으로, '이익의 분점' 또는 '작은 승리-작은 패배(mini-win/mini-lose)' 전략에 가깝다.

| **오답해설** | ① 회피형(Avoiding)은 갈등 상황 자체를 피하려는 소극적 방식으로, 자신의 이익과 상대방의 이익 모두를 만족시키려는 노력을 하지 않는 'Lose-Lose' 전략에 해당한다.
② 수용형(Accommodating)은 자신의 이익이나 주장을 포기하더라도 상대방의 요구를 들어주어 갈등을 해소하려는 방식으로, 상대방의 이익을 우선하는 'Lose-Win' 전략에 해당한다.
④ 경쟁형(Competing)은 상대방의 이익을 희생시키더라도 자신의 이익을 최대한 관철시키려는 방식으로, 'Win-Lose' 전략에 해당한다.

| 13 | 조직이론 > 기능구조, 사업구조 | 답 ④ |

| **정답해설** | ④ 매트릭스조직은 특정 프로젝트의 필요에 따라 여러 기능부서에서 전문가를 차출하여 활용하고, 프로젝트가 끝나면 다시 원소속으로 복귀시킬 수 있다. 이는 인적자원을 여러 프로젝트에 걸쳐 공유할 수 있게 하므로 인적자원의 경제적·탄력적 활용이 용이하다는 장점을 가진다. '유연한 인적자원 활용이 어렵다'는 설명은 옳지 않다.

| **오답해설** | ① 제시문은 기존의 기능부서에 소속된 상태에서 특정 프로젝트팀에 소속되어 프로젝트팀장과 원소속 부서장의 지휘를 동시에 받는 매트릭스조직에 대한 설명이다. 매트릭스조직은 전통적인 기능구조(수직적)의 전문성과 사업구조 또는 프로젝트 구조(수평적)의 대응성을 결합한 대표적인 혼합형(수평·수직적 결합) 구조이다.
② 매트릭스조직은 불확실하고 복잡한 기술, 동태적인 환경 변화에 신속하게 대응해야 하고, 부서 간 긴밀한 협력과 조정이 필요한 상황에서 효과적이다.

③ 매트릭스조직은 구성원이 기능부서장과 프로젝트팀장이라는 두 명의 상사에게 동시에 지휘·보고를 받게 되는 이중 권한 구조를 가진다. 이로 인해 명령 계통에 혼란이 생기고 역할 갈등이 발생할 가능성이 크다.

14 인사행정론 > 「공직자의 이해충돌 방지법」, 사적이해관계자 답 ②

| **정답해설** | ② 공직자의 직무수행과 관련하여 이익 또는 불이익을 직접적으로 받는 다른 공직자는 직무관련자이다.

| **오답해설** | ① 공직자 자신 또는 그 가족은 「공직자의 이해충돌 방지법」상 사적이해관계자이다.
③ 공직자로 채용·임용되기 전 2년 이내에 공직자 자신이 재직하였던 법인 또는 단체는 「공직자의 이해충돌 방지법」상 사적이해관계자이다.
④ 공직자 자신 또는 그 가족이 임원·대표자·관리자 또는 사외이사로 재직하고 있는 법인 또는 단체는 「공직자의 이해충돌 방지법」상 사적이해관계자이다.

15 인사행정론 > 액션러닝, 감수성 훈련, 역할연기 답 ①

| **정답해설** | ① 제시문은 액션러닝에 대한 설명이다. 액션러닝은 소규모 그룹(팀)이 조직의 실제 문제를 과제로 부여받아, 해결방안을 모색하고 실행하는 과정에서 성찰을 통해 실질적인 문제해결 능력과 리더십을 학습하는 교육방법이다. '학습을 위한 행동, 행동을 위한 학습'을 강조하는 대표적인 실천 학습기법이다.

| **오답해설** | ② 역할연기(Role-Playing)는 가상적인 상황을 설정하고 참가자가 특정 역할을 연기하며 문제해결 능력을 기르는 기법이다. 실제 현안 문제를 다루는 제시문과 차이가 있다.
③ 감수성훈련(Sensitivity Training)은 참가자들이 집단 내 상호작용을 통해 자신에 대한 이해와 타인에 대한 감수성을 높이는 훈련이다. 조직의 실제 문제해결보다는 대인관계 기술 향상에 초점을 둔다.
④ 서류함기법(In-basket Technique)은 교육생에게 가상의 서류함을 주고 정해진 시간 내에 처리하게 함으로써 관리자로서의 문제해결 및 의사결정 능력을 평가하고 훈련하는 기법으로, 주로 개인단위로 진행된다.

16 인사행정론 > 소청심사기관 답 ②

| **정답해설** | ② 검사는 「검사징계법」에 따라 별도의 징계절차를 따른다. 검사에 대한 징계처분에 불복할 경우, 소청심사 절차를 거치지 않고 처분이 있음을 안 날부터 30일 이내에 행정법원에 행정소송을 제기해야 한다. 따라서 검사는 소청심사제도의 적용대상이 아니다.

| **오답해설** | ① 「지방공무원법」에 따라 지방자치단체에 소속된 지방공무원의 징계처분 등에 대한 소청은 해당 광역자치단체(시·도)에 설치된 소청심사위원회에서 심사·결정한다. 따라서 경기도청 소속 공무원은 경기도 소청심사위원회의 관할이다.

③ 2020년 4월 소방공무원이 국가직으로 전환됨에 따라, 소방청 소속 소방공무원은 국가공무원이다. 행정부 소속 국가공무원에 대한 소청심사는 원칙적으로 인사혁신처 소청심사위원회에서 관할한다.
④ 「교원의 지위 향상 및 교육활동 보호를 위한 특별법」에 따라 국·공립 및 사립학교의 모든 교원(대학교수 포함)에 대한 불리한 처분(징계 등)의 소청심사는 교육부에 설치된 교원소청심사위원회에서 담당한다.

17 지방행정론 > 중앙분쟁조정위원회, 정책지원관, 자치경찰 답 ③

| **정답해설** | ③ 정책지원관 제도는 지방의회의원의 의정활동을 지원하기 위해 도입된 제도이다. 즉, 지방의회의 정책 역량과 전문성을 강화하여 집행기관(지방자치단체장)에 대한 견제와 감시 기능을 실질화하는 것을 목적으로 한다.

| **오답해설** | ① 「지방자치법」에 따르면, 주민은 지방자치단체의 조례를 제정하거나 개정하거나 폐지할 것을 청구할 수 있으며, 조례의 제정·개정 또는 폐지청구의 청구권자·청구대상·청구요건 및 절차 등에 관한 사항은 따로 법률로 정한다.
② 「지방자치법」에 따라 지방자치단체 간 경계변경에 대해 자율협의가 이루어지지 않을 경우, 관계 지방자치단체의 장은 행정안전부장관(시·도의 경우)이나 시·도지사(시·군 및 자치구의 경우)에게 조정을 신청할 수 있으며, 행정안전부장관은 중앙분쟁조정위원회의 심의·의결에 따라 이를 조정할 수 있다.
④ 「국가경찰과 자치경찰의 조직 및 운영에 관한 법률」에 따라, 자치경찰사무를 관장하기 위해 시·도지사 소속으로 합의제 행정기관인 시·도자치경찰위원회를 두며, 위원회는 그 권한에 속하는 업무를 독립적으로 수행한다.

18 행정학 총론 > 시장유인적 규제, 포지티브 규제, 명령지시적 규제 답 ②

| **정답해설** | ② 네거티브 규제는 원칙적으로 모든 것을 허용하되 예외적으로 금지하는 사항만을 규정하는 방식이므로, 원칙적으로 금지하고 예외적으로 허용하는 사항만을 규정하는 포지티브 규제에 비해 피규제자의 자율성과 창의성을 더 보장한다.

| **오답해설** | ① 시장유인적 규제는 벌금, 보조금, 배출권 거래 등 시장의 가격원리를 이용하여 규제 대상자가 스스로 바람직한 행동을 하도록 유도하는 간접적 규제 방식이다. 오염배출부과금과 배출거래권제도는 그 대표적인 예시에 해당한다.
③ 명령지시적 규제는 정부가 기준을 정하고 위반 시 처벌하는 직접적인 방식("~하지 마라")이다. 그 내용이 명확하고 단순하여 일반 국민이 이해하기 쉽고, 특정 유해 행위를 전면 금지하므로 직관적인 설득력이 높다.
④ 사회규제는 국민의 생명, 건강, 안전 보호 및 환경 보전 등을 목적으로 하는 규제이다. 특정 산업이 아닌 전 산업 분야에 걸쳐 적용되며, 작업장 안전 규제(산업안전보건), 소비자 보호 규제, 환경 규제 등이 이에 해당한다.

| 19 | 재무행정론 > 온실가스감축인지 예산 | 답 ③ |

| 정답해설 | ③ 「국가재정법」에 의하면 정부는 기금이 온실가스 감축에 미칠 영향을 미리 분석한 보고서(온실가스감축인지 기금운용계획서)를 작성하여야 한다.

| 오답해설 | ① 「국가재정법」 제16조에 규정된 예산의 원칙으로 가장 최근에 도입된 제도이다.
② 「국가재정법」에 따르면, 온실가스감축인지 예산서에는 온실가스 감축에 대한 기대효과, 성과목표, 효과분석 등을 포함하여야 한다.
④ 정부는 「국가재정법」에 따라 예산이 온실가스를 감축하는 방향으로 집행되었는지를 평가하는 보고서(온실가스감축인지 결산서)를 작성하여야 한다.

| 20 | 조직이론 > 4차 산업혁명, 블록체인, 사물인터넷 | 답 ② |

| 정답해설 | ② 제시문은 블록체인(Blockchain) 기술의 핵심적인 특징을 설명하고 있다. 블록체인은 데이터를 중앙 서버 한 곳에 저장하는 것이 아니라, 네트워크 참여자 모두에게 거래 내역(원장)을 분산하여 공유하고, 이를 체인 형태로 연결하여 위·변조를 어렵게 만드는 분산원장기술이다. 이러한 특성으로 데이터 관리의 투명성과 보안성을 높일 수 있다.

| 오답해설 | ① 인공지능(AI)은 인간의 학습능력, 추론능력, 지각능력 등을 컴퓨터 프로그램을 통해 실현하는 기술을 말하며, 데이터의 저장방식보다는 데이터의 활용 및 분석에 초점을 둔다.
③ 빅데이터(big data)는 기존의 데이터 처리방식으로는 수집, 저장, 분석이 어려울 정도로 방대한 양의 데이터를 의미하며, 데이터의 특성을 지칭하는 용어이지 데이터 관리기술 그 자체를 의미하지는 않는다.
④ 사물인터넷(IoT)은 각종 사물에 센서와 통신기능을 내장하여 인터넷에 연결하는 기술로, 데이터의 생성 및 연결에 관한 기술이다.

2023 4월 8일 시행 국가직 9급 (나책형)

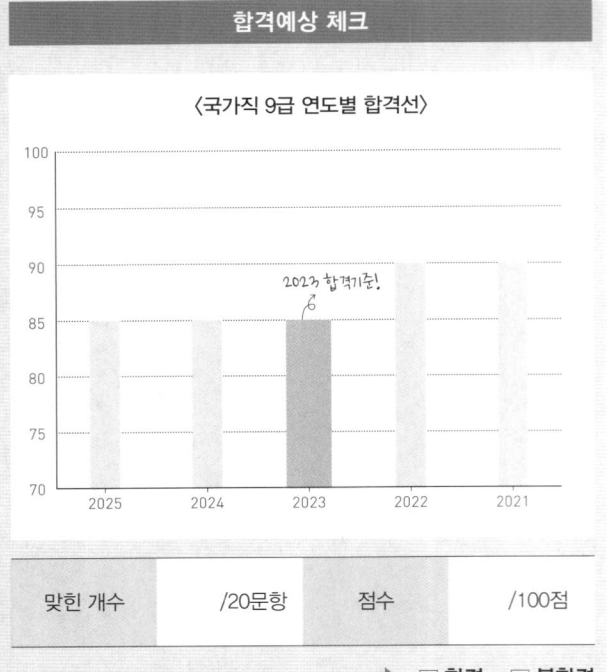

1. 행정학 총론 > 과학적 관리론, 행정행태론, 신행정론, 신공공관리론
오답률 45% 답 ③

| 정답해설 | ③ 55% 신행정론은 1960년대 후반 행태론의 가치중립적, 실증주의 연구가 당시의 사회문제를 해결하지 못한다고 비판하며 등장했다. 행정의 실천적 적실성(relevance)과 규범적 가치로서 사회적 형평성을 행정이 추구해야 할 핵심 가치로 강조했다.

| 오답해설 | ① 21% 최고관리자의 운영원리로 POSDCoRB(기획, 조직, 인사, 지휘, 조정, 보고, 예산)를 제시한 것은 귤릭(L. Gulick)과 어윅(L. Urwick)으로 대표되는 고전적 행정학(행정관리설)이다. 과학적 관리론은 테일러(F. Taylor)를 중심으로 공장 노동자의 과업관리에 초점을 맞춘 이론이다.
② 11% 행정행태론은 가치와 사실을 엄격히 구분하고, 경험적으로 검증 가능한 '사실'에 기반하여 행정학의 과학화를 시도했다. 가치(Value)는 연구대상에서 제외해야 한다고 주장했다.
④ 13% 민간과 공공 부문의 파트너십을 강조하고 기업가 정신보다 시민권을 중시한 것은 신공공서비스론이다.

2. 조직이론 > 이념형 관료제, 법적·합리적 권위
오답률 58% 답 ①

| 정답해설 | ① 42% 베버(M. Weber)의 이념형(ideal type) 관료제는 봉건적 지배체제와 같은 전통적 권위 체제가 약화되고, 화폐경제가 발달하며 근대 국가가 등장하는 과정에서 성립되었다. 즉, 관료제는 봉건적 지배체제를 대체하며 등장한 근대적 지배구조이다.

| 오답해설 | ② 13% 베버(M. Weber)는 지배의 정당성을 전통적, 카리스마적, 법적·합리적 권위로 구분했으며, 이념형 관료제는 이 중 법적·합리적 권위에 기반을 둔 근대적 조직 형태이다.
③ 13% 관료제는 명확한 법규에 따라 조직의 모든 활동과 구성원의 권한, 임무가 문서로 규정되는 것을 특징으로 한다. 이는 자의적인 지배를 방지하고 예측 가능성을 높인다.
④ 32% 관료는 선거나 세습이 아닌, 계층제 원리에 따라 상급자에 의해 임명된다. 이는 전문적 자격과 기술적 역량을 바탕으로 이루어진다.

3. 재무행정론 > 총체주의, 점증주의
오답률 37% 답 ②

| 정답해설 | ② 63% 점증주의는 기존 예산을 기준으로 소폭의 증감을 통해 예산이 결정된다고 보는 이론으로, 미시적 수준의 예산결정과 점진적 예산 증가 현상을 잘 설명한다. 반면, 국가 전체 예산규모를 결정하는 거시적 예산결정이나 급격한 예산삭감과 같은 비점증적 변화는 설명하기 어렵다는 한계를 가진다.

| 오답해설 | ① 12% 총체주의 또는 합리주의는 모든 대안을 비교·분석하여 최적의 대안을 선택하는 이상적인 예산결정 방식을 말한다. 계획예산(PPBS)과 영기준예산(ZBB)은 이러한 합리주의적 접근을 예산과정에 구현하려는 대표적인 개혁 제도이다.

③ 11% 총체주의는 목표달성을 위한 모든 대안을 탐색하고, 비용편익분석 등 합리적이고 분석적인 의사결정을 통해 한정된 자원을 가장 효율적으로 배분(최적의 자원배분)하는 것을 추구한다.
④ 14% 점증주의는 인간의 제한된 합리성을 전제로 한다. 현실의 예산결정 과정에서는 시간, 정보, 인지 능력의 한계로 모든 대안을 고려할 수 없으며, 기존의 예산을 기준으로 약간의 조정을 가하는 방식으로 의사결정이 이루어진다고 본다.

| 4 | 정책학 > 무의사결정론, 신다원주의 | 오답률 41% | 답 ④ |

| **정답해설** | ④ 59% 바흐라흐(P. Bachrach)와 바라츠(M. Baratz)의 무의사결정론은 권력의 '두 얼굴'을 제시하며 기존 다원주의를 비판한 이론으로, 신엘리트이론으로 분류된다. 반면, 신다원주의는 다원주의 입장에서 출발하되, 기업집단 등이 정치과정에서 특별히 유리한 지위를 차지함을 인정하는 이론으로 무의사결정론과는 구별된다.
| **오답해설** | ① 9% 무의사결정은 특정 이슈가 정책의제로 채택되는 것을 막는 '의제설정 단계'에서 가장 두드러지게 나타나지만, 의제가 채택된 이후에도 정책결정, 집행, 평가 등 전 과정에 걸쳐 지배 엘리트의 이익에 반하는 대안을 배제하거나 지연시키는 형태로 나타날 수 있다.
② 14% 무의사결정의 핵심적인 수단인 편견의 동원을 설명하는 것으로, 지배 엘리트들은 기존의 지배적인 가치, 신념, 제도적 절차 등을 이용하여 자신들에게 불리한 요구가 표출되는 것을 막는다.
③ 18% 바흐라흐(P. Bachrach)와 바라츠(M. Baratz)는 무의사결정의 수단으로 편견의 동원뿐만 아니라, 잠재적 도전을 억압하기 위한 폭력이나 위협과 같은 강제력의 사용도 포함된다고 보았다.

| 5 | 재무행정론 > 통합재정, 순계 | 오답률 54% | 답 ② |

| **정답해설** | ② 46% 우리나라의 통합재정은 최근에 제도단위에 기초한 새로운 재정통계 작성기준에 따라 공공비영리기관을 포함하여 통합재정을 작성하여 공표하고 있다. 공기업은 영리공공기관에 해당하므로 이에 포함되지 않는다.
| **오답해설** | ① 11% 통합재정은 국제통화기금(IMF)의 권고기준(GFS Manual)에 따라 경제성질별 분류를 사용하여 세입과 세출을 경상거래(경상수입, 경상지출)와 자본거래(자본수입, 자본지출)로 구분하여 작성한다.
③ 17% 통합재정은 정부의 모든 재정활동을 포괄적으로 파악하여 정부 재정의 순수한 규모와 재정수지를 산출하고, 이를 통해 정부의 재정활동이 국민경제에 미치는 실질적인 효과(재정 건전성, 재정정책의 방향 등)를 분석하고 평가하는 데 목적을 둔다.
④ 26% 통합재정은 정부부문 간 또는 기금 간의 중복적인 거래(내부거래)와 정부의 재정적자 보전 또는 흑자 처분을 위한 거래(보전거래, 예 국채 발행 및 상환)를 총계에서 제외하여 재정활동의 순수한 규모를 파악하는 순계(net basis) 개념으로 작성된다.

| 6 | 정책학 > 내적 타당성 | 오답률 41% | 답 ③ |

| **정답해설** | ③ 59% 내적 타당성(internal validity)은 관찰된 정책 효과가 해당 정책 프로그램의 집행으로 인한 것인지, 아니면 다른 외생적 요인에 의한 것인지를 판단하는 기준으로, 정책과 효과 간의 인과적 추론의 정확성 정도를 의미한다.
| **오답해설** | ① 11% 분석 및 평가결과를 다른 상황(다른 시간, 다른 장소, 다른 대상 집단)에서도 적용할 수 있는 정도는 외적 타당성(external validity) 또는 일반화 가능성을 의미한다.
② 18% 이론적 구성요소들의 추상적 개념(예 삶의 질, 사회적 자본)을 측정 가능한 변수로 성공적으로 조작화한 정도는 구성타당성(construct validity) 또는 개념타당성을 의미한다.
④ 12% 동일한 대상을 반복적으로 측정했을 때 일관성 있고 안정적인 결과를 얻는 정도는 신뢰성(Reliability)이다.

| 7 | 인사행정론 > 인사위원회 | 오답률 61% | 답 ① |

| **정답해설** | ① 39% 「지방공무원법」에 따르면, 지방의회의원은 해당 지방자치단체의 인사위원회 위원으로 임명되거나 위촉될 수 없다. 이는 인사위원회의 정치적 중립성을 확보하기 위함이다.
| **오답해설** | ② 13% 「지방공무원법」에 따르면, 법관·검사 또는 변호사의 자격이 있는 사람은 인사위원회 위원으로 위촉될 수 있다.
③ 19% 「지방공무원법」에 따르면, 공무원으로서 20년 이상 근속하고 퇴직한 사람은 인사위원회 위원으로 위촉될 수 있다.
④ 29% 「지방공무원법」에 따르면, 학교 또는 대학에서 교육자로 근무하거나 근무하였던 사람(교장, 교감 포함)은 인사위원회 위원으로 위촉될 수 있다.

| 8 | 조직이론 > 사업(부)구조, 매트릭스구조, 네트워크구조, 수평(팀제)구조 | 오답률 38% | 답 ① |

| **정답해설** | ① 62% 사업(부)구조는 제품별, 지역별, 고객별 등 산출물이나 시장을 기준으로 부서를 편성하는 방식이다. 각 사업부는 자체적으로 완결된 기능을 갖추므로 사업부 내의 기능 간 조정은 용이하지만, 사업부 간에는 자원배분 경쟁이나 조정의 어려움이 발생할 수 있으며, 기능의 중복으로 인한 비효율이 나타날 수 있다.
| **오답해설** | ② 11% 매트릭스구조는 전통적인 기능부서의 수직적 통제라인과 프로젝트 또는 사업을 중심으로 한 수평적 통제라인을 결합한 이중 권한 구조이다. 이를 통해 기능적 전문성과 사업적 대응성을 동시에 추구하며, 환경 변화에 대한 조직의 신축성을 높일 수 있다.
③ 11% 네트워크구조는 조직이 핵심 역량에 집중하고 나머지 기능은 외부의 전문기관과의 협력 관계(아웃소싱, 전략적 제휴 등)를 통해 수행하는 조직 형태이다. 각자의 경계를 넘어선 유연한 연결을 통해 환경 변화에 신속하게 대처할 수 있다.
④ 16% 수평구조 또는 팀제구조는 전통적인 부서 간 장벽을 허물고 핵심 업무 프로세스를 중심으로 팀을 구성하여 업무를 수행하는 방식이다. 이를 통해 의사결정의 신속성을 높이고, 구성원 간의 원활한 의사소통과 협력을 촉진한다.

| 9 | 인사행정론 > 연공주의 | 오답률 23% | 답 ② |

| 정답해설 | ㄱ. 연공주의는 근속연수나 연령을 중시하므로 장기근속을 유도하고, 이는 조직에 대한 충성도 증가와 경험 축적을 통해 조직 공헌도를 높이는 긍정적 측면이 있다.
ㄷ. 연공서열에 따른 명확한 위계질서와 승진 경로를 제공함으로써 조직 구성원들에게 예측 가능성과 안정감을 줄 수 있다.

| 오답해설 | ㄴ. 개인의 성과에 따른 적절한 보상을 통해 사기를 높이는 것은 성과주의 인사관리의 특징이다. 연공주의는 주로 근속연수, 학력, 연령 등을 기준으로 보상하므로 개인의 성과와 보상이 직접적으로 연계되지 않을 수 있다.
ㄹ. 조직 내 경쟁을 촉진하여 개인의 역량 개발에 기여하는 것은 주로 성과주의나 능력주의 인사관리의 특징이다. 연공주의는 경쟁보다는 안정과 질서를 강조하는 경향이 있다.

| 10 | 정책학 > 관료정치모형 | 오답률 54% | 답 ③ |

| 정답해설 | ③ 46% 관료정치모형(Model III)에서는 정책결정이 각자의 입장과 이해관계를 가진 다수의 정치적 행위자들(관료, 정치인 등) 간의 협상, 타협, 경쟁, 설득 등 정치적 게임의 결과로 이루어진다고 본다. 따라서 구성원들 간 목표 공유 정도가 낮고, 결정과정이 복잡하며, 정책결정의 일관성도 낮게 나타날 수 있다.

| 오답해설 | ① 11% 갈등의 준해결은 조직 내 다양한 목표 간의 갈등을 완전히 해결하기보다는 일시적으로 봉합하거나 순차적으로 관심을 기울이는 방식으로 다루는 것을 의미하며, 이는 앨리슨(G. Allison)모형 중 조직과정모형(Model II)의 특징이다.
② 28% 정책결정자들이 국가 전체의 이익이나 전략적 목표를 극대화하기 위해 합리적으로 결정한다고 가정하는 것은 합리모형(Model I)의 설명이다.
④ 15% 정부를 단일한 결정주체가 아닌, 반독립적인 하위조직들이 느슨하게 연결된 연합체로 보고, 각 하위조직이 표준운영절차(SOP)에 따라 업무를 처리하며 정책이 결정된다고 보는 것은 조직과정모형(Model II)의 설명이다.

오답률 TOP 1
| 11 | 정책학 > 집단사고 | 오답률 68% | 답 ① |

| 정답해설 | ① 32% 집단사고는 응집력이 매우 높은 집단에서 구성원들이 비판적인 의견 제시를 억제하고 만장일치에 도달하려는 압력이 강하게 작용하여 의사결정의 질이 저하되는 현상이다. 이는 건전한 토론을 통한 집단지성의 활용을 저해한다.

| 오답해설 | ② 19% 집단사고의 증상 중 하나로, 반대 의견이 없음(침묵)을 모든 구성원이 합의한 것으로 착각하는 '만장일치의 환상'(illusion of unanimity)이 나타난다.
③ 38% 집단사고의 증상 중 하나로, 구성원 스스로가 집단의 주류 의견에 어긋나는 생각이나 의구심을 표출하지 않고 억누르는 '자기 검열'(self-censorship)이 나타난다.
④ 11% 집단사고의 증상 중 하나로, 집단 구성원들이 자신들의 집단이 결코 실패할 리 없으며 모든 면에서 우월하다고 믿는 '무오류 또는 불패의 환상'(illusion of invulnerability)을 갖게 된다.

| 12 | 조직이론 > 구조적 상황이론, 전략적 선택이론, 거래비용이론, 조직군생태학이론 | 오답률 45% | 답 ④ |

| 정답해설 | ④ 55% 조직군생태학이론은 조직의 변화를 변이(variation), 선택(selection), 보존(retention)의 과정으로 설명한다. 변이는 새로운 조직 형태의 출현을 의미하며, 이는 계획적이거나 의도적인 시도일 수도 있고, 우연한 돌연변이일 수도 있다. 이 이론이 환경의 압력을 강조하는 것은 맞지만, 변이의 원천을 우연적 변화로만 한정하거나 계획적 변화를 완전히 배제하는 것은 아니다.

| 오답해설 | ① 22% 구조적 상황이론은 조직이 처한 상황(환경, 기술, 규모 등)에 가장 적합한 조직구조가 존재한다고 본다. 번스(T. Burns)와 스토커(G. M. Stalker)는 불안정하고 변화가 심한 환경에서는 유기적 구조가, 안정적인 환경에서는 기계적 구조가 효과적이라고 주장했다.
② 11% 전략적 선택이론은 환경이 조직구조를 일방적으로 결정한다는 환경결정론을 비판하고, 조직 관리자의 환경에 대한 인식(지각)과 그에 따른 전략적 선택이 조직구조 형성에 중요한 영향을 미친다고 강조한다. 즉, 동일한 환경에서도 관리자의 선택에 따라 다른 조직구조가 나타날 수 있다.
③ 12% 거래비용이론은 경제활동을 수행하는 데 있어 시장거래를 이용할 때 발생하는 비용(정보탐색, 협상, 계약집행 비용 등)과 조직 내부의 위계적 조정을 통해 처리할 때 발생하는 비용을 비교하여, 총 거래비용이 더 적게 드는 방식을 선택한다고 설명한다. 시장 거래비용이 내부 조직화 비용보다 크면 내부화(조직화)를 선택한다.

| 13 | 인사행정론 > 점수법, 분류법, 서열법, 요소비교법 | 오답률 58% | 답 ④ |

| 정답해설 | ④ 42% 요소비교법은 몇 개의 기준직무(key job)를 선정하고, 이 기준직무들을 주요 평가요소별로 분해하여 각 요소에 대한 현재의 적정 임금액을 할당한다. 그런 다음 평가대상 직무를 기준직무의 각 요소와 비교하여 상대적 가치를 평가하고 이를 화폐가치로 표시한 후 합산하는 계량적 방법이다.

| 오답해설 | ① 6% 점수법은 직무의 주요 구성요소(숙련도, 노력, 책임, 작업조건 등)를 선정하고, 각 요소별로 가중치와 점수척도를 설정한 후, 평가대상 직무를 요소별로 평가하여 얻은 점수를 합산함으로써 직무의 상대적 가치를 계량적으로 결정하는 방법이다.
② 20% 분류법(또는 등급법)은 사전에 직무 등급의 수와 각 등급의 정의 및 특징을 기술한 등급기준표를 작성하고, 평가대상 직무 전체의 내용과 특성을 기준표와 비교하여 가장 적합한 등급에 배정하는 비계량적 방법이다.
③ 32% 서열법은 직무평가 방법 중 가장 간단한 방법으로, 직무의 구성요소를 세부적으로 분석하지 않고 직무 전체를 대상으로 그

상대적인 중요도, 난도, 책임도 등을 종합적으로 비교하여 서열을 매기는 비계량적 방법이다.

14 조직이론 > 전자정부, 지능정보사회 종합계획, 지능정보화책임관
오답률 61% 답 ②

| 정답해설 | ② 39% 「전자정부법」에 따르면, '전자정부기본계획'은 행정안전부장관이 5년마다 행정기관 등의 기관별 계획을 종합하여 수립한다.

| 오답해설 | ① 28% 「지능정보화 기본법」에 따르면, 과학기술정보통신부장관은 지능정보사회 종합계획을 3년 단위로 수립하여야 한다.
③ 13% 「전자정부법」은 '전자화문서'를 종이문서와 그 밖에 전자적 형태로 작성되지 아니한 문서를 정보시스템이 처리할 수 있는 형태로 변환한 문서로 정의하고 있다.
④ 20% 「지능정보화 기본법」에 따르면, 중앙행정기관의 장과 지방자치단체의 장은 해당 기관의 지능정보사회 시책의 효율적인 수립·시행과 지능정보화 사업의 조정 등 대통령령으로 정하는 업무를 총괄하는 책임관(지능정보화책임관)을 임명하여야 한다.

오답률 TOP 2

15 행정환류론 > 계층적 책임, 법적 책임, 전문가적 책임, 정치적 책임
오답률 66% 답 ②

| 정답해설 | ② 34% 법적 책임은 통제 원천이 조직 외부(법원, 의회 등)이고 통제 수준이 높은 유형으로, 법률, 공식적인 계약, 규정 등 외부의 명시적인 법규범 준수를 강조한다. 표준운영절차(SOP)나 내부 규칙(규정)은 주로 계층적 책임과 관련된다.

| 오답해설 | ① 8% 계층적 책임(관료적 책임)은 통제 원천이 조직 내부(상관)이고 통제 수준이 높은 유형으로, 공식적인 직무위임과 상명하복의 원칙에 따른 감독과 통제를 중시한다.
③ 34% 전문가적 책임은 통제 원천이 내부(전문가 자신의 양심, 전문직업 규범)이고 통제 수준이 낮은(자율성이 높은) 유형으로, 전문가로서의 지식, 기술, 윤리규범, 동료 전문가들의 기대에 부응하는 것을 중시한다.
④ 24% 정치적 책임은 통제 원천이 조직 외부(국민, 선출직 공무원, 이익집단, 언론 등)이고 통제 수준이 낮은(대응성이 중요한) 유형으로, 외부 이해관계자들의 요구와 기대에 부응하고 그들의 지지를 확보하는 것을 중시한다.

16 재무행정론 > 재정사업 성과관리, 재정사업 심층평가, 재정사업 자율평가
오답률 51% 답 ③

| 정답해설 | ③ 49% 재정사업 자율평가는 각 중앙관서의 장이 소관 재정사업에 대해 매년 실시하는 평가이고, 재정사업 심층평가는 기획재정부장관이 자율평가의 결과를 고려하여 필요하다고 인정하면 실시하는 평가이다.

| 오답해설 | ① 12% 「국가재정법」에 따르면, 재정사업의 성과관리는 성과목표관리제도와 재정사업평가제도로 구성된다.
② 15% 「국가재정법」에 따르면, 기획재정부장관은 재정사업 성과평가의 결과를 다음 연도의 예산안 편성에 반영하여야 하며, 이는 지출 구조조정 등을 포함할 수 있다.
④ 24% 재정사업 자율평가제도는 2005년에 도입되었으며, 미국의 관리예산처(OMB)가 활용했던 프로그램 평가 도구인 PART(Program Assessment Rating Tool)를 벤치마킹하여 우리나라 실정에 맞게 설계한 제도이다.

17 인사행정론 > 공직자의 이해충돌
오답률 50% 답 ④

| 정답해설 | ④ 50% 「공직자의 이해충돌 방지법」에 따르면, 누구든지 이 법의 위반행위가 발생하였거나 발생하고 있다는 사실을 알게 된 경우에는 위반행위가 발생한 공공기관 또는 그 감독기관, 감사원 또는 수사기관, 국민권익위원회 등에 신고할 수 있다.

| 오답해설 | ① 23% 「공직자의 이해충돌 방지법」은 2021년 5월 18일 제정되어, 2022년 5월 19일부터 시행되었다.
② 15% 이해충돌은 공직자의 사적 이해관계가 직무수행에 영향을 미칠 수 있는 상황을 의미하며, 그 발생 시점이나 명확성에 따라 실제적 이해충돌, 외견적 이해충돌, 잠재적 이해충돌 등으로 분류할 수 있다.
③ 12% '어느 누구도 자신이 연루된 사건의 재판관이 되어서는 안 된다'는 자연적 정의의 원칙 중 하나로, 공정성을 해할 수 있는 편견을 배제해야 한다는 원리이다. 이는 공직자가 자신의 사적 이해관계와 관련된 직무를 수행하는 것을 회피해야 한다는 이해충돌 방지의 기본정신과 맞닿아 있다.

18 인사행정론 > 직위해제, 징계
오답률 44% 답 ③

| 정답해설 | ③ 56% 「국가공무원법」에 따르면, 임용권자는 직무수행 능력이 부족하거나 근무성적이 극히 나쁜 자에 대하여 직위를 부여하지 아니할 수 있다.

| 오답해설 | ① 18% 직위해제는 「국가공무원법」상 공무원에 대한 불이익 처분이기는 하나, 징계(파면, 해임, 강등, 정직, 감봉, 견책)의 종류에는 해당하지 않는다.
② 12% 직위해제는 공무원의 신분을 유지한 채 직위를 잠정적으로 해제하는 처분이다. 따라서 직위해제 기간 중 공무원 신분이 상실되는 것은 아니다. 다만, 직무에 종사하지 못하며 보수가 감액될 수 있다.
④ 14% 「국가공무원법」에 따르면, 임용권자는 직위해제의 사유가 소멸되면 지체 없이 직위를 부여하여야 한다. 인사위원회의 심의를 거쳐 3개월 이내와 같은 규정은 없다(다만, 능력부족 등으로 직위해제된 자가 3개월 이내에 직위를 부여받지 못하면 직권면직 심의 대상이 될 수 있다).

오답률 TOP 3

19 지방행정론 > 규칙의 제정과 개정·폐지 관련 의견 제출
오답률 65% 답 ④

| 정답해설 | ④ 35% 2021년 1월 12일 전부개정되어 2022년 1월 13일부터 시행된 「지방자치법」에서 주민의 규칙 제정·개정·폐지 의견 제출 제도가 처음으로 명시적으로 도입되었다.

| 오답해설 | ① 18% 주민소환제도는 「주민소환에 관한 법률」에 따라 2007년부터 시행되었다.
② 21% 주민의 감사청구제도는 1999년 「지방자치법」 개정으로 도입되었다.
③ 26% 주민의 조례 제정 및 개폐 청구제도(주민발안제)는 1999년 「지방자치법」 개정으로 도입되었다.

오답률 TOP 1

20 정책학 > 통제집단 사전·사후 설계, 준실험, 회귀불연속 설계, 솔로몬 4집단 설계
오답률 68% 답 ①

| 정답해설 | ① 32% 통제집단 사전·사후 설계는 실험집단과 통제집단 모두에게 사전측정과 사후측정을 실시한다. 이 설계는 많은 내적 타당성 저해 요인을 통제할 수 있지만, 사전측정 자체가 사후측정에 영향을 미치는 검사효과나 사전측정과 실험처리의 상호작용 효과를 완벽히 통제하지는 못한다. 이러한 효과를 통제하기 위해 솔로몬 4집단 설계 등이 고안되었다.

| 오답해설 | ② 21% 진실험은 연구대상의 무작위 배정, 실험처치의 조작, 외생변수의 엄격한 통제 등을 특징으로 하여 내적 타당도가 높지만, 현실적으로 실행하기 어렵거나 윤리적 문제가 발생할 수 있다. 반면, 준실험은 이러한 진실험의 요건을 일부 충족하지 못하는 경우에 사용되며, 현실적 제약이 적어 실행 가능성이 높고 현장 적용이 용이하다는 장점이 있다.
③ 20% 회귀불연속 설계는 특정 기준점(cut-off point)을 기준으로 정책대상집단(실험집단)과 비대상집단(통제집단)이 구분될 때, 이 기준점 전후에서 정책효과로 인해 결과변수의 회귀선이 불연속적으로 단절(jump or drop)되는지를 분석하여 정책 효과를 추정하는 준실험 설계방법이다.
④ 27% 솔로몬 4집단 설계는 통제집단 사전·사후 설계와 통제집단 측정 설계(실험집단과 통제집단에 사전측정 없이 사후측정만 실시)를 결합한 형태로, 실험처리의 순수한 효과뿐만 아니라 사전측정의 영향(검사효과) 및 사전측정과 실험처리의 상호작용 효과까지도 파악하고 통제할 수 있는 강력한 진실험 설계이다.

2022 4월 2일 시행 국가직 9급 (㉮책형)

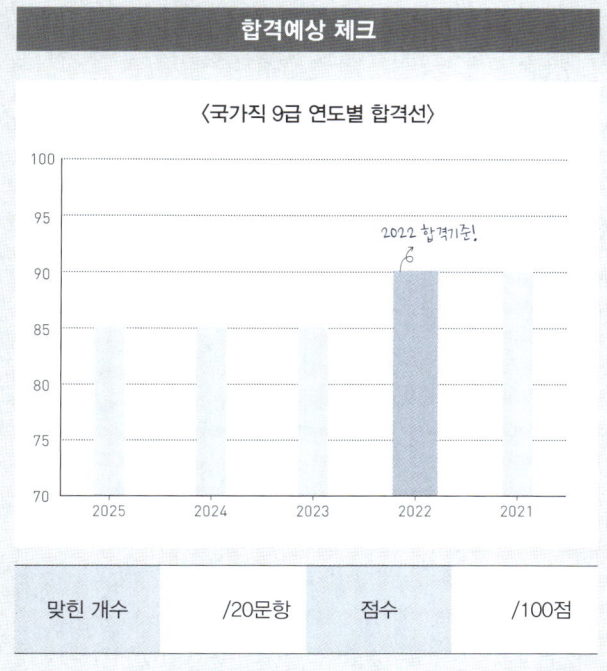

문항	정답	영역	문항	정답	영역
1	①	인사행정론	11	③	재무행정론
2	①	정책학	12	④	행정학 총론
3	②	인사행정론	13	②	인사행정론
4	②	행정학 총론	14	④	정책학
5	①	조직이론	15	④	정책학
6	④	지방행정론	16	③	인사행정론
7	④	정책학	17	③	지방행정론
8	④	조직이론	18	①	정책학
9	③	재무행정론	19	④	재무행정론
10	②	행정학 총론	20	②	조직이론

➡ 영역별 틀린 개수로 취약영역을 확인하세요!

| 행정학 총론 | /3 | 정책학 | /5 | 조직이론 | /3 | 인사행정론 | /4 |
| 재무행정론 | /3 | 행정환류론 | -/0 | 지방행정론 | /2 | | |

➡ 나의 취약영역: _____

※ [정답해설]과 [오답해설] 선지의 50% 표시는 〈에듀윌 합격예측 풀서비스〉를 통해 수집된 선지 선택률을 나타냅니다.

오답률 TOP 3

1 인사행정론 > 직업공무원제, 직무급, 폐쇄형 충원
오답률 61% 답 ①

| **정답해설** | ① 39% 직업공무원제도는 계급제를 바탕으로 하며, 계급제는 근속급을 기반으로 한다. 직무급은 직위분류제의 특징이다.
| **오답해설** | ② 31% 직업공무원제도는 장기 발전 가능성에 기초하여 젊은 인재를 채용하므로, 이들의 경력발전을 위한 능력발전의 기회가 필수적이다.
③ 27% 직업공무원제는 같은 계급군의 최하위 계급에만 신규채용이 이루어지는 폐쇄형 임용을 원칙으로 한다.
④ 3% 젊고 유능한 인재의 장기간 근무를 위해서는 신분보장이 필수적이다.

2 정책학 > 추출정책, 구성정책, 분배정책, 상징정책
오답률 33% 답 ①

| **정답해설** | ① 67% 일반 국민에게 인적·물적 자원을 부담시키는 것은 추출정책이다. 군대의 징병, 조세징수 등이 해당한다.
| **오답해설** | ② 11% 구성정책은 정부기구의 신설이나 변경, 공무원의 임용 및 책임 규정, 선거구 조정 등과 같이 정부 운영의 기본 규칙에 관한 정책이다.
③ 19% 분배정책은 국민에게 재화나 서비스를 제공하는 정책으로, 사회간접자본 건설, 보조금 지급 등이 이에 해당한다.

④ 3% 상징정책은 정치체제의 정당성, 국민적 일체감, 사회의 통합 등을 위한 정책으로, 국경일 제정, 기념행사 등이 이에 해당한다.

3 인사행정론 > 직위, 직급, 직류, 직무등급
오답률 44% 답 ②

| **정답해설** | ② 56% 직급(class)은 직무의 종류, 곤란성, 책임도가 상당히 유사하여 채용, 보수 등 인사행정상 동일하게 다룰 수 있는 직위의 군을 말한다.
| **오답해설** | ① 5% 직위(position)는 한 사람의 공무원에게 부여할 수 있는 직무와 책임을 말한다.
③ 18% 직류(series)는 동일한 직렬 내에서 담당분야가 동일한 직무의 군을 말한다.
④ 21% 직무등급(grade)은 직무의 곤란도와 책임도가 유사하여 동일한 보수를 줄 수 있는 모든 직위를 포함하는 개념이다.

4 행정학 총론 > 대중정치, 고객정치, 기업가정치, 이익집단정치
오답률 59% 답 ②

| **정답해설** | ② 41% 고객정치(client politics)는 규제로 인한 비용은 불특정 다수에게 분산되지만, 편익은 특정 소수집단에 집중되는 상황이다. 수혜집단은 조직화하여 로비활동을 적극적으로 전개한다.
| **오답해설** | ① 5% 대중정치(popular politics)는 비용과 편익이 모두 넓게 분산되는 상황이다. 특정 집단이 조직화될 유인이 적다.

③ ⌊15%⌋ 기업가정치(entrepreneurial politics)는 비용은 소수에게 집중되지만, 편익은 불특정 다수에게 분산되는 상황이다. 규제에 반대하는 소수집단의 저항이 강하다.
④ ⌊39%⌋ 이익집단정치(interest group politics)는 비용과 편익이 모두 소수의 특정 집단에 집중되는 상황이다. 갈등이 첨예하게 대립한다.

| 5 | 조직이론 > 동기유발 과정이론 | 오답률 42% | 답 ① |

| **정답해설** | ㄱ. 브룸(V. Vroom)의 기대이론은 개인이 특정 행동을 통해 특정 결과를 얻을 것이라는 기대(expectancy), 그 결과가 보상을 가져올 것이라는 수단성(instrumentality), 그리고 그 보상의 매력도(valence)에 의해 동기가 유발된다고 보는 과정이론이다.
ㄴ. 아담스(J. Adams)의 공정성이론(또는 형평성이론)은 개인이 자신의 투입 대비 산출의 비율을 타인의 투입 대비 산출의 비율과 비교하여 공정성을 인지하고, 불공정성을 느낄 경우 이를 해소하려는 과정에서 동기가 유발된다고 보는 과정이론이다.
ㄷ. 로크(E. Locke)의 목표설정이론은 구체적이고 도전적인 목표가 주어졌을 때, 그리고 목표에 대한 피드백이 있을 때 동기가 유발된다고 보는 과정이론이다.
| **오답해설** | ㄹ. 앨더퍼(C. Alderfer)의 ERG이론은 인간의 욕구를 존재(Existence), 관계(Relatedness), 성장(Growth)의 세 가지 범주로 나누어 설명하는 내용이론이다.
ㅁ. 맥그리거(D. McGregor)의 X이론·Y이론은 인간 본성에 대한 두 가지 대조적인 가정을 제시하는 내용이론이다.

| 6 | 지방행정론 > 특별지방자치단체 | 오답률 49% | 답 ④ |

| **정답해설** | ④ ⌊51%⌋ 「지방자치법」에 따르면, 구성 지방자치단체의 장은 지방자치법상 겸임 제한 규정에도 불구하고 특별지방자치단체의 장을 겸할 수 있다.
| **오답해설** | ① ⌊9%⌋ 「지방자치법」에 따르면, 2개 이상의 지방자치단체가 공동으로 특정한 목적을 위하여 광역적으로 사무를 처리할 필요가 있을 때에는 특별지방자치단체를 설치할 수 있다.
② ⌊22%⌋ 「지방자치법」에 따르면, 특별지방자치단체는 법인으로 한다.
③ ⌊18%⌋ 「지방자치법」에 따르면, 특별지방자치단체의회의 의원은 규약으로 정하는 바에 따라 구성 지방자치단체의 의회의원으로 구성한다.

오답률 TOP 1
| 7 | 정책학 > 고전적 기술자형, 재량적 실험형, 관료적 기업가형, 지시적 위임형 | 오답률 70% | 답 ④ |

| **정답해설** | ④ ⌊30%⌋ 지시적 위임형에서 성공적인 정책집행을 위해서는 정책집행자 간의 협상이 중요하다.
| **오답해설** | ① ⌊9%⌋ 고전적 기술자형에서 정책결정자는 명확하고 구체적인 목표를 설정하고, 정책집행자는 이를 달성하기 위한 기술적 수단을 동원하는 역할을 한다.

② ⌊28%⌋ 재량적 실험형에서 정책결정자는 추상적이고 일반적인 목표만을 제시하고, 정책집행자에게 구체적인 목표설정과 수단 선택에 있어 광범위한 재량권을 부여한다. 집행자는 정책을 실험하고 조정하는 역할을 한다.
③ ⌊33%⌋ 관료적 기업가형에서 정책집행자는 정책과 관련된 전문성과 정보를 바탕으로 정책목표와 수단을 주도적으로 개발하고, 정책결정자를 설득하여 이를 채택하게 한다. 결정자는 집행자의 제안을 추인하는 역할을 한다.

| 8 | 조직이론 > 목표관리제 | 오답률 42% | 답 ② |

| **정답해설** | ㄱ. 목표관리는 상급자와 하급자가 함께 협의하여 목표를 설정하고, 그 목표달성도를 평가하여 환류시키는 관리방식이다.
ㄷ. 목표관리는 목표의 안정성을 전제로 하므로, 환경이 안정적이고 예측 가능할 때 효과적으로 운영될 수 있다. 환경 변동성이 크면 목표의 잦은 수정이 필요해 목표관리의 운영에 어려움이 따른다.
| **오답해설** | ㄴ. 목표관리는 구체적이고 측정 가능한 단기적 목표를 강조하는 경향이 있다.
ㄹ. 목표관리는 측정 가능하고 검증 가능한 계량적 목표를 강조한다. 목표는 구체적(Specific), 측정 가능(Measurable), 달성 가능(Achievable), 결과지향(Result-oriented), 시간 제한적(Time-bound)이어야 한다. 정성적, 주관적 성격보다는 정량적, 객관적 성격이 강조된다.

| 9 | 재무행정론 > 본예산, 수정예산, 준예산, 추가경정예산 | 오답률 59% | 답 ③ |

| **정답해설** | ③ ⌊41%⌋ 예산안이 국회에서 심의되는 과정에서 '수정예산'이 제출될 수 있고, 그 후 '본예산'이 확정되며, 회계연도가 시작된 이후 필요에 따라 '추가경정예산'이 편성된다.
| **오답해설** | ① ⌊27%⌋ 수정예산은 본예산 성립 이전에 이루어지므로 순서가 옳지 않다.
② ⌊17%⌋ 본예산이 다른 예산들보다 먼저 성립되는 것이 원칙이므로 순서가 옳지 않다.
④ ⌊15%⌋ 잠정예산은 우리나라 「헌법」에 규정된 제도가 아니며, 준예산은 본예산이 제때 성립되지 않았을 때의 예외적 조치이므로 순서가 옳지 않다.

| 10 | 행정학 총론 > 행정이론의 발달 | 오답률 31% | 답 ② |

| **정답해설** | (다) 정치행정이원론에 대한 설명이다. 윌슨(W. Wilson) 등에 의해 주장되었으며, 정치는 가치판단과 정책결정을, 행정은 가치중립적인 집행과 관리를 담당한다고 본다(19세기 말~20세기 초, 행정학 성립기).
(라) 신행정학에 대한 설명이다. 왈도(D. Waldo) 등이 주도하였으며, 기존 행정학의 가치중립성과 효율성 위주의 접근을 비판하고,

(나) 공공선택론에 대한 설명이다. 경제학적 접근방법을 공공부문에 적용하여, 개인의 합리적 선택과 시장 경쟁 원리를 통해 공공서비스 공급의 효율성을 높이려 한다(1960년대 등장, 1970년대 행정학에 본격 도입).

(가) 뉴거버넌스론에 대한 설명이다. 다양한 행위자 간의 협력적 통치를 강조하며, 정부는 조정자 역할을 수행한다(1990년대 이후 등장).

11 재무행정론 > 계속비, 수입대체경비, 재배정, 이체
오답률 53% 답 ③

| 정답해설 | ③ 47% 예산의 배정 및 재배정은 예산통제를 위한 절차이다. 중앙관서의 장이 기획재정부장관으로부터 예산을 배정받고, 이를 보조기관 등에 다시 나누어 주는(재배정) 과정은 계획된 지출한도를 설정하고 통제하는 기능을 한다.

| 오답해설 | ① 24% 계속비는 완성에 수년이 걸리는 공사나 제조, 연구개발 사업에 대하여 국회의 의결을 얻어 여러 회계연도에 걸쳐 지출할 수 있도록 하는 제도로 예산집행의 신축성을 확보한다.

② 12% 수입대체경비는 특정 수입과 직접 관련하여 지출되는 경비로서, 해당 수입이 확보되는 범위 내에서 지출을 허용하는 제도이다. 예상 수입을 초과하여 수입이 발생하면 그 초과수입을 직접 관련 경비에 사용할 수 있어 신축성을 높인다.

④ 17% 예산의 이체는 정부조직 등에 관한 법령의 제정·개정 또는 폐지로 인하여 중앙관서의 직무와 권한에 변동이 있을 때, 그 예산을 신설 또는 변경된 기관으로 옮기는 것을 말한다. 이는 조직 변화에 따른 예산 운영의 유연성을 확보하기 위한 제도이다.

12 행정학 총론 > 야경국가, 뉴딜정책, 대처리즘, 레이거노믹스, 『노예의 길』
오답률 47% 답 ④

| 정답해설 | ④ 53% 하이에크(F. Hayek)는 『노예의 길(The Road to Serfdom)』에서 정부의 시장개입과 계획경제가 개인의 자유를 침해하고 전체주의로 이어질 수 있다고 경고하며, 자유시장경제와 작은 정부를 옹호하였다.

| 오답해설 | ① 11% 19세기 근대 자유주의 국가는 개인의 자유와 시장의 자율성을 최대한 보장하고 국가는 국방, 치안 등 최소한의 기능만 수행하는 야경국가(소극국가)를 이상으로 하였다.

② 11% 대공황을 계기로 시장 자율에 대한 신뢰가 무너지면서, 정부의 적극적인 시장개입을 주장하는 케인즈주의가 등장하였고, 미국의 뉴딜정책은 이러한 큰 정부의 역할을 실제로 구현한 대표적인 사례이다.

③ 25% 1970년대 석유파동 등으로 인한 스태그플레이션과 정부실패에 대한 인식이 확산되면서, 신자유주의 사상이 대두하였고, 영국의 대처리즘과 미국의 레이거노믹스는 공기업 민영화, 규제 완화, 재정지출 감축 등을 통해 작은 정부를 추구하였다.

13 인사행정론 > 직권면직, 정직, 휴직
오답률 48% 답 ②

| 정답해설 | ② 52% 정직은 공무원의 신분은 보유하나 직무에 종사하지 못하며 그 기간 중 보수의 전액을 감한다.

| 오답해설 | ① 16% 「국가공무원법」상 징계의 종류에는 파면, 해임, 강등, 정직, 감봉, 견책이 있다. 직권면직이나 직위해제는 징계에 해당하지 않는다.

③ 19% 「국가공무원법」에는 임용권자가 공무원의 의사에도 불구하고 휴직을 명하여야 하는 강행 규정(의무적 휴직 사유)들이 명시되어 있다.

④ 13% 「국가공무원법」에 따르면, 임용권자는 직무수행 능력이 부족하거나 근무성적이 극히 나쁜 자에게 직위해제를 명할 수 있고, 3개월의 범위에서 대기를 명하며, 능력 또는 근무성적의 향상을 기대하기 어렵다고 인정된 경우에는 징계위원회의 동의를 받아 직권으로 면직시킬 수 있다.

14 정책학 > 일선관료제
오답률 45% 답 ④

| 정답해설 | ④ 55% 립스키(M. Lipsky)에 따르면, 일선관료들이 상대하는 정책대상집단(고객)은 비자발적이고, 복잡하며 다양한 요구를 지닌 경우가 많다. 단순하고 정형화된 대상이 아니다. 이러한 고객의 특성 때문에 일선관료들은 재량권을 행사하여 업무를 처리하게 된다.

| 오답해설 | ① 12% 일선관료들은 업무를 수행하는 데 필요한 인적·물적 자원이 만성적으로 부족한 상황에 직면한다.

② 19% 일선관료들은 고객(시민)들로부터 물리적·심리적 위협이나 권위에 대한 도전을 받기 쉽다.

③ 14% 일선관료들은 조직이나 사회로부터 명확하지 않거나 서로 상충하는 목표나 기대를 부여받는 경우가 많아 업무 수행에 어려움을 겪는다.

15 정책학 > 최적모형, 쓰레기통모형, 점증모형, 회사모형
오답률 46% 답 ④

| 정답해설 | ④ 54% 회사모형은 조직이 불확실성을 회피하기 위해 단기적이고 문제 중심적인 탐색을 하며, 갈등을 완전히 해결하기보다는 표준운영절차(SOP) 등을 통해 준해결 상태를 유지한다고 본다. 장기적인 전략이나 기획보다는 단기적 환류와 문제해결에 초점을 맞춘다.

| 오답해설 | ① 11% 최적모형은 합리적 요소뿐만 아니라 직관, 판단, 통찰력과 같은 초합리적 요소도 중요한 의사결정 요인으로 고려한다. 이는 순수 합리모형의 비현실성을 보완하려는 시도이다.

② 17% 쓰레기통모형은 문제, 해결책, 참여자, 선택기회라는 네 가지 요소가 우연히 결합하여 의사결정이 이루어진다고 보며, 특히 대학조직과 같이 목표가 불분명하고, 기술이 불확실하며, 참여가 유동적인 조직화된 무정부상태에서 나타나는 의사결정 과정을 설명하는 데 유용하다.

③ 18% 점증모형은 현실적으로 정책결정자들이 기존 정책에서 약간 수정된 대안만을 고려하여 점진적으로 의사결정을 한다고 설명하며(기술적 측면), 동시에 복잡하고 불확실한 상황에서는 이러한 점증적 방식이 더 안전하고 바람직하다고 주장한다(규범적 측면).

16 인사행정론 > 정치적 중립, 엽관주의   오답률 34%   답 ③

| 정답해설 | ③ 66% 공무원의 정치적 중립은 공무원의 정치 활동의 자유와 같은 정치적 기본권을 일부 제한하는 측면이 있다. 따라서 정치적 중립을 강화하는 것이 공무원의 정치적 기본권을 강화한다고 보기는 어렵다.

| 오답해설 | ① 11% 정치적 중립은 정권 교체에 따른 공무원의 대량 교체를 막아 엽관주의의 폐해(행정의 비효율성, 부패 등)를 극복하고, 공무원의 신분보장을 통해 행정의 계속성, 안정성, 전문성을 확보하는 데 기여한다.

② 7% 공무원은 특정 정당이나 정파의 이익이 아닌 국민 전체의 이익을 위해 봉사해야 하며, 이를 위해서는 정치적으로 중립적인 입장에서 공평무사하게 직무를 수행할 필요가 있다.

④ 16% 공무원이 선거 과정에서 정치적 중립을 지킴으로써 특정 후보나 정당에 대한 부당한 영향력 행사를 방지하고, 선거의 공정성을 확보하여 민주적 기본질서를 유지하고 발전시키는 데 기여할 수 있다.

17 지방행정론 > 지방교부세   오답률 57%   답 ③

| 정답해설 | ③ 43% 지방교부세는 국가가 교부 주체가 되어 지방자치단체에 포괄적으로 교부하는 일반재원이므로, 원칙적으로 용도가 지정되지 않고 신청주의를 요하지 않는다. 반면, 국고보조금은 특정 사업 수행을 위해 중앙관서의 예산에 반영되어 용도가 지정되고, 지방자치단체의 신청에 따라 교부되는 경우가 많다.

| 오답해설 | ① 9% 지방교부세는 지방자치단체의 재정력을 균형 있게 조정하여 지방행정의 건전한 발전을 도모하는 것을 목적으로 하며, 특히 보통교부세는 기준재정수요액에 미달하는 기준재정수입액을 보전함으로써 지역 간 재정격차를 완화하는 재정 균등화 기능을 수행한다.

② 8% 「지방교부세법」에 따르면, 지방교부세의 종류는 보통교부세, 특별교부세, 부동산교부세 및 소방안전교부세로 구분된다.

④ 40% 「지방교부세법」에 따르면, 부동산교부세의 재원은 「종합부동산세법」에 따라 징수하는 종합부동산세 총액으로 한다.

오답률 TOP2
18 정책학 > 「정부업무평가 기본법」, 특정평가, 자체평가   오답률 64%   답 ①

| 정답해설 | ① 36% 「정부업무평가 기본법」에 따르면, 특정평가는 국무총리가 중앙행정기관을 대상으로 국정을 통합적으로 관리하기 위하여 필요한 정책 등을 평가하는 것을 말한다. 공공기관은 특정평가의 직접적인 대상이 아니며, 중앙행정기관의 소관 정책 등을 평가한다. 공공기관에 대한 평가는 「공공기관의 운영에 관한 법률」에 따른 경영실적 평가 등이 별도로 이루어진다.

| 오답해설 | ② 24% 「정부업무평가 기본법」에 따르면, 정부업무평가에 관한 주요 사항을 심의·의결하기 위하여 국무총리 소속으로 정부업무평가위원회를 둔다.

③ 30% 「정부업무평가 기본법」에 따르면, 행정안전부장관은 지방자치단체 자체평가의 효율적인 시행을 위하여 필요한 경우 평가기법의 개발·보급, 평가담당자에 대한 교육 등 필요한 지원을 할 수 있다.

④ 10% 「정부업무평가 기본법」에 따르면, 자체평가는 중앙행정기관의 장 또는 지방자치단체의 장이 소관 정책 등을 스스로 평가하는 것을 말한다.

19 재무행정론 > 재무제표, 재정상태표, 재정운영표, 순자산변동표, 현금흐름표   오답률 41%   답 ③

| 정답해설 | ③ 59% 「국가회계법」의 개정으로 기존의 재정상태표, 재정운용표, 순자산변동표에 현금흐름표가 추가되었다.

| 오답해설 | ① 11% '손익계산서'는 기업회계 용어이고 국가회계에서는 '재정운영표'가 이에 해당한다.

② 15% '대차대조표'와 '이익잉여금처분계산서'는 기업회계 용어이고 국가회계에서는 각각 '재정상태표'와 '순자산변동표'가 유사한 역할을 한다.

④ 15% '재정상태보고서', '현금흐름보고서'는 정확한 공식 명칭이 아니다. 정확한 명칭은 '재정상태표', '현금흐름표'이다.

※ 출제 당시, "③ 재정상태표, 재정운영표, 순자산변동표"이었으나 「국가회계법」이 개정되어 선택지를 수정하였습니다.

20 조직이론 > 전자문서, 정부기술아키텍처, 정보시스템, 정보자원   오답률 45%   답 ②

| 정답해설 | ② 55% 제시문은 정보기술아키텍처의 정의이다. 이는 조직의 목표와 전략을 효과적으로 지원하기 위해 정보기술 자원(하드웨어, 소프트웨어, 데이터, 정보시스템 등)을 체계적으로 구성하고 관리하는 방법론 및 프레임워크를 의미한다.

| 오답해설 | ① 10% 「전자정부법」에 따르면, 전자문서란 컴퓨터 등 정보처리능력을 가진 장치에 의하여 전자적인 형태로 작성되어 송수신되거나 저장되는 표준화된 정보를 말한다.

③ 30% 「전자정부법」에 따르면, 정보시스템이란 정보의 수집·가공·저장·검색·송신·수신 및 그 활용과 관련되는 기기와 소프트웨어의 조직화된 체계를 말한다.

④ 5% 「전자정부법」에 따르면, 정보자원이란 행정기관 등이 보유하고 있는 행정정보, 정보시스템, 정보시스템의 구축에 적용되는 정보기술, 정보시스템의 운영에 필요한 건축물 및 건축설비(정보시스템 운영설비), 정보화 예산 및 정보화 인력 등을 말한다.

2021 4월 17일 시행 국가직 9급 (나책형)

합격예상 체크

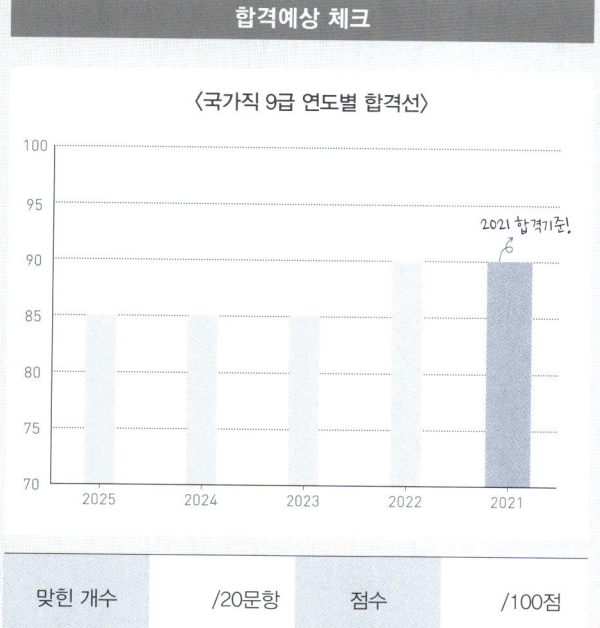

〈국가직 9급 연도별 합격선〉

2021 합격기준

| 맞힌 개수 | /20문항 | 점수 | /100점 |

➡ ☐ 합격 ☐ 불합격

취약영역 체크

문항	정답	영역	문항	정답	영역
1	③	행정학 총론	11	①	인사행정론
2	④	조직이론	12	④	재무행정론
3	③	조직이론	13	④	재무행정론
4	④	행정환류론	14	④	행정학 총론
5	③	지방행정론	15	①	조직이론
6	④	인사행정론	16	①	정책학
7	②	조직이론	17	④	지방행정론
8	①	행정학 총론	18	②	행정학 총론
9	②	정책학	19	②	정책학
10	③	재무행정론	20	④	조직이론

⬇ 영역별 틀린 개수로 취약영역을 확인하세요!

| 행정학 총론 | /4 | 정책학 | /3 | 조직이론 | /5 | 인사행정론 | /2 |
| 재무행정론 | /3 | 행정환류론 | /1 | 지방행정론 | /2 | | |

➡ 나의 취약영역: _____

※ [정답해설]과 [오답해설] 선지의 50% 표시는 〈1초 합격예측 서비스〉를 통해 수집된 선지 선택률을 나타냅니다.

---

1 행정학 총론 > 시장실패, 외부효과, 독점, X-비효율성, 공공재
오답률 14% 답 ③

| 정답해설 | ③ 86% 독점이나 성과파악의 곤란성으로 인해 최선을 다하지 않아 나타나는 X-비효율성은 주로 정부나 공공기관에서 발생하는 비효율성으로, 이는 정부실패의 원인이다.

| 오답해설 | ① 8% 대가 없이 타인에게 손해를 주거나 이득을 주는 외부효과는 시장가격에 반영되지 않아 시장의 효율적인 자원배분을 저해하므로 이는 시장실패의 원인이다.
② 2% 가격의 자동 조절기능을 저해하는 독점은 시장의 효율적인 자원배분을 방해하므로 이는 시장실패의 원인이다.
④ 4% 비경합성과 비배제성 때문에 시장에서 충분히 공급되기 어려운 공공재의 존재는 '무임승차' 문제를 야기하여 시장실패의 원인이 된다.

2 조직이론 > 조직의 목표
오답률 4% 답 ④

| 정답해설 | ④ 96% 조직의 목표는 조직이 왜 존재하는지, 어떤 가치를 추구하는지 등을 외부에 알리는 중요한 수단이며, 조직의 정당성(Legitimacy)과 존재 이유를 뒷받침하는 핵심적인 근거이다.

| 오답해설 | ① 1% 조직목표는 구성원들에게 공통의 방향과 목적의식을 제공하여 일체감을 형성하고, 목표달성을 통해 성취감을 느끼게 함으로써 동기를 유발한다.

② 1% 명확한 목표는 조직이 나아가야 할 방향을 설정하고, 이를 달성하기 위한 조직구조와 업무절차를 설계하는 기준이 된다. 또한 목표달성 여부는 조직과 개인의 성과를 평가하는 데 사용된다.
③ 2% 목표는 조직이 궁극적으로 도달하고자 하는 미래의 이상적인 상태를 명확하게 제시함으로써, 조직 활동의 명확한 방향과 지침을 제공한다.

3 조직이론 > 태스크포스, 프로젝트팀, 네트워크조직, 매트릭스조직
오답률 15% 답 ③

| 정답해설 | ③ 85% 핵심기능만 수행하는 조직을 중심에 놓고 다수의 독립된 조직들을 협력 관계로 묶어 일을 수행하는 조직형태는 네트워크조직이다.

| 오답해설 | ① 5% 태스크포스는 특정 과업 해결을 위해 일시적으로 구성되는 임시조직이다.
② 5% 프로젝트팀은 특정 프로젝트 달성을 위해 구성되는 조직이다.
④ 5% 매트릭스조직은 기능조직과 사업조직의 장점을 결합한 형태의 조직이다.

| 4 | 행정환류론 > 외부통제 | 오답률 11% | 답 ④ |

| 정답해설 | ㄴ. 국회의 국정조사는 행정부 외부의 입법부가 행정부를 통제하는 대표적인 수단이므로 외부통제에 해당한다.
ㄹ. 법원은 행정부와 독립적인 사법부 기관이므로, 국민이 사법부를 통해 행정부의 권력 행사를 통제하는 것은 외부통제에 해당한다.
ㅂ. 환경운동연합과 같은 시민단체는 행정부와 독립적인 주체로 시민단체가 정부의 활동을 감시하고 여론을 형성하는 것은 외부통제에 해당한다.
ㅇ. 언론이 공무원의 부패를 보도하여 공론화하고 여론의 감시를 촉구하는 것은 외부통제에 해당한다.

| 5 | 지방행정론 > 자치권, 지방자치단체조합, 지방채, 지방공기업 | 오답률 30% | 답 ③ |

| 정답해설 | ③ 70% 「지방자치법」에 따르면, 지방자치단체는 조례를 위반한 행위에 대하여 조례로써 1천만 원 이하의 과태료를 정할 수 있다.
| 오답해설 | ① 9% 「헌법」과 「지방자치법」에 따르면, 지방자치단체는 법령의 범위 안에서 자치에 관한 규정인 조례를 제정할 수 있다. 다만, 조례가 주민의 권리를 제한하거나 의무를 부과하는 사항, 또는 벌칙을 정하는 경우에는 반드시 법률의 구체적인 위임이 있어야 한다.
② 10% 「지방공기업법」에 따라 지방자치단체는 주민의 복리증진과 지역경제발전을 위하여 수도, 도시철도, 주택사업 등과 같이 공공성이 강하지만 민간부문이 담당하기 어렵거나 효율적이지 못한 사업을 직접 수행하기 위해 지방공기업을 설립하고 운영할 수 있다.
④ 11% 「지방자치법」에 따르면, 지방자치단체조합도 그 조합의 투자사업이나 긴급한 재난복구 등을 위한 경비를 조달할 필요가 있을 때 또는 투자사업이나 재난복구사업을 지원할 목적으로 지방자치단체에 대부할 필요가 있을 때에는 지방채를 발행할 수 있다. 다만, 이 경우 행정안전부장관의 승인을 받은 범위에서 조합의 구성원인 각 지방자치단체 지방의회의 의결을 얻어야 한다.

| 6 | 인사행정론 > 일관적 오류, 근접효과, 관대화 경향, 연쇄효과 | 오답률 31% | 답 ③ |

| 정답해설 | ③ 69% 관대화 경향은 평정자가 피평가자를 실제 능력이나 성과보다 더 후하게 평가하려는 경향을 말한다. 이는 평가자와 피평가자의 관계, 평가자의 성격, 또는 갈등 회피 심리 등 다양한 원인에서 발생할 수 있다. 평정결과의 공개는 오히려 평정자가 피평가자의 반발이나 불만을 우려하여 관대하게 평가하게 만드는 원인(인기 영합주의)이 될 수 있어 관대화 경향을 심화시킬 가능성도 있다.
| 오답해설 | ① 10% 일관적 오류는 평정자가 모든 피평가자를 일관되게 너무 높게(관대화 경향), 너무 낮게(엄격화 경향), 또는 중간 점수에 몰리게(집중화 경향) 평가하는 경향을 말한다. 이는 평정자 개인의 평가기준이 일반적인 기준과 차이가 있을 때 발생한다. 이러한 오류를 완화하기 위해 강제배분법을 사용하는데, 이는 평정자에게 사전에 정해진 비율에 따라 점수를 배분하도록 강제하는 방법이다.

② 7% 근접효과는 평정기간 전체의 실적을 균형 있게 평가하지 않고, 평정시점에 가까운 최근의 실적이나 행동에만 집중하여 평가하는 오류를 말한다. 이를 완화하기 위해 중요사건기록법을 사용한다. 이는 평정기간 동안 발생한 피평가자의 긍정적 또는 부정적 중요 사건들을 꾸준히 기록해 두었다가 평정 시에 활용함으로써, 특정 시점의 실적에만 의존하는 것을 방지하는 방법이다.
④ 14% 연쇄효과(Halo Effect)는 특정 평정요소에서 얻은 인상이나 점수가 다른 평정요소에까지 영향을 미쳐 전체적인 평정결과에 일관적인 오류를 가져오는 현상을 말한다. 이러한 오류는 여러 평정요소를 한 번에 평가하는 도표식평정척도법에서 자주 발생한다. 이를 완화하기 위해 피평가자별로 모든 요소를 평가하는 것이 아니라, 평정요소별로 모든 피평가자를 평가하는 방식을 적용할 수 있다.

| 7 | 조직이론 > 과학적 관리론, 사회적 욕구, 동작연구와 시간연구 | 오답률 13% | 답 ② |

| 정답해설 | ② 87% 과학적 관리론은 조직 내의 인간을 주로 경제적 유인(임금, 성과급 등)에 의해 동기가 유발되는 합리적이고 타산적인 존재(경제인)로 가정한다. 노동자는 단순히 돈을 벌기 위해 일하며, 최대의 금전적 보상을 얻기 위해 효율적으로 움직인다고 본다. 반면, 사회적 욕구(소속감, 인정 등)에 의한 동기유발을 강조한 것은 메이요(E. Mayo)의 인간관계론의 특징이다.
| 오답해설 | ① 2% 테일러(F. Taylor)는 생산성 극대화를 통해 기업은 더 큰 이윤을 얻고, 노동자는 더 높은 임금을 받을 수 있다고 보았다. 그는 노동자와 사용자 간에 이익의 충돌이 아닌, 생산성 증진을 통한 상호 이익이라는 '정신 혁명'을 강조했다. 즉, 파이를 키워서 모두가 더 큰 조각을 가질 수 있다고 본 것이다.
③ 8% 과학적 관리법은 작업방식에 대한 '유일 최선의 방법'이 존재하며, 이는 노동자의 주먹구구식 방식이 아니라 관리자의 과학적 분석과 실험을 통해 발견되어야 한다고 주장한다. 따라서 과업의 설계, 업무분담, 인력배치 등은 과학적 원리에 기반하여 관리자에 의해 하향적으로 설정되고 노동자에게 지시된다.
④ 3% 테일러(F. Taylor)는 각 작업의 비효율적인 동작이나 낭비되는 시간을 제거하기 위해 시간연구(time study)를 통해 표준 작업시간을 측정하고, 동작연구(motion study)를 통해 가장 효율적인 작업 동작을 분석했다. 이러한 과학적인 분석을 통해 생산의 극대화를 가져올 수 있는 '유일 최선의 방법(one best way)'을 찾을 수 있다고 보았다.

| 8 | 행정학 총론 > 신공공관리, 뉴거버넌스, 방향잡기, 공동체주의 | 오답률 19% | 답 ① |

| 정답해설 | ① 81% 신공공관리와 뉴거버넌스 모두 정부가 직접 서비스를 생산하는 것(노젓기)보다는 큰 틀에서 정책을 결정하고 조정하는(방향잡기) 역할을 강조한다. 뉴거버넌스에서는 특히 다양한 행위자들(정부, 시장, 시민사회) 간의 협력과 조정을 촉진하는 '네트워크 관리자'로서의 방향잡기 역할을 중시한다.

| **오답해설** | ② 8% 신공공관리의 인식론적 기초는 정부의 비효율성을 해소하고 시장의 효율성을 공공부문에 도입하려는 신자유주의이다. 공동체주의는 뉴거버넌스와 더 관련이 깊다.
③ 4% 신공공관리는 효율성, 생산성, 성과, 경쟁 등을 중시한다. 신뢰(trust)는 다양한 행위자 간의 협력을 강조하는 뉴거버넌스가 중시하는 가치이다.
④ 7% 시장을 주요 관리 기구로 강조하는 것은 신공공관리이다. 뉴거버넌스는 시장뿐만 아니라 네트워크, 협력, 파트너십 등을 관리 기구로 강조한다.

| 9 | 정책학 > 규제정책, 분배정책, 재분배정책, 구성정책 | 오답률 19% | 답 ② |

| **정답해설** | ㄱ. 규제정책은 특정 개인이나 집단의 행동을 통제하거나 제한하여 사회질서와 공공의 이익을 보호하려는 정책이다. 규제 위반 시 벌금, 면허취소 등 강제력이 수반된다는 특징을 가진다.
ㄷ. 재분배정책은 정부가 부와 소득의 기존 분배 상태를 변경하여 사회적 평등을 달성하려는 정책이다. 이는 주로 고소득층으로부터 저소득층으로 소득이나 자산을 이전하는 방식으로 이루어지기 때문에, 특정 계층의 이익을 다른 계층의 희생을 통해 달성하려 하여 계급대립적 성격을 지닌다.
ㅁ. 구성정책은 정부 자체의 구성, 운영방식, 권한배분 등과 관련된 정책이다. 정부기관의 신설 및 폐지, 조직개편, 선거구 조정, 공무원 보수체계 개편 등이 이에 해당한다. 이러한 정책들은 다른 정책들이 집행될 수 있는 기반을 마련하는 상위 정책의 성격을 가진다.

| **오답해설** | ㄴ. 분배정책은 특정 개인, 기업, 지역 등에 정부 자원이나 혜택을 직접적으로 제공하는 정책으로, 중소기업을 위한 정책 자금 지원은 분배정책의 사례가 될 수 있다. 그러나 사회보장 및 의료보장정책은 소득이나 자산의 이전을 목적으로 하므로 재분배정책에 해당한다. FTA 협정에 따른 농민피해 지원 역시 특정 집단에게 손실을 보전해주는 성격이 강하여 재분배정책의 성격을 가진다.
ㄹ. 저소득층을 위한 근로장려금 제도와 영세민을 위한 임대주택 건설은 모두 소득 이전 또는 주거 혜택을 제공하는 것이므로 재분배정책이다. 하지만 대덕 연구개발 특구 지원은 특정 지역이나 분야에 대한 투자 및 개발을 촉진하기 위한 자원배분에 해당하므로 분배정책으로 분류하는 것이 적절하다.

| 10 | 재무행정론 > 예산제도 | 오답률 32% | 답 ③ |

| **정답해설** | ③ 68% 준예산은 「헌법」이나 법률에 따라 설치된 기관 또는 시설의 유지 및 운영, 법률상 지출의무의 이행, 이미 예산으로 승인된 사업의 계속 등 제한된 범위에서만 집행이 가능하다. 따라서 모든 예산을 편성해 운영할 수 있다는 것은 잘못된 설명이다.
| **오답해설** | ① 7% 대한민국 「헌법」 제57조에는 국회가 정부의 동의 없이 정부가 제출한 지출예산 각 항의 금액을 증가하거나 새 비목을 설치할 수 없다고 규정하고 있다.
② 18% 감사원의 자율성을 존중하고 정치적 중립성을 보장하기 위해. 정부가 감사원의 예산요구액을 감액하고자 할 때는 반드시 해당 기관장(감사원장)의 의견을 국무회의에서 구하여야 한다.
④ 7% 국가결산은 정기국회에서 이루어지는 다음 연도 예산편성에 환류하기 위해 정기국회 개회 전에 완료하여야 한다.

| 11 | 인사행정론 > 「국가공무원법」, 부패행위의 신고 의무 | 오답률 22% | 답 ① |

| **정답해설** | ① 78% 부패행위의 신고 의무는 「부패방지 및 국민권익위원회의 설치와 운영에 관한 법률」에 규정되어 있다.
| **오답해설** | ② 3% 품위 유지의 의무는 「국가공무원법」에 명시된 공무원의 의무이다. 공무원은 직무의 내외를 불문하고 그 품위가 손상되는 행위를 하여서는 아니 된다.
③ 18% 복종의 의무는 「국가공무원법」에 명시된 공무원의 의무이다. 공무원은 직무를 수행할 때 소속 상사의 직무상 명령에 복종하여야 한다.
④ 1% 성실 의무는 「국가공무원법」에 명시된 공무원의 의무이다. 공무원은 법령을 준수하며 성실히 직무를 수행하여야 한다.

| 12 | 재무행정론 > 예산주기, 예산요구서, 예산배정, 시정연설 | 오답률 32% | 답 ④ |

| **정답해설** | ④ 68% 2021년도 예산에 대한 결산검사보고서는 다음 연도인 2022년도에 이루어진다.
| **오답해설** | ① 3% 2022년도 예산요구서는 전년도인 2021년도에 이루어진다.
② 20% 2021년도 예산배정은 원칙적으로 당해 연도인 2021년도에 이루어진다.
③ 9% 2022년도 예산안에 대한 대통령의 국회 시정연설은 전년도인 2021년도에 이루어진다.

| 13 | 재무행정론 > 추가경정예산안 | 오답률 10% | 답 ④ |

| **정답해설** | ④ 90% 경제협력, 해외원조를 위한 지출을 예비비로 충당해야 할 우려가 있는 경우는 「국가재정법」상 추가경정예산안의 편성 사유로 규정되어 있지 않다.
| **오답해설** | ① 1% 전쟁이나 대규모 재해가 발생한 경우는 「국가재정법」에 명시된 추가경정예산안 편성의 대표적인 사유이다. 예측 불가능한 비상 상황에 대한 신속한 재정 대응을 위해 허용된다.
② 6% 남북관계의 변화와 같은 중대한 변화가 발생한 경우 역시 「국가재정법」에 따른 추가경정예산안 편성 사유이다. 대내외 여건에 중대한 변화가 발생하여 이미 확정된 예산으로는 대응하기 어려운 경우에 해당한다.
③ 3% 경기침체, 대량실업 같은 중대한 변화가 발생할 우려가 있는 경우도 「국가재정법」에 명시된 추가경정예산안 편성 사유이다. 국가경제에 심각한 영향을 미칠 수 있는 경기침체나 대량실업 사태가 발생했거나 발생할 우려가 있을 때, 이에 대한 경기부양이나 일자리 창출을 위한 시급한 재정조치를 위해 추가경정예산안 편성이 가능하다.

14 행정학 총론 > 공기업, 주식회사형 공기업 오답률 33% 답 ④

| 정답해설 | ④ 67% 주식회사형 공기업은 「상법」 또는 개별 특별법에 따라 설립되는 독립적인 법인이다. 이들은 일반행정기관과 달리 공공성이 강한 사업을 수행하지만, 기본적으로 기업경영 원칙에 따라 운영된다. 따라서 「국가공무원법」이나 「지방공무원법」 등 일반공무원법이 적용되는 일반행정기관의 경직적인 조직 및 인사 원칙이 직접적으로 적용되지 않는다.

| 오답해설 | ① 9% 대규모 사회간접자본(SOC) 건설과 같이 막대한 초기 투자비용이 필요하고 투자회수 기간이 긴 사업은 민간자본만으로는 충분히 공급하기 어렵다. 이러한 경우 민간부문의 자본 부족을 보완하고 공공 수요를 충족하기 위해 공기업 설립이 정당화될 수 있다.
② 4% 수도, 전기, 가스, 철도 등과 같이 초기 투자비용이 매우 크고 규모의 경제가 강하여 한 기업이 전체 시장을 담당하는 것이 효율적인 자연독점 산업에서는 민간기업이 독점할 경우 시장 지배력 남용 문제가 발생할 수 있다. 따라서 이러한 경우 공공성을 확보하고 공익을 위해 정부가 직접 운영하는 공기업을 설립하여 독점의 폐해를 줄이고 합리적인 요금을 부과하며 안정적인 서비스를 제공하는 것이 정당화된다.
③ 20% 전통적인 자본주의는 시장의 자유로운 경쟁, 사유재산 제도, 이윤추구를 핵심 원리로 한다. 반면, 공기업은 정부가 특정 산업에 직접 개입하여 재화나 서비스를 생산·제공하는 것이므로, 이는 시장의 자유로운 기능을 넘어서는 국가에 의한 경제활동 개입이라는 점에서 사회주의적 요소 또는 수정 자본주의적 요소를 내포한다고 볼 수 있다.

15 조직이론 > 공정성이론, 성취동기이론, 기대이론, ERG이론 오답률 33% 답 ①

| 정답해설 | ① 67% 아담스(J. Adams)의 공정성이론은 개인이 자신의 투입(노력, 시간, 기술 등) 대비 산출(보상, 인정 등)의 비율을 타인(준거인물)의 비율과 비교하여, 불공정(Inequity)하다고 인식할 때 그 불균형을 해소하려는 동기가 유발된다고 설명한다. 즉, 불공정성이 동기유발의 핵심 요인이며, 공정하다고 인식할 때는 균형상태이므로 특별한 동기유발이 일어나기보다는 현 상태를 유지하려는 경향을 보인다.

| 오답해설 | ② 8% 맥클랜드(D. McClelland)의 성취동기이론은 성취욕구, 권력욕구, 친교욕구 등 세 가지 주요 욕구를 제시한다. 맥클랜드(D. McClelland)는 매슬로우(A. Maslow)의 욕구단계설과는 달리, 이러한 욕구들이 선천적인 것이 아니라 개인이 사회화 과정이나 경험을 통해 후천적으로 학습되고 개발될 수 있다고 주장했다.
③ 10% 브룸(V. Vroom)의 기대이론은 동기(Motivation)가 '기대감(Expectancy) × 수단성(Instrumentality) × 유의성(Valence)'의 곱으로 결정된다고 보는 과정이론이다. 여기서 기대감(Expectancy)은 개인이 노력(effort)하면 특정 수준의 성과(performance)를 달성할 수 있을 것이라는 주관적인 신념 또는 확률을 의미한다. 예를 들어, '내가 열심히 노력하면 시험에 합격할 수 있을 거야'라는 믿음이 이에 해당한다.
④ 15% 앨더퍼(C. Alderfer)의 ERG이론은 매슬로우(A. Maslow)의 5단계 욕구를 존재(Existence), 관계(Relatedness), 성장(Growth)의 3가지 욕구로 통합한 내용이론이다. 이 이론의 중요한 특징은 '좌절-퇴행(frustration-regression)' 가설이다. 이는 상위욕구가 충족되지 못해 좌절을 경험하면, 그 좌절감 때문에 오히려 하위욕구를 더 강하게 추구하게 된다는 것이다.

16 정책학 > 외적 타당성 오답률 33% 답 ①

| 정답해설 | ① 67% 연구자의 측정기준이나 측정도구가 변화되는 경우는 도구효과(instrumentation effect)에 해당한다. 이는 평가 도중에 측정도구의 변화(예 측정자의 숙련도 변화, 설문지 문항 변경, 측정 기구의 오류)가 발생하여 나타나는 오차이다. 이러한 도구효과는 정책의 효과가 아니라 측정 방식의 변화 때문에 결과가 달라진 것처럼 보이게 할 수 있으므로, 정책효과의 원인을 오인하게 하는 내적 타당성을 저해하는 요인이다.

| 오답해설 | ② 9% 표본으로 선택된 집단의 대표성이 약할 경우는 실험 결과를 다른 상황이나 집단에 일반화하기 어렵게 만든다. 실험에 사용된 표본 집단이 전체 모집단의 특성을 잘 대표하지 못하면, 실험에서 얻은 결론을 다른 상황이나 일반적인 사람들에게 적용하기 어렵게 되어 외적 타당성을 저해하는 요인이 된다.
③ 18% 실험집단 구성원 자신이 실험대상임을 인지하고 평소와 다른 특별한 반응을 보이는 경우는 호손효과라고 부른다. 실험 대상자가 자신이 실험에 참여하고 있다는 사실을 인지하게 되면, 그것 자체로 인해 평소와 다른 행동(예 더 열심히 참여하거나, 특정 기대에 부응하려 함)을 보이는 현상이다. 이로 인해 얻어진 결과는 실제 환경에서 정책이 적용될 때와 다를 수 있어 실험 결과의 일반화를 어렵게 하기 때문에 외적 타당성을 저해하는 요인이다.
④ 6% 실험의 효과가 크게 나타날 것으로 예상되는 집단만을 의도적으로 실험집단에 배정하는 경우는 크리밍 효과를 의미한다. 이는 정책의 효과가 가장 극대화될 가능성이 있는 특정 집단(예 성공 가능성이 높은 학생들)만을 선별하여 실험에 참여시키는 행위이다. 이러한 선별적 배정은 실험 결과가 우수하게 보이도록 하지만, 그 결과를 일반적인 집단이나 무작위로 선택된 집단에 일반화하기 어렵게 만들어 외적 타당성을 저해한다. 또한, 실험집단과 통제집단 간의 초기 동질성을 깨뜨릴 수 있어 내적 타당성도 저해할 수 있다.

17 지방행정론 > 주민소환제도, 직접민주주의 오답률 23% 답 ④

| 정답해설 | ④ 77% 군수(기초자치단체장)를 소환하기 위해서는 주민소환투표청구권자 총수의 100분의 15 이상의 서명을 받아야 한다.

| 오답해설 | ① 4% 주민소환은 주민이 직접 선출직 공직자를 임기 중 해임할 수 있는 강력한 권한을 부여하는 제도이다. 주민투표나 주민발안 등 다른 직접 민주주의 제도보다 직접적으로 공직자의 신분과 권한에 영향을 미칠 수 있다는 점에서 가장 직접적이고 유력한 직접민주주의 방식으로 평가된다.

② 13% 「주민소환에 관한 법률」에 따르면, 주민소환의 대상은 선출직 지방자치단체장 및 지역구 지방의회의원이다. 비례대표 지방의회의원은 지역구 주민에 의해 직접 선출된 것이 아니므로, 주민소환 대상에서 제외된다.

③ 6% 주민소환제도는 실제 소환이 이루어지는 경우가 많지 않더라도, 공직자들이 임기 중에 주민의 신임을 잃으면 언제든지 직위에서 해임될 수 있다는 심리적 압박감을 느끼게 한다. 이러한 심리적 압박은 공직자가 주민의 의사를 더 존중하고, 책임감 있고 성실하게 직무를 수행하도록 유도하는 간접적인 통제 효과를 가진다.

18 행정학 총론 > 신공공서비스론 오답률 30% 답 ②

| 정답해설 | ② 70% 신공공서비스론은 공익을 단순히 개인적 이익의 총합이나 집합체로 보지 않는다. 신공공서비스론은 공익을 시민들 간의 대화, 숙의, 그리고 공동체적 합의를 통해 형성되는 공유된 가치로 이해한다.

| 오답해설 | ① 5% 신공공서비스론은 정부가 시장의 효율성이나 기업의 논리보다는 시민의 요구에 응답하고 봉사하는 데 주력해야 한다고 강조한다. 정부는 시민들에게 권한을 부여하고, 그들의 참여를 촉진하며, 공공의 가치를 구현하는 봉사자여야 한다고 본다.

③ 14% 신공공관리론이 주로 효율성과 결과 중심의 책임성(성과책임)을 강조한다면, 신공공서비스론은 책임성을 훨씬 복합적이고 다면적인 개념으로 본다. 관료들은 단순히 법규나 효율성만을 추구하는 것이 아니라, 「헌법」적 가치, 법률적 의무, 정치적 규범, 공동체의 공유된 가치, 그리고 시민들의 다양한 이해관계 등을 종합적으로 고려하여 책임을 다해야 한다고 주장한다.

④ 11% 신공공서비스론은 신공공관리론이 지나치게 강조한 생산성이나 효율성보다는 사람 중심의 가치(인간 존중, 형평성, 참여 등)를 더 중요하게 여긴다. 따라서 공공조직은 권위주의적 지휘체계보다는 구성원들 간의 협동과 공유된 리더십을 통해 문제를 해결하고 조직을 운영해야 성공할 수 있다고 본다. 이는 조직 내외의 네트워크와 파트너십을 강조하는 맥락과도 일치한다.

오답률 TOP 1

19 정책학 > 할인율, 순현재가치, 내부수익률 오답률 43% 답 ②

| 정답해설 | ㄱ. 할인율(Discount Rate)은 미래의 가치를 현재가치로 환산할 때 적용되는 비율이다. 할인율이 높다는 것은 미래의 돈이나 편익의 가치가 현재 시점에서 매우 낮게 평가된다는 의미이다. 따라서 할인율이 높을수록 미래에 발생하는 편익은 현재가치로 환산될 때 크게 줄어든다. 이 경우, 편익이 장기간에 걸쳐 실현되는 장기투자 사업은 현재가치로 평가되는 편익이 현저히 줄어들기 때문에 경제성이 낮아지거나 타당성이 떨어진다. 반면, 편익이 비교적 짧은 기간 내에 실현되는 단기투자 사업이 상대적으로 유리하게 평가된다.

ㄹ. 내부수익률(IRR)은 사업에서 발생하는 순현재가치(NPV)를 0으로 만드는 할인율(혹은 수익률)을 의미한다. 즉, IRR = NPV를 0으로 만드는 할인율(i)이다. 이 기법의 장점은 객관적인 사회적 할인율이 주어지지 않거나, 다양한 할인율을 적용했을 때의 결과를 비교하기 어려울 때 유용하다는 점이다. 사업의 내부수익률이 기준할인율을 상회할 때 해당 사업은 경제적으로 타당하다고 평가한다.

| 오답해설 | ㄴ. 공공사업의 경제성 분석에서는 사업과 관련된 모든 사회적 비용과 편익을 포괄적으로 고려한다. 이는 직접적(일차적)이고 유형적인 비용(예 건설비)과 편익(예 교통시간 단축)뿐만 아니라, 간접적(이차적)이고 무형적인 비용과 편익(예 환경오염 감소, 삶의 질 향상, 관광객 증가로 인한 지역경제 활성화 등)도 모두 포함하여 분석한다. 이러한 비시장적 가치들은 화폐단위로 측정하기 어렵더라도 다양한 측정기법을 통해 계량화하여 분석에 반영한다.

ㄷ. 순현재가치(NPV)는 사업에서 발생하는 모든 편익의 현재가치 합계에서 모든 비용의 현재가치 합계를 뺀 값이다. 순현재가치(NPV)가 0보다 클 경우(즉, 편익의 현재가치가 비용의 현재가치보다 클 경우) 해당 사업은 경제적 타당성이 있다고 판단한다.

오답률 TOP 2

20 조직이론 > 공공봉사동기이론 오답률 35% 답 ④

| 정답해설 | ④ 65% 페리(J. Perry)와 와이즈(L. Wise)는 공공봉사동기의 세 가지 주요 차원을 합리적 차원, 규범적 차원, 정서적(감성적) 차원으로 분류하였다. 지문에 제시된 '제도적 차원'이나 '금전적 차원'은 분류 체계에 포함되지 않으며, 특히 '금전적 차원'은 공공봉사동기가 주목하는 비금전적 동기와는 대치되는 개념이다.

| 오답해설 | ① 14% 공공봉사동기이론은 공공기관이나 공공조직에 근본적으로 혹은 독특하게 내재되어 있는 동기(예 공익 추구, 사회 기여)에 반응하는 개인적 정향을 연구한다. 즉, 공무원들은 사익 추구와 금전적 보상만을 중시하는 경향이 있는 사기업 종사자들과는 다른, 공익 지향적인 동기구조를 가지고 있다고 전제한다.

② 12% 공공봉사동기는 크게 합리적 차원, 규범적 차원, 정서 혹은 감정적 차원의 세 가지 요소로 구성된다.

③ 9% 공공봉사동기이론은 금전적·물질적 보상보다 지역공동체나 국가, 인류를 위해 봉사하려는 이타심과 공익에 대한 헌신이 공무원들의 중요한 동기임을 강조한다. 따라서 공공봉사동기가 높은 사람들을 공직에 채용하고 유지하는 것이 공공기관의 성과와 효율성을 높이는 데 기여할 수 있다는 주장의 근거가 된다.

지방직 9급

해설 & 기출분석 REPORT

지방직 9급 기출 POINT

Point 1 합격의 당락을 좌우하는 지방행정론 파트는 각 제도의 구체적인 요건과 장단점을 비교·분석하는 능력이 핵심이다.

Point 2 인사·재무행정론의 출제 비중이 높으며, 직위분류제, 예산 제도 등 반복 출제되는 핵심 개념은 법령과 함께 반드시 숙지해야 한다.

Point 3 주요 이론(신공공관리론 등)의 정확한 이해도를 묻는 '박스형' 문제가 꾸준히 출제되므로, 이론별 특징을 명확히 구분해야 한다.

2026년 지방직 9급 시험 대비전략

Point 1 특정 파트에 치우치지 말고, 전 범위를 최소 1회독 이상 학습하여 행정학의 전체적인 체계를 잡는 것이 우선이다.

Point 2 정답만 확인하지 말고, 오답인 보기가 왜 틀렸는지까지 분석하여 개념을 명확히 이해하고 실수를 줄여야 한다.

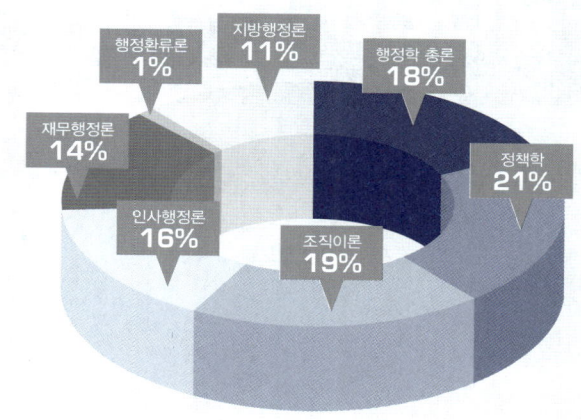

▲ 최근 5개년 평균 출제비중

연도	총평	행정학 총론	정책학	조직 이론	인사 행정론	재무 행정론	행정 환류론	지방 행정론
2025	**전반적 난도는 무난, 일부 문항은 세밀한 이해 필요!** · 직위분류제·예산원칙·정책결정모형 등 전통적 기출 주제 다수 출제 · 법령의 세부 조항에 대한 높은 이해도 요구 · '디지털 정부' 관련 법령 및 실제 사례의 구체화	15% (3문항)	25% (5문항)	20% (4문항)	15% (3문항)	15% (3문항)	0% (0문항)	10% (2문항)
2024	**난도는 평이, 변별력은 일부 신주제에서!** · 전반적으로 평이한 난도, 90점 이상 고득점 가능 · 공정성이론, 공공선택이론, 정부개혁 모형 등 기초적인 문제 다수 출제 · 신공공서비스론, 옹호연합모형 등 낯설게 출제되어 변별력 확보	25% (5문항)	25% (5문항)	15% (3문항)	15% (3문항)	15% (3문항)	0% (0문항)	5% (1문항)
2023	**기출과 기본 개념의 충실한 검증!** · 20문항 중 18문항이 기존 기출에서 출제되어 체감 난도는 평이 · 블랙스버그 선언, 공공가치창출론 등 생소한 문제로 변별력 확보	25% (5문항)	20% (4문항)	15% (3문항)	15% (3문항)	15% (3문항)	0% (0문항)	10% (2문항)
2022	**신유형·미출제 논점으로 변별력 확보!** · 정책의제설정 모형, 정책도구 분류 등 생소한 이론 등장 · 지방재정·정부회계 등 일부 세부 법령과 제도도 고난도 문항으로 변별력 확보	10% (2문항)	20% (4문항)	25% (5문항)	20% (4문항)	15% (3문항)	0% (0문항)	10% (2문항)
2021	**난도는 무난, 세부지식에서 변별력!** · 전반적 난도는 '중' 수준, 85~90점대 고득점 가능 시험 · 정치행정일원론·신공공관리론·공직 분류 등 전통적 기출 출제 · 예비비, 특별회계와 기금 비교 등 세부 조문 문제에서 체감 난도 상승	15% (3문항)	15% (3문항)	20% (4문항)	15% (3문항)	15% (3문항)	5% (1문항)	15% (3문항)

2025 6월 21일 시행 지방직 9급 (Ⓑ책형)

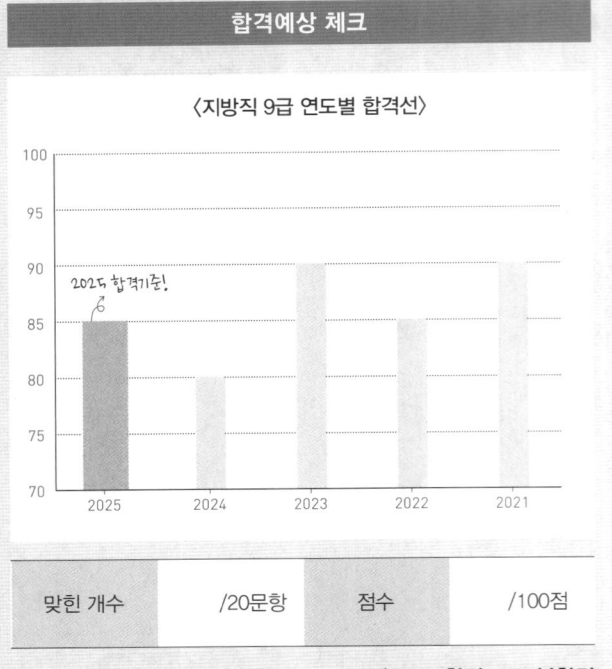

문항	정답	영역	문항	정답	영역
1	③	인사행정론	11	③	지방행정론
2	①	재무행정론	12	④	행정학 총론
3	②	인사행정론	13	③	조직이론
4	②	조직이론	14	④	정책학
5	①	조직이론	15	②	재무행정론
6	②	행정학 총론	16	②	정책학
7	④	정책학	17	④	재무행정론
8	①	행정학 총론	18	④	정책학
9	①	정책학	19	①	인사행정론
10	④	지방행정론	20	③	조직이론

▼ 영역별 틀린 개수로 취약영역을 확인하세요!

| 행정학 총론 | /3 | 정책학 | /5 | 조직이론 | /4 | 인사행정론 | /3 |
| 재무행정론 | /3 | 행정환류론 | -/0 | 지방행정론 | /2 | | |

➡ 나의 취약영역: _____

※ [정답해설]과 [오답해설] 선지의 50% 표시는 〈에듀윌 합격예측 풀서비스〉를 통해 수집된 선지 선택률을 나타냅니다.

---

1 인사행정론 > 직위분류제, 직업공무원제   오답률 29%   답 ③

| **정답해설** | ㄴ. 직위분류제는 직무의 종류, 곤란도, 책임도를 기준으로 공직을 분류하는 제도로, 사람(계급, 자격)이 아닌 일이 중심이 된다.

ㄷ. 직위분류제는 직무의 상대적 가치에 따라 보수를 결정하므로, 동일한 가치를 지닌 직무(동일 등급)에 대해서는 동일한 보수를 지급한다는 원칙(동일직무-동일보수)을 적용하기 용이하다. 이는 보수 결정의 합리성과 공정성을 높이는 장점이다.

| **오답해설** | ㄱ. 인사의 탄력성과 융통성이 높은 것은 계급제의 특징이다. 직위분류제는 특정 직무 수행을 위해 필요한 자격 요건을 갖춘 사람을 임용하므로 인사의 경직성이 높고 융통성이 낮은 편이다.

ㄹ. 신분이 강하게 보장되어 일반능력의 발전을 통한 직업공무원제 확립에 유리한 제도는 계급제이다. 직위분류제는 해당 직무가 소멸하면 같이 면직될 수 있어 상대적으로 신분 보장이 약하다.

---

2 재무행정론 > 전통적 예산원칙   오답률 12%   답 ①

| **정답해설** | ① 88% 명료성(명확성)의 원칙은 예산의 내용이 일반 국민이 쉽게 이해할 수 있도록 간단명료한 분류체계와 형식으로 표시되어야 한다는 원칙이다.

| **오답해설** | ② 3% 완전성(총계주의)의 원칙은 한 회계연도의 모든 수입과 지출은 빠짐없이 예산에 포함되어야 한다는 원칙이다.

③ 7% 공개성의 원칙은 예산의 편성, 심의, 집행, 결산 등 예산 과정의 모든 정보를 국민에게 공개해야 한다는 원칙이다. 이는 정보의 접근성을 강조하는 것이며, 내용의 이해 용이성을 강조하는 명료성의 원칙과는 구분된다.

④ 2% 한정성의 원칙은 예산이 승인된 목적, 정해진 금액, 그리고 해당 회계연도를 초과하여 사용될 수 없다는 원칙으로, 행정부의 재량권을 통제하기 위한 것이다.

---

3 인사행정론 > 균형인사정책   오답률 41%   답 ②

| **정답해설** | ② 59% 양성평등채용목표제는 1996년 여성채용목표제로 도입 후 2003년 현재의 명칭으로 변경되었고, 전국 지역인재 추천채용제는 2005년에 도입, 지방인재채용목표제는 2007년에 도입되었다. 따라서 도입 순서는 '양성평등 → 지역인재 → 지방인재' 순이 옳다.

| **오답해설** | ① 18% 「균형인사기본계획」에 따라 정부는 사회적 다양성을 반영하기 위해 양성평등, 장애인, 지역인재, 이공계, 저소득층 등 5대 분야를 균형인사 주요 대상으로 관리하고 있다.

③ 11% 장애인 고용은 의무고용률(중증장애인 2배수 계산)에 미달할 경우 이를 달성하기 위해 선발예정인원과 별도로 정원을 확

보하여 장애인만 응시할 수 있도록 하는 '구분모집' 방식을 원칙으로 한다.
④ 12% 균형인사정책은 공직 내 인적 구성의 다양성을 높여 정부관료제가 사회의 인구통계학적 특성을 반영하도록 만드는 것을 목표로 하므로, 대표관료제를 구현하기 위한 구체적인 정책수단에 해당한다.

4 조직이론 > 경로-목표모형 오답률 41% 답 ②

| 정답해설 | ② 59% 후원적(지원적) 리더십은 부하들의 복지와 개인적 욕구에 관심을 가지며, 우호적이고 지원적인 분위기를 조성하는 리더십 유형이다. 문제에서 설명하는 '욕구 배려, 복지 관심, 인간관계 강조'는 후원적 리더십의 핵심 특징이다.
| 오답해설 | ① 9% 지시적 리더십은 부하들에게 과업 구조를 명확히 하고, 기대되는 바를 구체적으로 알리며, 업무 일정과 절차를 지시하는 유형이다.
③ 20% 참여적 리더십은 중요한 의사결정을 하기 전에 부하들의 의견을 구하고 제안을 진지하게 고려하는 유형이다.
④ 12% 성취 지향적 리더십은 도전적인 목표를 설정하고 부하들이 최고의 역량을 발휘하도록 독려하며, 성과에 대한 강한 자신감을 보여주는 유형이다.

5 조직이론 > 이음매 없는 조직, 네트워크조직, 매트릭스조직, 팀제 오답률 43% 답 ①

| 정답해설 | ① 57% 이음매 없는(seamless) 조직은 부서 간 경계나 조직 내외부의 경계를 허물고, 업무 과정을 고객 중심으로 통합하여 외부 환경과 고객의 요구에 신속하게 대응하려는 조직이다. 조직 설계의 핵심 동력이 '내부적 필요'가 아닌 '외부 고객의 요구'에 있다.
| 오답해설 | ② 9% 네트워크조직은 조직의 핵심 역량만 내부에 남기고 나머지 기능은 외주나 계약을 통해 해결하므로, 내부의 공식적 계층이 대폭 축소된다. 환경 변화 시 외부 파트너를 신속하게 변경하거나 조정할 수 있어 적응성이 매우 높은 유기적 구조이다.
③ 25% 매트릭스조직은 전통적인 기능 부서의 전문성과 특정 사업(프로젝트)을 위한 사업 부서의 대응성을 결합한 구조이다. 구성원들은 기능 부서와 사업 부서에 동시에 소속되어 이중적인 지휘·보고 체계를 갖는 것이 특징이다.
④ 9% 팀제는 부서의 경계를 없애고 공동의 목표를 가진 구성원들이 모인 수평적 단위이다. 팀에 자율성과 권한을 부여함으로써 구성원들의 다양한 지식과 경험을 활용하여 창의적이고 신속하게 문제를 해결하는 데 유리하다.

6 행정학 총론 > 행정가치, 형평성 오답률 24% 답 ②

| 정답해설 | ② 76% 형평성, 특히 사회적 형평성은 신행정론에서 강조한 핵심 가치로, '같은 것은 같게, 다른 것은 다르게' 취급하는 실질적·수직적 평등을 의미한다. 제시문과 같이 사회·경제적 약자에게 더 많은 혜택을 제공하여 실질적인 평등을 추구하는 것을 목표로 한다. 이는 롤스(J. Rawls)가 정의론에서 주장한 '최소수혜자에게 최대의 이익'을 주어야 한다는 '차등의 원리'와 일치한다.
| 오답해설 | ① 17% 평등성은 모든 사람을 동등하게 대우하는 '기회적·산술적 평등'을 의미하는 경우가 많다. 이는 '같은 것은 같게'라는 측면만 강조하여, 결과의 불평등을 야기할 수 있다.
③ 4% 민주성은 행정 과정에의 시민 참여, 책임성, 공개성 등을 통해 국민의 의사를 존중하고 반영하는 가치이다.
④ 3% 능률성은 최소의 투입으로 최대의 산출을 얻으려는 가치로, 주로 전통적 행정학에서 강조되었다. 신행정론은 능률성만을 추구하는 행정이 사회적 약자를 외면하는 문제를 비판하며 형평성을 강조했다.

7 정책학 > 하향적 접근법, 상향적 접근법 오답률 30% 답 ④

| 정답해설 | ④ 70% 정책결정과 집행의 엄격한 분리를 강조하는 것은 하향적 접근법의 특징이다. 하향적 접근법은 정책결정은 가치판단적·정치적 행위로, 집행은 기술적·관리적 행위로 구분한다. 반면, 상향적 접근법은 집행 현장에서 일선관료의 재량에 의해 정책이 사실상 결정되거나 수정된다고 보아, 정책결정과 집행을 분리할 수 없는 연속적인 과정으로 인식한다.
| 오답해설 | ① 10% 하향적 접근법은 정책결정자가 수립한 정책목표가 얼마나 성공적으로 달성되었는지를 집행 성공의 기준으로 삼는다. 따라서 정책결정자의 의도와 명확한 목표 설정을 가장 중요한 출발점으로 본다.
② 9% 상향적 접근법은 정책이 실제로 구현되는 현장에서 출발하며, 정책 집행 과정에서 발생하는 다양한 문제에 대응하는 일선 집행관료의 재량적 행동과 전략, 그리고 이들의 상호작용이 정책 결과에 미치는 영향을 분석의 핵심으로 삼는다.
③ 11% 하향적 접근법은 정책목표와 이를 달성하기 위한 정책수단(법령, 조직, 예산 등) 사이에 명확한 인과관계가 존재한다고 가정하고, 이 인과관계에 따라 집행이 이루어져야 한다고 본다.

8 행정학 총론 > 공공가치관리론, 전략적 삼각형, 신공공서비스론 오답률 40% 답 ①

| 정답해설 | ① 60% '전략적 삼각형(strategic triangle)' 모형을 제시한 학자는 마크 무어(M. Moore)이다. 무어는 공공관리자가 성공적으로 공공가치를 창출하기 위해 창출할 공공가치(Public Value), 정당성과 지지(Legitimacy and Support), 운영역량(Operational Capacity)의 세 가지 요소를 전략적으로 관리해야 한다고 보았다. 보즈만(Bozeman)은 공공성(publicness) 연구와 공공가치실패 이론으로 유명한 학자이다.
| 오답해설 | ② 13% 신공공서비스론(New Public Service)은 신공공관리론이 정부 역할을 '방향잡기(steering)'로 본 것을 비판하며, 정부의 본질적 역할은 시민에게 '봉사(serving)'하는 것이라고 주장한다. 시민을 고객이 아닌 주인으로 보고 민주적 가치와 시민 참여를 중시한다.

③ 9% 뉴거버넌스론(New Governance)은 정부, 시장, 시민사회가 대등한 파트너로서 신뢰와 협력을 바탕으로 네트워크를 구축하고, 이를 통해 공공문제를 함께 해결해 나가는 국정운영 방식을 강조한다.

④ 18% 공공선택론(Public Choice Theory)은 경제학적 접근을 통해 정부 실패를 설명하고, 관료제의 비효율성을 비판한다. 해결책으로 공공서비스 공급에 민영화, 규제 완화 등 시장경쟁 원리를 도입하여 시민의 선택권을 넓히면 서비스의 질이 향상되고 시민의 편익도 극대화될 수 있다고 주장한다.

오답률 TOP 3

9 정책학 > 정책흐름모형, 혼합탐사모형, 최적모형, 앨리슨모형
오답률 45% | 답 ①

| 정답해설 | ① 55% 킹던(J. Kingdon)의 정책흐름모형(정책의 창 모형)은 문제의 흐름(problem stream), 정책대안의 흐름(policy stream), 정치의 흐름(political stream)이라는 세 가지 독립적인 흐름이 '정책의 창(policy window)'이라는 계기를 통해 우연히 결합할 때 정책 의제가 설정된다고 본다. 지문에 제시된 '참여자의 흐름'과 '선택기회의 흐름'은 킹던(J. Kingdon) 모형의 이론적 뿌리가 되는 쓰레기통모형의 구성요소로, 킹던(J. Kingdon)의 모형과는 차이가 있다.

| 오답해설 | ② 13% 에치오니(Etzioni)의 혼합탐사모형은 합리모형과 점증모형을 절충한 이론이다. 정책결정을 장기적이고 방향을 설정하는 '근본적 결정'과, 그 기본 방향 안에서 이루어지는 단기적이고 구체적인 '세부적 결정'으로 구분하여 상호보완적으로 이루어진다고 설명한다.

③ 17% 드로어(Y. Dror)의 최적모형은 합리모형이 지나치게 경제적 합리성에만 치중한다고 비판하며, 합리적인 분석뿐만 아니라 정책결정자의 직관, 판단력, 통찰력과 같은 '초합리성(extra-rationality)'을 결합해야 최적의 정책결정이 가능하다고 주장한다.

④ 15% 앨리슨(G. Allison)의 조직과정모형(Model II)은 정부를 단일의 합리적 행위자가 아닌, 각각의 목표와 관행을 가진 하위조직들의 연합체로 간주한다. 이러한 관점에서 정책결정은 개별조직들이 기존에 정해진 관행과 절차, 즉 표준운영절차(SOP)에 따라 업무를 처리한 결과물(output)로 나타난다고 본다.

---

10 지방행정론 > 특별지방자치단체
오답률 33% | 답 ④

| 정답해설 | ④ 67% 「지방자치법」에 따르면, 특별지방자치단체를 설치할 때 규약에 대해 구성 지방자치단체 의회의 의결을 거친 후, 행정안전부장관의 승인을 받아야 한다. 주무 부처는 지방자치를 총괄하는 행정안전부이며, 기획재정부가 아니다.

| 오답해설 | ① 12% 「지방자치법」은 "특별지방자치단체는 법인으로 한다."라고 명시하여 법인격을 부여하고 있다.

② 5% 「지방자치법」은 특별지방자치단체의 설치 요건으로 '2개 이상의 지방자치단체가 공동으로 특정한 목적을 위하여 광역적으로 사무를 처리할 필요'가 있을 때로 규정하고 있다.

③ 16% 「지방자치법」은 "특별지방자치단체 의회는 규약으로 정하는 바에 따라 구성 지방자치단체의 의회의원으로 구성한다."라고 규정하고 있다. 따라서 구성 지방자치단체 의원의 특별지방자치단체 의원 겸직이 원칙이다.

---

11 지방행정론 > 주민소환제도, 주민감사청구제도, 주민발안제도, 주민소송제도
오답률 32% | 답 ③

| 정답해설 | ③ 68% 주민발안제도는 주민이 직접 조례의 제정·개정·폐지를 지방의회에 청구할 수 있는 제도이다. 제시문은 주민발안(정식명칭: 주민조례발안)의 개념을 정확하게 설명하고 있다. 이는 주민의 직접적인 입법 참여를 보장하는 핵심적인 직접민주주의 제도이다.

| 오답해설 | ① 14% 주민소환제도는 임기 중인 선출직 공직자(지방자치단체장, 지방의회의원)에게 문제가 있을 경우, 주민들이 투표를 통해 임기가 끝나기 전에 해직시키는 제도이다.

② 14% 주민감사청구제도는 지방자치단체와 그 장의 권한에 속하는 사무 처리가 법령에 위반되거나 공익을 현저히 해친다고 인정될 때, 주민이 상급 기관이나 감사원에 감사를 청구하는 제도이다.

④ 4% 주민소송제도는 주민감사청구를 한 주민이 그 감사 결과에 불복하거나, 지방자치단체가 필요한 조치를 이행하지 않을 경우, 법원에 소송을 제기하여 위법한 재무회계 행위의 중지나 시정을 요구하는 제도이다.

---

12 행정학 총론 > 규제개혁위원회, 규제일몰제, 포지티브 규제, 규제샌드박스
오답률 34% | 답 ④

| 정답해설 | ④ 66% 규제샌드박스(Regulatory Sandbox)는 신기술을 활용한 새로운 제품이나 서비스가 출시될 때, 일정 기간 동안 기존의 규제를 면제하거나 유예해 줌으로써 혁신적인 아이디어를 자유롭게 테스트하고 시장에 출시할 수 있도록 지원하는 제도이다.

| 오답해설 | ① 13% 「행정규제기본법」에 따르면, 규제개혁위원회는 대통령 소속으로 둔다.

② 7% 규제일몰제(Regulatory Sunset)는 규제를 만들 때 반드시 존속기한이나 재검토기한을 명시하도록 하여, 기한이 지나면 규제가 자동으로 소멸하거나 타당성을 의무적으로 재검토하게 하는 제도이다.

③ 14% 포지티브(Positive) 규제는 법률에서 허용하는 것만 나열하고, 그 외에는 모두 금지하는 '원칙적 금지, 예외적 허용' 방식이다. 지문에서 설명하는 '원칙적 허용, 예외적 금지' 방식은 네거티브(Negative) 규제에 해당한다.

---

13 조직이론 > 행정위원회, 자문위원회
오답률 28% | 답 ③

| 정답해설 | ③ 72% 행정위원회는 단순한 자문이나 심의·의결에 그치지 않고, 결정된 사항을 직접 집행할 수 있는 권한과 책임을 모두 갖는 독립된 행정관청이다. 공정거래위원회는 불공정거래행위

에 대한 조사, 시정명령, 과징금 부과 및 징수 등 결정과 집행을 모두 책임지는 대표적인 행정위원회이다.

| 오답해설 | ① 17% 행정위원회는 「정부조직법」에 근거를 둔 합의제 행정기관이다. 공정성, 중립성, 전문성 확보가 특히 필요한 사무에 대해 기존 행정조직으로부터 독립하여 의사결정 및 집행을 할 수 있도록 법률로 설치된다.

② 5% 자문위원회는 행정기관이 정책을 결정하거나 집행하는 데 필요한 전문적 조언이나 의견을 듣기 위해 설치하는 기관이다. 자문위원회의 결정은 법적 구속력이 없는 권고적 성격을 갖는다.

④ 6% 위원회 제도는 다양한 분야의 전문가, 이해관계자, 시민 대표 등이 위원으로 참여하므로, 독단적인 결정을 방지하고 여러 집단의 의견을 정책 과정에 반영하여 민주성과 다양성을 높이는 데 기여한다.

14 정책학 > 외적 타당성, 구성적 타당성, 통계적 결론의 타당성, 내적 타당성
오답률 29% 답 ④

| 정답해설 | ④ 71% 내적 타당성은 관찰된 결과가 해당 정책 때문에 발생한 것인지, 아니면 다른 제3의 요인 때문에 발생한 것인지를 가리는 것으로, 인과관계 추론의 정확성을 의미한다. 특정 연구 내에서 인과관계가 명확하지 않다면(내적 타당성이 낮다면), 그 결과를 다른 상황으로 일반화하는 것(외적 타당성)은 의미가 없다. 따라서 내적 타당성의 확보가 외적 타당성 논의의 논리적 전제 조건이 된다.

| 오답해설 | ① 10% 외적 타당성은 특정 상황의 연구에서 밝혀진 인과관계를 다른 상황(다른 시간, 장소, 대상 등)에도 적용할 수 있는 정도, 즉 연구 결과의 일반화 가능성을 의미한다.

② 13% 구성적 타당성(또는 개념 타당성)은 연구에서 사용된 측정 도구가 측정하고자 하는 이론적 개념(예 직무 만족도, 조직 몰입도 등)을 얼마나 정확하게 측정하고 있는가를 의미한다.

③ 6% 통계적 결론의 타당성은 원인(정책)과 결과(효과) 간에 통계적으로 유의미한 상관관계(공분산)가 존재하는지에 대한 판단의 정확성을 의미한다.

15 재무행정론 > 회계연도, 중앙관서결산보고서, 잠정예산
오답률 39% 답 ②

| 정답해설 | ② 61% 「헌법」은 정부의 예산안 국회 제출 기한을 '회계연도 개시 90일 전까지'로 규정하고 있다. 한편, 법률인 「국가재정법」은 이를 더 구체화하고 강화하여 '회계연도 개시 120일 전까지'로 규정하고 있다. 두 설명 모두 사실이며, 법률이 「헌법」이 정한 최소 기준을 강화한 사례이다.

| 오답해설 | ① 9% 「국가재정법」에 따르면, 국가의 회계연도는 매년 1월 1일에 시작하여 12월 31일에 종료된다.

③ 20% 「국가재정법」에 따르면, 각 중앙관서의 장은 다음 연도 2월 말까지 해당 회계연도의 결산보고서를 기획재정부장관에게 제출하여야 한다. '회계연도가 끝나기 전'에 제출하는 것이 아니다.

④ 10% 「헌법」에 따르면, 회계연도 개시 전까지 예산안이 의결되지 못한 경우 정부는 전년도 예산에 준하여 법률상 지출의무가 있는 경비 등을 집행할 수 있는데, 이를 준예산이라고 한다.

16 정책학 > 베덩(E. Vedung)
오답률 35% 답 ②

| 정답해설 | ② 65% 종교적 도구는 베덩(E. Vedung)이 제시한 정책수단 유형에 포함되지 않는다.

| 오답해설 | ① 10% 규제적 도구(채찍)는 법률, 명령, 허가, 금지 등 강력력을 수반하여 정책 대상 집단의 행동을 통제하는 수단으로, 강제성이 가장 높다.

③ 8% 경제적 도구(당근)는 보조금 지급, 세금 감면, 벌금 부과 등 재정적 유인이나 부담을 통해 정책 대상 집단의 행동을 유도하는 수단으로, 중간 수준의 강제성을 갖는다.

④ 17% 정보적 도구(설교)는 정보 제공, 교육, 홍보, 설득 등을 통해 정책 대상 집단의 자발적인 행동 변화를 유도하는 수단으로, 강제성이 가장 낮다.

17 재무행정론 > 일반회계
오답률 39% 답 ④

| 정답해설 | ④ 61% 일반회계는 국가 재정의 근간을 이루는 단일 회계이며, 여러 개의 일반회계가 존재하지 않는다. 지문에서 언급된 양곡관리, 조달, 우편사업, 우체국예금, 책임운영기관 등은 국가가 특정 사업이나 자금을 효율적으로 운영하기 위해 별도로 설치하는 기업특별회계에 해당한다.

| 오답해설 | ① 8% 일반회계는 국가의 일반적인 재정 활동을 포괄하는 중심적인 회계로, 주된 세입 재원은 국민이 납부하는 국세 등 조세수입이다.

② 22% 일반회계는 모든 수입이 국고로 통합되었다가 지출되는 '예산 통일성의 원칙'이 적용되므로, 특정 세입이 특정 세출과 직접 연계되지 않는다. 특정 세입으로 특정 세출에 충당하는 것은 특별회계의 특징이다.

③ 9% 일반회계의 세출은 국방, 외교, 교육, 일반 행정 경비 등 특정 사업에 한정되지 않고 국가 운영에 필요한 기본적인 경비를 포괄한다.

18 정책학 > 효과성, 대응성, 실현가능성, 능률성
오답률 26% 답 ④

| 정답해설 | ④ 74% 능률성은 투입(비용) 대비 산출(효과 또는 편익)의 비율을 의미하는 경제적 가치이다. 지문에서 설명하는 '비용과 편익이 상이한 개인 및 집단에게 얼마나 고르게 배분될 수 있는가'는 분배적 정의와 관련된 형평성(equity)에 대한 설명이다.

| 오답해설 | ① 10% 효과성은 정책이 달성하고자 했던 목표를 실제로 얼마나 이루었는지를 평가하는 기준으로, 목표의 달성 정도를 의미한다.

② 10% 대응성은 정책이 그 정책으로 인해 영향을 받는 시민이나 이익집단의 요구와 선호를 얼마나 잘 충족시키는지를 평가하는 기준이다.

③ 6% 실현가능성은 정책대안이 정치적, 행정적, 기술적, 재정적으로 실제로 실행에 옮겨질 수 있는지를 평가하는 기준이다.

오답률 TOP 2

19 인사행정론 > 별정직 공무원, 경력직 공무원, 특정직 공무원, 정무직 공무원
오답률 46% 답 ①

| 정답해설 | ① 54% 공무원은 임용주체 및 경비부담을 기준으로 국가공무원과 지방공무원으로 구분된다. 「지방자치법」에 따라 지방의회 의장은 지방의회 사무처(국, 과) 직원에 대한 임용권을 가지므로 지방공무원의 임용권자에 해당한다.

| 오답해설 | ② 9% 별정직 공무원은 비서관·비서 등 보좌업무를 수행하거나 특정 업무 수행을 위해 법령에서 별도로 지정하는 공무원으로, 특수경력직 공무원에 해당한다. 지문에서 설명하는 기술·연구 또는 행정 일반 업무는 주로 일반직 공무원이 담당하며, 이들은 경력직 공무원이다.

③ 21% 특정직 공무원은 법관, 검사, 경찰·소방공무원, 군인·군무원 등 담당 업무가 특수하여 별도의 법률이 적용되는 공무원은 맞지만, 이들은 신분이 보장되는 경력직 공무원으로 분류된다. 특수경력직 공무원이 아니다.

④ 16% 정무직 공무원은 선거로 취임하거나 임명 시 국회 동의가 필요한 공무원 등으로 고도의 정책결정 업무를 담당하는 공무원이다. 이들은 신분 보장이 적용되지 않는 특수경력직 공무원으로 분류된다. 경력직 공무원이 아니다.

오답률 TOP 1

20 조직이론 > 데이터기반행정, 「데이터기반행정 활성화에 관한 법률」
오답률 54% 답 ③

| 정답해설 | ③ 46% 데이터기반행정은 기존의 정책결정자가 가진 직관, 경험, 관행에 의존하던 방식에서 탈피하여, 실제 데이터를 근거로 한 객관적이고 과학적인 분석 결과를 정책결정의 핵심으로 삼으려는 것이다.

| 오답해설 | ① 13% 「데이터기반행정 활성화에 관한 법률」(「데이터기반행정법」)은 2020년 6월 9일에 제정되어 같은 해 12월 10일부터 시행되었다.

② 5% 「데이터기반행정법」은 '데이터기반행정'을 '공공기관이 생성하거나 다른 공공기관 또는 법인·단체 등으로부터 취득하여 관리하고 있는 데이터를 수집·저장·가공·분석·표현하는 등의 방법으로 정책 수립 및 의사결정에 활용함으로써 객관적이고 과학적으로 수행하는 행정'으로 정의하고 있다. 지문의 내용은 이를 요약한 정확한 설명이다.

④ 36% 「데이터기반행정법」에 따르면, 행정안전부장관은 데이터기반행정 활성화를 위한 기본계획을 3년마다 수립하여야 한다.

2024 지방직 9급 (ⓒ책형)
6월 22일 시행

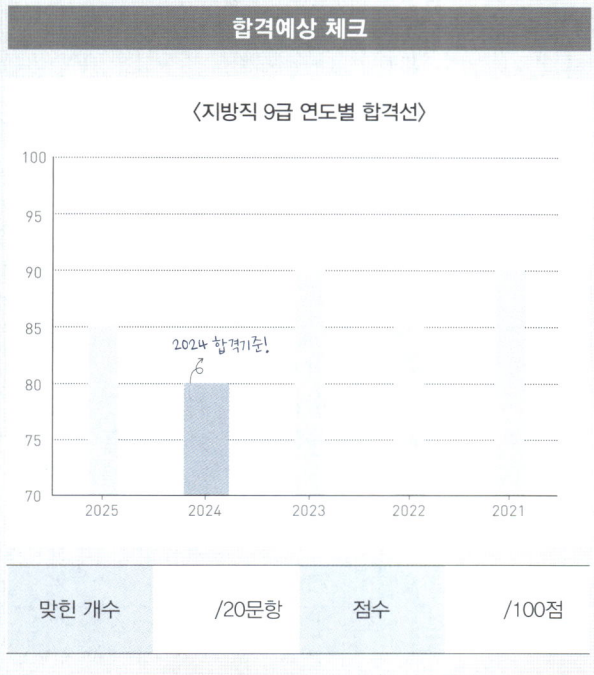

문항	정답	영역	문항	정답	영역
1	④	조직이론	11	①	정책학
2	④	행정학 총론	12	①	인사행정론
3	②	행정학 총론	13	④	정책학
4	③	인사행정론	14	②	재무행정론
5	③	재무행정론	15	②	지방행정론
6	③	행정학 총론	16	④	정책학
7	②	정책학	17	③	인사행정론
8	①	재무행정론	18	①	조직이론
9	③	행정학 총론	19	②	정책학
10	③	조직이론	20	④	행정학 총론

➡ 영역별 틀린 개수로 취약영역을 확인하세요!

| 행정학 총론 | /5 | 정책학 | /5 | 조직이론 | /3 | 인사행정론 | /3 |
| 재무행정론 | /3 | 행정환류론 | –/0 | 지방행정론 | /1 | | |

➡ 나의 취약영역: _____

※ [정답해설]과 [오답해설] 선지의 50% 표시는 〈에듀윌 합격예측 풀서비스〉를 통해 수집된 선지 선택률을 나타냅니다.

---

1 조직이론 > 공정성이론   오답률 45% 답 ④

| 정답해설 | ④ 55% 공정성이론에 따르면, 개인은 과소보상뿐만 아니라 과대보상 상황에서도 불공정성을 지각하고 긴장을 느낀다. 과소보상 시에는 분노와 불만을 느끼고, 과대보상 시에는 죄책감을 느껴 이러한 불공정한 상태를 해소하려는 동기가 유발된다. 따라서 과대보상자도 상황이 '불공정하다'고 생각한다.

| 오답해설 | ① 14% 공정성이론의 핵심 내용이다. 개인은 자신의 '투입 대 산출의 비율'을 자신이 비교대상으로 삼는 '준거인의 투입 대 산출의 비율'과 비교하여, 그 비율이 같을 때 공정하다고 느낀다.
② 17% 불공정성을 지각했을 때 이를 해소하기 위한 여러 가지 방법 중 하나로, 자신의 투입이나 산출, 혹은 준거인의 투입이나 산출에 대한 인식을 바꾸는 '인지적 왜곡'을 하기도 한다. 예를 들어 '내가 하는 일이 생각보다 중요하구나' 또는 '저 사람이 나보다 더 힘든 일을 하고 있었구나'라고 생각을 바꾸는 것이다.
③ 14% 투입(Inputs)은 개인이 조직에 기여하는 모든 것을 의미하며 노력, 기술, 경험, 교육 수준 등이 포함된다. 산출(Outcomes)은 개인이 조직으로부터 받는 모든 보상을 의미하며 보수, 승진, 인정, 직위 등이 해당한다.

2 행정학 총론 > 공공선택이론, 합리적인 경제인, 방법론적 집단주의   오답률 38% 답 ④

| 정답해설 | ④ 62% 공공선택이론은 집단의 의사결정을 분석하지만, 그 분석의 출발점은 개개인의 선택과 행위이다. 즉, 사회 현상을 개인의 합리적 선택의 집합적 결과로 설명하는 방법론적 개인주의에 기반을 둔다.

| 오답해설 | ① 12% 공공선택이론은 전통적인 경제학의 기본 가정인 '호모 에코노미쿠스'를 정치 영역에 적용한다. 즉, 정치인, 관료, 유권자 등 모든 인간은 자신의 이익을 극대화하기 위해 합리적으로 행동한다고 가정한다.
② 14% 공공선택이론의 본질은 정부, 의회 등 정치적 영역에서 이루어지는 비시장적 의사결정을 경제학적 분석도구와 방법론을 사용하여 연구하는 것이다.
③ 12% 뷰캐넌과 털럭은 공공선택이론의 기초를 다진 대표적인 학자이며, 오스트롬은 기존 관료제에 대한 대안으로 공공선택론의 관점에서 민주행정 패러다임을 제시한 학자이다.

3 행정학 총론 > 시장모형, 참여모형, 탈규제모형   오답률 35% 답 ②

| 정답해설 | ② 65% 자유민주주의모형은 피터스가 제시한 4가지 정부개혁 모형에 포함되지 않는다. 피터스가 제시한 모형은 시장모형, 참여모형, 신축적 정부모형, 탈내부규제모형이다.

| 오답해설 | ① 15% 시장모형은 정부의 독점적 서비스 공급이 비효율을 야기한다고 보고, 경쟁과 고객주의 등 시장원리를 공공부문에 도입하여 효율성을 높이려는 개혁 모형이다.
③ 8% 참여모형은 전통적 관료제의 계층제적이고 권위적인 의사결정 구조를 문제 삼으며, 시민과 조직 하급자의 정책 과정 참여를 확대하여 민주성과 대응성을 높이려는 개혁 모형이다.
④ 12% 탈내부규제모형은 과도한 내부규제가 관료의 창의성과 재량권을 저해한다고 보고, 내부규제를 완화하여 관료의 기업가적 역량을 발휘하게 함으로써 행정의 효율성을 제고하려는 개혁 모형이다.

4 인사행정론 > 전직, 전보, 강임, 전입   오답률 25% 답 ③

| 정답해설 | ③ 75% 강임이란 같은 직렬 내에서 하위 직급에 임명하거나 하위 직급이 없어 다른 직렬의 하위 직급에 임명하는 것을 말한다.

| 오답해설 | ① 9% 전직은 직렬을 달리하여 임용하는 것을 의미한다. 이는 담당하는 직무의 종류와 성격 자체가 근본적으로 바뀌는 인사이동으로, 일반적으로 전직 시험을 거치거나, 특정 자격증이 필요한 등 일정한 요건을 충족해야 한다.
② 7% 전보는 같은 직급 내에서 보직(근무 부서나 직위)을 변경하는 것을 의미한다.
④ 9% 전입은 소속이 다른 기관으로 이동하는 것을 의미한다. 「지방공무원법」 제29조의3(전입)에 따르면, 지방자치단체의 장 또는 지방의회의 의장은 공무원을 전입시키려고 할 때에는 해당 공무원이 소속된 지방자치단체의 장 또는 지방의회의 의장의 동의를 받아야 한다.

5 재무행정론 > 프로그램 예산제도   오답률 38% 답 ③

| 정답해설 | ③ 62% '단위원가 × 업무량 = 예산액' 방식으로 예산을 산정하는 것은 성과주의예산제도(PBS)의 특징이다. 프로그램 예산제도는 국가 전체의 전략적 목표와 우선순위에 따라 재원을 배분하는 하향식(Top-down) 예산 편성과정을 강조한다. 상향식 방식은 품목별예산제도나 성과주의예산제도에서 더 두드러진다.

| 오답해설 | ① 15% 우리나라는 2006년 「국가재정법」을 제정하여 법적 근거를 마련하였고, 2007년 회계연도부터 중앙정부의 예산 편성에 프로그램 예산제도를 전면적으로 도입하여 시행하고 있다.
② 7% 프로그램 예산제도는 정책목표를 중심으로 예산 구조를 '프로그램 - 단위사업 - 세부사업'으로 체계화하고, 각 프로그램의 성과평가 결과를 다음 연도 예산편성에 반영(환류)하는 것을 핵심적인 특징으로 한다.
④ 16% 프로그램 예산제도는 일반회계, 특별회계뿐만 아니라 과거 예산체계에서 분리되어 있던 기금까지 모두 프로그램 체계 하에 통합하여 표시한다. 이를 통해 특정 정책분야나 사업에 투입되는 총 재원 규모를 종합적으로 파악할 수 있게 되었다.

6 행정학 총론 > 사회적 형평성, 미노부룩 회의, 신행정론   오답률 45% 답 ③

| 정답해설 | ③ 55% 수직적 형평성(vertical equity)은 '다른 것은 다르게 취급하는 것' 즉, '동등한 여건에 있지 않은 사람을 다르게 취급'하는 것을 의미한다.

| 오답해설 | ① 21% 1960년대 미국 사회의 격동기를 배경으로, 1968년 미노부룩 회의를 통해 등장한 신행정론은 전통 행정학이 소홀히 했던 가치인 사회적 형평성을 행정의 핵심 이념으로 제시하였다.
② 14% 롤스(J. Rawls)가 1971년에 발표한 『정의론(A Theory of Justice)』은 '최소수혜자에 대한 최대의 이익'을 보장해야 한다는 '차등의 원칙'을 제시하며, 사회적 약자 배려를 정당화하는 철학적 기반을 제공함으로써 행정학에서의 사회적 형평성 논의를 심화시키는 데 큰 영향을 주었다.
④ 10% 수평적 형평성(horizontal equity)은 '같은 것은 같게 취급하는 것' 즉, '동등한 여건에 있는 사람을 동등하게 취급'하는 것을 의미한다. 동일한 직무를 수행하고 동일한 성과를 내는 사람에게 동일한 임금을 지급하는 '동일노동 동일임금' 원칙은 수평적 형평성의 대표적인 예이다.

오답률 TOP 3

7 정책학 > 브레인스토밍, 교차영향분석, 델파이기법, 선형경향추정   오답률 66% 답 ②

| 정답해설 | ② 34% 제시문은 교차영향분석(Cross-Impact Analysis)에 대한 설명이다. 교차영향분석은 특정 미래 사건들의 목록을 만든 후, 한 사건의 발생 여부가 다른 관련 사건들의 발생 확률에 어떤 영향을 미치는지를 전문가의 직관적 판단을 통해 분석하고 예측하는 기법이다.

| 오답해설 | ① 9% 브레인스토밍(Brainstorming)은 특정 주제에 대해 자유로운 분위기에서 비판 없이 다양한 아이디어를 창출해내는 데 중점을 두는 집단적 창의성 기법이다.
③ 17% 델파이기법은 전문가 집단에게 익명으로 설문을 여러 차례 반복하고, 그 응답 결과를 공유·요약하여 특정 문제에 대한 합의된 의견이나 예측치를 도출하는 방법이다. 전문가의 판단을 활용하지만, 사건 간의 상호영향보다는 독립적인 예측에 대한 합의를 이끌어내는 데 목적이 있다.
④ 40% 선형경향추정은 과거의 시계열 자료(data)가 나타내는 추세(trend)를 미래에도 그대로 연장하여 예측하는 계량적 예측기법이다.

8 재무행정론 > 예산과정, 예산편성지침   오답률 45% 답 ①

| 정답해설 | ① 55% 「국가재정법」에 따르면, 정부는 대통령의 승인을 받은 예산안을 회계연도 개시 120일 전까지 국회에 제출해야 한다. 회계연도 개시 90일 전은 「헌법」에 규정된 내용이다.

| 오답해설 | ② 19% 「국가재정법」은 기획재정부장관이 국무회의의 심의를 거쳐 대통령의 승인을 얻은 다음 연도의 예산안편성지침을 매년 3월 31일까지 각 중앙관서의 장에게 통보하도록 규정하고 있다.

③ 13% 「국회법」에 따르면, 예산결산특별위원회는 상임위원회의 예비심사 내용을 존중해야 하며, 소관 상임위원회에서 삭감한 세출예산 각 항의 금액을 증액하거나 새로운 비목을 설치하고자 할 때에는 반드시 해당 상임위원회의 동의를 얻어야 한다.

④ 13% 「국가재정법」에 따르면, 정부는 예산안을 국회에 제출한 후 부득이한 사유가 발생했을 때, 국무회의 심의와 대통령 승인을 거쳐 수정예산안을 국회에 제출할 수 있다.

9 행정학 총론 > 신공공서비스론, 신공공관리론   오답률 49%   답 ③

| 정답해설 | ③ 51% 정부의 역할을 '노젓기(rowing)'가 아닌 '방향잡기(steering)'로 규정한 것은 신공공관리론(NPM)이다. 신공공서비스론은 이러한 '방향잡기' 은유마저도 비판하며, 정부의 역할은 시민들이 공유된 이익을 달성할 수 있도록 '봉사(serving)'하는 것이라고 주장한다.

| 오답해설 | ① 23% 신공공서비스론은 실증주의, 해석학, 비판이론, 포스트모더니즘 등 다양한 접근법을 포괄하며, 특히 시민행정학, 인간 중심 조직이론, 신행정학, 포스트모던 행정학 등에 기반을 두고 있다.

② 9% 신공공서비스론은 공익을 개인 이익의 단순한 총합(신공공관리론의 관점)으로 보지 않는다. 대신, 시민들이 서로 대화하고 토론하는 담론의 과정을 통해 공유된 가치를 발견하고 창출한 결과물이 바로 공익이라고 본다.

④ 17% 신공공서비스론은 공무원이 단순히 효율성이나 성과를 추구하는 관리자가 아니라, 「헌법」과 법률, 민주적 가치와 규범을 수호하고 시민의 요구에 책임성 있게 부응하는 '공복(public servant)'이 되어야 한다고 강조한다.

10 조직이론 > 팀제 조직   오답률 26%   답 ③

| 정답해설 | ㄴ. 팀제는 과업 중심으로 여러 부서의 인력이 모인 수평적 조직이므로, 부서 간 경계를 허물고 의사소통을 활성화하여 급변하는 환경에 신속하고 유연하게 대응할 수 있는 장점이 있다.

ㄹ. 팀제는 전통적인 관료제 조직의 경직성, 부서 이기주의, 느린 의사결정 등과 같은 병리 현상을 극복하고, 구성원들의 자율성과 창의성을 바탕으로 한 새로운 업무 행태를 유도하기 위해 도입되었다.

| 오답해설 | ㄱ. 핵심 기능만 남기고 집행 기능을 외부에 위탁(아웃소싱)하는 것은 네트워크조직에 대한 설명이다. 팀제는 조직 내부의 운영방식을 바꾸는 것이다.

ㄷ. 기술구조가 조직의 핵심이 되고 작업과정의 표준화를 통해 조정을 도모하는 조직은 민츠버그(H. Mintzberg)가 제시한 기계적 관료제의 특징이다. 팀제는 표준화보다는 팀 내의 상호작용과 자율성을 통한 조정을 강조한다.

11 정책학 > 옹호연합모형, 정책하위체제   오답률 60%   답 ①

| 정답해설 | ㄱ. 옹호연합모형은 특정 정책 영역에 이해관계를 갖고 참여하는 행위자들의 집합인 정책하위체제를 핵심 분석단위로 삼아 정책변동을 설명하는 이론이다.

ㄴ. 정책지향학습은 개별 옹호연합 내부에서 신념을 강화하고 전략을 가다듬는 과정일 뿐만 아니라, 서로 다른 신념을 가진 옹호연합들 사이에서도 발생한다.

| 오답해설 | ㄷ. 행정규칙, 예산배분, 규정의 해석 등 구체적인 정책수단의 집행과 관련된 사항은 이차적 신념(secondary aspects)에 해당한다. 정책핵심 신념(policy core beliefs)은 정책하위체제 전반에 대한 기본적인 정책 입장이나 전략과 관련된 것으로, 이차적 신념보다 상위의 개념이다.

ㄹ. 신념체계 구조에서 관심 있는 특정 정책규범에 적용되는 것은 정책핵심 신념이다.

12 인사행정론 > 「공직자윤리법」   오답률 41%   답 ①

| 정답해설 | ㄱ. 「공직자윤리법」은 공직자의 공정한 직무수행을 보장하기 위해 주식백지신탁 제도, 퇴직공직자의 취업제한 및 행위제한 등을 규정하고 있으며, 이는 모두 이해충돌을 방지하기 위한 장치에 해당한다.

ㄴ. 「공직자윤리법」은 고위공직자 등의 재산 등록, 공개 및 재산 형성과정 소명을 의무화하여 직무수행의 공정성을 확보하고자 한다.

| 오답해설 | ㄷ. 종교 중립의 의무는 「국가공무원법」에 규정된 의무이다.

ㄹ. 품위 유지의 의무는 「국가공무원법」에 규정된 의무이다.

오답률 TOP2
13 정책학 > 반 미터(Van Meter)와 반 혼(Van Horn)   오답률 67%   답 ④

| 정답해설 | ④ 33% 밑줄 친 연구는 반 미터(Van Meter)와 반 혼(Van Horn)의 정책 집행과정 연구이다. 반 미터(Van Meter)와 반 혼(Van Horn)은 정책과 성과 사이에 영향을 미치는 6가지 변수로 정책기준과 목표, 집행에 필요한 자원, 조직 간 의사소통과 집행 활동, 집행기관의 특성, 경제·사회·정치적 조건, 정책집행자의 성향 등을 제시하였다.

| 오답해설 | ① 27% 립스키(M. Lipsky)의 일선관료제 연구는 일선관료(교사, 경찰관 등)가 업무 현장에서 재량권을 행사하며 실질적으로 정책을 형성해 나가는 과정에 초점을 맞춘다. 제시된 거시적인 변수들보다는 일선관료의 업무환경과 심리, 대응 방식 등을 주로 다룬다.

② 11% 오스트롬(E. Ostrom)의 제도분석 연구는 공유자원 관리 등에서 제도가 개인의 행동과 결과에 미치는 영향을 분석하는 제도분석 및 발전(IAD) 틀을 제시했다.

③ 29% 사바티어(P. Sabatier)와 매즈매니언(D. Mazmanian)의 집행과정연구는 정책집행의 성공조건을 처방하였으며, 반 미터

(Van Meter)와 반 혼(Van Horn)의 정책집행과정 연구는 정책집행을 연구하기 위한 변수를 제시하고 있다는 점에서 차이를 보인다.

14. 재무행정론 > 추가경정예산, 예비비, 계속비, 전용
오답률 38% 답 ②

| 정답해설 | ② 62% 「국가재정법」에 따르면, 정부는 예측할 수 없는 예산 외의 지출 또는 예산초과지출에 충당하기 위하여 일반회계 예산총액의 100분의 1 이내의 금액을 예비비로 세입세출예산에 계상할 수 있다.

| 오답해설 | ① 15% 추가경정예산도 본예산과 마찬가지로 국회의 심의·의결을 거쳐 확정되는 예산이므로, 국회에서 확정되기 전에는 정부가 미리 배정하거나 집행할 수 없다. 이는 예산에 대한 국회의 통제권을 보장하기 위함이다.
③ 11% 「국가재정법」에 따르면, 계속비의 지출 연한은 그 회계연도부터 5년 이내로 한다. 다만, 사업규모 및 국가재원 여건을 고려하여 필요한 경우에는 예외적으로 10년 이내로 할 수 있다.
④ 12% 「국가재정법」에 따르면, 각 중앙관서의 장은 예산의 목적 범위 안에서 재원의 효율적 활용을 위해 기획재정부장관의 승인을 얻어 동일한 항 내의 세항 또는 목의 금액을 상호 융통하는 '전용'을 할 수 있다.

15. 지방행정론 > 지방공기업, 지방직영기업, 지방공사
오답률 62% 답 ②

| 정답해설 | ② 38% 「지방공기업법」에 따르면, 지방공사를 설립할 때 시장·군수·구청장은 해당 특별시장·광역시장 또는 도지사와 협의해야 한다. 행정안전부장관과 협의해야 하는 주체는 특별시장·광역시장·특별자치시장·도지사·특별자치도지사이다.

| 오답해설 | ① 30% 「지방공기업법」에 따르면, 지방직영기업의 관리자는 해당 지방자치단체의 공무원으로서 경영에 관한 지식과 경험이 풍부한 사람 중에서 지방자치단체의 장이 임명한다.
③ 13% 「지방공기업법」에 따라 둘 이상의 지방자치단체는 상호 간의 규약에 의하여 공동으로 지방공사를 설립할 수 있다.
④ 19% 「지방공기업법」에 따르면, 지방자치단체가 지방직영기업을 설치·경영하려는 경우에는 그 설치·운영의 기본사항을 조례로 정하여야 한다.

16. 정책학 > 가정분석, 계층분석, 시네틱스(유추분석), 분류분석
오답률 50% 답 ④

| 정답해설 | ㄷ. 시네틱스(Synectics)는 유추(analogy)를 활용하는 기법이다. 문제상황과 유사한 다른 상황이나 관계를 유추하여 적용함으로써 새로운 시각에서 문제를 바라보고 창의적인 해결책을 모색한다.
ㄹ. 분류분석은 문제상황을 구성하는 개념들을 논리적인 범주에 따라 분류하고 명확하게 정의함으로써 문제의 본질을 체계적으로 이해하는 데 도움을 주는 기법이다.

| 오답해설 | ㄱ. 지문은 계층분석에 대한 설명이다. 계층분석은 정책문제의 원인을 가능성 있는 원인, 개연성 있는 원인, 행동가능한 원인으로 체계적으로 분류하여 문제의 구조를 파악하는 기법이다.
ㄴ. 지문은 가정분석에 대한 설명이다. 가정분석은 정책문제에 관해 서로 대립하는 이해관계자들의 가정을 창조적으로 종합하는 것을 목표로 한다.

17. 인사행정론 > 분류법, 서열법, 점수법, 요소비교법
오답률 62% 답 ③

| 정답해설 | ③ 38% 점수법은 평가요소를 선정하고 각 요소별로 가중치(중요도)를 부여한 뒤 점수를 매겨 직무의 상대적 가치를 결정하는 계량적 방법이다. 평가과정이 체계적이라 다른 방법에 비해 객관성이 높다는 장점이 있으나, 평가요소 선정이나 가중치 부여 과정에서 평가자의 주관이 개입될 수밖에 없다. 따라서 '명확하고 객관적인 이론적 증명'이 가능하다고 보기는 어렵다.

| 오답해설 | ① 23% 분류법은 직무 전체를 평가 대상으로 하여, 사전에 만들어 둔 등급기준표에 따라 각 직무의 등급을 결정하는 대표적인 비계량적 직무평가 방법이다.
② 26% 서열법은 평가자가 직무 간의 상대적 중요도를 종합적으로 판단하여 모든 직무의 순위를 매기는 비계량적 방법이다. 간단하고 신속하지만, 직무의 수가 많아지면 평가의 일관성과 정확성이 떨어져 소규모 조직에 적합하다.
④ 13% 요소비교법은 신뢰할 수 있고 공정한 임금이 지급되는 기준직무를 선정하고, 이 기준직무와 평가대상 직무를 평가요소별로 비교하여 상대적 가치를 화폐 단위로 결정하는 계량적 방법이다.

18. [오답률 TOP 1] 조직이론 > 리더-구성원교환이론, 내집단
오답률 83% 답 ①

| 정답해설 | ㄱ. 리더-구성원교환이론(LMX)에 따르면, 리더는 소수의 신뢰하는 부하들을 내집단으로, 나머지 부하들을 외집단으로 구분하여 관리한다. 내집단 구성원은 리더로부터 더 많은 지원과 신뢰를 받기 때문에 직무 만족도와 성과가 높다. 따라서 이론적으로 내집단 구성원이 많을수록 조직 전체의 성과는 높아진다.
ㄴ. '리더십 만들기(Leadership-Making)'는 리더-구성원교환이론의 후기 발전모델로, 리더와 구성원의 관계가 이방인 단계에서 시작하여 점차 상호 신뢰와 존중을 바탕으로 한 동반자(파트너십) 관계로 발전해 나가는 과정을 설명한다.

| 오답해설 | ㄷ. 리더-구성원교환이론은 리더가 모든 구성원을 동등하게 대우하지 않고, 내집단과 외집단으로 나누어 차별적으로 대우하는 현상을 설명하는 이론이다. 따라서 '차별 없는 대우'를 중시하는 것이 아니라, 차별적 관계의 형성과 그 효과에 초점을 맞춘다.
ㄹ. 리더와 구성원이 서로의 도덕성과 동기 수준을 높여주는 관계를 강조하는 리더십 이론은 변혁적 리더십이다.

| 19 | 정책학 > 「정책지향」 | 오답률 55% | 답 ② |

| 정답해설 | ② 45% 라스웰(H. Lasswell)이 1971년 저서 『정책학 소개(A Pre-View of Policy Sciences)』에서 제시한 정책학의 주요 특징은 문제지향성(problem-orientation), 맥락성(contextuality), 다학문성(multi-disciplinarity)이다. 지문의 '이론지향성'은 라스웰 (H. Lasswell)이 강조한 '문제지향성'과 배치되는 개념이다. 라스웰 (H. Lasswell)은 순수 이론 연구보다는 현실의 중요한 문제를 해결하는 데 학문적 역량을 집중해야 한다고 주장했다.

| 오답해설 | ① 15% 라스웰(H. Lasswell)이 1951년 발표한 「정책지향(Policy Orientation)」은 정책학을 '인간 존엄성 구현을 위한 문제해결 지향 학문'으로 정의하며, 정책학의 이념과 정체성을 제시한 기념비적인 논문으로 평가받는다.
③ 13% 1970년대를 지나 1980년대에 이르러 정책학은 정책결정뿐만 아니라 정책집행, 정책평가, 정책변동, 정책종결 등 정책과정 전반으로 연구 영역을 확대하며 발전하였다.
④ 27% 드로어(Y. Dror)는 합리모형과 점증모형을 결합한 최적모형을 제시하며, 정책결정과정을 정책결정체계를 개선하는 상위 정책결정, 실제 정책을 산출하는 정책결정, 그리고 집행과 환류를 포함하는 정책결정 이후의 3단계로 구분했다.

| 20 | 행정학 총론 > 공공가치론, 전략적 삼각형 | 오답률 60% | 답 ④ |

| 정답해설 | ㄷ. 무어(M. Moore)가 제시한 '전략적 삼각형'은 공공관리자가 성공적으로 공공가치를 창출하기 위해 전략적으로 연계하고 관리해야 할 세 가지 핵심 요소를 말한다. 세 요소는 공공가치의 창출(Public Value), 정당성과 지지(Legitimacy and Support), 운영 역량(Operational Capacity)이다.
ㄹ. 보즈만(B. Bozeman)이 제시한 '공공가치 실패'는 시장실패를 넘어서는 개념으로, 정부나 시장이 사회의 핵심적인 공공가치 (예 형평성, 민주주의, 정의 등)를 구현하는 데 실패하는 상황을 의미한다.

| 오답해설 | ㄱ. 공공가치 실패 개념과 이를 진단하기 위한 도구를 제시한 학자는 보즈만(B. Bozeman)이다. 무어(M. Moore)는 공공가치 '창출'에 초점을 맞춘다.
ㄴ. 공공기관이 창출한 가치를 설명하고 측정하기 위한 '공공가치 회계' 또는 '공공가치 스코어카드'의 개념은 무어(M. Moore)의 공공가치 창출론과 관련이 깊다.

2023 6월 10일 시행 지방직 9급 (Ⓑ책형)

합격예상 체크

〈지방직 9급 연도별 합격선〉

연도	점수
2025	85
2024	80
2023	90 (2023 합격기준)
2022	85
2021	90

| 맞힌 개수 | /20문항 | 점수 | /100점 |

➡ □합격 □불합격

취약영역 체크

문항	정답	영역	문항	정답	영역
1	①	인사행정론	11	①	지방행정론
2	④	조직이론	12	②	인사행정론
3	②	정책학	13	④	정책학
4	②	행정학 총론	14	②	행정학 총론
5	②	정책학	15	③	인사행정론
6	④	재무행정론	16	②	지방행정론
7	①	조직이론	17	③	조직이론
8	②	재무행정론	18	②	행정학 총론
9	④	행정학 총론	19	①	정책학
10	③	재무행정론	20	④	행정학 총론

⬇ 영역별 틀린 개수로 취약영역을 확인하세요!

| 행정학 총론 | /5 | 정책학 | /4 | 조직이론 | /3 | 인사행정론 | /3 |
| 재무행정론 | /3 | 행정환류론 | —/0 | 지방행정론 | /2 | | |

➡ 나의 취약영역: _____

※ [정답해설]과 [오답해설] 선지의 50% 표시는 〈에듀윌 합격예측 풀서비스〉를 통해 수집된 선지 선택률을 나타냅니다.

---

1. 인사행정론 > 계급제, 폐쇄형 충원, 일반행정가
오답률 33% 답 ①

| 정답해설 | ① 67% 직무의 속성, 즉 직무의 종류, 난도, 책임도 등을 기준으로 공직을 분류하는 제도는 직위분류제이다. 계급제는 사람의 자격, 학력, 경력 등 속인을 중심으로 분류하는 인적 중심의 분류체계이다.

| 오답해설 | ② 7% 계급제는 공직을 외부와 차단하고, 주로 조직의 최하위 계급으로 신규 인력을 충원하여 내부 승진을 통해 결원을 보충하는 폐쇄형 충원방식을 택한다. 이는 조직의 안정성과 구성원의 충성도를 높이는 데 기여한다.
③ 6% 계급제 하에서는 순환보직을 통해 공무원들이 다양한 부서와 직무를 경험하게 되므로, 특정 분야의 전문가보다는 폭넓은 시야와 종합적인 판단 능력을 갖춘 일반행정가(generalist) 양성에 유리하다.
④ 20% 공무원의 지위가 특정 직무가 아닌 계급에 기반하므로, 인력의 배치전환이나 부서 간 이동이 자유로워 환경 변화에 대응하는 탄력적인 인사운용이 가능하다.

2. 조직이론 > 기계적 관료제, 애드호크라시, 사업부제 구조
오답률 29% 답 ④

| 정답해설 | ④ 71% 홀라크라시(Holacracy)는 2007년 로버트슨(B. Robertson)이 제안한 조직운영체제로, 전통적인 위계질서를 없애고 구성원들이 역할을 기반으로 자율적으로 의사결정을 내리는 시스템이다. 민츠버그(H. Mintzberg)가 제시한 조직유형에 해당하지 않는다.

| 오답해설 | ① 12% 기계적 관료제는 작업 과정의 표준화를 통해 조정이 이루어지는 조직을 말한다.
② 7% 애드호크라시는 상호 조절을 통해 조정이 이루어지며 매우 유기적인 구조를 가진다.
③ 10% 사업부제 구조는 산출의 표준화를 통해 조정이 이루어지는 분권화된 조직 형태이다.

3. 정책학 > 혼합주사모형, 사이버네틱스모형, 쓰레기통모형, 합리모형
오답률 40% 답 ②

| 정답해설 | ② 60% 사이버네틱스모형은 미리 정해진 프로그램과 환류(feedback) 과정을 통해 기계가 자동적으로 특정 상태를 유지하는 것처럼, 조직도 일정한 변수들을 허용 범위 내에서 유지하기 위해 정해진 절차에 따라 의사결정을 한다는 모형이다. 설정된 온도에서 벗어나면 자동으로 작동하는 자동온도조절장치는 이 모형의 대표적인 예시이다.

| 오답해설 | ① 12% 1960년대 미국의 쿠바 미사일 위기사건을 설명하기 위해 연구된 모형은 앨리슨(G. Allison)의 모형이다. 혼합주사모형은 에치오니(A. Etzioni)가 합리모형과 점증모형을 절충하여 제시한 모형이다.

③ 11% '갈등의 준해결', '문제 중심의 탐색', '불확실성의 회피', '표준운영절차(SOP)의 활용'은 사이어트(R. Cyert)와 마치(J. March) 제시한 회사모형의 주요 특징이다.

④ 17% 만족할 만한 수준에서 의사결정이 이루어진다고 설명하는 모형은 사이몬(H. Simon)의 만족모형이다. 합리모형은 모든 대안을 탐색하여 최선의 결과를 가져오는 대안, 즉 '최적의 대안'을 선택한다고 가정한다.

| 4 | 행정학 총론 > 과학적 관리론, 신공공관리론, 신행정론, 행정행태론 | 오답률 25% | 답 ② |

| 정답해설 | (가) 과학적 관리론은 1910년대 전후하여 테일러(F. Taylor)를 중심으로 등장한 고전적 행정이론이다.
(라) 행정행태론은 제2차 세계대전 이후인 1940년대 중반, 사이먼(H. Simon)이 기존의 행정이론을 비판하며 행태의 규칙성을 과학적으로 연구해야 한다고 주장하며 등장했다.
(다) 신행정론은 1960년대 후반 미국의 사회적 혼란을 배경으로, 왈도(D. Waldo) 등이 주축이 되어 기존 행정학의 가치중립성과 현실 적합성 부족을 비판하며 사회적 형평성을 강조한 이론이다.
(나) 신공공관리론은 1980년대 이후 정부실패를 비판하며 등장한 이론으로, 1990년대 오스본(D. Osborne)과 게블러(T. Gaebler)의 '정부 재창조'를 통해 크게 확산되었다.

| 5 | 정책학 > 엘리트이론, 다원주의이론, 명성접근법 | 오답률 46% | 답 ② |

| 정답해설 | ② 54% 명성접근법을 사용하여 지역사회 권력구조를 분석한 학자는 헌터(F. Hunter)이다. 밀즈(W. Mills)는 군·산·정 복합체의 고위 지위를 차지한 사람들을 권력 엘리트라고 주장하며 지위접근법을 활용하였다.

| 오답해설 | ① 24% 모스카, 파레토 등 고전적 엘리트론자들은 소수의 지배 엘리트가 자신들의 이익을 위해 다수의 대중을 지배하며, 대중에 대해 정치적 책임을 지지 않는다고 보았다.
③ 14% 다원론의 대표학자인 달(R. Dahl)은 특정 엘리트 집단이 권력을 독점하는 것이 아니라, 다양한 이익집단들이 영향력을 나누어 가지며 경쟁과 타협을 통해 정책을 결정한다고 주장하며 권력의 분산을 강조했다.
④ 8% 신엘리트론자인 바흐라흐(P. Bachrach)와 바라츠(M. Baratz)는 권력의 어두운 측면인 '무의사결정'을 주장했다. 이는 엘리트에게 불리한 이슈가 정책의제 설정 단계에서부터 봉쇄될 수도 있고, 설사 의제화되더라도 정책 결정 과정에서 그 내용이 왜곡되거나 무시되는 방식으로도 나타날 수 있음을 의미한다.

| 6 | 재무행정론 > 준예산, 가예산, 잠정예산 | 오답률 37% | 답 ④ |

| 정답해설 | ④ 63% 잠정예산은 예산안이 회계연도 개시 전까지 의결되지 못할 경우, 수개월 분의 예산을 임시로 편성하여 국회의 의결을 얻어 집행하는 제도이다. 가예산과 마찬가지로 국회의 사전 의결이 반드시 필요하다. 예산 불성립 시 국회의 의결이 필요 없는 제도는 준예산뿐이다.

| 오답해설 | ① 9% 준예산은 회계연도 개시 전까지 예산안이 국회에서 의결되지 못했을 때, 정부가 일정한 범위 내에서 전년도 예산에 준하여 경비를 집행하는 제도이다.
② 6% 대한민국 현행 「헌법」은 준예산 제도를 명시하고 있으며, 이 규정에 따라 예산 불성립 시 준예산을 운용한다.
③ 22% 가예산은 1개월분의 예산을 국회의 의결을 얻어 집행하는 임시예산 제도로, 우리나라는 이승만 정부에서 운용하였으나 현재는 준예산제도를 채택하고 있다.

| 7 | 조직이론 > 목표설정이론, 욕구 5단계설, 직무특성이론, ERG이론 | 오답률 37% | 답 ① |

| 정답해설 | ① 63% 로크(E. Locke)의 목표설정이론에 따르면, 동기를 유발하기 위해서는 목표가 막연해서는 안 되고 구체적이고 명확해야 하며(명확성), 너무 쉽지 않고 어느 정도 어려운 수준일 때(도전성) 더 높은 성과를 가져온다고 주장했다.

| 오답해설 | ② 9% 욕구의 '좌절-퇴행' 현상을 설명하는 이론은 앨더퍼(C. Alderfer)의 ERG이론이다. 이는 상위 욕구가 충족되지 않으면 하위 욕구에 대한 바람이 더 커진다는 것이다. 매슬로우(A. Maslow)의 이론은 하위 욕구가 충족되면 상위 욕구로 나아간다는 만족-진행 접근을 기본으로 한다.
③ 12% 유의성(Valence), 수단성(Instrumentality), 기대감(Expectancy)을 동기부여의 핵심 요소로 본 이론은 브룸(V. Vroom)의 기대이론이다.
④ 16% 위생요인(불만족요인)과 동기요인(만족요인)을 구분하여 설명한 이론은 허즈버그(F. Herzberg)의 욕구충족요인 이원론(2요인 이론)이다.

| 8 | 재무행정론 > 품목별예산제도 | 오답률 44% | 답 ② |

| 정답해설 | ② 56% 품목별예산제도는 지출품목에만 집중하여 예산이 전체적으로 어떤 사업과 정책목표를 위해 사용되는지 알 수 없다는 근본적인 한계가 있다. 따라서 정부의 총체적인 사업 계획을 수립하거나 정책의 우선순위를 결정하는 데에는 매우 불리하다.

| 오답해설 | ① 12% 품목별예산제도(LIBS)는 20세기 초 미국에서 엽관주의로 인한 부패와 낭비를 막고, 예산 집행에 대한 강력한 통제를 통해 행정의 효율성을 확보하고자 도입된 최초의 근대적 예산제도이다.
③ 10% 품목별예산은 지출대상(인건비, 물건비 등)을 세세하게 규정하여 정해진 용도 외에는 사용하지 못하도록 하므로, 예산 집행의 남용을 막고 회계책임을 명확히 하는 데 유리한 강력한 통제지향적 제도이다.
④ 22% 품목별예산은 예산이 '무엇을 구매했는가(input)'에만 초점을 맞추고 있어, 그 예산을 투입하여 '무슨 사업을 했고(activity) 어떤 결과를 얻었는지(output/outcome)'에 대한 정보, 즉 사업의 성과를 파악하기는 매우 곤란하다.

9. 행정학 총론 > 블랙스버그 선언, 행정재정립운동
오답률 76% | 답 ④

| 정답해설 | ④ ⌈24%⌉ 신행정학의 태동을 가져온 계기는 1968년 미노브룩 회의이다. 블랙스버그 선언은 그보다 약 15년 뒤인 1980년대에 등장한 행정재정립운동의 대표적인 선언문이다.

| 오답해설 | ① ⌈14%⌉ 블랙스버그 선언은 1980년대 신공공관리론이 득세하고 정치인들이 행정 관료를 비판하면서 행정의 정당성이 위협받는 상황에 대한 대응으로 등장했다. 행정의 고유한 역할과 공익적 가치를 옹호하며 그 정당성을 회복하고자 했다.

② ⌈35%⌉ 행정재정립운동은 정당의 영향력으로부터 독립하여 공익을 수호하는 직업공무원제의 중요성을 강조하고, 이를 옹호하였다.

③ ⌈27%⌉ 행정재정립운동은 신공공관리론의 '정부재창조'에 비판적 입장을 취했다. 시장논리에 따라 정부를 바꾸기보다는, 「헌법」적 가치와 공익에 기반한 행정의 본질적 역할을 '재발견(Rediscovering)'하고 이를 강화해야 한다고 주장했다.

10. 재무행정론 > 기금, 특별회계
오답률 23% | 답 ③

| 정답해설 | ③ ⌈77%⌉ 특별회계예산도 일반회계예산과 마찬가지로 정부가 편성하여 국회에 제출하고, 반드시 국회의 심의와 의결을 거쳐야 확정된다. 모든 정부재정은 국민의 대표기관인 국회의 통제를 받아야 한다는 재정민주주의 원칙에 따라, 예산의 종류와 관계없이 국회의 심의·의결 대상이 된다.

| 오답해설 | ① ⌈9%⌉ 기금은 특정 목적을 위해 예산 외로 설치된 자금으로, 예산에 적용되는 엄격한 절차나 형식의 제약에서 벗어나 사업상황에 맞게 신축적이고 탄력적으로 지출할 수 있다는 특징이 있다.

② ⌈6%⌉ 「국가재정법」에 따르면, 특별회계는 국가에서 특정 사업을 운영하고자 할 때, 특정 자금을 보유하여 운용할 때, 또는 특정 세입으로써 특정 세출에 충당함으로써 일반회계와 구분하여 계리할 필요가 있을 때에 법률로써 설치한다.

④ ⌈8%⌉ 예산 통일성의 원칙이란 모든 국가의 수입은 국고에 편입되어야 하며, 특정 수입과 특정 지출이 직접 연계되어서는 안 된다는 원칙이다. 기금은 특정 사업의 수입으로 해당 사업의 지출을 직접 충당하므로 통일성 원칙의 대표적인 예외가 된다.

11. 지방행정론 > 기관위임사무, 단체위임사무, 자치사무
오답률 33% | 답 ①

| 정답해설 | ① ⌈67%⌉ 기관위임사무는 본질적으로 국가사무이므로, 그 사무처리에 필요한 경비는 사무를 위임한 중앙정부가 전액 부담하는 것이 원칙이다(교부금의 형태로 지원). 중앙정부와 지방정부가 경비를 공동으로 부담하는 경우는 자치사무의 성격과 국가사무의 성격을 동시에 갖는 단체위임사무에서 주로 나타난다.

| 오답해설 | ② ⌈13%⌉ 단체위임사무는 법령에 따라 국가 또는 상급 지자체의 사무가 지방자치단체라는 법인격 자체에 위임된 사무이다. 반면, 기관위임사무는 지방자치단체의 장이라는 국가의 하부행정기관 지위에서 위임받은 사무이다.

③ ⌈9%⌉ 단체위임사무는 지방자치단체 자체에 위임된 사무이므로, 자치사무와 마찬가지로 지방의회가 법령의 범위 안에서 관련 조례를 제정할 수 있다. 이는 지방의회의 관여가 원칙적으로 불가능한 기관위임사무와의 큰 차이점이다.

④ ⌈11%⌉ 자치사무는 지방정부의 고유한 사무로 자율성이 폭넓게 인정된다. 따라서 중앙정부의 감독은 사무처리가 법령에 위반되는지 여부만을 판단하는 합법성 감독에 한정되는 것이 원칙이며, 합목적성(타당성)까지 감독할 수는 없다.

12. 인사행정론 > 대표관료제, 균형인사제도
오답률 38% | 답 ②

| 정답해설 | ② ⌈62%⌉ 대표관료제는 개인의 능력과 자격보다는 출신 배경(성별, 인종, 지역 등)을 임용의 중요한 기준으로 고려한다. 이는 오직 개인의 실적(Merit)만을 기준으로 삼아야 한다는 실적주의 원리와 정면으로 충돌한다. 대표관료제는 실적주의가 가져올 수 있는 사회적 불평등을 시정하고 보완하기 위해 도입된 제도이다.

| 오답해설 | ① ⌈9%⌉ 대표관료제는 사회의 다양한 인구 구성을 관료 조직에 반영함으로써 행정의 민주성과 대응성을 높이려는 제도이다. 우리나라의 양성평등채용목표제, 장애인·저소득층·지방인재 채용 제도 등은 이러한 대표관료제의 이념을 정책적으로 구현한 균형인사정책에 해당한다.

③ ⌈8%⌉ 특정 사회 집단에 인위적으로 임용 비율을 할당하는 과정에서, 해당 집단에 속하지 않지만 더 높은 실적을 가진 사람이 탈락하는 역차별 문제가 발생할 수 있다. 이는 대표관료제의 가장 큰 단점으로 꼽힌다.

④ ⌈21%⌉ 대표관료제는 특정 집단 출신의 관료가 공직 임용 이전에 경험한 사회화 과정을 통해 그 집단의 가치와 이익을 내면화하고, 이것이 임용 후의 정책 결정 행태로 이어져 해당 집단의 이익을 대변할 것이라는 가정을 바탕으로 한다.

13. 정책학 > 정책흐름모형
오답률 37% | 답 ④

| 정답해설 | ㄴ. 킹던(J. Kingdon)의 정책흐름모형은 코헨(M. Cohen), 마치(J. March)와 올슨(J. Olsen)이 제시한 쓰레기통모형을 정책결정과정에 적용하여 발전시킨 이론이다. 쓰레기통모형의 무작위성과 우연성을 정책의제설정 과정에 도입하여 설명한다.

ㄷ. 킹던(J. Kingdon)은 정책과정이 서로 독립적으로 존재하는 세 가지 흐름, 즉 사회문제가 정부의 관심사로 떠오르는 문제의 흐름(problem stream), 문제에 대한 대안들이 모색되는 정책의 흐름(policy stream), 선거나 여론의 동향 등 정치적 분위기를 나타내는 정치의 흐름(politics stream)으로 구성된다고 보았다.

| 오답해설 | ㄱ. 경쟁하는 지지연합(advocacy coalition)의 신념체계와 자원을 바탕으로 정책과정을 설명하는 모형은 사바티어(P. Sabatier)의 정책지지연합모형(ACF)이다.

14 | 행정학 총론 > 합리성, 효율성, 책임성, 민주성
오답률 26% | 답 ②

| 정답해설 | ② 74% 효과성(Effectiveness)이 '목표의 달성도'를 의미하며, 효율성(Efficiency)이 '투입(input) 대비 산출(output)의 비율'을 의미한다. 효과성은 올바른 일을 하는 것(doing the right things)에, 효율성은 일을 올바르게 하는 것(doing things right)에 초점을 맞춘다.

| 오답해설 | ① 13% 합리성은 어떤 목표를 달성하기 위해 여러 대안 중 최적의 수단을 선택하는 것을 의미한다.
③ 7% 자율적 책임(주관적 책임)은 외부의 제도나 법규에 의한 강제적 책임이 아닌, 공무원 스스로의 직업윤리나 전문가로서의 사명감, 양심 등에 따라 확보되는 내면적이고 자발적인 책임성을 말한다.
④ 6% 행정의 민주성은 행정과정에 국민의 참여를 보장하고 국민의 요구에 부응하는 대외적 민주성과, 행정조직 내부의 의사결정이 민주적이고 개방적으로 이루어지는 대내적 민주성으로 구분할 수 있다.

15 | 인사행정론 > 집중화 경향, 총계적 오류, 연쇄효과, 관대화 경향
오답률 39% | 답 ③

| 정답해설 | ③ 61% 지문은 시간적 오류(Temporal Error)에 대한 설명이다. 구체적으로, 평가기간 초기의 실적이나 인상을 중심으로 평가하는 오류는 첫머리 효과(초두 효과), 평가 시점과 가까운 최근의 실적을 중심으로 평가하는 오류는 근접 효과(막바지 효과)라고 한다. 연쇄효과(Halo Effect)는 피평정자의 어떤 한 가지 특성에 대한 인상이 다른 모든 특성을 평가하는 데 영향을 미치는 오류를 말한다.

| 오답해설 | ① 22% 집중화 경향은 평정자가 피평정자에 대해 잘 모르거나 평가에 자신이 없을 때, 무난하게 대부분의 피평정자에게 중간 수준의 점수를 주는 오류를 말한다.
② 8% 총계적 오류는 평정자의 평정기준이 다른 사람과 다르거나 일관성이 없어 발생하는 오류이다.
④ 9% 관대화 경향은 실제 성과보다 점수를 후하게 주는 오류이다. 강제배분법은 평정등급별 비율을 사전에 정해놓고 그에 맞춰 평정 결과를 배분하도록 하는 방법으로, 모든 사람에게 좋은 점수를 주는 관대화 경향을 원천적으로 방지할 수 있다.

오답률 TOP 2
16 | 지방행정론 > 대등권위모형, 내포권위모형, 중첩권위모형
오답률 74% | 답 ②

| 정답해설 | ② 26% 대등권위모형은 연방정부와 주정부는 「헌법」적으로 분리된 독립적이고 동등한 존재로 본다. 하지만 지방정부는 주정부의 피조물로서 주정부에 종속되는 관계로 파악한다.

| 오답해설 | ① 11% 라이트(D. Wright)는 정부 간 관계를 분석하는 기준으로 권력 관계의 분산 정도(독립성/종속성)와 정부 간 기능 배분의 정도(분리/협력)를 사용하여 대등권위모형, 내포권위모형, 중첩권위모형으로 분류했다.
③ 21% 내포권위모형은 연방정부-주정부-지방정부 간의 관계를 상하 계층적인 서열 관계로 파악한다. 즉, 하위정부가 상위정부의 권한에 포함되는 수직적 종속 관계를 전제로 한다.
④ 42% 중첩권위모형은 정부 간에 기능과 권한이 상당 부분 중첩되어 있어, 서로 협상하고 타협하는 수평적·협력적 관계를 맺고 있다고 본다. 협력적 연방주의(마블 케이크 모형)와 유사하다.

17 | 조직이론 > 변혁적 리더십, 예외관리
오답률 28% | 답 ③

| 정답해설 | ③ 72% 상황적 보상과 예외에 의한 관리는 거래적 리더십의 핵심 특징이다. 거래적 리더십은 부하의 노력과 성과에 대한 보상을 약속하거나, 목표에 미달할 경우에만 개입하는 등 교환적 관계를 바탕으로 한다.

| 오답해설 | ① 9% 영감적 동기부여에 대한 설명이다. 리더는 구성원들에게 미래에 대한 비전과 도전적인 목표를 제시하여 열정과 몰입을 이끌어낸다.
② 14% 개별적 배려에 대한 설명이다. 리더는 구성원 개개인의 욕구와 능력에 관심을 갖고 코치나 멘토로서 그들의 성장을 돕는다.
④ 5% 지적 자극에 대한 설명이다. 리더는 구성원들이 낡은 방식을 비판적으로 바라보고, 창의적인 관점에서 문제에 접근하도록 격려한다.

18 | 행정학 총론 > 공공가치창출론, 전략적 삼각형
오답률 37% | 답 ③

| 정답해설 | ③ 63% 무어의 공공가치창출론은 신공공관리론을 계승한 것이 아니라, 그 한계를 비판하고 극복하기 위해 제시된 이론이다. 신공공관리론이 행정을 단순한 집행 '수단'으로 보고 효율성만을 강조한 것을 비판하며, 행정은 그 자체로 중요한 가치를 창출하는 규범적 활동임을 강조한다.

| 오답해설 | ① 15% 무어의 공공가치창출론은 신공공관리론(NPM)이 정부를 비효율적인 조직으로 보고 행정의 역할을 축소시키면서 발생한 행정의 정당성 위기에 대한 대응으로 등장했다. 행정의 고유한 가치와 역할을 재정립하고자 했다.
② 16% '전략적 삼각형'은 공공관리자가 공공가치를 창출하기 위해 고려해야 할 3가지 핵심 요소(공공가치, 운영역량, 정당성과 지지)를 제시한 무어 이론의 핵심 프레임워크이다.
④ 6% 공공가치창출론의 핵심 주장으로, 정부 관리자는 단순히 주어진 목표를 효율적으로 집행하는 존재를 넘어, 시민들이 중요하게 여기는 '공공가치'를 적극적으로 창출하고 실현해야 할 책임과 역할이 있다고 본다.

19 | 정책학 > 상징정책, 재분배정책, 규제정책, 분배정책
오답률 29% | 답 ①

| 정답해설 | ① 71% 상징정책은 국민의 애국심이나 자부심을 고취하고 공동체 의식을 함양하기 위한 정책(국경일 제정, 국가적 행사 개최 등)으로, 알몬드(G. Almond)와 포웰(G. Powell) 정책유형에만 포함되어 있다.

| **오답해설** | ② ㅤ16%ㅤ 재분배정책은 로위(T. Lowi), 리플리(R. Ripley)와 프랭클린(G. Franklin)의 유형에는 있으나 알몬드(G. Almond)와 포웰(G. Powell)의 유형에는 없다.
③ ㅤ8%ㅤ 규제정책은 세 학자의 유형에 모두 포함된다.
④ ㅤ5%ㅤ 분배정책은 세 학자의 유형에 모두 포함된다.

오답률 TOP 3

20 행정학 총론 > 와그너(A. Wagner), 피콕(A. Peacock)과 와이즈만(J. Wiseman), 보몰(W. Baumol), 파킨슨(C. Parkinson)

오답률 57%ㅤㅤ답 ④

| **정답해설** | ④ ㅤ43%ㅤ 관료들이 자신의 권력, 위신 등 효용을 극대화하기 위해 자기 부서의 예산을 과도하게 확보하려 하기 때문에 정부 예산이 팽창한다고 주장한 학자는 공공선택론자인 니스카넨(W. Niskanen)이다. 파킨슨(C. Parkinson)은 본질적인 업무량과 무관하게 공무원의 수는 '부하 배증의 법칙'과 '업무 배증의 법칙'에 따라 계속 증가한다는 파킨슨의 법칙을 주장했다.

| **오답해설** | ① ㅤ14%ㅤ 와그너(A. Wagner)의 법칙에 대한 설명이다. 와그너는 경제가 발전하고 소득이 증가하면, 교육, 복지 등 공공재에 대한 국민의 수요가 더 크게 늘어나기 때문에 정부지출이 증가한다고 보았다.
② ㅤ14%ㅤ 피콕(A. Peacock)과 와이즈만(J. Wiseman)의 전위효과에 대한 설명이다. 전쟁과 같은 사회적 위기를 계기로 공공지출이 급격히 증가하고, 위기가 끝난 후에도 지출 수준이 과거로 돌아가지 않아 예산규모가 한 단계 상승하게 된다고 주장했다.
③ ㅤ29%ㅤ 보몰(W. Baumol)의 효과(보몰병)에 대한 설명이다. 보몰은 정부가 제공하는 서비스 부문은 민간의 제조업 부문에 비해 생산성 증가가 더디지만 임금은 민간부문과 비슷하게 올려주어야 하므로, 공공서비스의 비용이 계속 증가하여 예산이 팽창한다고 설명했다.

2022

6월 18일 시행
지방직 9급 (Ⓐ책형)

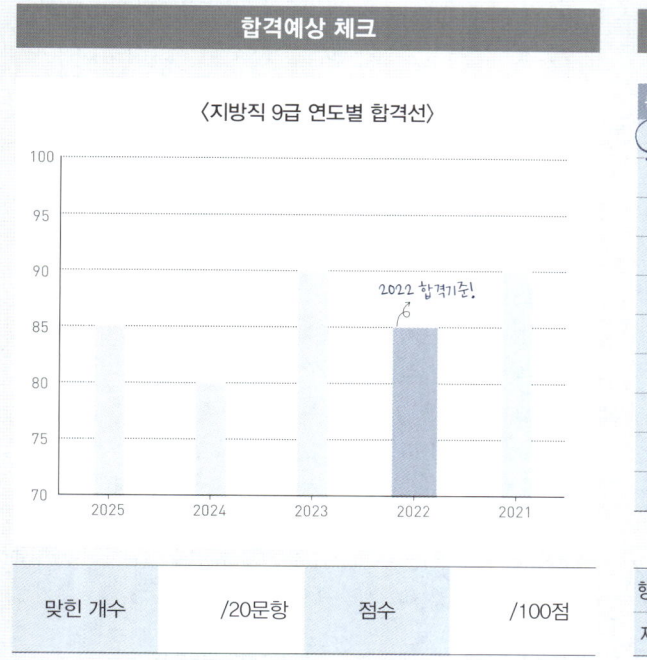

※ [정답해설]과 [오답해설] 선지의 50% 표시는 〈에듀윌 합격예측 풀서비스〉를 통해 수집된 선지 선택률을 나타냅니다.

1 행정학 총론 > 실체설, 과정설   오답률 43%   답 ③

| 정답해설 | ㄱ. 실체설은 공익을 사익의 총합을 넘어서는, 공동체 전체에 이로운 규범적·도덕적 가치로 파악한다. 즉, 사익과는 질적으로 다른 별도의 실체가 존재한다고 본다.
ㄴ. 과정설은 공익이라는 독립된 실체를 부정하고, 다양한 이익집단들이 민주적이고 적법한 절차에 따라 서로 경쟁하고 타협하는 과정 그 자체 또는 그 산물을 공익으로 본다.
ㄹ. 고대 플라톤의 철인정치 사상이나 근대 루소의 일반의지(general will)는 개인들의 사적 이익의 합을 초월하는 공동선으로서의 공익이 존재한다고 보는 실체설의 대표적인 예이다.

| 오답해설 | ㄷ. 실체설은 공익이라는 초월적이고 절대적인 기준을 전제하므로, 엘리트나 특정 집단이 공익을 명분으로 국민의 다양한 이익을 억압하는 비민주적·권위주의적 결정으로 이어질 위험이 있다. 다원적 민주주의의 이념적 기반이 되는 것은 과정설이다.

2 조직이론 > 욕구충족요인 이원론, 위생요인   오답률 43%   답 ④

| 정답해설 | ④ 57% 성취감(Achievement)은 일 자체를 통해 얻는 만족감으로, 개인의 동기를 유발하는 핵심적인 동기요인이다.

| 오답해설 | ① 23% 감독(Supervision)은 직무 환경에 관한 것으로 대표적인 위생요인이다.

② 8% 대인관계(Interpersonal Relations)는 동료, 상사와의 관계로 직무 환경에 속하는 위생요인이다.

③ 12% 보수(Salary)는 직무 자체의 내용이 아닌 외적 조건으로, 허즈버그는 이를 대표적인 위생요인으로 분류했다.

3 조직이론 > 서번트 리더십   오답률 33%   답 ①

| 정답해설 | ㄱ. 서번트(servant) 리더십은 리더가 권위를 내세우기보다 구성원들을 먼저 섬기고, 그들이 성장하며 공동의 목표를 달성할 수 있도록 돕고 지원하는 리더십이다.
ㄷ. 서번트 리더십을 처음 주창한 그린리프(R. Greenleaf)는 리더십의 본질을 타인에 대한 '봉사(Service)'로 보았으며, 이를 실천하기 위해 존중, 경청, 공감, 정직, 공동체 형성 등 윤리적 가치를 매우 중요하게 생각했다.

| 오답해설 | ㄴ. 보상과 처벌을 핵심 관리수단으로 삼는 것은 부하의 성과에 따라 보상이나 벌을 주는 거래적 리더십(Transactional Leadership)의 주요 특징이다. 서번트 리더십은 신뢰와 헌신, 내적 동기부여를 강조한다.
ㄹ. 업무를 명확하게 지시하는 것을 최우선 역할로 보는 것은 과업 중심의 지시적 리더십의 특징이다. 서번트 리더의 최우선 역할은 구성원에 대한 봉사와 헌신, 그리고 그들의 성장을 돕는 것이다.

4	행정학 총론 > 행정생태론, 후기행태주의, 신공공관리론, 뉴거버넌스론
	오답률 45% 답 ④

| **정답해설** | ④ `55%` 뉴거버넌스론은 정부가 단독으로 통치하는 것이 아니라 시장, 시민사회 등 다양한 행위자와의 협력적 네트워크를 통해 사회 문제를 해결해야 한다고 강조하는 이론이다. 로즈(R. Rhodes)는 이러한 거버넌스 및 정책 네트워크 이론을 발전시킨 대표적인 학자이다. 따라서 모든 연결이 바르다.

| **오답해설** | ① `19%` 행정생태론은 행정을 둘러싼 환경적 요인의 중요성을 강조하는 이론은 맞으나, 대표적인 학자는 리그스(F. Riggs), 가우스(J. Gaus) 등이다. 오스본(D. Osborne)과 게블러(T. Gaebler)는 신공공관리론의 대표 학자이다.
② `10%` 후기행태주의의 대표적인 주창자가 이스턴(D. Easton)인 것은 맞지만, 그 특성은 '가치중립적이고 과학적인 연구'를 비판하고 사회 문제 해결을 위한 실천성과 정책지향적 연구(가치판단)를 강조하는 것이다. '가치중립적이고 과학적인 연구'는 행태주의의 특징이다.
③ `16%` 신공공관리론이 시장원리인 경쟁의 도입을 강조하는 것은 맞으나, 대표적인 학자는 오스본(D. Osborne)과 게블러(T. Gaebler) 등이다. 리그스(F. Riggs)는 행정생태론의 대표적인 학자이다.

5	지방행정론 > 티부 모형	오답률 38% 답 ③

| **정답해설** | ③ `62%` 티부(Tiebout) 모형은 시민들이 여러 지방정부 중 하나를 선택하여 거주하는 것을 설명하므로, 고정적 생산요소인 토지(land)가 존재함을 당연한 전제로 한다. 또한, 이 모형은 공공서비스 생산에 있어 '규모의 경제가 존재하지 않는다'고 가정한다. '고정적 생산요소의 부존재'는 티부(Tiebout) 모형의 가정이 아니다.

| **오답해설** | ① `12%` 시민들이 자신들의 선호에 따라 자유롭게 이주할 수 있는 완전한 이동성(perfect mobility)은 티부(Tiebout) 모형의 핵심적인 전제조건이다.
② `14%` 한 지방정부가 공급하는 공공서비스의 혜택이나 비용이 다른 지역으로 넘어가지 않는 외부효과(spillover effect)의 배제를 가정한다.
④ `12%` 시민들은 여러 지방정부가 제공하는 서비스와 조세 부담(재정패키지)에 대한 완전한 정보를 가지고 있어, 이를 바탕으로 가장 합리적인 선택을 할 수 있다고 가정한다.

6	조직이론 > 할거주의, 형식주의, 피터의 원리, 전문화로 인한 무능
	오답률 37% 답 ③

| **정답해설** | ③ `63%` 피터의 원리(Peter Principle)는 관료제 조직에서 구성원들이 자신의 역량으로 감당할 수 없는 수준, 즉 무능한 수준에 도달할 때까지 승진하는 경향이 있다는 이론이다. 지문에서 설명하는 '관료들의 세력 팽창 욕구로 인한 기구와 인력의 증대'는 파킨슨의 법칙(Parkinson's Law)에 대한 설명이다.

| **오답해설** | ① `15%` 할거주의(sectionalism)는 자신이 소속된 부서나 기관의 이익만을 최우선으로 하여 다른 부서와의 협조나 조정을 등한시하는 현상을 말한다. '부처 이기주의' 또는 '사일로 효과(silo effect)'라고도 한다.
② `10%` 형식주의(formalism)는 법규나 규칙, 절차 등 형식적인 측면을 지나치게 강조하여 내용의 본질을 왜곡하는 현상이다. 이로 인해 번거로운 문서처리(red tape)가 증가한다.
④ `12%` 전문화로 인한 무능(Trained Incapacity)은 특정 분야에 대한 지나친 전문화가 오히려 시야를 좁게 만들어, 자신이 맡은 분야 이외의 업무나 전체적인 상황을 이해하고 대처하는 능력을 상실하게 되는 현상을 말한다.

7	정책학 > 상향적 접근방법, 후방향적 집행연구
	오답률 41% 답 ①

| **정답해설** | ㄱ. 엘모어(R. Elmore)는 정책문제 해결의 최접점인 일선 현장에서 출발하여 정책 집행에 필요한 상위 계층의 역할과 자원을 규정해 나가는 후방향적(backward) 접근법을 제시하였다. 이는 상향적 접근방법의 대표적인 예이다.
ㄷ. 립스키(M. Lipsky)는 일선관료(street-level bureaucrats)들이 업무 현장에서 상당한 재량권을 행사하며 실질적으로 정책을 형성해 나간다고 보았다. 이는 정책 집행의 실제 모습을 현장(아래)에서부터 파악하려는 상향적 접근방법의 핵심적인 연구이다.

| **오답해설** | ㄴ. 사바티어(P. Sabatier)와 매즈매니언(D. Mazmanian)의 모형은 정책결정에서 설정된 목표가 얼마나 잘 집행되는지에 영향을 미치는 변수들을 체계적으로 제시한 전형적인 하향적 접근방법이다.
ㄹ. 반 미터(Van Meter)와 반 혼(Van Horn)의 모형은 정책 기준, 자원, 기관 간의 의사소통 등 정책결정 내용이 정책성과에 미치는 영향을 분석하는 대표적인 하향적 접근방법이다.

오답률 TOP3

8	정책학 > 정책혁신, 정책승계, 정책유지, 정책종결
	오답률 55% 답 ①

| **정답해설** | ① `45%` 정책혁신(Policy Innovation)은 정부가 과거에 다루지 않던 새로운 문제에 대해 새로운 정책을 만들어 대응하는 것을 말한다. 이는 종종 새로운 조직의 설립, 새로운 예산의 확보, 새로운 법률의 제정 등 근본적인 변화를 수반한다. '기존의 조직이나 예산을 기반으로' 한다는 설명은 정책혁신보다는 정책유지나 정책승계에 가까운 설명이다.

| **오답해설** | ② `24%` 정책승계(Policy Succession)는 기존 정책의 기본 목표는 그대로 두면서 그 정책을 구성하는 정책수단, 조직, 대상 집단 등을 실질적으로 다른 것으로 대체하거나 수정하는 것을 포괄하는 개념이다.
③ `14%` 정책유지(Policy Maintenance)는 기존 정책의 기본적 틀에는 변화 없이, 예산 규모나 수혜 자격 기준 등을 일부 조정하는 등 가장 작은 수준의 변화가 일어나는 것을 의미한다.

④ 17% 정책종결(Policy Termination)은 특정 정책 프로그램을 완전히 중단하고 관련된 조직, 예산, 법규 등을 모두 소멸시키는 것을 말한다. 다른 정책으로 대체되는 정책승계와는 구분된다.

| 9 | 조직이론 > 경쟁가치모형, 위계문화, 혁신지향문화, 과업지향문화, 관계지향문화 | 오답률 46% | 답 ① |

| 정답해설 | ① 54% 위계문화는 안정성과 통제를 통한 효율성을 강조하는 문화이다. 응집성을 강조하는 것은 관계지향문화(집단문화)의 특징이다.

| 오답해설 | ② 8% 혁신지향문화는 외부 환경 변화에 신속하게 적응하기 위해 창의적인 아이디어와 혁신을 핵심 가치로 삼는다.
③ 14% 과업지향문화는 시장에서의 경쟁 우위를 확보하기 위해 목표 달성과 생산성 향상을 핵심 가치로 삼는다.
④ 24% 관계지향문화는 구성원들의 만족과 참여를 중요하게 여기므로, 사기 진작과 유지를 핵심 가치로 삼는다.

| 10 | 인사행정론 > 공무원연금, 기준소득월액, 평균보수월액 | 오답률 50% | 답 ④ |

| 정답해설 | ④ 50% 2009년 「공무원연금법」의 개정으로 퇴직급여 산정 기준을 퇴직 전 3년에서 전체 재직기간 동안의 평균보수월액으로 개정하였다.

| 오답해설 | ① 14% 2015년 퇴직연금 지급률을 1.9%에서 단계적으로 1.7%까지 인하하였다.
② 21% 2015년 퇴직연금 수급 재직요건을 20년에서 10년으로 조정하였다.
③ 15% 2015년 공무원의 기여율과 정부의 부담률을 7%에서 9%로 단계적으로 인상하였다.

| 11 | 지방행정론 > 보통세 | 오답률 50% | 답 ③ |

| 정답해설 | ㄴ. 지방소비세는 특별시·광역시세와 도세 모두에 공통적으로 속한다.
ㄹ. 레저세는 특별시·광역시세와 도세 모두에 공통적으로 속한다.
ㅂ. 취득세는 특별시·광역시세와 도세 모두에 공통적으로 속한다.

| 오답해설 | ㄱ. 지방소득세는 특별시·광역시세에는 속하지만, 도세에는 속하지 않는다.
ㄷ. 주민세는 특별시·광역시세에는 속하지만, 도세에는 속하지 않는다.
ㅁ. 재산세는 특별시·광역시세와 도세 모두에 속하지 않는다.

| 12 | 재무행정론 > 정부회계, 재무회계, 예산회계 | 오답률 40% | 답 ② |

| 정답해설 | ② 60% 정부의 재정상태 및 운영성과를 나타내는 재무제표 작성을 위한 재무회계에는 발생주의·복식부기 방식이 적용된다. 반면, 예산의 확정과 집행 실적을 나타내는 예산회계는 현금주의·단식부기 원리를 중심으로 운용된다.

| 오답해설 | ① 12% 국가의 재정활동은 디지털예산회계시스템인 디브레인(dBrain)을 통해, 지방자치단체의 재정활동은 지방재정관리시스템인 e-호조를 통해 통합적으로 관리되고 있다.
③ 15% 발생주의회계는 현금의 유출입과 관계없이 경제적 사건이 발생한 시점에 거래를 인식한다. 따라서 현금을 아직 받지 못했더라도 발생한 수익(미수수익)은 자산으로, 현금을 아직 지급하지 않았더라도 발생한 비용(미지급금)은 부채로 재무제표에 기록한다.
④ 13% 복식부기는 모든 회계상 거래를 자산, 부채, 순자산, 비용, 수익의 증감 관계로 파악하여 차변과 대변 양쪽에 동일한 금액을 이중으로 기록하는 방식이다. 정부의 재무제표는 이러한 복식부기 원리에 따라 작성된다.

오답률 TOP 1

| 13 | 조직이론 > 정부위원회, 자문위원회 | 오답률 57% | 답 ④ |

| 정답해설 | ㄱ. 위원회는 여러 명의 위원이 공동으로 의사를 결정하므로, 결정에 대한 책임 소재가 불분명해지고 이로 인해 무책임한 결정을 내릴 수 있다는 단점이 있다.
ㄷ. 위원회 제도는 다양한 분야의 전문가나 이해관계자들이 참여하여 여러 의견을 수렴하고 조정하는 과정을 거치므로, 행정의 민주성과 공정성을 높이는 장점이 있다.
ㄹ. 「정부조직법」에 따르면, 지문에 열거된 6개 위원회(방송통신위원회, 공정거래위원회, 국민권익위원회, 금융위원회, 개인정보보호위원회, 원자력안전위원회)는 모두 소관 사무를 독립적으로 수행하는 합의제 중앙행정기관에 해당한다.

| 오답해설 | ㄴ. 자문위원회는 특정 현안에 대한 자문을 구하기 위해 한시적으로 설치·운영되는 경우가 많다. 업무의 계속성·상시성은 주로 독립된 행정관청으로서의 지위를 갖는 행정위원회의 특징이다.

| 14 | 인사행정론 > 직능급, 연공급, 직무급, 성과급 | 오답률 34% | 답 ② |

| 정답해설 | ② 66% 연공급은 근속연수나 연령을 기준으로 보수를 책정하므로 안정성과 조직에 대한 충성도를 높이는 데는 유리할 수 있다. 그러나 개인의 능력, 성과, 전문성을 보수와 직접 연계하지 않기 때문에, 높은 전문성을 가진 젊은 기술인력을 유인하거나 유지하는 데는 불리하게 작용할 수 있다. 전문기술인력 확보에 유리한 보수체계는 직무급이나 직능급이다.

| 오답해설 | ① 12% 직능급은 개인이 가진 자격, 기술, 능력 등 직무수행능력에 따라 보수를 책정하는 방식이다. 따라서 높은 수준의 자격증을 보유한 유능한 인재를 확보하고, 구성원들의 능력 개발을 장려하는 데 유리하다.
③ 15% 직무급은 직무의 곤란성, 책임성 등 직무의 상대적 가치를 평가하여 보수를 결정한다. 따라서 '동일노동-동일임금' 원칙을 가장 잘 실현할 수 있는 합리적인 보수체계로 평가받는다.

④ 7% 성과급은 개인이나 조직이 달성한 업무 실적(결과)에 따라 보상을 달리 지급하는 방식이다. 따라서 결과를 중시하며, 실적에 따라 지급액이 달라지므로 고정급이 아닌 변동급의 성격을 가진다.

15 재무행정론 > 예비타당성조사　　오답률 38%　답 ④

| 정답해설 | ④ 62% 「국가재정법」에 따르면, 정부는 총사업비가 500억 원 이상이고 국가의 재정지원 규모가 300억 원 이상인 신규 사업으로서 건설공사가 포함된 사업 등에 대해 미리 예비타당성조사를 실시한다.

오답률 TOP 2
16 인사행정론 > 「공직자윤리법」, 재산등록의무자　오답률 56%　답 ②

| 정답해설 | ② 44% 「공직자윤리법」에 따르면, 군인은 대령 이상의 장교가 재산등록의무자이다.
| 오답해설 | ① 22% 「공직자윤리법」에 따라 법관 및 검사는 재산등록의무자에 해당한다.
③ 15% 「공직자윤리법」에 따라 총경 이상의 경찰공무원과 소방정 이상의 소방공무원은 재산등록의무자에 해당한다.
④ 19% 「공직자윤리법」에 따라 4급 이상의 일반직 국가공무원 및 지방공무원과 이에 상당하는 보수를 받는 별정직 공무원은 재산등록의무자에 해당한다.

17 정책학 > 정책도구　　오답률 35%　답 ①

| 정답해설 | ① 65% 경제적 규제는 정부가 법률에 근거하여 개인이나 기업의 가격, 생산량, 시장 진입 등 경제 활동을 직접 통제하고, 위반 시 제재를 가하는 방식이다. 이는 대상자의 행동을 직접적으로 구속하므로 강제성이 매우 높은 정책수단에 해당한다.
| 오답해설 | ② 8% 바우처는 정부가 특정 재화나 서비스의 구매에 사용하도록 쿠폰(이용권)을 지급하는 방식이다. 수혜자가 바우처를 사용할지 여부를 선택할 수 있으므로 강제성이 낮다.
③ 15% 조세지출은 특정 행위를 유도하기 위해 세금을 깎아주는 간접적인 지원 방식이다. 납세자가 해당 행위를 할지 여부는 자유롭게 선택할 수 있으므로 강제성이 낮다.
④ 12% 직접대출은 정부가 특정 개인이나 조직에 자금을 직접 빌려주는 것이다. 대출을 신청하고 받는 것은 개인의 선택이므로 강제성이 낮다.

18 재무행정론 > 일반회계, 특별회계, 기금　오답률 51%　답 ②

| 정답해설 | ② 49% 특별회계와 기금은 특정 세입으로 특정 세출에 충당하도록 세입·세출이 직접 연계되어 있다. 이는 모든 세입을 하나의 국고에 넣고 특정 목적과 연결시키지 않아야 한다는 '예산 통일성의 원칙'에 대한 예외이다. 모든 수입과 지출을 예산에 포함해야 한다는 '예산 총계주의 원칙(완전성의 원칙)'의 예외는 아니다.

| 오답해설 | ① 9% 일반회계는 국가의 가장 기본적이고 중심적인 회계로, 특정 목적에 한정되지 않는 조세수입을 주된 재원으로 하여 국방, 행정, 교육 등 국가의 일반적인 세출을 감당한다.
③ 23% 「국가재정법」에 따라 정부는 일반회계, 특별회계, 기금을 모두 포괄하여 국가결산보고서를 작성하고, 감사원의 검사를 거쳐 국회의 심의·의결을 받아야 한다.
④ 19% 「국가재정법」 제89조는 추가경정예산의 편성 사유로 '전쟁이나 대규모 재해가 발생한 경우' 등을 명시하고 있으며, 이는 일반회계와 특별회계에 모두 적용된다.

19 인사행정론 > 유연근무제, 집약근무형　오답률 46%　답 ②

| 정답해설 | ② 54% 집약근무형(압축근무제)은 주 40시간이라는 총 근무 시간의 틀은 유지하면서, 하루에 10시간 이상씩 근무하여 주 3.5일이나 4일만 일하는 탄력근무제의 한 유형이다. 이는 '1일 8시간에 구애받지 않음', '주 3.5~4일 근무'라는 조건을 모두 만족시킨다.
| 오답해설 | ① 11% 재택근무형은 근무 장소를 유연하게 하는 '원격근무제'의 한 유형으로, 근무 시간의 변경을 의미하는 '탄력근무제'와는 구분된다.
③ 10% 시차출퇴근형은 1일 8시간, 주 5일 근무의 틀을 유지하면서 출근 시간만 8시, 9시, 10시 등으로 자율적으로 조정하는 제도이다. '1일 8시간에 구애받지 않음'이라는 조건과 맞지 않는다.
④ 25% 근무시간선택형은 주 5일 근무를 유지하면서, 하루의 근무 시간을 4시간에서 12시간 사이에서 자유롭게 조절하여 주 40시간을 채우는 제도이다. 주 근무일수 자체가 줄어드는 집약근무형과는 차이가 있다.

20 정책학 > 하울렛(M. Howlett)과 라메쉬(M. Ramesh)　오답률 39%　답 ④

| 정답해설 | ④ 61% (라)는 내부주도형으로, 정부 관료 등 내부 결정자가 의제를 설정하며 초기에는 공중의 지지가 낮다. 의제화 자체는 용이할 수 있으나, 정책이 성공적으로 집행되기 위해서는 국민의 이해와 지지, 순응이 필수적이다. 따라서 성공적인 집행을 위해 공중의 지지를 확보하려는 노력이 필요하다.
| 오답해설 | ① 13% (가)는 외부주도형으로, 정부 외부의 시민사회 단체 등이 사회문제를 제기하고 이를 공론화하여 여론의 지지를 바탕으로 정부의 공식 의제로 채택시키는 유형이다.
② 14% (나)는 내부접근형으로, 일반 대중의 지지는 낮지만 특정 이익집단이 정부 내 정책결정자와의 비공식적인 접촉이나 접근을 통해 자신들의 요구를 정책 의제화하는 유형이다.
③ 12% (다)는 동원형으로, 정부가 정책을 주도하며 이미 공중의 지지가 높은 사안을 의제화한다. 이 경우 정책에 대한 국민적 공감대가 형성되어 있어 정책 집행 시 순응과 협조를 확보하기 용이하다.

2021 6월 5일 시행 지방직 9급 (Ⓐ책형)

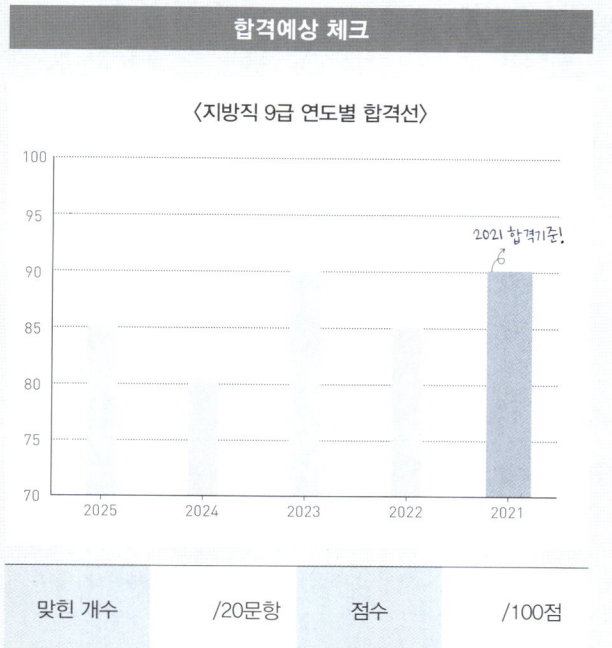

---

1 행정학 총론 > 정치행정일원론, 행정국가 오답률 18% 답 ①

| 정답해설 | ① 82% 1930년대 대공황 극복 과정에서 정부의 기능이 확대되는 행정국가가 등장하면서, 행정이 단순히 법을 집행하는 것을 넘어 정책결정 과정에 깊숙이 개입하는 현실이 나타났다. 정치행정일원론은 이러한 현실을 설명하기 위해 대두된 이론으로, 행정의 정책결정적 기능을 강조한다.

| 오답해설 | ② 6% 윌슨(W. Wilson)의 「행정의 연구」(1887)는 행정을 정치의 영역에서 분리하여 독립된 과학적 연구 대상으로 삼아야 한다고 주장한 정치행정이원론의 효시이다.
③ 6% 정치는 가치판단적인 의사결정, 행정은 가치중립적인 집행이라고 명확히 구분하는 것은 정치행정이원론의 핵심 주장이다.
④ 6% 행정을 비즈니스, 즉 경영의 원리에 따라 운영해야 하며, 이를 위해 절약과 능률을 최고의 가치로 삼아야 한다고 본 것은 정치행정이원론의 입장이다.

---

2 행정학 총론 > 신공공관리론, 기업가적 정부 오답률 15% 답 ②

| 정답해설 | ② 85% 노젓기 정부(Rowing Government)는 정부가 직접 공공서비스를 생산하고 집행하는 것을 의미한다. 기업가적 정부는 이러한 '노젓기' 역할에서 벗어나, 민간 등 다양한 주체들이 서비스를 공급하도록 방향을 제시하고 조정하는 '방향잡기 정부(Steering Government)'가 되어야 한다고 주장한다. 따라서 '노젓기 정부'는 기업가적 정부가 지양해야 할 과거의 모습이다.

| 오답해설 | ① 1% 경쟁적 정부는 정부가 서비스 공급을 독점하지 않고, 민간 부문이나 다른 공공기관과의 경쟁을 도입하여 서비스의 효율성과 품질을 높여야 한다는 원리이다.
③ 2% 성과 지향적 정부는 정부 활동의 평가 기준을 투입이나 과정이 아닌 산출과 결과, 즉 성과에 두어야 한다는 원리이다.
④ 12% 미래 대비형 정부는 문제가 발생한 후에 대응하는 사후적 행정이 아니라, 미래를 예측하고 문제가 발생하기 전에 예방하는 사전 예방적 정부를 지향해야 한다는 원리이다.

---

3 인사행정론 > 특수경력직 공무원, 경력직 공무원 오답률 23% 답 ④

| 정답해설 | ④ 77% 경력직 공무원은 실적주의와 직업공무원제 원칙에 따라 실적과 자격에 근거하여 임용되고, 법률에 정하는 사유에 의하지 않고는 신분을 박탈당하지 않는 신분 보장이 적용된다.

| 오답해설 | ① 12% 소방공무원은 특정직 공무원에 해당한다. 특정직 공무원은 경력직 공무원의 한 종류이다. 특수경력직 공무원은 정무직과 별정직 공무원으로 나뉜다.
② 3% 국회 수석전문위원은 별정직 공무원에 해당한다. 별정직 공무원은 특수경력직 공무원의 한 종류이다.

③ 8% 차관은 정무직 공무원이며, 1~3급에 해당하는 고위공무원단은 대부분 일반직 공무원에 해당한다. 특정직 공무원은 법관, 검사, 경찰, 소방, 교원 등 특수 분야 업무를 담당하는 공무원을 지칭하며, 계급으로 분류되지 않는다.

| 4 | 재무행정론 > 품목별예산, 성과주의예산, 계획예산, 영기준예산 | 오답률 19% | 답 ① |

| 정답해설 | ① 81% 품목별예산제도(LIBS)는 지출 품목별로 예산을 세세하게 규정하여 행정부가 정해진 용도 외에는 자금을 사용할 수 없도록 하는 제도이다. 이는 행정부의 재량권을 엄격하게 통제하고 입법부(의회)의 재정 통제권을 강화하기 위해 도입되었다.

| 오답해설 | ② 5% 성과주의예산제도(PBS)는 정부가 수행하는 '사업(activity)'과 그 '성과(performance)'를 측정하고, 이를 예산과 연계하는 제도이다. 예산 편성은 주로 '단위원가 × 업무량 = 예산액'이라는 공식을 활용하여 이루어진다.

③ 3% 계획예산제도(PPBS)는 장기적인 국가 목표(Plan)를 설정하고, 이를 달성하기 위한 사업들(Program)을 구성한 뒤, 이에 맞추어 단년도 예산(Budget)을 편성하는 방식이다. 장기 기획과 단기 예산편성을 유기적으로 연계하는 것이 핵심이다.

④ 11% 영기준예산제도(ZBB)는 전년도 예산을 전혀 고려하지 않고, 매년 모든 사업을 원점(Zero-Base)에서 재평가하여 우선순위가 높은 사업부터 예산을 배분하는 감축 지향적 예산제도이다.

| 5 | 재무행정론 > 특별회계, 기금 | 오답률 25% | 답 ③ |

| 정답해설 | ③ 75% 일반적으로 기금이 특별회계보다 운영상의 자율성과 탄력성이 더 강하다. 기금은 연도 간의 신축적인 자금 운용이 가능하고, 예산보다 국회의 통제를 덜 받는 등 사업을 탄력적으로 수행할 목적으로 설치된 것이다.

| 오답해설 | ① 10% 기금은 국민연금기금처럼 특정 목적을 위해 조성된 자금으로, 그 수입(예 보험료)은 정해진 목적의 지출(예 연금 지급)에만 사용되므로 수입과 지출의 연계성이 매우 강하다.

② 5% 특별회계는 예산의 한 종류이므로 일반회계와 마찬가지로 예산의 공식 용어인 '세입'과 '세출'의 구조로 편성 및 운영된다.

④ 10% 특별회계와 기금 모두 국가재정의 일부로서,「국가재정법」에 따라 매년 결산보고서를 작성하여 감사원의 검사를 거쳐 국회의 심의·의결을 받아야 한다.

| 6 | 지방행정론 > 재정자립도, 국고보조금, 지방교부세, 지방채 | 오답률 11% | 답 ② |

| 정답해설 | ② 89% 국고보조금은 중앙정부가 특정한 사업을 장려하거나 국가적 이해관계가 있는 사업을 수행하기 위해 용도를 지정하여 지방자치단체에 지원하는 '조건부' 재원이다. 따라서 용도가 정해져 있어 지방자치단체가 자율적으로 사용할 수 없으므로, 지방재정 운영의 자율성을 오히려 저해하는 요인으로 작용한다. 지방재정의 자율성을 높이는 재원은 용도에 제한이 없는 일반재원인 지방교부세나 지방세이다.

| 오답해설 | ① 6% 재정자립도는 지방자치단체의 전체 세입(일반회계 기준)에서 지방세와 세외수입 등 스스로 벌어들이는 '자주재원'이 차지하는 비율을 나타내는 지표[재정자립도 = 자주재원(지방세 + 세외수입) / 일반회계 총세입×100]로, 재정의 자립적인 역량을 측정하는 데 사용된다.

③ 2% 지방교부세는 재정력이 약한 지방자치단체에 중앙정부가 재원의 일부를 이전하여 최소한의 행정 수준을 유지할 수 있도록 보장하는 제도이다. 이는 지역 간 재정 격차를 줄이고 균형발전을 도모하는 것을 목적으로 하는 대표적인 재정균등화 제도이다.

④ 3% 「지방재정법」 제11조에 따르면, 지방자치단체는 공유재산의 조성, 재해예방 및 복구 사업 등 법률로 정해진 특정 목적 사업의 경비를 조달하기 위해 지방의회의 의결을 거쳐 지방채를 발행할 수 있다.

| 7 | 조직이론 > 변혁적 리더십 | 오답률 3% | 답 ③ |

| 정답해설 | ③ 97% 변혁적(transformational) 리더십은 바람직한 미래상(비전)을 제시하여 부하의 주인의식을 고취하고(영감적 동기부여), 부하가 낡은 방식을 버리고 새로운 관점에서 문제를 해결하도록 지적으로 자극하며(지적 자극), 높은 기대를 통해 동기를 부여하는 것을 핵심으로 한다.

| 오답해설 | ① 1% 변혁적 리더십은 조직의 급격한 환경 변화에 대응하고 혁신을 추구하기 위해 조직의 근본적인 변화와 적응을 강조하는 리더십이다. 조직의 안정은 거래적 리더십이나 관리주의와 더 관련이 깊다.

② 1% 변혁적 리더십의 핵심 구성요소 중 하나는 '개별적 배려(Individualized Consideration)'로, 리더가 부하 개개인을 존중하고 그들의 잠재력 개발에 관심을 기울이는 것을 의미한다. 또한, 변혁적 리더십은 유기적 조직구조에 더 적합하다.

④ 1% 리더와 부하의 관계를 경제적 교환관계로 보고, 부하의 성과에 따른 보상을 통해 동기를 유발하는 것은 거래적 리더십(transactional leadership)의 특징이다.

| 8 | 조직이론 > 인간관계론, 과학적 관리론, 고전적 조직이론, 상황이론 | 오답률 11% | 답 ① |

| 정답해설 | ① 89% 인간관계론은 호손 실험을 통해 조직 내 비공식집단, 동료 간의 관계, 사기, 소속감 등 사회적·심리적 요인이 생산성에 더 큰 영향을 미친다고 보았다. 따라서 경제적 보상 외에 사회심리적 측면을 중요한 동기유발 요인으로 강조한다.

| 오답해설 | ② 5% 시간-동작 연구는 테일러(F. Taylor)가 과학적 관리론에서 제시한 핵심적인 연구 방법이다. 귤릭(L. Gulik)은 최고관리자의 7가지 기능(POSDCoRB)을 제시한 고전적 행정학자이다.

③ 2% 고전적 조직이론은 기계적 능률을 강조하고, 조직 속 인간을 합리적·경제적 인간으로 간주한다. 사회적 능률과 자아실현인(자아실현적 인간)은 각각 인간관계론과 후기 인간관계론에서 강조하는 개념이다.

④ 4% 모든 상황에 적용되는 유일·최선의 조직구조가 있다는 주장은 고전적 조직이론의 관점이다. 상황이론(contingency theory)은 그와 반대로, 조직이 처한 환경, 기술, 규모 등 상황적 요인에 따라 적합한 조직구조가 달라진다고 주장하며 '유일 최선의 방법은 없다'를 기본 전제로 한다.

| 9 | 조직이론 > 균형성과표 | 오답률 10% | 답 ④ |

| 정답해설 | ④ 90% 시민참여, 적법절차, 공개는 내부과정 관점의 성과지표이고, 내부 직원의 만족도는 학습과 성장 관점의 성과지표이다.

| 오답해설 | ① 5% 균형성과표(BSC)는 조직의 비전과 장기적 전략을 구체적인 성과지표로 전환하여, 단기적인 성과측정 및 활동이 장기 목표 달성과 연계되도록 하는 전략 관리 시스템이다.
② 1% 균형성과표는 이름 그대로 '균형'을 핵심으로 한다. 과거의 성과를 보여주는 재무적 지표와 미래 성과를 이끄는 비재무적 지표(고객, 내부 프로세스, 학습과 성장) 간의 균형을 통해 종합적인 성과관리를 추구한다.
③ 4% 균형성과표는 전통적인 성과관리 방식이 재무적 관점에만 치우쳐 있었다는 비판에서 출발했다. 따라서 기존의 재무적 관점에 고객 관점, 내부 프로세스 관점, 학습과 성장 관점이라는 3가지 비재무적 관점을 추가하여 총 4가지 관점으로 성과를 측정한다.

| 10 | 정책학 > 정책옹호연합모형, 기저 핵심 신념 | 오답률 17% | 답 ② |

| 정답해설 | ② 83% 기저 핵심 신념(deep core beliefs) 혹은 규범적 핵심(normative core)은 신념체계 중 가장 최상위의 수준으로 자유, 평등, 발전, 보존 등의 존재론적 가치의 우선순위이며, 변화가 가장 어려운 신념체계이다.

| 오답해설 | ① 8% 정책옹호연합모형은 외적변수(external parameters), 정책옹호연합(policy advocacy coalition), 신념체계(belief systems), 정책중개자(policy brokers), 정책학습(policy learning), 정책산출(policy output), 그리고 정책변동(policy change) 등으로 구성된다. 외적변수는 안정적인 외적변수와 역동적인 외적변수로 구성되어 있는데, 전자는 문제영역의 기본적 속성, 자연자원의 기본적 분포, 근본적인 사회문화적 가치 및 사회구조, 기본적인 법적구조 등이며, 후자의 경우에는 사회경제적 조건의 변화, 여론의 변화, 지배집단의 변화, 다른 하위체제로부터의 정책결정 및 영향 등을 들 수 있다. 안정적인 외적변수들은 변화가 불가능하지는 않으나 변화의 속도가 매우 더디고 범위 또한 협소하다. 반면, 역동적인 외적변수는 정책하위체제에 단기간에 큰 영향을 미친다.
③ 7% 정책옹호연합들 간의 대립과 갈등을 중재하는 제3자를 정책중개자라고 부른다. 정책중개자의 주요 관심은 정책옹호연합들 사이의 갈등을 줄이면서 합리적인 타협점을 찾아내는 것이다. 옹호연합들은 그들이 소유하는 재원을 동원하여 그들의 신념체계를 공공정책으로 변화시키려고 경쟁하게 되는데, 이때 정책중개자인 제3의 행위자들, 즉 정치인과 관료 등에 의해 중재될 수 있다.
④ 2% 정책옹호연합모형은 신념 체계별로 여러 개의 연합으로 구성된 정책행위자 집단이 자신들의 신념을 정책으로 관철하기 위하여 경쟁한다는 점을 강조하는 이론이다.

| 11 | 인사행정론 > 엽관주의, 실적주의 | 오답률 10% | 답 ④ |

| 정답해설 | ④ 90% 실적주의는 정당, 출신 배경, 재산 등과 무관하게 공개 경쟁 시험을 통해 누구나 능력만 있으면 공무원이 될 수 있도록 한다. 이는 공직 임용에 있어 기회균등을 보장하는 것을 핵심적인 장점으로 한다.

| 오답해설 | ① 1% 개인의 능력, 적성, 기술 등 실적을 공직임용 기준으로 하는 것은 실적주의이다. 엽관주의는 정당에 대한 충성도나 공헌도를 임용 기준으로 삼는다.
② 1% 엽관주의는 집권 정당이 관료 조직을 장악하여 국정 운영을 원활하게 할 수 있도록 하므로, 정치지도자의 국정 지도력을 강화시키는 경향이 있다.
③ 8% 실적주의는 공무원의 신분 보장과 정치적 중립을 강조하기 때문에, 정권 교체나 선거를 통해 나타나는 국민의 요구에 둔감해질 수 있다. 이로 인해 관료의 민주적 대응성이 저하될 수 있다는 비판을 받는다.

오답률 TOP1

| 12 | 인사행정론 > 고위공무원단제도 | 오답률 87% | 답 ② |

| 정답해설 | ② 13% 고위공무원단제도는 기존의 1~3급의 계급을 폐지하고, 직무의 곤란도와 책임도에 따른 '직무등급'을 기준으로 인사관리를 하는 직무 중심의 시스템이다. 이는 계급 중심의 경직된 인사관리를 타파하고 범정부적 차원에서 인재를 활용하기 위함이다.

| 오답해설 | ① 1% 고위공무원단제도는 고위공무원이 되기 위해 역량평가를 통과하도록 하여, 리더십과 직무 전문성 등 역량을 갖춘 인재를 선발하고 관리하는 역량 중심의 인사관리를 지향한다.
③ 2% 고위공무원은 매년 성과계약을 체결하고 그 결과에 따라 성과급을 지급받는 등 성과와 책임에 기반한 인사관리를 받는다. 이는 직무의 성과와 책임을 강화하기 위한 것이다.
④ 10% 고위공무원단 직위 중 일정 비율(20%)을 민간 전문가에게 개방하는 '개방형 직위'와 다른 부처 공무원에게도 기회를 주는 '공모 직위'를 운영하여 개방성과 경쟁을 촉진한다.

| 13 | 조직이론 > 4차 산업혁명, 빅데이터 | 오답률 4% | 답 ② |

| 정답해설 | ② 96% 대량 생산 체제와 이를 통한 규모의 경제 확산은 포드주의(Fordism)로 대표되는 2차 산업혁명의 핵심 특징이다. 4차 산업혁명은 오히려 개인의 다양한 요구에 맞춘 '다품종 소량 생산' 또는 '맞춤형 생산'을 지향하며, 이는 기존의 대량 생산 패러다임과 구별된다.

| **오답해설** | ① ⟨1%⟩ 4차 산업혁명은 사물인터넷(IoT), 5G 통신 등을 통해 모든 것이 연결되는 '초연결성(Hyper-connectivity)'과 인공지능(AI)이 빅데이터를 분석하고 스스로 학습하여 합리적 대안을 찾는 '초지능성(Super-intelligence)'을 핵심 특징으로 한다.
③ ⟨2%⟩ 사물인터넷(IoT) 기술은 도시의 교통, 에너지, 환경, 안전 등 다양한 인프라에 센서를 부착하여 데이터를 실시간으로 수집하고 연결함으로써, 도시 문제를 효율적으로 해결하는 스마트 도시(Smart City)를 구현하는 데 핵심적인 역할을 한다.
④ ⟨1%⟩ 정부가 보유한 방대한 공공데이터(빅데이터)와 민간 데이터를 인공지능으로 분석하여, 국민 개개인의 필요와 상황에 맞는 선제적이고 맞춤화된 공공서비스를 제공하는 것은 4차 산업혁명 시대의 중요한 행정 목표 중 하나이다.

오답률 TOP 3

| **14** | 행정환류론 > 행정통제, 행정책임 | 오답률 39% | 답 ① |

| **정답해설** | ㄱ. 파이너(H. Finer)는 공무원의 책임은 국민과 의회에 의해 위임된 것이므로, 법률이나 규칙, 절차 등 제도적 장치를 통한 외부로부터의 통제(외재적 책임)가 필수적이라고 주장했다.
| **오답해설** | ㄴ. 행정통제는 통제 주체가 행정부 외부에 있는지 내부에 있는지에 따라 외부통제와 내부통제로 나뉜다. 감사원은 행정부 내부에 속해있으므로 내부통제에 해당한다.
ㄷ. 프리드리히(C. Friedrich)는 현대 행정의 전문성과 복잡성 때문에 외부통제만으로는 한계가 있다고 보았다. 그는 공무원 스스로의 직업윤리, 전문적 기준, 국민의 요구에 대한 자발적 반응 등 내재적·자율적 통제(내재적 책임)를 강조했다. 객관적·외재적 책임을 강조한 학자는 파이너이다.

| **15** | 지방행정론 > 자치경찰제도, 제주자치경찰단 | 오답률 7% | 답 ② |

| **정답해설** | ② ⟨93%⟩ 경찰 업무의 전국적인 통일성과 일사불란한 지휘체계를 통한 효율성 확보는 국가경찰제도의 장점이다. 반면, 자치경찰제도는 지역마다 치안 서비스의 내용이나 수준이 달라질 수 있어 전국적 통일성 확보가 어렵고, 조직·인력의 중복으로 비효율이 발생할 수 있다는 단점이 지적된다.
| **오답해설** | ① ⟨1%⟩ 자치경찰제는 경찰의 권한과 책임을 지방자치단체에 부여하여, 해당 지역의 특성과 주민의 요구에 맞는 근린 중심의 치안 서비스를 제공하는 것을 핵심 장점으로 한다.
③ ⟨0%⟩ 2006년부터 자치경찰제를 선도적으로 도입한 제주특별자치도의 자치경찰단은 교통, 방범, 환경 순찰 등 주민의 생활과 밀접한 생활안전 및 사회적 약자 보호 활동에 관한 사무를 주로 담당한다.
④ ⟨6%⟩ 2021년부터 전국적으로 확대 시행된 자치경찰제에 따라, 자치경찰 사무를 지휘·감독하기 위해 각 시·도지사 소속으로 합의제 행정기관인 '시·도자치경찰위원회'를 설치하여 운영하고 있다.

| **16** | 재무행정론 > 예비비, 목적 예비비 | 오답률 26% | 답 ③ |

| **정답해설** | ③ ⟨74%⟩ 「지방재정법」은 "지방의회의 예산안 심의 결과 폐지되거나 감액된 지출항목에 대해서는 예비비를 사용할 수 없다."라고 명확히 규정하고 있다. 이는 예산심의·의결권을 가진 지방의회의 권한을 존중하고, 행정부가 의회의 결정을 무력화시키는 것을 방지하기 위한 중요한 통제 장치이다.
| **오답해설** | ① ⟨2%⟩ 「지방재정법」에 따라, 예비비는 예측할 수 없는 예산 외의 지출이나 예산 초과 지출에 충당하기 위해 설치된다.
② ⟨14%⟩ 「지방재정법」에 따라, 일반회계의 경우 예비비는 예산총액의 100분의 1(1%) 이내의 금액으로 계상해야 한다.
④ ⟨10%⟩ 「지방재정법」에 따라, 일반적인 예비비와는 별도로 재해·재난 관련 목적 예비비를 예산에 따로 편성할 수 있다.

| **17** | 정책학 > 앨리슨(G. Allison)모형 | 오답률 32% | 답 ④ |

| **정답해설** | ④ ⟨68%⟩ 관료정치모형(Model III)은 정책결정을 독립된 기관이나 부처를 대표하는 다양한 참여자들 간의 정치적 게임으로 본다. 결정은 참여자들 간의 갈등, 타협, 협상, 연합의 결과물(political resultant)이다. 제시문의 '각 부처를 대표하는 사람들', '각자가 선호하는 대안 제시', '갈등과 타협', '불만을 가진 대표자' 등의 표현은 모두 관료정치모형의 핵심 특징을 보여준다.
| **오답해설** | ① ⟨10%⟩ 합리적 행위자 모형(Model I)은 정부를 단일의 이성적 행위자로 보고, 국가 목표를 극대화하는 최적의 대안을 계산하여 선택한다고 본다. 제시문에서는 대통령이 선호했던 대안과 다른 결정이 내려졌고, 그것이 최선이라는 보장도 없다고 했으므로 합리적 모형과 거리가 멀다.
② ⟨10%⟩ 쓰레기통모형은 앨리슨(G. Allison)의 모형이 아니며, 조직화된 무정부 상태에서 문제, 해결책, 참여자, 선택기회가 우연히 만날 때 의사결정이 이루어진다고 본다.
③ ⟨12%⟩ 조직과정모형(Model II)은 의사결정이 조직의 구조화된 절차, 즉 표준운영절차(SOP)에 따라 이루어지는 산출물이라고 본다. 제시문은 개인들 간의 상호작용을 강조하므로 조직과정모형과 거리가 멀다.

| **18** | 행정학 총론 > 역사적 제도주의, 사회학적 제도주의, 합리적 선택 제도주의 | 오답률 18% | 답 ③ |

| **정답해설** | ③ ⟨82%⟩ 사회학적 제도주의는 행위자가 사회적으로 공유된 규범이나 가치에 따라 무엇이 '적절한' 행동인가를 판단하고 행동한다는 적절성의 논리를 핵심으로 삼는다. 반면, 자신의 이익 극대화를 위해 행동의 결과를 계산하고 선택한다는 결과성의 논리를 중시하는 것은 합리적 선택 제도주의이다. 따라서 설명이 반대로 되었다.
| **오답해설** | ① ⟨0%⟩ 구제도주의가 공식적인 법률, 정부구조 등만을 제도로 본 것과 달리, 신제도주의는 제도를 공식적 규칙뿐만 아니라 비공식적인 규범, 관습, 문화 등을 모두 포함하는 넓은 개념으로 정의한다.

② ①% 역사적 제도주의의 핵심 개념은 경로의존성(path dependency)으로, 이는 한번 특정 경로에 들어서면 다른 경로로 전환하기 어렵고 기존의 경로를 계속 따르게 되는 현상을 의미한다. 즉, 제도가 한번 형성되면 그 이후의 변화에 큰 영향을 미친다고 본다.

④ 17% 합리적 선택 제도주의에서 제도는 합리적이고 이기적인 개인들이 자신의 이익을 추구하는 과정에서 발생하는 '죄수의 딜레마'와 같은 집합행동의 문제를 해결하기 위한 '게임의 규칙'으로 기능한다. 즉, 개인의 이기적 행태를 제약하고 협력을 유도하는 역할을 한다.

19 정책학 > 검사요인, 선발요인, 상실요인, 역사요인
오답률 20%   답 ①

| 정답해설 | ① 80% 검사요인은 사전측정을 실시하는 것 자체가 실험 대상자에게 영향을 주어 사후측정 결과가 달라지는 현상을 말한다. 예를 들어, 동일한 시험지로 사전·사후 측정을 할 경우, 피실험자들이 시험 내용에 익숙해지거나 답을 기억하는 등의 '학습 효과'로 인해 정책의 효과와 무관하게 성적이 오를 수 있다.

| 오답해설 | ② 6% 선발요인은 실험집단과 통제집단이 처음부터 동질적이지 않아, 그 차이 때문에 정책 효과가 왜곡되는 것을 의미한다.

③ 5% 상실요인은 실험 진행 과정에서 일부 대상자가 중도에 탈락함으로써, 남아있는 대상자의 특성이 편중되어 결과에 영향을 미치는 것을 의미한다.

④ 9% 역사요인은 실험 기간 동안 실험변수(정책) 외에 우연히 발생한 외부의 특정 사건이 결과에 영향을 미치는 것을 의미한다.

20 [오답률 TOP 2] 지방행정론 > 강시장-의회, 약시장-의회, 의회-시지배인
오답률 40%   답 ④

| 정답해설 | ④ 60% 의회-시지배인 형태는 정치와 행정을 분리하려는 목적으로 고안된 방식이다. 주민이 선출한 의회가 정책을 결정하고, 의회는 행정 전문가인 시지배인(City Manager)을 임명하여 행정 실무(예산 집행, 인사 관리 등)를 총괄하게 한다. 이 형태에서 의례적이고 명목적인 기능을 수행하는 것은 주로 시장(mayor)이며, 시지배인은 전문성을 바탕으로 실질적인 행정 책임자 역할을 수행한다.

| 오답해설 | ① 3% 강시장-의회 형태는 주민이 직접 선출한 시장에게 집행에 관한 실질적이고 독자적인 권한(예산안 편성권, 공무원 임면권, 의회 의결에 대한 거부권 등)을 부여하여 강력한 리더십을 발휘할 수 있도록 하는 기관구성 방식이다.

② 21% 위원회 형태는 주민이 선출한 5~7명 정도의 위원들이 위원회를 구성하여 의결기능과 집행기능을 동시에 수행하는 기관통합형 방식이다. 각 위원이 특정 행정부서의 장을 겸임하여 집행 책임을 진다.

③ 16% 약시장-의회 형태는 의회가 행정의 중심이 되는 형태로, 시장의 권한이 매우 약하고 의례적인 역할에 그친다. 예산안 편성을 포함한 주요 행정 권한을 의회가 행사하는 것이 일반적이다.

국가직 7급

해설 &
기출분석 REPORT

국가직 7급 기출 POINT

Point 1 단순 암기를 넘어, 여러 행정 이론을 비판적·복합적으로 비교·분석하는 심층적인 이해를 요구한다.

Point 2 조직이론, 인사·재무행정론의 출제 비중이 높으며, 관련 법령과 예산제도 등 세부적인 내용의 암기가 필수적이다.

Point 3 최신 행정 개혁 동향을 이론과 접목한 문제와, 생소한 학자·이론을 활용한 고난도 '킬러 문항'이 출제된다.

2026년 국가직 7급 시험 대비전략

Point 1 핵심 이론으로 뼈대를 잡고, 반복 학습을 통해 세부 내용과 법령으로 확장해 나가는 단계적 학습이 효율적이다.

Point 2 기출문제는 정답 확인을 넘어, 모든 보기의 정답과 오답 이유를 철저히 분석하며 관련 이론까지 확장해 응용력을 길러야 한다.

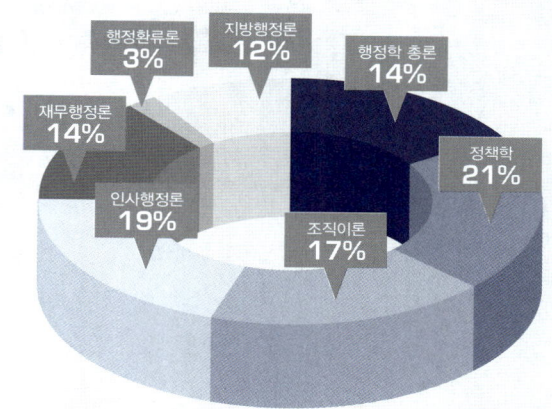

▲ 최근 4개년 평균 출제비중

연도	총평	행정학 총론	정책학	조직 이론	인사 행정론	재무 행정론	행정 환류론	지방 행정론
2024	**난도는 중간, 세밀한 이해에서 변별력!** · 규제정치이론, 행정이념, 예산원칙 등 전통적 기출 논점 다수 출제 · 단순 암기보다 개념 간 비교·판단 능력이 없으면 체감 난도 상승	24% (6문항)	20% (5문항)	4% (1문항)	24% (6문항)	12% (3문항)	4% (1문항)	12% (3문항)
2023	**기본 개념의 충실한 점검!** · 전반적으로 기출·개념 확인 위주의 평이한 문제 다수 출제 · 실무적 성격의 법령 문제 다수 포함 · 정책대안 예측기법, 지방자치권 등의 문제는 응용적 사고 필요	12% (3문항)	24% (6문항)	16% (4문항)	20% (5문항)	16% (4문항)	0% (0문항)	12% (3문항)
2022	**높은 난도, 세밀한 지식 요구!** · 최근 시험 중 가장 어려운 난도, 단순 암기보다는 세부 지식 요구 · 대부분 기출 범주 내에 있었으나, 표현과 맥락을 바꾸어 출제	16% (4문항)	20% (5문항)	24% (6문항)	16% (4문항)	12% (3문항)	0% (0문항)	12% (3문항)
2021	**문항 증가, 비교·논리 응용력 요구!** · 20문항에서 25문항으로 확대되면서 다양한 영역 출제 · 새로운 표현과 긴 지문으로 체감 난도 상승 · 단순 암기가 아닌 비교·논리 응용적 사고 필요	4% (1문항)	20% (5문항)	24% (6문항)	16% (4문항)	16% (4문항)	8% (2문항)	12% (3문항)

2024

10월 12일 시행
국가직 7급 (나책형)

---

1. 행정학 총론 > 대중정치, 기업가정치, 고객정치, 이익집단정치   답 ③

| 정답해설 | ③ 고객정치는 규제로 인한 비용은 불특정 다수에게 분산되지만, 편익은 특정 소수 집단에 집중되는 상황이다. 수입규제는 특정 국내 산업을 보호하여 소수의 생산자에게 큰 이익(편익 집중)을 주지만, 그로 인한 가격 상승 등의 비용은 다수의 소비자에게 분담(비용 분산)시키므로 고객정치의 대표적인 사례이다.

| 오답해설 | ① 대중정치는 규제로 인한 비용과 편익이 모두 불특정 다수에게 분산되는 상황이므로 특정 집단에 혜택이 집중되는 수입규제와는 거리가 멀다.
② 기업가정치는 규제로 인한 비용은 특정 소수 집단에 집중되지만, 편익은 불특정 다수에게 분산되는 상황이다. 수입규제는 편익이 소수에게 집중되므로 이에 해당하지 않는다.
④ 이익집단정치는 규제로 인한 비용과 편익이 모두 특정 소수 집단에 집중되어 집단 간 갈등이 발생하는 상황으로, 수입규제의 비용은 일반 대중에게 분산되므로 이에 해당하지 않는다.

2. 행정학 총론 > 수단적 가치   답 ④

| 정답해설 | ④ 가외성, 능률성, 효과성, 합법성 등은 모두 행정의 목표를 달성하기 위한 수단적·과정적 가치에 해당한다.

| 오답해설 | ① 형평성과 공익성은 행정이 궁극적으로 추구해야 할 본질적 가치에 해당한다.
② 평등성과 공익성은 본질적 가치에 해당한다.
③ 형평성은 본질적 가치에 해당한다.

3. 재무행정론 > 예산의 원칙과 예외   답 ④

| 정답해설 | ④ 입법과목 간의 융통인 이용은 국회의 사전의결을 받아야 한다.

| 오답해설 | ① 목적세는 용도가 특정되어 있기에 예산 통일성 원칙의 예외에 해당한다.
② 특별회계는 예산 단일성 원칙과 통일성 원칙의 예외이다.
③ 전대차관은 예산 완전성 원칙의 예외이다.

4. 정책학 > 정책네트워크, 하위정부 모형   답 ②

| 정답해설 | ② 하위정부 모형은 의회 상임위원회, 행정부처, 이익집단이 철의 삼각을 이루어 높은 자율성과 안정성을 가지고 정책을 결정하는 모형을 의미하므로, 제시된 설명과 정확히 일치한다.

| 오답해설 | ① 정책공동체는 하위정부 모형보다 참여자의 범위가 넓고(전문가, 학자 등 포함), 전문지식과 신뢰를 바탕으로 한 안정

적 네트워크라는 점에서 차이가 있다. 철의 삼각보다 다소 개방적인 네트워크이다.
③ 이슈네트워크는 특정 쟁점(이슈)을 중심으로 매우 다양한 참여자들이 일시적으로 모였다 흩어지는 유동적이고 개방적인 네트워크로, 안정성이 낮다는 점에서 하위정부 모형과 대비된다.
④ 협력적 거버넌스는 정부, 시장, 시민사회의 다양한 주체들이 수평적 협력을 통해 공동의 문제를 해결하는 방식을 의미하는 광의의 개념으로, 폐쇄적인 철의 삼각과는 거리가 멀다.

| 5 | 행정환류론 > 행정통제, 내부통제 | 답 ① |

| 정답해설 | ① 감사원은 「헌법」상 대통령 소속 기관으로 행정부 내부에 설치된 기관이다. 따라서 감사원의 회계검사와 직무감찰은 대표적인 공식적 내부통제에 해당한다. 감사원은 비록 직무상 독립성이 보장되지만, 소속상 행정부 내부기관으로 분류된다.
| 오답해설 | ② 헌법재판소는 사법부에 속하는 독립된 국가기관으로, 행정부 외부에서 이루어지는 외부통제에 해당한다.
③ 국회는 입법부로서 행정부를 견제하며, 국무위원에 대한 탄핵소추는 외부통제의 한 형태이다.
④ 주민참여예산제도는 국민(주민)이 직접 행정과정에 참여하여 통제하는 방식으로, 외부통제에 해당한다.

| 6 | 행정학 총론 > 정치행정이원론, 엽관주의 | 답 ③ |

| 정답해설 | ③ 행정의 정책형성기능을 인정하고 강조하는 것은 정치행정일원론의 관점이다. 정치행정이원론은 행정의 기능을 정책집행으로 한정하며 정책형성기능을 부정한다. 그러나 행정국가화 현상으로 행정의 역할이 비대해지고 정책형성기능이 강화되면서 정치행정이원론은 비판받고 일원론이 대두되었다.
| 오답해설 | ① 엽관주의는 정당에 대한 충성도를 기준으로 공무원을 임용하는 제도로, 부패와 비능률을 초래했다. 정치행정이원론은 이러한 엽관주의의 폐단을 비판하고, 정치적 영향력에서 벗어난 실적주의의 전문 공무원 제도의 이론적 기반을 제공했다.
② 정치행정이원론의 핵심 주장으로, 가치판단의 영역인 '정치'와 가치중립적 사실 집행의 영역인 '행정'을 분리해야 한다고 보았다. 이는 행정을 부패한 정치로부터 보호하기 위함이었다.
④ 정치행정이원론의 대표적인 학자인 윌슨(W. Wilson)은 「행정의 연구」에서 행정을 '정부의 경영(business) 영역'으로 보았으며, 정치와는 분리된 능률적이고 과학적인 관리기술의 영역으로 규정했다.

| 7 | 인사행정론 > 대조효과, 투사, 후광효과, 기대성 착오 | 답 ② |

| 정답해설 | ② 투사(projection)는 자신의 감정, 동기, 성격, 단점 등을 타인도 가지고 있을 것이라고 생각하는 지각오류이다. 제시된 예시처럼 공격적인 사람이 남들도 공격적일 것이라고 보거나, 자신이 상대를 불신하기 때문에 상대도 나를 불신할 것이라고 생각하는 것이 대표적인 투사의 사례이다.
| 오답해설 | ① 대조효과(contrast effect)는 어떤 대상을 이전에 접했던 다른 대상과 비교하여 평가할 때 지각이 왜곡되는 현상이다. 예를 들어, 매우 우수한 발표를 본 직후에 평범한 발표를 보면 실제보다 더 못하게 평가하는 경우이다.
③ 후광효과(halo effect) 또는 현혹효과는 어떤 대상의 한두 가지 특성에 대한 인상이나 평가가 그 대상의 다른 특성 평가에까지 영향을 미치는 현상이다.
④ 기대성 착오(expectancy error)는 특정인에 대한 기대가 그 사람의 행동을 유발하고, 그 행동이 다시 원래의 기대를 강화시키는 현상으로, '자기실현적 예언'과 관련이 깊다. 이는 지각자의 기대가 상대방의 행동에 영향을 미치는 과정에 대한 것으로, 자신의 특성을 상대방에게 전가하는 투사와는 다르다.

| 8 | 행정학 총론 > 신공공관리론, 신관리주의, 시장주의 | 답 ④ |

| 정답해설 | ④ 신공공관리론은 거대하고 경직적인 관료제 조직을 잘게 나누고, 독립적인 기관으로 만들어 책임과 성과를 명확히 하려는 분절화를 촉진한다. 이로 인해 정부 부처 간 조정의 어려움이나 정책의 파편화 같은 문제가 발생하기도 한다. 오히려 분절화의 축소와 조직구조의 통합, 조정을 강조하는 것은 탈신공공관리론(Post-NPM)의 특징이다.
| 오답해설 | ① 신공공관리론은 투입이나 과정보다는 산출과 결과, 즉 성과를 중시하며, 성과에 기반한 예산, 인사, 평가 시스템을 강조한다.
② 신공공관리론은 효율적인 관리기법을 강조하는 신관리주의와 경쟁, 고객주의, 수익자 부담 원칙 등을 강조하는 시장주의가 결합된 개념이다.
③ 신공공관리론은 시장주의 원리에 따라 공공서비스의 비용을 일반 조세가 아닌, 그 서비스를 직접 이용하는 수혜자가 부담해야 한다는 수익자부담원칙을 강조한다. 이는 공공서비스에 대한 수요를 합리화하고 재정부담을 줄이는 기제로 활용된다.

| 9 | 정책학 > 내부평가, 비용편익분석, 총괄평가, 평가성검토 | 답 ② |

| 정답해설 | ② 비용편익분석은 투입되는 비용과 그로 인해 발생하는 편익을 모두 현재가치로 환산하여 비교함으로써 정책의 능률성(efficiency) 또는 경제적 타당성을 평가하는 대표적인 방법이다. 그러나 정책이 국민의 요구와 기대를 얼마나 잘 충족시켰는지를 의미하는 대응성(responsiveness)을 측정하는 데는 적합하지 않다. 대응성은 주로 만족도 조사, 여론조사 등을 통해 측정된다.
| 오답해설 | ① 내부평가는 담당 기관이 직접 평가를 수행하는 것으로, 정책에 대한 이해도가 높고 평가결과를 즉시 개선에 활용할 수 있어 평가결과의 활용성이 높다는 장점이 있다. 반면, 객관성이 떨어질 수 있다는 단점이 있다.
③ 총괄평가는 정책집행이 완료되었거나 일단락된 후에 정책의 목표달성 정도(효과성), 투입 대비 산출(능률성), 사회에 미친 영향(영향) 등을 종합적으로 평가하여 정책의 지속, 확대, 축소, 중단 등을 결정하기 위해 실시된다.

④ 평가성검토는 본격적인 정책평가(본평가)를 실시하기에 앞서, 해당 정책이 평가할 가치가 있는지(소망성), 평가에 필요한 자료 확보 등이 가능한지(실행가능성)를 사전에 진단하고 검토하는 예비적 성격의 평가활동이다.

10 정책학 > 하향식 접근방법, 관료적 기업가형   답 ③

| 정답해설 | ③ 매틀랜드(R. Matland)는 정책집행 연구의 통합모형(상황이론적 접근)을 제시하면서, 정책목표의 모호성(ambiguity)과 갈등(conflict) 수준이라는 두 가지 변수를 기준으로 정책집행 상황을 관리적 집행, 정치적 집행, 실험적 집행, 상징적 집행의 네 가지 유형으로 구분하였다.

| 오답해설 | ① 하향식 접근방법은 정책결정자의 의도와 정책목표를 기준으로 집행 과정을 평가하는 전방접근법(forward mapping)이다. 후방접근법(backward mapping)은 일선 관료의 역할을 중시하는 상향식 접근방법에서 사용하는 분석 틀이다.
② 정책결정의 결과물인 정책목표를 설정하고, 이를 달성해 가는 과정을 정책집행으로 보는 관점은 하향식 접근방법에 대한 설명이다. 상향식 접근방법은 집행 현장에서 일선관료와 고객집단 간의 상호작용을 통해 정책이 구체화되고 실현된다고 본다.
④ 나카무라(R. Nakamura)와 스몰우드(F. Smallwood)의 모형에서 '관료적 기업가형'은 집행자가 정책결정자를 압도할 정도의 기술과 권력을 가지고 사실상 정책을 결정하고 주도하는 유형이다.

11 행정학 총론 > 체제이론, 개방체제   답 ③

| 정답해설 | ③ 지문은 엔트로피(entropy)의 속성을 나타낸다. 엔트로피란 체제가 외부로부터 에너지나 정보를 유입받지 못하면 점차 쇠퇴하여 소멸한다는 개념으로, 이는 폐쇄체제의 특징이다. 반면, 개방체제는 외부 환경으로부터 지속적으로 에너지를 공급받아(유입) 체제 쇠퇴를 막고 오히려 성장과 발전을 도모하는 부정적 엔트로피 속성을 가진다. 따라서 개방체제는 소멸 가능성이 아닌, 생존과 성장 가능성을 강조한다.

| 오답해설 | ① 동일결과성(equifinality, 등종국성)에 대한 설명이다. 개방체제는 다양한 경로와 방법을 통해 동일한 목표에 도달할 수 있으며, 목표 달성을 위한 '유일 최선의 방법'은 없다고 본다.
② 분화(differentiation)의 원리에 대한 설명이다. 개방체제는 복잡하고 변화하는 환경에 적응하기 위해 체제 내부의 구조와 기능이 점차 전문화되고 복잡하게 발전해 나가는 경향이 있다.
④ 개방체제는 환경으로부터 투입(input)을 받아 변환(throughput) 과정을 거쳐 산출(output)을 내보내고, 그 결과에 대한 환류(feedback)를 받는 등 끊임없이 환경과 상호작용하며 동태적 균형을 유지한다.

12 정책학 > 사이버네틱스모형, 회사모형, 앨리슨모형, 혼합주사모형   답 ①

| 정답해설 | ① 사이버네틱스모형은 의사결정자가 명확한 목표를 추구하기보다는, 몇 가지 핵심 변수를 안정적인 상태로 유지하기 위해 미리 정해진 프로그램에 따라 자동적으로 반응한다고 본다. 이는 목표를 적극적으로 추구하는 것이 아니라 환경 변화에 수동적으로 적응하는 비목표적 적응 또는 '학습 없는 변화'를 특징으로 한다.

| 오답해설 | ② 회사모형은 조직을 여러 하위부서들의 연합체로 보고, 갈등의 준해결, 불확실성 회피, 문제 중심의 탐색, 조직의 학습 등을 통해 '제한된 합리성' 하에서 의사결정이 이루어진다고 설명한다. 정책결정자의 개인적 '직관'을 강조하는 모형은 최적모형이다.
③ 앨리슨(G. Allison)의 모형 중, 의사결정이 분산된 상황에서 참여자들이 각자의 이익을 위해 타협하고 협상하여 정책이 결정된다고 보는 것은 관료정치모형(Model Ⅲ)이다. 조직과정모형(Model Ⅱ)은 정부를 느슨하게 연결된 조직들의 집합체로 보고, 각 조직이 기존에 학습된 표준운영절차(SOP)에 따라 정책을 결정하고 집행한다고 설명한다.
④ 혼합주사모형은 합리모형과 점증모형을 절충한 것으로, 기본적인 방향을 설정하는 근본적 결정(합리모형)과 근본적 결정의 틀 안에서 이루어지는 세부적인 결정(점증모형)을 구분하는 체계적인 의사결정 방식을 제시한다. 정책결정을 '문제, 해결책, 참여자, 선택기회'라는 4가지 흐름이 우연히 마주칠 때 이루어지는 현상으로 보는 것은 쓰레기통모형(Garbage Can Model)이다.

13 재무행정론 > 영기준예산, 성과주의예산, 계획예산, 품목별예산   답 ②

| 정답해설 | ㄱ. 영기준예산(ZBB)은 매년 모든 사업을 원점에서 재검토하여 우선순위에 따라 예산을 배분한다. 이 과정에서 기존 사업들이 당연하게 지속되지 못하고 감축되거나 폐지될 수 있으므로, 사업 담당자들은 자신의 사업이 평가받는 것에 대해 큰 심리적 저항과 위협을 느끼게 된다.
ㄹ. 품목별예산(LIBS)은 지출대상과 품목을 세세하게 규정하므로, 공무원의 재량을 최소화하여 예산의 유용이나 남용을 막는 등 회계책임을 명확히 하는 데 유리하다. 또한, 예산안이 구체적인 품목으로 제시되어 입법부(의회)가 심의하고 통제하기 용이하므로, 행정부에 대한 의회의 통제권을 강화하는 데 효과적이다.

| 오답해설 | ㄴ. 성과주의예산(PBS)은 '단위원가 × 업무량 = 예산액'으로 예산을 편성하는 제도로, 정부 활동 중 서비스 제공 등 일부 분야를 제외하고는 의미 있는 업무단위(work unit)를 선정하는 것이 어렵다. 또한, 정확한 단위원가(unit cost)를 산출하기 위해서는 정교한 원가회계 시스템이 필요한데, 이 역시 매우 어려운 작업이다. 따라서 업무단위 선정과 단위원가 계산 모두 곤란하다는 단점이 있다.
ㄷ. 계획예산(PPBS)은 장기적인 계획과 단기적인 예산편성을 연계하는 하향식(top-down) 예산제도이다. 최고관리층이 정책목표를 설정하고 분석을 통해 자원을 배분하므로, 오히려 의사결정

의 집권화를 초래한다. 또한, '국방력 강화', '삶의 질 향상' 등 정부의 추상적인 목표를 계량화하는 것이 매우 어렵다는 비판을 받는다.

| 14 | 재무행정론 > 전용, 명시이월, 예비비, 이체 | 답 ④ |

| 정답해설 | ㄷ. 예비비는 정부가 예산을 편성할 때 예측할 수 없었던 예산 외의 지출이나 예산을 초과하는 지출에 충당하기 위해 일정액을 세입·세출예산에 포함시켜 놓은 금액을 말한다. 이는 예산집행의 신축성을 확보하기 위한 대표적인 제도이다.
ㄹ. 예산의 이체는 정부의 조직 개편(직제와 정원의 제정, 개정, 폐지)으로 인해 특정 부서의 직무와 권한이 다른 부서로 이전될 때, 해당 예산을 새로운 담당 부서로 옮기는 것을 말한다.

| 오답해설 | ㄱ. 예산의 전용은 행정과목인 세항·목 간의 금액을 상호 융통하는 것을 말한다. 입법과목인 장·관·항 간의 융통은 이용이라고 하며, 국회의 사전 의결을 얻어야 한다.
ㄴ. "연도 내 지출원인행위를 하고 불가피한 사유로 지출하지 못한 경비"를 다음 연도로 넘겨서 사용하는 것은 사고이월이다. 명시이월은 예산편성 시 미리 연도 내에 지출을 끝내지 못할 것이 예측될 때, 국회의 사전 승인을 받아 다음 연도로 이월하는 것을 말한다.

| 15 | 지방행정론 > 기관위임사무, 효율성 원칙, 포괄성 원칙, 자치사무 | 답 ① |

| 정답해설 | ① 기관위임사무는 국가적 이해관계에 관한 사무로, 법령에 따라 국가가 지방자치단체의 장에게 위임하여 처리하는 사무이며, 지방자치단체의 장은 국가의 하급행정기관의 지위에서 이 사무를 처리하게 된다. '지방자치단체 그 자체'에 위임한 사무는 단체위임사무이다.

| 오답해설 | ② 효율성의 원칙은 행정사무 배분 시 고려해야 할 원칙 중 하나로, 보충성의 원칙(기초자치단체 우선 배분)을 기본으로 하되, 어떤 사무는 규모의 경제나 전문성 확보를 위해 광역자치단체나 중앙정부가 직접 처리하는 것이 더 효율적일 수 있다는 점을 인정하는 원칙이다.
③ 포괄성의 원칙은 사무를 배분할 때 관련된 업무들을 가급적 하나의 자치단체가 통합적으로 수행할 수 있도록 포괄적으로 배분해야 한다는 원칙이다. 이를 통해 책임 소재를 명확히 하고 행정의 효율성을 높일 수 있으며, 여기에는 해당 사무에 대한 배타적인 권한 행사를 보장하여 자치단체의 책임성을 강화해야 한다는 의미도 포함된다.
④ 자치사무는 지방자치단체가 자신의 의사와 책임 아래 처리하는 고유사무로, 소요 경비는 스스로 부담하는 것이 원칙이다. 중앙정부의 감독은 지방자치를 존중하여, 사전적·적극적 개입이 아닌 사후적으로 이루어지며, 정책의 합목적성(타당성)이 아닌 합법성(legality) 위반 여부만 감독하는 것이 원칙이다.

| 16 | 인사행정론 > 신분보장, 정직, 강임, 해임 | 답 ② |

| 정답해설 | ② 정직은 중징계 처분 중의 하나로 그 기간은 1개월 이상 3개월 이하로 하며, 정직 처분을 받은 자는 그 기간 중 공무원의 신분은 보유하나 직무에 종사하지 못하며 보수의 전액을 감한다.

| 오답해설 | ①「국가공무원법」에 따라, 임용권자는 파면, 해임, 강등 또는 정직에 해당하는 징계의결이 요구 중인 공무원에게 직위를 부여하지 아니할 수 있다(직위해제).
③「국가공무원법」에 따라, 임용권자는 직제·정원의 변경이나 예산 감소 등으로 직위가 없어지거나 하위 직위로 변경되어 정원을 초과하는 인원(과원)이 발생한 경우, 또는 공무원 본인이 동의한 경우에 그를 하위 직위에 임명(강임)할 수 있다. 이는 징계처분인 강등과는 구별된다.
④ 해임은 공무원 신분을 박탈하는 강제퇴직 처분이며,「국가공무원법」상 징계로 해임 처분을 받은 날부터 3년간 공무원으로 임용될 수 없다. 또한「공무원연금법」에 따라 일반적인 사유로 해임된 경우에는 퇴직급여에 감액이 없으나, 금품 및 향응 수수, 공금의 횡령·유용으로 해임된 경우에는 재직기간에 따라 퇴직급여의 일부(1/4 또는 1/8)가 감액된다.

| 17 | 행정학 총론 > 투입규제, 관리규제, 성과규제 | 답 ① |

| 정답해설 | ① 투입규제(수단규제)는 목표달성을 위한 구체적인 기술이나 행위를 직접적으로 명시하는 규제 방식으로, 피규제자의 자율성이 가장 낮다. 반면 관리규제는 규제 목표를 달성하기 위한 절차나 관리 시스템의 구축을 요구하는 방식으로, 세부적인 이행방법은 피규제자의 자율에 맡기므로 투입규제보다 자율성이 더 높다.

| 오답해설 | ② 성과규제는 정부가 달성하고자 하는 목표(예 오염물질 배출총량)만 설정하고, 그 목표를 달성하기 위한 구체적인 방법은 피규제자가 자율적으로 선택하도록 하는 규제 방식이다.
③ 직접규제의 주체는 정부인 반면 자율규제는 정부의 개입 없이 민간부문(사업자 단체 등)이 스스로 규제기준을 설정하고 집행하는 방식이다.
④ 네거티브 규제는 법률이나 정책에서 '금지하는 것'만 명시하고 나머지는 모두 허용하는 방식이다. 반면 포지티브 규제는 '허용하는 것'만 나열하고 나머지는 원칙적으로 금지하는 방식이므로, 네거티브 규제가 포지티브 규제보다 피규제자의 자율성과 활동범위를 더 넓게 보장해 준다.

| 18 | 인사행정론 >「공직자윤리법」 | 답 ① |

| 정답해설 | ①「공직자윤리법」은 "공직자의 부정한 재산 증식을 방지하고, 공무집행의 공정성을 확보하는 등 공익과 사익의 이해충돌을 방지하여 국민에 대한 봉사자로서의 공직자의 윤리를 확립함"을 목적으로 규정하고 있다. '행정의 민주성과 능률성 확립'은 직접적인 목적 조항에 명시되어 있지 않으며,「국가공무원법」에 규정된 내용이다.

| **오답해설** | ② 국가의 책무를 설명하는 것으로, 공직자가 부패의 유혹에 빠지지 않고 공직에 전념할 수 있는 환경을 조성해야 한다는 공직자윤리제도의 근본 취지에 부합한다. 「공직자윤리법」에서도 "국가는 공직자가 공직에 헌신할 수 있도록 공직자의 생활을 보장하고, 공직윤리의 확립에 노력하여야 한다."라고 규정하고 있다.
③ "퇴직공직자는 재직 중인 공직자의 공정한 직무수행을 해치는 상황이 일어나지 아니하도록 노력하여야 한다."라고 「공직자윤리법」에 명시된 퇴직공직자의 의무 조항이다.
④ "공직자는 자신이 수행하는 직무가 자신의 재산상 이해와 관련되어 공정한 직무수행이 어려운 상황이 일어나지 아니하도록 직무수행의 적정성을 확보하여야 한다."라고 「공직자윤리법」에 명시된 공직자의 이해충돌 방지 의무 조항이다.

19 인사행정론 > 사실상 노무에 종사하는 공무원 　　답 ②

| **정답해설** | ② 「국가공무원법」은 "공무원은 노동운동이나 그 밖에 공무 외의 일을 위한 집단 행위를 하여서는 아니 된다."라고 규정하면서, 그 단서 조항에 "다만, 사실상 노무에 종사하는 공무원은 예외로 한다."라고 명시하고 있다. 따라서 사실상 노무에 종사하는 공무원은 노동운동 등 집단행위 금지 의무의 예외 대상이다.
| **오답해설** | ① 「국가공무원법」에 "공무원은 국민 전체의 봉사자로서 친절하고 공정하게 직무를 수행하여야 한다."라고 규정되어 있다.
③ 「국가공무원법」에 "공무원이 외국 정부로부터 영예나 증여를 받을 경우에는 대통령의 허가를 받아야 한다."라고 규정되어 있다.
④ 「국가공무원법」에 "공무원은 직무와 관련하여 직접적이든 간접적이든 사례·증여 또는 향응을 주거나 받을 수 없다."라고 규정되어 있다.

20 정책학 > 정책의제, 외부주도형 　　답 ①

| **정답해설** | ① 호그우드(W. Hogwood)와 건(L. Gunn)은 정책문제가 가진 여러 속성 중, 많은 사람의 감정에 호소하거나 극적인 요소가 있어 인간적인 흥미를 끄는 문제일수록 정책의제화가 용이하다고 보았다. 이성적이고 기술적인 문제는 대중적 관심을 끌기 어려워 의제화가 오히려 더 어려울 수 있다는 것이다.
| **오답해설** | ② 외부주도형은 정부 밖의 사회 집단이나 일반 대중이 제기한 문제가 사회적 쟁점으로 확산된 후 정부의제로 채택되는 과정을 말한다. 이러한 과정은 언론의 자유와 시민의 정치 참여가 활발한 다원주의 민주사회에서 주로 나타나는 특징이다.
③ 정부의제(공식의제, 제도의제)는 사회의 수많은 문제(공중의제) 중에서 정부가 해결의 필요성을 인정하여 정부가 공식적으로 논의의 대상으로 삼은 문제들을 의미한다. 이는 정부가 적극적이고 심각하게 해결을 고려하는 이슈들의 목록이다.
④ 바흐라흐(P. Bachrach)와 바라츠(M. Baratz)는 권력의 두 얼굴을 주장하며, 지배 엘리트가 자신들에게 불리한 이슈가 공론화되는 것을 막는다고 보았다. 이들은 이러한 무의사결정을 위한 수단으로 기존의 편견이나 제도를 활용하는 것뿐만 아니라, 폭력이나 위협을 사용하는 직접적인 방법도 제시하였다.

21 인사행정론 > 실적주의 　　답 ④

| **정답해설** | ④ 행정에 대한 민주적 통제의 강화는 엽관주의(정당정치)의 논리이다. 엽관주의는 선거에서 승리한 정당이 관료를 임명함으로써, 국민의 선거를 통해 표출된 민의가 행정에 반영되도록 하여 민주적 통제를 강화할 수 있다고 주장한다. 반면, 실적주의는 공무원의 정치적 중립과 신분보장으로 인해 관료집단이 국민의 대표인 선출직 공무원의 통제에 저항하고 국민의 요구에 둔감해지는, 즉 민주적 통제가 약화될 수 있다는 비판을 받는다.
| **오답해설** | ① 실적주의는 정당에 대한 충성도나 혈연, 지연 등이 아닌 개인의 능력과 자격, 실적을 기준으로 공무원을 임용하므로 모든 국민에게 공직에 취임할 수 있는 기회를 균등하게 보장한다.
② 실적주의는 유능하고 자격을 갖춘 인재를 공무원으로 임용함으로써 행정의 전문성과 생산성을 높여 행정의 능률성 제고에 기여한다. 이는 엽관주의의 비능률성을 극복하기 위한 핵심 목표였다.
③ 실적주의는 공무원의 정치적 중립과 신분보장을 통해 정권 교체에 따른 대량 경질을 막고, 행정의 계속성과 안정성을 확보하며, 정치적 영향력에서 벗어나 공정하게 직무를 수행할 수 있는 기반을 제공한다.

22 인사행정론 > 직업공무원제, 계급제 　　답 ③

| **정답해설** | ③ 직업공무원제는 주로 신규 채용이 하위계급에 한정되고 내부 승진을 통해 상위직을 충원하는 폐쇄형 인사제도를 특징으로 한다. 이로 인해 외부의 새로운 지식이나 기술을 가진 전문가를 영입하기 어려워 외부 환경 변화에 대한 대응력이 떨어지고 행정이 경직화될 수 있다는 단점이 있다. 외부환경 대응과 신기술 도입 활성화는 개방형 인사제도의 장점에 해당한다.
| **오답해설** | ① 직업공무원제는 공무원에게 장기적인 근무와 신분보장을 제공함으로써 공직을 하나의 생업으로 여기게 하고, 이를 통해 공직에 대한 높은 수준의 자부심, 연대의식, 사명감을 갖도록 한다.
② 직업공무원제는 젊고 유능한 인재를 공직에 유치하여 정년까지 근무하도록 함으로써, 경험과 지식이 풍부한 유능한 공무원을 확보하고 유지하는 것을 목표로 한다.
④ 직업공무원제는 특정 직무가 아닌 사람의 자격과 능력에 따라 등급을 부여하는 계급제를 기반으로 운영되는 경우가 많다. 또한, 공무원의 신분을 보장하여 정권 교체나 정치적 변동과 무관하게 행정의 안정성과 계속성을 유지하는 데 기여한다.

23 지방행정론 > 정부 간 관계, 중첩권위모형, 동반자모형 　　답 ③

| **정답해설** | ③ 로즈(R. Rhodes)의 정부 간 관계모형은 권력-의존모형이다. 지배인 모형은 엘콕(H. Elcock)이나 윌슨(J. Wilson)과 게임(Game)의 유형에 속한다. 엘콕(H. Elcock)은 영국의 중앙-지방관계모형을 대리인 모형, 동반자 모형, 지배인 모형(절충)으로 분

류하였다. 이 중 지배인 모형은 동반자 모형을 약간 수정한 것으로, 지방정부는 어느 정도의 자율성을 바탕으로 관할지역을 관리한다고 보는 입장이다.

| 오답해설 | ① 정부 간 관계(IGR)에 대한 앤더슨(W. Anderson)의 고전적인 정의이다. 그는 정부 간 관계를 연방제 국가 내에서 발생하는 모든 정부 수준(연방-주-지방) 및 형태 간의 복잡하고 다양한 상호작용 전체로 파악했다.

② 라이트(D. Wright)의 중첩권위모형은 정부 계층 간 기능이 명확히 구분되지 않고 서로 중첩되어 있다고 본다. 이로 인해 정부들은 상호의존적이 되며, 공동의 문제를 해결하기 위해 지속적인 협상, 경쟁, 협력을 하게 된다.

④ 엘콕(H. Elcock)의 동반자모형은 중앙정부와 지방정부가 상호존중을 바탕으로 국정운영의 목표를 공유하고 이를 달성하기 위해 협력하는 대등한 파트너 관계라고 설명한다.

24 조직이론 > 대량생산기술, 소량생산기술, 연속공정생산기술 답 ④

| 정답해설 | ④ 우드워드의 연구에 따르면, 기술의 복잡성이 증가할수록(단위소량생산 → 대량생산 → 연속공정생산) 이를 관리하고 지원하기 위한 관리 및 기술 인력이 더 많이 필요하다. 따라서 전체 구성원 중 관리자가 차지하는 비율은 기술의 복잡성이 증가함에 따라 함께 증가한다.

| 오답해설 | ① 대량생산기술은 과업이 표준화되고 반복적이기 때문에 예측 가능성이 높다. 따라서 공식적인 규칙과 절차, 명확한 위계질서를 통해 관리하는 기계적 조직구조가 효과적이다.

② 단위소량생산기술은 고객의 주문에 따라 소량의 제품을 생산하므로 비정형적이고 복잡한 과업이 많다. 이 때문에 공식적인 문서보다는 작업자 간의 신속하고 유연한 구두 의사소통이 중요해진다.

③ 단위소량생산기술 조직은 비정형적 과업에 대응하기 위해 낮은 공식성과 분권화된 구조(느슨한 조직구조)를 가진다. 또한 계층의 수도 대량생산기술 조직보다 적어 낮은 수직적 분화를 보인다.

25 지방행정론 > 딜런의 원칙 답 ③

| 정답해설 | ③ 딜런(Dillon)의 원칙이 확립된 19세기 후반 미국은 엽관주의의 폐해로 인해 많은 지방정부가 부패와 비리, 무능으로 비판받던 시기였다. 이에 주 법원은 지방정부를 불신하고 그 권한을 엄격하게 제한하여 통제하려는 의도에서 딜런의 원칙을 확립하고 적용하였다.

| 오답해설 | ① 딜런의 원칙은 "지방정부는 주정부의 창조물"이라고 보며, 지방정부의 고유한 권리를 인정하지 않고 주정부가 지방정부를 폐지할 수도 있다고 본다.

② 딜런의 원칙은 연방-지방 관계가 아닌 주(state)-지방(local) 관계를 규정한다. 이에 따르면 지방정부는 주정부의 법률이나 주「헌법」에 명시적으로 위임되거나, 위임된 권한의 행사에 필수적인 권한만을 가질 수 있다.

④ 지역사회가 스스로 헌장(charter)을 제정하고 주민투표로 결정하는 방식은 지방의 자치권을 폭넓게 인정하는 홈룰(Home Rule) 원칙에 대한 설명으로, 이는 지방정부의 권한을 엄격히 제한하는 딜런의 원칙과 대립하는 개념이다.

2023 9월 23일 시행 국가직 7급 (㉮책형)

합격예상 체크

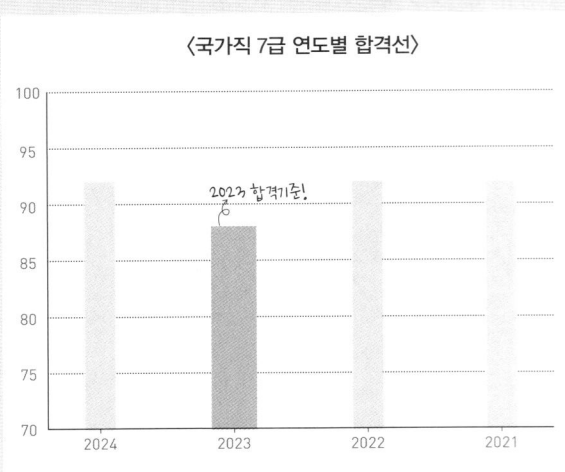

〈국가직 7급 연도별 합격선〉

2023 합격기준!

| 맞힌 개수 | /25문항 | 점수 | /100점 |

➡ □ 합격 □ 불합격

취약영역 체크

문항	정답	영역	문항	정답	영역
1	②	조직이론	14	④	지방행정론
2	④	정책학	15	①	재무행정론
3	①	인사행정론	16	③	정책학
4	②	정책학	17	③	인사행정론
5	①	행정학 총론	18	①	재무행정론
6	③	정책학	19	④	인사행정론
7	④	조직이론	20	①	인사행정론
8	②	정책학	21	③	지방행정론
9	②	정책학	22	③	재무행정론
10	③	조직이론	23	②	행정학 총론
11	④	재무행정론	24	④	지방행정론
12	④	행정학 총론	25	②	조직이론
13	①	인사행정론			

⬇ 영역별 틀린 개수로 취약영역을 확인하세요!

| 행정학 총론 | /3 | 정책학 | /6 | 조직이론 | /4 | 인사행정론 | /5 |
| 재무행정론 | /4 | 행정환류론 | –/0 | 지방행정론 | /3 | | |

➡ 나의 취약영역: _____

※해당 회차는 〈1초 합격예측 풀서비스〉의 데이터 누적 기간이 충분하지 않아 오답률, 선지 선택률 기재를 생략하였습니다.

---

1 조직이론 > 주인-대리인이론   답 ②

| **정답해설** | ② 주인과 대리인의 목표 상충으로 인해 나타나는 것은 역선택과 도덕적 해이이다.
| **오답해설** | ① 주인-대리인이론은 경제학적 가정에 기반으로 두므로 인간을 합리적 경제인으로 간주하고 이론을 전개한다.
③ 주인-대리인이론은 전통적 경제학과는 달리 인간의 제한된 합리성과 상황의 불확실성 및 정보의 비대칭성을 받아들인다.
④ 정보의 비대칭성은 주인-대리인 문제의 핵심 원인이다. 계약 전에 대리인의 능력이나 정보를 주인이 알지 못해 불리한 선택을 하는 '역선택'과, 계약 후에 대리인의 행동을 감시할 수 없어 대리인이 태만해지는 '도덕적 해이' 문제가 발생한다.

2 정책학 > 평가성사정, 정책영향평가, 모니터링, 형성평가   답 ④

| **정답해설** | ④ 집행이 종료된 후 정책이 의도했던 목적을 달성했는지에 초점을 맞추는 평가는 총괄평가이다. 형성평가는 프로그램이 집행과정에 있어 유동적일 때 이를 개선하기 위하여 실시되는 평가이다.
| **오답해설** | ① 평가성사정이란 특정 정책 또는 사업(→ 프로그램)을 본격적으로 평가하기에 앞서 이루어지는 분석으로, 정책 그 자체가 아닌 평가계획에 대한 평가이며 정책평가의 목적을 달성하는 수단으로 활용된다.
② 정책영향평가는 정책이 집행된 후 이루어지는 사후평가이고 정책의 파급효과라는 결과를 파악하는 것이므로 효과성 평가로 볼 수 있다.
③ 모니터링은 프로그램이 처음 설계된 대로 운용되고 있는가, 그리고 대상집단에 혜택이 돌아가도록 있는가 등을 평가하는 기법으로, 집행의 능률성과 효과성을 확보하기 위한 평가라는 점에서 프로그램 그 자체의 개선을 목적으로 하는 형성평가와는 구별된다.

3 인사행정론 > 강제배분법, 역산식 평정, 집중화 경향   답 ①

| **정답해설** | ① 강제배분법은 평정자가 미리 정해진 비율에 따라 평정대상자를 각 등급에 분포시키는 방법이므로, 미리 순서를 정하고 그 다음에 역으로 등급에 해당하는 점수를 부여하는 역산식 평정이 나타나기 쉽다.
| **오답해설** | ② 강제배분법은 성적분포비율이 미리 정해져 있으므로 관대화, 집중화, 엄격화 경향이라는 분포상의 착오를 방지할 수 있다.
③ 강제배분법은 성적분포비율이 미리 정해져 있으므로 평가대상 전원이 다소 부족하더라도 일정 비율의 인원이 좋은 평가를 받

거나, 혹은 전원이 우수하더라도 일부의 구성원은 낮은 평가를 받게 될 수 있어 현실을 왜곡할 위험이 있다.
④ 강제배분법은 피평정자들의 성적분포가 과도하게 집중화되거나 관대화되는 현상을 방지하기 위해 성적분포비율을 미리 정하는 상대평가기법을 말한다.

4. 정책학 > 정책네트워크, 정책공동체   답 ②

| 정답해설 | ② 정책네트워크의 경계는 공식적인 제도나 기관에 의해 명확하게 정해지는 것이 아니다. 오히려 특정 정책문제를 둘러싼 참여자들 간의 상호작용과 상호인지를 통해 유동적으로 형성되고 변화한다. 즉, 누가 해당 정책과정에 참여하고 서로를 주요 행위자로 인식하는지에 따라 네트워크의 경계가 결정된다.

| 오답해설 | ① 정책네트워크는 특정 정책분야를 중심으로 정부, 이익집단, 전문가, 시민단체 등 다양한 공식적·비공식적 참여자들이 형성하는 상호의존적 관계의 구조를 분석하는 이론적 틀이다.
③ 하위정부 모형(철의 삼각, Iron Triangle)은 특정 정책 영역에서 가장 영향력 있는 세 행위자인 행정관료, 의회 상임위원회, 이익집단이 긴밀한 협력 관계를 통해 정책과정을 지배하는 매우 안정적이고 폐쇄적인 네트워크를 의미한다.
④ 정책공동체 모형은 하위정부 모형보다 참여자의 범위가 넓고 개방적이지만, 특정 정책 영역에 대한 전문성과 공통의 이해관계를 공유하는 참여자들이 안정적인 관계 속에서 정책을 결정한다는 점에서 하위정부 모형과 유사성을 가진다.

5. 행정학 총론 > 신공공관리론, 넛지이론   답 ①

| 정답해설 | ① 신공공관리론의 학문적 토대가 공공선택론과 주인-대리인 이론 등 신고전파 경제학에 기반을 둔다는 점은 옳다. 그러나 넛지(Nudge)이론의 학문적 토대는 공공선택론이 아니라 행동경제학이다. 행동경제학은 인간의 비합리적 판단과 행동에 초점을 맞추는 반면, 공공선택론은 인간을 합리적이고 이기적인 존재로 가정한다는 점에서 근본적인 차이가 있다.

| 오답해설 | ② 신공공관리론은 시장주의와 성과주의를 통해 행정의 효율성과 생산성을 높여 국민(고객)에 대한 대응성을 향상시키는 것을 목표로 한다. 반면, 넛지이론은 개인의 자유로운 선택권을 유지하면서도 바람직한 행동을 유도하여 개인과 사회 전체의 후생과 삶의 질을 높이는 것을 목표로 한다.
③ 신공공관리론은 인간을 자신의 이익을 극대화하는 합리적 경제인으로 가정한다. 반면, 넛지이론은 인간이 항상 합리적으로 판단하지 않으며, 인지적 한계와 편향을 가지는 '제한된 합리성'을 가진 존재로 가정한다.
④ 신공공관리론은 관료에게 재량권을 부여하여 창의적이고 기업가처럼 성과를 창출하는 '기업가적 정부'를 지향하며, 공무원이 기업가처럼 행동하기를 기대한다. 반면, 넛지이론은 공무원이 시민들의 선택 환경을 설계하여 더 나은 결정을 유도하는 '선택 설계자'의 역할을 수행해야 한다고 본다.

6. 정책학 > 일선관료제   답 ③

| 정답해설 | ③ 립스키(M. Lipsky)에 따르면, 일선관료들은 과도한 업무부담과 자원부족이라는 열악한 환경에 대처하기 위해 업무를 단순화하고 정형화하는 경향이 있다. 이 과정에서 시민들을 자신들만의 기준으로 분류하고(편견, 고정관념 형성), 일부 고객에게는 서비스를 제한하는 등 불공평한 대우를 하게 된다. 즉, 모든 계층을 공평하게 대우하는 것이 아니라, 자신들의 업무 편의를 위해 고객을 차별적으로 대하는 문제가 발생할 수 있다.

| 오답해설 | ① 일선관료의 업무는 복잡하고 비정형적인 경우가 많아 모든 상황을 규칙과 절차로 규정하기 어렵다. 따라서 현장의 특수성과 예측 불가능한 상황에 효과적으로 대응하기 위해 일선관료에게는 상당한 재량권이 부여될 수밖에 없다.
② 립스키(M. Lipsky)는 일선관료들이 처한 업무 환경의 특징으로 자원의 만성적 부족, 모호하고 대립되는 역할 기대, 고객(시민)으로부터의 위협과 도전, 비자발적 고객 등을 제시했다.
④ 일선관료(예 경찰관, 교사, 사회복지사 등)는 정책이 집행되는 최전선에서 시민과 직접 상호작용하며 정부서비스를 전달하는 역할을 한다. 그들의 재량적 결정은 시민, 특히 공공서비스에 대한 의존도가 높은 사회·경제적 취약계층의 삶의 질에 직접적이고 중대한 영향을 미친다.

7. 조직이론 > 집권화, 분권화   답 ④

| 정답해설 | ④ 행정기능의 중복과 혼란을 회피하고, 조직 전체의 통일성을 확보하여 분열을 억제하는 것은 집권화의 장점에 해당한다. 반대로, 분권화는 여러 하위단위에 기능과 권한이 분산되므로 기능의 중복, 조정의 어려움, 조직 내 분열(할거주의) 등의 단점이 발생할 수 있다.

| 오답해설 | ① 조직의 규모가 작거나, 조직이 막 설립되어 강력한 리더십을 통해 정책방향의 일관성을 확보해야 하는 위기 상황 등에서는 의사결정 권한이 상층부에 집중되는 집권화가 효과적일 수 있다.
② 집권화는 각 부서에 분산될 수 있는 전문인력(예 법률, 회계, IT 전문가)을 중앙에 집중시켜 전문기술의 활용도를 높일 수 있다. 또한, 유사한 기능을 통합하여 운영함으로써 규모의 경제를 실현하고 중복 투자를 방지하여 경비를 절감하는 장점이 있다.
③ 분권화는 하급기관이나 현장 담당자에게 의사결정 권한을 위임하는 것으로, 이를 통해 현장의 특수성과 변화에 신속하고 유연하게 대응하는, 즉 탄력적인 업무 수행이 가능해진다.

8. 정책학 > 만족모형   답 ②

| 정답해설 | ㄱ. 만족모형은 '최선'이 아닌 '충분히 좋은' 대안을 선택하는 데서 멈춘다. 따라서 조직이 보수적이거나 관료주의적인 경우, 현상 유지를 만족스러운 수준으로 설정하고 더 나은 혁신적인 대안을 탐색하지 않으려는 경향이 나타날 수 있으며, 이는 혁신을 저해하는 요인으로 작용할 수 있다.

ㄹ. 만족모형은 일상적이고 반복적인 의사결정을 설명하는 데는 적합하지만, 국가의 운명을 가르거나 조직의 존폐가 걸린 매우 중대한 비정형적 의사결정에는 적용하기 어렵다는 비판이 있다. 이런 중대한 상황에서는 의사결정자들이 '만족' 수준을 넘어 가능한 한 '최선'의 대안을 찾기 위해 노력하는 경향이 있기 때문이다.

| 오답해설 | ㄴ. 만족모형에서 '만족 수준' 또는 '기대 수준'은 명확하게 규정된 것이 아니라, 의사결정자의 심리 상태에 따라 변하는 유동적이고 주관적인 개념이므로 기준이 모호하다는 비판을 받는다.
ㄷ. 조직 내 상하관계 등에서 나타나는 권력적 측면이 의사결정에 미치는 영향을 간과한다는 비판은 회사모형과 관련된다. 만족모형은 개인적 차원의 의사결정모형이다.

9 정책학 > 추세연장, 이동평균법, 지수평활법, 교차영향행렬 분석   답 ②

| 정답해설 | ② 이동평균법, 지수평활법 등은 대표적인 추세연장 기법이 맞다. 그러나 교차영향행렬 분석은 추세연장 기법이 아니라, 여러 사건들 간의 상호 영향을 분석하여 미래를 예측하는 직관적·판단적 예측기법(질적 예측)에 해당한다. 이는 델파이기법의 단점을 보완하기 위해 개발된 전문가 예측방법의 일종이다.

| 오답해설 | ① 추세연장 예측은 과거부터 현재까지 축적된 자료(데이터)가 보여주는 변화의 경향(추세)이 미래에도 그대로 지속될 것이라는 가정하에 미래를 예측하는 정량적 예측방법이다.
③ 추세연장 예측이 정확하려면, 과거의 추세가 미래에도 계속될 것이라는 '지속성'과 '규칙성'의 가정이 충족되어야 한다. 또한 예측의 기반이 되는 과거 자료 자체가 신뢰할 수 있고 타당해야 한다는 것은 모든 통계 분석의 기본적인 전제조건이다.
④ 추세연장 예측은 시간의 흐름에 따라 수집된 자료인 시계열(time-series) 자료를 필요로 한다. 인구 변화, 경제성장률, 특정 기관의 민원 처리 건수와 같은 과거 데이터가 축적된 분야의 미래를 예측하는 데 널리 활용된다.

10 조직이론 > 리더십, 팔로워십   답 ③

| 정답해설 | ㄴ. 블레이크(R. Blake)와 머톤(J. Mouton)의 관리격자이론은 리더십을 '생산에 대한 관심'과 '인간에 대한 관심'이라는 두 축으로 분석한다. 이 이론에서는 두 관심사가 모두 가장 높은 (9,9) 유형, 즉 '팀형' 또는 '단합형' 리더십을 어떤 상황에서나 가장 이상적인 리더십으로 간주한다.
ㄷ. 피들러(F. Fiedler)의 상황적응적 리더십은 리더십의 효과가 리더의 스타일과 상황의 호의성 간의 조화에 따라 결정된다고 본다. 이때 상황의 호의성을 결정하는 세 가지 변수로 리더와 구성원의 관계, 과업구조, 리더의 직위권력을 제시했다.

| 오답해설 | ㄱ. 켈리(R. Kelley)는 추종자를 '독자적·비판적 사고'와 '적극적·수동적 참여'의 두 차원을 기준으로 수동형(Sheep), 순응형(Yes-people), 소외형(Alienated followers), 실무형(Pragmatic survivors), 모범형(Effective followers) 5가지 유형으로 분류했다.
ㄹ. 오하이오 주립대학의 연구는 리더의 행동을 '구조주도'와 '배려'라는 두 가지 차원으로 구분한 것은 맞다. 그러나 이 연구에서는 중간 수준의 균형 잡힌 형태가 아닌 두 차원이 모두 높은 리더가 일반적으로 가장 효과적이라고 보았다.

11 재무행정론 > 예산, 법률   답 ④

| 정답해설 | ④ 대통령은 국회가 의결한 법률안에 대해 거부권을 행사할 수 있다. 그러나 국회는 정부가 제출한 예산안을 심의·확정해야 할 「헌법」적 의무가 있다. 만약 회계연도 개시 전까지 예산안이 의결되지 못할 경우를 대비해 「헌법」은 준예산 제도까지 두고 있다. 따라서 국회는 예산안에 대한 심의·의결 자체를 정당한 이유 없이 거부할 수 없다.

| 오답해설 | ① 대한민국 「헌법」에 따르면, 법률안 제출권은 국회의원과 정부 모두에게 있다. 그러나 예산안 편성 및 제출권은 정부에게만 독점적으로 부여되어 있다.
② 국회는 정부가 제출한 법률안을 자유롭게 수정하여 의결할 수 있다. 하지만 예산안에 대해서는 국회의 증액 수정권이 제한된다. 「헌법」 제57조는 "국회는 정부의 동의 없이 정부가 제출한 지출예산 각 항의 금액을 증가하거나 새 비목을 설치할 수 없다"라고 규정하고 있다.
③ 법률은 국회의결 후 정부로 이송되어 대통령이 공포해야 국민에 대한 구속력(대외적 효력)이 발생한다. 반면, 예산은 국가기관만을 구속하는 내부 규범의 성격을 가지므로 국회에서 의결(확정)되면 별도의 공포 절차 없이 성립하고 효력을 가진다.

12 행정학 총론 > 행정PR   답 ④

| 정답해설 | ④ 행정PR은 듣고(공청) 알리는(공보) 쌍방적 과정이다.
| 오답해설 | ① 행정PR은 행정의 민주화와 인간화의 요청, 정책집행의 순응 확보, 정책의 공익성과 객관성 요구 등으로 인해 등장하였다.
② 행정PR은 객관적 사실에 기반을 둔 활동이므로, 과장·은폐·왜곡 및 감정에 호소하는 선전과 구별된다.
③ 개발도상국의 경우 행정PR은 국민에 대한 계몽적 기능을 수행한다.

13 인사행정론 > 징계   답 ①

| 정답해설 | ① 「국가공무원법」에 규정된 내용이다.
| 오답해설 | ② 중징계의 일종인 파면의 경우 원칙적으로 연금급여의 2분의 1이 삭감된다.
③ 「공무원 행동강령」에 따르면, 공무원은 직무관련자 또는 직무관련공무원으로부터 사적 노무를 제공받거나 요구 또는 약속해서는 아니 된다. 다만, 다른 법령 또는 사회상규에 따라 허용되는 경우에는 그러하지 아니하다.
④ 감봉은 직무에 종사하게 하면서 보수의 3분의 1을 삭감하는 처분이다.

14 | 지방행정론 > 정부 간 관계, 대리인모형 | 답 ④

| 정답해설 | ④ 단체위임사무는 당해 자치단체와도 관련된 사무이므로 지방의회가 그 사무처리에 관여할 수 있다.

| 오답해설 | ① 라이트(D. Wright)는 정부 간 관계를 포괄형, 분리형, 중첩형의 세 유형으로 나누고, 각 유형별로 지방정부의 사무내용, 중앙·정부 간 재정 및 인사 관계의 차이가 있음을 밝히고 있다.
② 엘콕(H. Elcock)의 대리자모형은 지방정부를 중앙의 단순한 대리자에 불과하다고 보는 입장이다.
③ 「지방자치법」에는 지방자치단체의 행정기구 설치와 지방공무원의 정원은 인건비 등 대통령령으로 정하는 기준에 따라 그 지방자치단체의 조례로 정한다고 규정하고 있으므로 지방자치단체의 자치조직권은 대통령령의 제약을 받는다.

15 | 재무행정론 > 재정준칙, 총액계상, 총사업비관리, 국가재정운용계획 | 답 ①

| 정답해설 | ① 재정준칙(Fiscal Rules)은 국가채무, 재정수지 등 재정 관련 지표가 일정한 수준을 넘지 않도록 법률로 의무화하는 제도이다. 2023년 시험 당시 그리고 현재까지도 재정준칙 도입에 대한 논의는 계속되고 있으나, 아직 「국가재정법」에 명시적으로 규정되지는 않았다. 다만 2025년부터 도입될 예정으로 발표되었다.

| 오답해설 | ② 총액계상예산제도는 사업별 예산을 총액으로만 정하고 세부적인 지출 내역은 집행 부처의 자율에 맡기는 제도로, 「국가재정법」(총액계상예산의 편성)에 근거 규정이 마련되어 있다.
③ 총사업비관리제도는 대규모 공공투자사업의 총사업비를 사업 추진 단계별로 관리하여 재정 투자의 효율성을 높이는 제도로, 「국가재정법」(총사업비의 관리)에 규정되어 있다.
④ 국가재정운용계획은 향후 5회계연도 이상의 기간에 대한 재정운용 목표와 방향을 제시하는 중기 재정계획으로, 「국가재정법」(국가재정운용계획의 수립 등)에 따라 정부는 매년 이 계획을 수립하여 예산안과 함께 국회에 제출해야 한다.

16 | 정책학 > 정책지침 | 답 ③

| 정답해설 | ③ 하향식 접근법의 가장 큰 단점 중 하나는 의도하지 않은 효과를 제대로 분석하지 못한다는 것이다. 이 접근법은 오직 사전에 설정된 '의도된 목표'의 달성 여부에만 초점을 맞추기 때문에, 집행과정에서 발생하는 긍정적이거나 부정적인 부수효과(의도하지 않은 효과)를 간과하거나 '집행실패'의 한 요소로만 치부하는 경향이 있다. 의도하지 않은 효과까지 분석하는 데 장점이 있는 것은 상향식 접근법이다.

| 오답해설 | ① 하향식 접근법에서는 정책이 성공하려면 정책 자체가 타당한 인과이론(정책수단이 목표달성을 이끌어낼 것이라는 논리)에 기반해야 한다고 본다. 따라서 잘 만들어진 정책내용은 집행자들이 따라야 할 규범적 처방으로 간주된다.
② 하향식 접근법은 정책집행 과정에서 발생할 수 있는 혼란이나 재량권 남용을 최소화하기 위해, 정책목표와 지침이 법령 등으로 명확하고 구체적으로 규정되어야 성공 가능성이 높다고 본다.
④ 하향식 접근법은 정책결정자의 시각에서 집행을 바라보기 때문에, 현장에서 정책에 반대하거나 저항하는 다양한 행위자들(예 일선관료, 이익집단, 피집행자 등)의 복잡한 동기나 전략적 행동을 충분히 고려하지 못하는 단점이 있다.

17 | 인사행정론 > 직장협의회, 휴직, 소청심사위원회, 시보임용 | 답 ③

| 정답해설 | ㄴ. 휴직은 공무원의 신분은 유지되나 직무에서는 일시적으로 벗어나는 상태로, 질병, 병역, 생사불명 등 법률상 요건에 해당할 때 임용권자가 의무적으로 명하는 직권휴직과, 유학, 육아, 연수 등 공무원 본인의 신청에 의해 임용권자가 허가하는 청원휴직으로 구분된다.
ㄹ. 시보제도는 정식 공무원으로 임용되기 전 적격성을 심사하는 기간이다. 「국가공무원법」에 따라 시보임용 기간 중 근무성적이나 교육훈련성적이 불량할 경우, 위원회의 심의를 거쳐 정규 임용을 거부하고 면직시킬 수 있다.

| 오답해설 | ㄱ. 「공무원 직장협의회의 설립·운영에 관한 법률」에 따르면, 직장협의회는 원칙적으로 '하나의 기관에 하나의 협의회'를 설립할 수 있다.
ㄷ. 소청심사위원회의 결정은 처분청(징계를 내린 행정기관)을 기속하여 반드시 따르도록 하는 효력이 있다. 그러나 소청인(공무원)은 소청심사위원회의 결정에 불복할 경우 행정소송을 제기할 수 있으므로, 소청심사위원회의 결정이 소청인을 기속하지는 않는다.

18 | 재무행정론 > 국가채무, 금융성 채무, 적자성 채무 | 답 ①

| 정답해설 | ① 「국가재정법」에 따르면, 국가채무는 국가의 부담으로 상환해야 할 채무를 의미하며, 이는 국가의 일반회계, 특별회계, 그리고 기금이 발행한 채권 및 차입금 등을 포함한다.

| 오답해설 | ② 국채는 중앙정부가 발행 주체인 채무증서로, 재정적자 보전이나 특정 정책목표 달성을 위해 발행하며, 지문에 언급된 국고채권(재정증권 포함), 국민주택채권, 외국환평형기금채권 등은 모두 우리나라 중앙정부가 발행하는 대표적인 국채에 해당한다.
③ 국가채무는 그 성격에 따라 적자성 채무와 금융성 채무로 구분할 수 있다. 적자성 채무는 일반재정 적자를 보전하기 위해 발행되어 상환 재원을 조세 등 일반 세입에 의존해야 하는 순수한 빚을 말하고, 금융성 채무는 융자 사업을 위한 재원조달 등 대응하는 금융자산이 있어 자체적으로 상환이 가능한 채무를 말한다.
④ 채권의 발행 주체에 따른 기본적인 구분으로, 중앙정부가 발행하는 채권을 국채, 지방자치단체가 발행하는 채권을 지방채라고 한다.

19. 인사행정론 > 백지신탁 제도, 이해충돌 — 답 ④

| 정답해설 | ④ 백지신탁(Blind Trust) 제도의 핵심은 공직자가 신탁재산의 관리·운용·처분에 전혀 관여할 수 없다는 것이다. '백지(Blind)'라는 명칭처럼, 공직자는 자신의 재산이 어떻게 운용되는지 알 수 없어야 하며, 당연히 자신의 의견을 반영하여 재산을 변경할 수도 없다. 만약 공직자의 의견을 반영한다면 이해충돌 방지라는 제도의 근본 취지가 훼손된다.

| 오답해설 | ① 「공직자윤리법」에 따르면, 주식백지신탁의 수탁기관은 매년 1월 1일(주식백지신탁계약이 체결된 해의 경우에는 계약체결일)부터 12월 31일까지 신탁재산을 관리·운용·처분한 내용을 다음 해 1월 중에 관할 공직자윤리위원회에 보고하여야 한다.
② 주식백지신탁 제도의 법적 근거는 「공직자윤리법」이다. 2022년부터 시행된 「공직자의 이해충돌 방지법」은 사적 이해관계 신고, 직무 관련 외부활동 제한 등 다양한 이해충돌 상황을 규율하지만, 주식백지신탁 제도는 포함하고 있지 않다.
③ 「공직자윤리법」에 따르면, 공개대상자 등 및 그 이해관계인이 보유하고 있는 주식의 직무관련성 유무를 심사·결정하기 위해 인사혁신처에 주식백지신탁 심사위원회를 둔다.

20. 인사행정론 > 「공직자윤리법」, 등록의무자 — 답 ①

| 정답해설 | ① 「공직자윤리법」에 따르면, 국채·공채·회사채 등 유가증권은 액면가로 등록하여야 한다.

| 오답해설 | ② 혼인한 직계비속인 여성과 외증조부모, 외조부모, 외손자녀 및 외증손자녀가 소유한 재산은 재산등록 의무자가 등록할 재산에서 제외된다.
③ 공직자는 등록의무자가 된 날부터 2개월이 되는 날이 속하는 달의 말일까지 재산등록을 해야 한다.
④ 대학교 학장 역시 재산등록 의무자에 속한다.

21. 지방행정론 > 정책지원 전문인력, 정례회 — 답 ③

| 정답해설 | ③ 「지방자치법」은 "지방의회는 매년 2회 정례회를 개최한다"라고 규정하고 있다. 일반적으로 상반기에 1차 정례회(결산심사 등), 하반기에 2차 정례회(예산안 심의 등)를 개최한다.

| 오답해설 | ① 2022년 전부개정된 「지방자치법」에 따라, 지방의회의원의 의정활동을 지원하기 위한 정책지원 전문인력 제도가 도입되었다. 지방의회의원 정수의 2분의 1 범위에서 조례로 정하는 바에 따라 둘 수 있다.
② 개정된 「지방자치법」에 따르면, 사무직원 인사권이 지방의회 의장에게 부여되어 의장이 사무직원을 지휘·감독한다.
④ 「지방자치법」은 지방의회의원이 겸직할 수 없는 직위 중 하나로 '각급 선거관리위원회 위원'을 명시하고 있다. 이는 선거관리의 공정성과 중립성을 확보하기 위한 규정이다.

22. 재무행정론 > 재정투명성 — 답 ③

| 정답해설 | ③ 정부는 예산, 기금, 결산, 국채, 차입금, 국유재산의 현재액, 통합재정수지 및 일반정부 및 공공부문 재정통계, 그 밖에 대통령령으로 정하는 국가와 지방자치단체의 재정에 관한 중요한 사항을 매년 1회 이상 정보통신매체·인쇄물 등 적당한 방법으로 알기 쉽고 투명하게 공표하여야 한다.

| 오답해설 | ① 재정투명성이란 재정에 관련된 모든 정보를 시의적절하고 체계적으로 완전히 공개하는 것을 말한다.
② 2007년의 IMF 「재정투명성 규약」은 '정부의 역할과 책임의 명확화', '공개된 예산과정', '정보에 관한 국민의 이용가능성 보장', '재정정보의 완전성에 대한 보증'이라는 4가지 사항을 규정하였다.
④ 「국가재정법」에 따르면, 국가의 예산 또는 기금을 집행하는 자, 재정지원을 받는 자, 각 중앙관서의 장 또는 기금관리주체와 계약 그 밖의 거래를 하는 자가 법령을 위반함으로써 국가에 손해를 가하였음이 명백한 때에는 누구든지 집행에 책임 있는 중앙관서의 장 또는 기금관리주체에게 불법지출에 대한 증거를 제출하고 시정을 요구할 수 있다.

23. 행정학 총론 > 신뢰, 시민참여, 공론조사 — 답 ②

| 정답해설 | ㄱ. 신뢰성의 차원은 피신뢰자 측면과 신뢰자 측면으로 나뉘는데 정부능력, 권력의 정당성, 정책의 일관성, 행정의 공개성 등은 피신뢰자 측면의 구성요소이다.
ㄷ. 숙의민주주의란 투표 혹은 선택 이전에 이루어지는 이성과 논리 등에 근거한 깊이 있는 숙고의 과정으로 대표성, 참여, 정보와 지식, 숙의시간 등을 구성요소로 하며, 공론조사, 협의회의, 시민회의, 주민배심 등이 이에 속한다.

| 오답해설 | ㄴ. 신뢰는 신탁적 신뢰와 상호적 신뢰로 나뉘는데 신탁적 신뢰는 주인-대리인 관계에서 나타나는 신뢰처럼 정보비대칭에 기반하여 주인이 대리자에 전적으로 의존하는 신뢰를 말하고 상호적 신뢰는 지속적인 교환과 대면접촉으로 형성되므로 정보비대칭성이 상대적으로 약하다.

24. 지방행정론 > 지역균형발전특별회계, 지역상생발전기금 — 답 ④

| 정답해설 | ④ 지역상생발전기금은 2010년 지방소비세 도입으로 인해 발생하는 수도권과 비수도권 간의 재정 격차를 완화하기 위해 설치되었다. 소비가 많은 수도권(서울·인천·경기)에 세수가 집중되는 문제를 보전하기 위해 수도권 광역지자체가 출연한 재원으로 기금을 조성하여 비수도권 지역에 배분하는 제도이다. 따라서 광역-기초 지자체 간의 불균형이 아닌, 수도권-비수도권 간의 불균형을 해소하기 위한 것이다.

| 오답해설 | ① 부동산교부세의 재원은 전액 종합부동산세로 구성되며, 이는 지방자치단체의 재정 격차를 줄이기 위해 교부되는 재원이다. 지방교부세와 마찬가지로 용도가 지정되어 있지 않아 지방자치단체가 자율적으로 사용할 수 있는 일반재원에 해당한다.

② 「지방교육재정교부금법」에 따르면, 지방교육재정교부금의 재원은 해당 연도 내국세 총액의 20.79%와 교육세 세수 일부 등으로 구성된다.
③ 지역균형발전을 위한 특별회계의 시초는 노무현 정부 시절 국가균형발전 및 지방분권 정책을 추진하기 위해 2005년에 신설된 국가균형발전특별회계이다. 이 회계는 이후 정권에 따라 명칭과 내용이 일부 변경되었으나 그 맥락은 이어지고 있다.

| 25 | 조직이론 > 업무재설계, 정보자원관리 | 답 ② |

| 정답해설 | ② 정보기술의 활용을 통해 업무처리의 절차를 근본적으로 개선하는 데 초점을 맞추는 것은 업무재설계(business process reengineering)이다.

| 오답해설 | ① 혼합현실(mixed reality)이란 현실 세계에 가상현실(VR)을 접목하여 현실의 물리적 객체와 가상의 객체가 상호 작용할 수 있는 것을 말한다.
③ 정보자원관리(information resource management)란 조직에 필요한 정보를 생산하는 데 사용되는 자원을 관리하는 것으로 정보자원에 대한 통합적 관리체제를 의미한다.
④ 제3의 플랫폼(the 3rd platform)은 모바일, 클라우드, 빅데이터, 소셜 컴퓨팅을 접목한 새로운 IT환경을 의미한다.

2022 10월 15일 시행 국가직 7급 (㉯책형)

합격예상 체크

〈국가직 7급 연도별 합격선〉

2022 합격기준

| 맞힌 개수 | /25문항 | 점수 | /100점 |

➡ □ 합격 □ 불합격

취약영역 체크

문항	정답	영역	문항	정답	영역
1	④	조직이론	14	③	지방행정론
2	①	조직이론	15	②	조직이론
3	③	인사행정론	16	②	재무행정론
4	②	인사행정론	17	③	행정학 총론
5	④	조직이론	18	②	정책학
6	③	인사행정론	19	①	인사행정론
7	③	조직이론	20	①	정책학
8	②	정책학	21	④	행정학 총론
9	③	재무행정론	22	④	조직이론
10	③	재무행정론	23	①	지방행정론
11	④	행정학 총론	24	②	지방행정론
12	①	행정학 총론	25	①	정책학
13	④	정책학			

▼ 영역별 틀린 개수로 취약영역을 확인하세요!

행정학 총론	/4	정책학	/5	조직이론	/6	인사행정론	/4
재무행정론	/3	행정환류론	–/0	지방행정론	/3		

➡ 나의 취약영역: _____

※ [정답해설]과 [오답해설] 선지의 50% 표시는 〈에듀윌 합격예측 풀서비스〉를 통해 수집된 선지 선택률을 나타냅니다.

---

1 조직이론 > 일상적 기술, 기계적 구조, 유기적 구조   오답률 16% 답 ④

| **정답해설** | ④ 84% 조직구조는 업무의 배분방식이며, 업무의 배분방식에 따라 구성원의 상호작용이 달라진다.

| **오답해설** | ① 7% 일상적 기술은 문서화된 기술이므로 높은 공식성과 연결된다.
② 4% 조직구조는 크게 사전에 정해진 기계적 구조와, 환경의 변화에 맞춰 구조를 형성해 가는 유기적 구조로 나뉜다.
③ 5% 환경이 복잡하고 불안정하다면 사전에 규정하기 어려우므로 유기적 구조가 적합하다.

2 조직이론 > 동기부여이론, 기대이론, 위생요인   오답률 16% 답 ①

| **정답해설** | ① 84% 앨더퍼(C. Alderfer)의 관계욕구에는 매슬로우(A. Maslow)의 사회적 욕구와 (외적) 존경의 욕구가 포함된다.

| **오답해설** | ② 10% 브룸(V. Vroom)의 기대이론은 욕구의 내용보다는 욕구가 실현되는 과정에 초점을 둔 이론이다.
③ 1% 허즈버그(F. Herzberg)의 위생요인은 동기부여의 필요조건에 해당한다.
④ 5% 아담스(J. Adams)에 의하면 준거인물과 비교하여 느끼는 공평함의 정도에 따라 동기부여와 관련된 행동이 달라진다.

3 인사행정론 > 복권, 집행유예   오답률 15% 답 ③

| **정답해설** | ③ 85% 징계로 파면처분을 받은 때부터 5년이 지나지 아니한 자는 임용결격사유에 해당한다. 2019년 10월 13일에 파면되었으므로 2024년 10월 14일 이후에 임용의 결격사유가 해제된다.

| **오답해설** | ① 4% 甲은 2021년 10월 13일에 성년후견이 종료되었으므로, 기준일인 2022년 10월 14일 현재 결격사유에 해당하지 않아 임용될 수 있다.
② 7% 파산선고를 받고 복권되면 결격사유가 해제된다.
④ 4% 금고 이상의 형의 집행유예를 선고받고 그 유예기간이 끝난 날부터 2년이 지나면 결격사유가 해제된다.

4 인사행정론 > 정실주의, 엽관제   오답률 17% 답 ②

| **정답해설** | ② 83% 전문성을 통한 행정의 효율성 제고와 정부관료의 역량 강화에 기여한 것은 실적주의이다.

| **오답해설** | ① 6% 영국의 실적주의는 1853년 노스코트-트레벨리언 보고서에 의한 공개경쟁채용시험 도입과 독립적인 중앙인사위원회의 설치 등의 건의, 1855년 1차 추밀원령에 의한 독립적인 인사위원회의 설치, 그리고 1870년 2차 추밀원령에 의한 실적주의의 확립으로 전개된다. 반면 미국의 펜들턴법은 1883년에 제정되었다.

③ ⑤% 엽관제도는 1829년 미국의 잭슨(A. Jackson) 대통령이 의회에서 발표한 연두교서에서부터 더욱 강화되었다.

④ ⑥% 공직경질제를 기반으로 하는 엽관주의는 관료제의 특권화 방지에 기여한다. 우리나라는 현재 정무직과 일부 별정직에 엽관주의가 사용되고 있다.

| 5 | 조직이론 > 계층제, 훈련된 무능, 동조과잉 | 오답률 27% | 답 ④ |

| 정답해설 | ④ 73% 적극적으로 새로운 과업을 찾아서 실행하기보다 현재의 주어진 업무만을 소극적으로 수행하는 것은 무사안일이다.

| 오답해설 | ① 7% 관료제는 능력에 따라 계층을 형성하여 운영되는 조직구조이다.
② 14% 관료제의 구성원들은 업무의 전문성에 의해 선발된다.
③ 6% 훈련된 무능이란 한 가지 업무에 익숙한 관료들이 다른 업무에 대한 적응력이 떨어지는 현상을 말한다.

| 6 | 인사행정론 > 전문경력관제도, 전직시험 | 오답률 31% | 답 ③ |

| 정답해설 | ③ 69% 일반직 공무원을 전문경력관으로, 전문경력관을 일반직 공무원으로 상호 전직시키는 것이 가능하다.

| 오답해설 | ① 12% 전문경력관은 경력직 공무원 중 특정직 공무원에 해당하며, 「국가공무원법」에 따라 계급 구분, 직군·직렬 분류를 적용하지 않는 특수 업무 분야에 종사하는 공무원이다.
② 15% 전문경력관은 직무의 특성·난도 및 직무에 요구되는 숙련도 등에 따라 가군, 나군, 다군으로 구분하여 임용한다.
④ 4% 소속 장관은 해당 기관의 일반직 공무원 직위 중 순환보직이 곤란하거나 장기 재직 등이 필요한 특수 업무 분야의 직위를 전문경력관 직위로 지정할 수 있다.
※ 출제 당시, "④ ~특수 업무 분야의 직위를 인사혁신처장과 협의하여 전문경력관 직위로~"이었으나, 2023년 6월 「공무원 임용규칙」이 개정되어 선택지를 수정하였습니다.

| 7 | 조직이론 > 동기부여 | 오답률 34% | 답 ④ |

| 정답해설 | ④ 66% (가) 외재적 동기가 (나) 내재적 동기를 구축하는 효과를 설명하고 있으며, (다) '일에 대한 즐거움'은 내재적 동기의 대표적인 예시이다.

| 오답해설 | ① 18% (가)와 (나)가 바뀌었으며, (다) 성과급은 외재적 동기의 예시이다.
② 6% (가)와 (나)가 바뀌었다. (다) 가치관 일치는 내재적 동기의 예시가 맞지만, 앞부분이 틀렸다.
③ 10% (가), (나)는 옳게 연결되었으나, (다) 처벌은 내재적 동기가 아닌 외재적 동기(부정적 강화물)의 예시이다.

| 8 | 정책학 > 단절적 시계열설계, 준실험설계 | 오답률 49% | 답 ② |

| 정답해설 | ㄱ. 단절적 시계열설계는 정책이 전국적으로 실시되어 실험집단과 통제집단을 구분하기 곤란할 때 별도의 통제집단 없이 동일한 집단에 대하여 정책을 집행하여 비교하는 방식이다.
ㄷ. 인과적 추론을 위한 비실험적 방법에는 통계적 통제에 의한 방법, 인과모형에 의한 방법 등이 포함된다. 통계적 통제에 의한 방법은 결과변수에 영향을 미친다고 생각되는 제3의 변수들을 식별하여 통계분석의 모형에 포함시키는 것을 말하고, 인과경로모형은 여러 변수들 간에 원인과 결과의 관계가 복잡하게 작용할 것으로 생각될 경우, 인과적 모델링에 의해 인과모형을 작성하고, 경로분석을 통해 변수들 간의 인과관계의 경로에 관한 가설을 검증하는 방법이다.

| 오답해설 | ㄴ. 정책대상이 사람이고, 시간의 경과로 인한 특성의 변화는 성숙효과와 관련된다.

오답률 TOP 1

| 9 | 재무행정론 > 의무지출 | 오답률 76% | 답 ③ |

| 정답해설 | ㄱ. 지방교부세는 「지방교부세법」에 따라 내국세 총액의 일정 비율(19.24%)을 지방자치단체에 의무적으로 교부하도록 규정되어 있는 대표적인 의무지출이다.
ㄴ. 유엔 평화유지활동(PKO) 예산 분담금은 국제조약 및 협약에 따라 납부의무가 발생하는 지출로 법률에 준하는 효력을 가지므로 의무지출에 해당한다.
ㄹ. 지방교육재정교부금은 「지방교육재정교부금법」에 따라 내국세의 일정 비율(20.79%)과 교육세 일부를 지방교육청에 의무적으로 교부하도록 규정되어 있는 의무지출이다.
ㅁ. 이미 발행한 국채에 대한 이자의 상환은 국가의 법적인 채무 이행이므로 반드시 지출해야 하는 의무지출이다.

| 오답해설 | ㄷ. 정부부처의 인건비, 기본경비 등은 매년 예산편성 과정에서 국회의 심의를 거쳐 그 규모가 결정되는 대표적인 재량지출이다.

오답률 TOP 3

| 10 | 재무행정론 > 영기준예산, 계획예산, 성과주의예산, 품목별예산 | 오답률 57% | 답 ③ |

| 정답해설 | ③ 43% '산출 이후의 성과(결과)에 관심', '예산집행의 재량과 결과에 대한 책임 강조' 등은 1990년대 이후 등장한 신성과주의예산제도의 특징이다. 1950년대에 도입된 전통적 성과주의예산제도(PBS)는 사업의 단위원가와 업무량을 곱하여 예산을 산정하는 방식으로, '결과(outcome)'보다는 '산출(output)'과 능률성을 중시하는 관리지향적 예산제도이다.

| 오답해설 | ① 22% 영기준예산(ZBB)은 전년도 예산을 기준으로 삼지 않고 모든 사업을 원점에서 재평가하여 예산을 편성하는 감축지향적 예산제도로, 1969년 미국의 텍사스 인스트루먼트사에서 파이어(P. Pyhrr)가 처음 개발하였으며, 1970년대 카터 행정부 시기 미국 연방정부에 도입되었다.

② 23% 계획예산(PPBS)은 장기적인 기획과 단기적인 예산편성을 구체적인 사업계획을 통해 유기적으로 연계시키는 기획지향적 예산제도이다. 1960년대 존슨 행정부가 '위대한 사회' 건설과 베트남 전쟁 등으로 정부기능이 확대되던 시기에 국방부에서 성공한 제도를 연방정부 전체로 확산시킨 것이다.
④ 12% 품목별예산(LIBS)은 인건비, 물건비 등 지출대상(품목)별로 예산을 편성하여 지출의 목적과 용도를 명확히 함으로써 공무원의 재량과 부정을 막고 의회의 통제를 용이하게 하는 통제지향적 예산제도로, 1921년 미국 「예산회계법」 제정 이후 연방정부에서 보편적으로 사용되었다.

11 행정학 총론 > 정치행정이원론, 공사행정일원론
오답률 13% 답 ④

| 정답해설 | ④ 87% 대공황 이후 행정의 정책결정이나 준입법적 기능수행을 강조한 것은 정치행정일원론이다.
| 오답해설 | ① 3% 정치행정이원론은 행정을 경영과 유사한 것으로 보는 공사행정일원론의 입장을 취한다.
② 5% 정치행정이원론은 결정과 집행을 분리한 후 행정의 역할을 집행에 국한할 것을 주장하였다.
③ 5% 윌슨(W. Wilson)은 행정을 정치와 구분되는 전문적·기술적 영역으로 간주하고 행정의 대표성보다는 능률성이나 전문성을 강조하였다.

12 행정학 총론 > 정부실패, X-비효율성, 지대추구, 파생적 외부효과, 내부성
오답률 22% 답 ①

| 정답해설 | ① 78% 권력을 통한 불평등한 분배는 '권력적 특혜'라 한다.
| 오답해설 | ② 13% '지대'란 정부의 개입으로 인해 야기된 추가적 이득을 말하고 이를 추구하는 과정을 지대추구활동이라 한다.
③ 4% '파생적 외부효과'는 민간 활동에 대한 예측의 부재로 인해 나타나는 정부개입의 문제점을 말한다.
④ 5% '내부성'은 공적 이익보다는 부서의 이익이나 개인적 이익에 집착하는 정부실패 현상을 말한다.

13 정책학 > 경쟁적 규제정책
오답률 22% 답 ④

| 정답해설 | ④ 78% 경쟁적 규제정책에서 갈등과 경쟁은 주로 정책결정 단계에서 특정 권리를 획득하기 위해 치열하게 나타난다. 일단 정책집행 단계에 이르면, 규제 대상자로 선정된 승자는 그 권리를 유지하기 위해 규제기관과 우호적이거나 협력적인 관계를 맺는 경향이 있다. 규제받는 자(산업)가 규제기관에 강하게 반발하고 저항하는 모습은 주로 다수의 기업에 특정 의무를 부과하는 보호적 규제정책에서 나타나는 특징이다.
| 오답해설 | ① 6% 경쟁적 규제정책은 주파수 할당, 방송 허가권 등과 같이 국가가 소유한 희소한 자원이나 권리를 다수의 경쟁자 중 소수에게 배분하는 것을 핵심으로 한다.

② 10% 경쟁적 규제정책에서 정부는 소수의 승자에게 독점적인 공급권을 부여하는 대신, 요금규제나 서비스의 질 확보 등 공익을 위한 여러 규제적 조건을 부과한다.
③ 6% 방송 주파수 할당, 항공노선 허가, 케이블TV 사업권 부여 등이 경쟁적 규제정책의 대표적인 사례이다.

14 지방행정론 > 기관통합형, 기관대립형
오답률 29% 답 ③

| 정답해설 | ③ 71% 기관대립형은 시장의 권한에 따라 강시장-의회형과 약시장-의회형으로 나뉜다. 지문에서 설명한 '시장의 고위직 지방공무원인사에 대한 의회의 동의'는 시장의 권한이 약한 약시장-의회형의 특징이 맞다. 하지만 '지방의회의결에 대한 거부권'은 시장에게 강력한 권한을 부여하는 강시장-의회형의 핵심적인 특징이다.
| 오답해설 | ① 16% 기관통합형은 주민이 직접 선출한 의회가 의결기능과 집행기능을 모두 관장하므로, 행정책임의 소재가 명확하고 주민의 의사를 행정에 직접적으로 반영하기 용이하여 민주적 책임성 확보에 유리하다.
② 8% 기관통합형은 지방의회가 입법(의결) 기능과 행정(집행) 기능을 모두 가지는 형태이다. 영국의 의회형과 위원회형이 대표적인 사례에 해당한다.
④ 5% 기관대립형은 의결기관(의회)과 집행기관(단체장)을 분리하여 상호 견제와 균형을 통해 권력의 집중과 남용을 방지하는 장점이 있다. 그러나 기관 간의 권한 다툼이나 정치적 대립이 발생할 경우, 행정의 비효율성과 불안정성을 초래할 수 있다는 단점을 가진다.

15 조직이론 > 전자정부, 나라장터, 온나라 서비스
오답률 28% 답 ②

| 정답해설 | ② 72% 조달 관련 온라인 서비스를 통합적으로 제공하는 것은 나라장터를 말하는데 이는 G2B의 대표적 사례이다.
| 오답해설 | ① 9% 나라장터는 국가종합 전자조달시스템을 의미하며, 이는 정부와 민간기업과의 관계를 효율적으로 만드는 수단이다.
③ 13% G4C는 정부와 고객 간의 관계를 의미하므로, 민원업무의 혁신이나 민관의 데이터베이스 공동활용시스템이 이에 해당한다.
④ 6% G2G는 정부와 정부 간의 관계를 의미하므로 정부 내 업무처리시스템인 온나라 서비스가 이에 해당한다.
※ 출제 당시, "④ ~대표적 사례로는 '온-나라 시스템이 있다."이었으나, 2022년 '온나라 서비스'로 명칭이 변경되어 선택지를 수정하였습니다.

16 재무행정론 > 중앙예산기관, 경제기획원, 재정경제원
오답률 49% 답 ②

| 정답해설 | ② 51% 1961년 5.16 군사정변 이후 국가재건최고회의는 경제개발계획의 수립과 예산 편성을 연계하기 위해 경제기획원을 신설하고, 재무부의 예산국을 경제기획원으로 이관하였다. 따라

서 중앙예산기관의 역할은 재무부가 아닌 경제기획원이 담당하게 되었고, 재무부는 국고(세입) 및 세제 기능을 담당했다.

| 오답해설 | ① 16% 1948년 정부 수립과 함께 국무총리 소속으로 설치된 기획처의 예산국이 최초의 중앙예산기관으로서 예산편성 기능을 수행했다.
③ 24% 김영삼 정부는 '작은 정부'를 구현하기 위해 1994년 정부조직개편을 단행했다. 이를 통해 거대 경제부처였던 경제기획원(기획·예산)과 재무부(세제·국고)를 통합하여 재정경제원을 신설함으로써 재정기능의 일원화를 꾀했다.
④ 9% 김대중 정부 시절 재정경제부와 기획예산처로 분리되었던 재정기능은, 이명박 정부 때인 2008년 다시 통합되어 현재의 기획재정부가 되었다. 기획재정부 내의 예산실이 중앙예산기관으로서 예산의 편성과 집행 관리기능을 담당하고 있다.

17 행정학 총론 > 미노브룩회의, 논리실증주의, 행태주의
오답률 18% | 답 ③

| 정답해설 | ③ 82% 신행정학은 기계적 능률성만을 최고의 가치로 삼았던 전통 행정학을 비판했으며, 가치와 사실을 분리하고 가치중립적 연구를 지향했던 논리실증주의와 행태주의를 거부했고, 능률성보다 사회적 형평성을 더 중요한 가치로 제시했다.

| 오답해설 | ① 8% 신행정학은 기존의 공급자 중심 행정에서 벗어나 시민의 요구에 부응하는 고객중심 행정을 강조했으며, 행정과정에 시민의 참여를 확대해야 한다고 주장했다. 또한 가치중립적인 행정이 아닌, 규범적 가치판단을 중시했다.
② 6% 신행정학은 행정학 연구가 현실의 사회문제를 해결하는 데 기여해야 한다고 보았다. 이러한 문제해결과 '적실성(relevance)'을 높이기 위해 실천적이고 정책 지향적인 성격을 강조했다.
④ 4% 신행정학의 핵심 가치는 사회적 형평성이다. 이를 위해 정부와 행정가가 사회적 약자와 소외계층을 위해 적극적으로 나서야 하며, 이들에게 더 많은 행정서비스를 제공해야 한다고 주장했다.

18 정책학 > 정책결정요인론
오답률 46% | 답 ②

| 정답해설 | ② 54% 도슨(R. Dawson)과 로빈슨(J. Robinson)에 의하면 정치적 변수와 정책은 허위관계로, 만약 사회·경제적 변수를 통제하면 정치체제와 정책 간의 관계는 사라진다. 이는 사회경제적 변수, 정치체제 그리고 정책 간의 순차적 관계의 부정 또는 정치체제의 매개변수 역할을 부정하는 것이다.

| 오답해설 | ① 14% 정책결정요인론은 계량화가 용이한 경제적 변수는 과대평가되고, 계량화가 곤란한 정치변수는 과소평가되었다는 비판을 받는다.
③ 21% 키(O. Key)와 로카드(D. Lockard) 모형은 사회경제적 변수가 정치체제를 통해 복지지출의 수준으로 연결된다는 이론이다.
④ 11% 루이스(W. Lewis)와 벡(M. Beck)은 사회경제적 변수뿐만 아니라 정치체제 역시 정책에 독립적으로 영향을 주는 요인으로 본다.

19 인사행정론 > 일탈형 부패, 사기형 부패, 회색부패
오답률 44% | 답 ①

| 정답해설 | ① 56% 인·허가 업무처리에 있어 소위 '급행료'를 당연하게 요구하는 행위는 제도화된 부패라 한다.

| 오답해설 | ② 1% 보통 상급자의 부패를 권력형 또는 치부형 부패라 하고, 하급자의 부패를 생계형 부패라 한다.
③ 29% 부패의 상대방이 존재하면 거래형 부패라 하고, 상대방이 없으면 비거래형 또는 사기형 부패라 한다.
④ 14% 처벌 여부에 대해 논쟁이 있는 부패를 회색부패라 한다.

20 정책학 > 정책지침, 체크리스트
오답률 35% | 답 ①

| 정답해설 | ① 65% 사바티어(P. Sabatier)와 매즈매니언(D. Mazmanian)은 대표적인 하향식 정책집행 연구자로, 효과적인 정책집행의 조건들을 체계적으로 제시했다. 이들은 정책문제의 성격, 타당한 인과이론에 기반한 명확한 정책(법규)의 내용, 정책집행에 영향을 미치는 비법규적 변수 등 세 가지 범주의 여러 변수들을 제시하였는데, 이는 정책 담당자에게 '체크리스트'와 같은 역할을 한다. 또한, 하향식 모형의 공통적인 한계점으로 지적되는 '일선관료의 재량이나 대상집단의 역할을 과소평가한다'는 비판을 받기도 한다.

| 오답해설 | ② 8% 린드블롬(C. Lindblom)은 정책결정 과정에서 합리적인 분석보다 점진적인 개선이 이루어진다는 점증모형으로 유명한 학자이며, 특정 정책집행 모형을 제시하지는 않았다.
③ 17% 프레스만(L. Pressman)과 윌다브스키(A. Wildavsky)는 오클랜드 사례연구를 통해 정책이 집행과정에서 왜 실패하는지를 분석한 고전적 연구의 선구자이다. 이들은 집행의 복잡성과 다수의 참여자로 인한 '공동행위의 복잡성'을 지적했으나, 사바티어(P. Sabatier) 등과 같이 성공적 집행을 위한 조건을 체계적인 모형으로 제시하지는 않았다.
④ 10% 레인(M. Rein)과 라비노비츠(W. Rabinovitz)의 주장은 하향식과 상향식 접근을 절충하려는 통합모형에 가깝다. 이들은 정책집행이 합리성, 법규, 정치적 타협이라는 세 가지 상충하는 원칙들 사이의 갈등과 타협의 과정이라고 보았다.

21 행정학 총론 > 공공기관의 정보공개제도
오답률 19% | 답 ④

| 정답해설 | ④ 81% 「공공기관의 정보공개에 관한 법률」에 따르면, 비공개 대상 정보가 포함된 경우에는 정보목록에 해당 부분을 갖추어 두지 아니하거나 공개하지 아니할 수 있다.

| 오답해설 | ① 5% 우리나라는 1991년 청주시에서 정보공개조례가 먼저 제정된 후 1996년 「공공기관의 정보공개에 관한 법률」이 제정되었다.
② 2% 국민생활에 매우 큰 영향을 미치는 정책에 관한 정보, 국가의 시책으로 시행하는 공사 등 대규모 예산이 투입되는 사업에 관한 정보, 예산집행의 내용과 사업평가 결과 등 행정감시를 위하여 필요한 정보 등은 청구가 없어도 사전적으로 공개되어야 하는 정보들이다.

③ 12% 네거티브 방식이란 금지되는 사항을 법률에 규정한 후 나머지는 허용하는 방식을 말한다.

22 조직이론 > 신고전 조직이론, 사회적 능률   오답률 40%   답 ④

| 정답해설 | ④ 60% 신고전 조직이론은 사회적 능률을 강조하였고, 조직 내 자연스럽게 발생하는 비공식적 구조나 요인에 관심을 두었다.

| 오답해설 | ① 15% 조직군생태론과 자원의존이론 등은 모두 현대 조직이론으로 분류된다.
② 13% 신고전 조직이론은 인간을 사회인관으로 가정한다. 복잡인관은 현대 조직이론에서부터 강조되었다.
③ 12% 신고전 조직이론은 환경의 영향력을 간과했던 폐쇄체제 이론이다.

23 지방행정론 > 사무배분의 기준   오답률 34%   답 ①

| 정답해설 | ① 66% 「지방자치법」에 따르면, 도의 사무 일부를 직접 처리할 수 있는 특례가 주어지는 시는 인구 50만 이상의 시(대도시)이다.

| 오답해설 | ② 8% 「지방자치법」에 따라, 둘 이상의 시·군 및 자치구가 공동으로 설치하는 것이 적당하다고 인정되는 규모의 시설을 설치·관리하거나, 시·군 및 자치구가 독자적으로 처리하기 어려운 사무는 시·도의 사무로 규정하고 있다.
③ 22% 지방자치단체의 구역 관리, 조직편성, 인사, 재무 등 자치단체의 존립과 운영에 필요한 기본적인 행정관리 사무는 시·도와 시·군·구 모두가 수행하는 공통적인 자치사무에 해당한다.
④ 4% 「지방자치법」은 '국가와 시·군 및 자치구 사이의 연락·조정 등의 사무'를 시·도의 사무로 명시하고 있다. 이는 광역자치단체가 중앙정부와 기초자치단체를 잇는 중간 다리 역할을 수행함을 의미한다.

오답률 TOP 2

24 지방행정론 > 지방선거, 교육자치   오답률 60%   답 ②

| 정답해설 | ② 40% 지방의회의원과 지방자치단체장의 동시 선거는 1995년 실시되었다.

| 오답해설 | ① 5% 6·25 전쟁으로 인해 제1회 지방의회 선거는 1952년에 실시되었다.
③ 48% 시·도교육감 선거는 2007년부터 실시되었다.
④ 7% 1960년 선거에서는 광역과 기초 그리고 단체장과 지방의원 모두 직선으로 선출되었다.

25 정책학 > 정책순응, 도덕적 설득, 유인, 처벌   오답률 52%   답 ①

| 정답해설 | (가) 큰 저항은 없지만 피해를 보는 집단이 의도적으로 불응의 핑계를 찾으려고 하는 것은 규범적 전략인 도덕적 설득이다.
(나) 도덕적 자각이나 이타주의에 입각한 자발적 수용자의 명예를 손상시키는 것은 공리적 전략인 유인에 해당된다.
(다) 불응의 형태를 점검하고 파악하기 어려운 것은 강제적 전략인 처벌에 해당된다.

2021 9월 11일 시행 국가직 7급 (㉮책형)

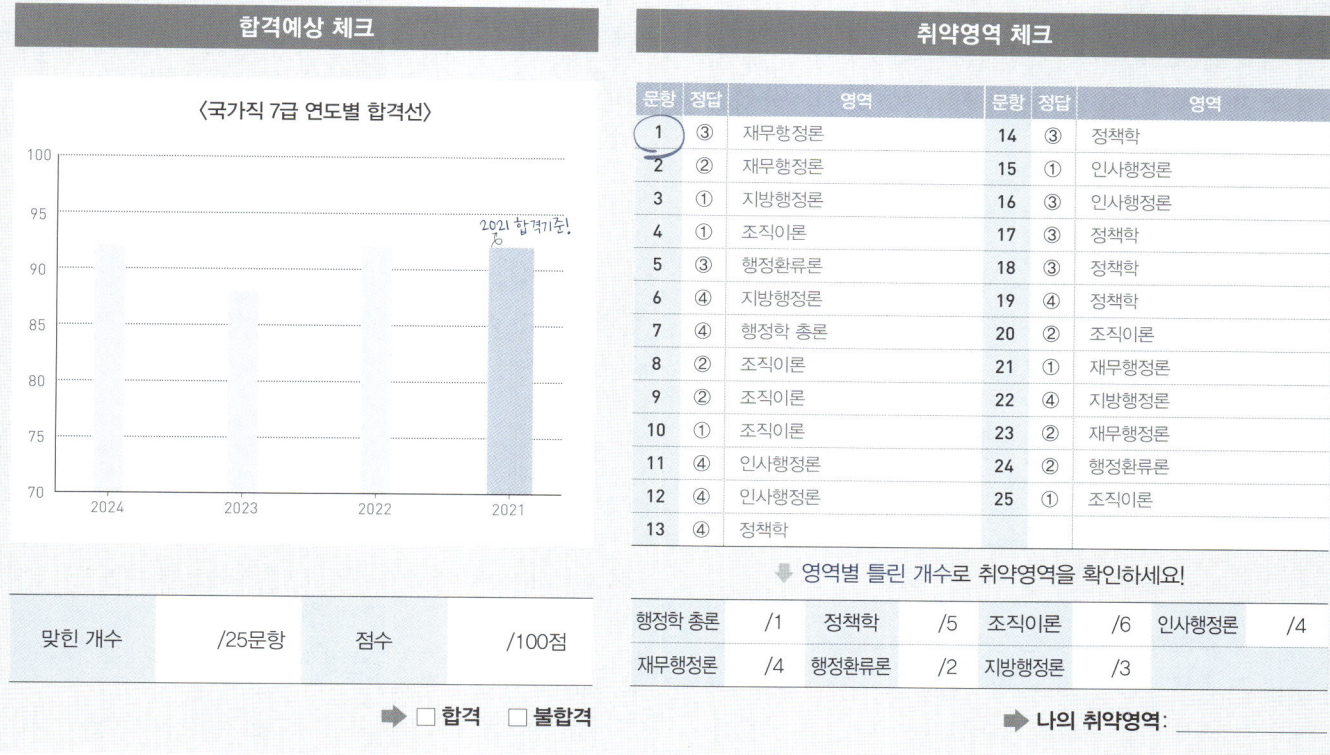

---

1 재무행정론 > 품목별예산, 성과주의예산, 계획예산, 영기준예산 답 ③

| 정답해설 | ③ 계획예산제도(PPBS)는 장기적인 국가목표(계획)와 구체적인 단위사업(프로그램), 그리고 예산을 유기적으로 연계하는 것을 목표로 한다. 제시문은 계획예산제도의 대표적인 한계점들이다.
| 오답해설 | ① 품목별예산제도(LIBS)는 지출품목에 초점을 맞춘 단순한 제도로, 복잡한 사업구조나 분석기법을 요구하지 않으며, 결정구조가 집권화되기보다는 통제가 용이한 특징이 있다.
② 성과주의예산제도(PBS)는 사업의 단위원가와 업무량을 계산하는 관리 중심의 예산제도로, 계획예산만큼 복잡한 사업구조나 고도의 분석기법을 필요로 하지는 않는다.
④ 영기준예산제도(ZBB)는 모든 사업을 원점에서 재검토하는 제도로, 과도한 시간과 서류 작업이 주된 단점이다. 결정구조는 상향식으로 의사결정안을 작성하고 하향식으로 우선순위를 결정하는 혼합적 성격을 띠며, 계획예산만큼 고도의 분석기법을 요구하지는 않는다.

2 재무행정론 > 준예산 답 ②

| 정답해설 | ② 준예산 제도의 핵심은 국회의 의결이 없는 상태에서 정부가 「헌법」에 근거하여 잠정적으로 예산을 집행하는 것이다.
| 오답해설 | ① 준예산은 '예산 불성립' 시에 정부기능의 중단을 막기 위한 비상수단이다. 따라서 예산안이 회계연도 개시일(1월 1일)까지 국회에서 의결되지 못했을 때 편성 및 집행된다.
③ 「헌법」에 따라 준예산으로 집행할 수 있는 경비는 세 가지로 한정된다. 그중 하나는 '법률상 지출 의무의 이행'으로, 공무원 인건비, 국채 이자 상환 등이 여기에 해당한다.
④ 준예산으로 집행 가능한 경비 중 하나는 '이미 예산으로 승인된 사업의 계속'이다. 이는 전년도에 이미 국회의 승인을 받아 진행 중인 계속사업을 중단 없이 이어가기 위한 경비를 의미한다(나머지 하나는 「헌법」이나 법률에 따라 설치된 기관 또는 시설의 유지·운영'이다).

3 지방행정론 > 주민참여예산제도 답 ①

| 정답해설 | ① 「지방재정법」에 주민이 참여할 수 있는 예산의 범위는 규정되어 있지 않다. 다만, 지방의회의 의결사항은 주민참여예산에서 제외된다.

| **오답해설** | ② 지방자치단체장은 주민참여예산제도를 통해 수렴한 주민의 의견서를 예산안에 첨부하여 지방의회에 제출하여야 한다.
③ 우리나라는 광주광역시 북구에서 2003년 주민참여예산제도를 최초로 도입하였고, 2004년 조례를 제정해 제도화하였다.
④ 주민참여예산은 주민들에 의해 편성된 예산안이므로 지방의회는 이를 폐지하거나 삭감하기 어려운 정치적 압력에 놓이게 되므로 지방의회의 자유로운 예산심의권을 침해할 가능성이 존재한다.

| **4** | 조직이론 > 거래비용이론 | 답 ① |

| **정답해설** | ① 기회주의적 행동은 시장보다는 계층제에서 통제하기 용이하다.
| **오답해설** | ② 거래가 이루어지기 전에 발생하는 탐색비용은 물론 거래 후 거래의 이행을 감시하는 비용 역시 거래비용에 포함된다.
③ 시장의 거래에서 발생하는 거래비용이 계층제의 조정비용보다 크다면 이를 내부화하는 것이 효율적이다.
④ 기존의 이론들이 조직을 생산의 주체로 보았다면, 거래비용이론은 조직을 비용의 절감장치로 간주하고 이론을 전개한다.

| **5** | 행정환류론 > 규범적 접근, 강제적 접근, 공리적 접근 | 답 ③ |

| **정답해설** | ③ 교육훈련과 자기계발 기회의 제공 등은 자발적으로 개혁을 수용하게 만드는 규범적·사회적 전략이다.
| **오답해설** | ① 경제적 손실 보상이나 임용상 불이익 방지는 공리적·기술적 전략이다.
② 개혁지도자의 신망 개선, 의사전달과 참여의 원활화, 사명감 고취는 규범적·사회적 전략이다.
④ 개혁 시기 조정은 공리적·기술적 전략이다.

| **6** | 지방행정론 > 사무배분 원칙 | 답 ④ |

| **정답해설** | ㄱ. 기초자치단체 우선의 원칙에 관한 설명이다.
ㄴ. 포괄적 사무배분에 관한 설명이다.
ㄷ. 보충성의 원칙에서 파생된 개념으로, 기초가 가장 먼저이고 그 다음이 광역, 그리고 중앙정부의 순이다.
ㄹ. 사무를 배분함에 있어 관련 행정적 권한도 함께 지원하여야 할 것이다.
ㅁ. 중복배분금지의 원칙에 관한 설명이다.

| **7** | 행정학 총론 > 사회적 자본, 거래비용 | 답 ④ |

| **정답해설** | ④ 사회적 자본의 존재는 상호 신뢰에 의해 거래비용을 감소시켜주는 효과가 있다.
| **오답해설** | ① 사회적 자본이 증가하면 정부가 개입하지 않아도 사회적 통제력이 강화되는 효과가 나타난다.

② 신뢰, 수평적 네트워크, 호혜적 규범 등이 사회적 자본의 구성요소이다.
③ 구성원 모두에게 이득이 된다는 호혜주의는 사회적 자본의 중요한 구성요소이다.

| **8** | 조직이론 > 계선, 부문화 원리, 통솔범위, 명령통일 원리 | 답 ② |

| **정답해설** | ㄱ. 계선은 목표달성에 직접 기여하는 기관이고, 막료는 이를 지원하는 기관이다.
ㄴ. 부문화의 원리란 분업 또는 부처편성의 원리를 의미한다.
ㄹ. 명령통일의 원리란 한 사람의 상관에게 보고하고 지시받아야 한다는 원리를 말한다.
| **오답해설** | ㄷ. 통솔범위가 넓으면 저층구조가 되고, 좁으면 고층구조가 된다.

| **9** | 조직이론 > 문화, 집단주의, 권력거리 | 답 ② |

| **정답해설** | ② 개인주의 성향이 강한 문화일수록 개인과 개인 간의 관계는 느슨해진다.
| **오답해설** | ① 불확실성에 대한 회피의 정도가 강하다면 불확실성을 통제하기 위한 공식적 규정이 많을 것이다.
③ 권력거리가 크다면 조직이나 제도에 내재된 권력의 차이를 자연스럽게 수용할 것이다.
④ 남성성이 강할수록 포용보다는 경쟁을 강조하고 남성과 여성의 명확한 역할 구분을 강조한다.

| **10** | 조직이론 > 상황적합적 리더십 이론 | 답 ① |

| **정답해설** | ① 피들러(F. Fiedler)는 상황의 유리성을 결정하는 세 가지 변수로 리더와 부하의 관계, 과업구조, 리더의 지위권력을 제시했다. 지문에 언급된 '부하의 성숙도'는 허시(P. Hersey)와 블랜차드(K. Blanchard)의 상황적 리더십 이론에서 사용하는 핵심적인 상황변수이다.
| **오답해설** | ② 피들러(F. Fiedler)의 이론에 따르면, 상황이 리더에게 매우 유리하거나 매우 불리할 때에는 과업 지향적 리더십(낮은 LPC 점수)이 더 효과적이고, 상황의 유리성이 중간 정도일 때에는 관계 지향적 리더십이 효과적이다.
③ 피들러(F. Fiedler)는 리더의 유형을 측정하기 위해 LPC(가장 싫어하는 동료) 척도를 개발했다. 리더가 가장 함께 일하기 싫었던 동료를 평가할 때, 그 동료를 긍정적으로 평가하면(높은 LPC 점수) 관계 지향적 리더로, 부정적으로 평가하면(낮은 LPC 점수) 과업 지향적 리더로 분류한다.
④ "리더십의 효과성은 상황에 따라 달라진다"는 것은 피들러(F. Fiedler) 이론을 포함한 모든 상황적합이론의 기본 전제이다. 즉, 어떤 상황에서는 특정 리더십 스타일이 효과적이지만 다른 상황에서는 그렇지 않을 수 있다는 의미이다.

11. 인사행정론 > 엽관주의 답 ④

| 정답해설 | ④ 행정의 안정성과 지속성의 확보는 신분보장이 강한 실적주의 혹은 직업공무원제와 관련된다.

| 오답해설 | ① 엽관주의는 국민에게 선택받은 정당에 의해 공직이 임용되므로 행정의 민주화에 기여할 수 있다.
② 엽관주의는 정치지도자에 의해 공직이 임용되므로 정치지도자의 행정 통솔력 강화에 기여한다.
③ 엽관주의는 정당에 의해 공직이 임용되므로 정당정치의 발전에 기여할 수 있다.

12. 인사행정론 > 직업공무원제 답 ④

| 정답해설 | ④ 직업공무원제는 장기적인 근무와 내부 승진 등을 통해 공무원들 사이에 강한 동료의식과 소속감을 형성한다. 이는 공직에 대한 자부심과 헌신, 조직에 대한 일체감 및 단결심을 강화하는 데 유리한 제도이다.

| 오답해설 | ① 직업공무원제는 공무원의 정년까지 신분을 보장하여 정권 교체나 외부 압력에 흔들리지 않고 안정적으로 직무를 수행하게 한다. 이는 행정의 연속성과 일관성, 안정성을 확보하는 데 기여한다.
② 직업공무원제는 유능한 젊은 인재들이 공직에 들어와 장기적인 경력을 쌓으며 국가에 봉사하도록 설계된 제도로, 안정적인 직업으로서의 매력을 통해 인재를 유치하고 장기근속을 유도한다.
③ 직업공무원제는 강한 신분보장으로 인해 공무원 조직이 폐쇄적인 관료집단으로 변질될 수 있으며, 외부 환경 변화에 둔감하게 반응하고 국민의 요구보다는 조직 내부의 논리를 우선시하는 경향이 나타날 수 있다. 이는 직업공무원제의 대표적인 단점으로 지적된다.

13. 정책학 > 정책수단, 직접 수단 답 ④

| 정답해설 | ④ 공기업은 정부가 직접 투자하여 설립한 기업을 통해 전기, 수도, 교통 등과 같은 공공서비스나 재화를 국민에게 직접 공급하는 방식으로, 이는 정부가 직접 서비스를 전달하는 대표적인 직접 수단이다.

| 오답해설 | ① 사회적 규제는 정부가 국민의 안전, 보건, 환경 등을 보호하기 위해 민간의 활동에 일정한 기준을 설정하고 제약하는 것으로, 이는 정부가 직접 서비스를 제공하는 것이 아니라 민간의 행동을 통제하는 방식이므로 간접 수단에 해당한다.
② 보조금은 정부가 특정 활동을 장려하기 위해 개인이나 기업, 단체에 재정적 지원을 하는 것으로, 정부가 직접 사업을 수행하는 것이 아니라 제3자를 통해 정책목표를 달성하는 간접 수단이다.
③ 조세지출은 특정 정책목표를 위해 세금을 깎아주거나 면제해 주는 것으로, 민간부문의 자발적인 행동변화를 유도하는 방식이므로 간접 수단에 해당한다.

14. 정책학 > 정책평가의 절차 답 ③

| 정답해설 | 정책평가의 일반적인 절차 순서는 'ㅁ. 정책목표 확인 → ㄱ. 정책평가 대상 확정 → ㄷ. 인과모형 설정 → ㄹ. 자료 수집 및 분석 → ㄴ. 평가 결과 제시'이다.

15. 인사행정론 > 개방형 인사, 폐쇄형 인사 답 ①

| 정답해설 | ① 개방형 인사제도는 외부전문가의 영입이 쉬워 행정의 침체를 막고 행정의 효율성을 높이는 데 기여할 수 있다.

| 오답해설 | ② 직위분류제가 개방형 인사제도와 연결되고, 계급제가 폐쇄형 인사제도와 연결된다.
③ 안정적인 공직사회를 형성함으로써 공무원의 사기를 높이고 장기근무를 장려하는 것은 폐쇄형 인사제도이다.
④ 폐쇄형 인사제도는 내부승진과 경력발전을 위한 교육훈련의 기회가 개방형 인사제도보다 많다.

16. 인사행정론 > 다양성 관리, 균형인사정책 답 ③

| 정답해설 | ③ 균형인사정책은 사회의 다양성을 반영한 것이고 일과 삶의 균형정책은 개인의 다양성을 반영한 것이다.

| 오답해설 | ①② 다양성 관리(diversity management)란 구성원들의 다양한 내적·외적 특성을 인적자원관리의 핵심 주제로 삼는 관리기법을 말하며, 포스트모더니즘으로 표현되는 사회의 다양성을 조직관리에서 받아들인 것이다.
④ 대표관료제 역시 사회의 다양성을 공직에 반영한 제도로, 실적주의와 충돌할 가능성이 있다.

17. 정책학 > 쓰레기통모형, 끼워넣기, 미뤄두기 답 ③

| 정답해설 | ③ 끼워넣기(oversight)란 다른 문제의 해결도 동시에 주장할 것이라고 예상되는 참여자가 있을 경우 이 사람이 참여하기 전에 결정을 해 버리는 것을 의미하고, 미뤄두기(flight)란 관련된 문제의 주장자들이 자신의 주장을 되풀이하다가 힘이 빠져 다른 기회를 찾아 나갔을 때 의사결정을 하는 것을 말한다.

| 오답해설 | ① 조직화된 혼란이란 응집성이 매우 약한 상태를 의미한다.
② 의사결정 참여자의 범위와 그들이 투입하는 에너지가 유동적임을 의미하는 것은 일시적 참여이다.
④ 목표와 수단 사이의 인과관계가 명확하지 않음을 의미하는 것은 불명확한 기술이다.

| 18 | 정책학 > 정책델파이 | 답 ③ |

| **정답해설** | ③ 정책델파이는 모든 의견이 표출된 후에는 공개적인 토론이 진행된다.
| **오답해설** | ① 정책델파이는 전문가의 합의보다는 다양한 의견의 표출을 중시한다.
② 정책델파이는 다양한 의견의 표출을 중시하므로 평균적 의견보다는 갈등을 유도할 수 있는 극단적 의견이 강조될 수 있는 수치를 사용한다.
④ 정책델파이는 다양한 의견의 표출을 중시하므로 전문성보다는 이해관계나 관련 문제에 대한 식견을 중심으로 참가자를 선발한다.

| 19 | 정책학 > 제1종 오류, 제2종 오류, 검정력, 신뢰수준 | 답 ④ |

| **정답해설** | ④ 설명이 반대로 되었다. 신뢰수준(Confidence Level)은 영가설이 참일 때 이를 올바르게 채택할 확률로, $1-\alpha$이고, 검정력(Statistical Power)은 영가설이 거짓일 때 이를 올바르게 기각할 확률로, $1-\beta$이다. 검정력이 높을수록 실제로 효과가 있을 때 그것을 놓치지 않고 발견할 능력이 크다는 의미이다.
| **오답해설** | ① 제1종 오류(α)는 '영가설이 실제로 참인데도 불구하고 그것을 기각하는 오류'를 말한다. 예를 들어, "신약에 효과가 없다"는 영가설이 사실인데, "효과가 있다"고 잘못 결론내리는 경우이다.
② 제2종 오류(β)는 '영가설이 실제로는 거짓인데도 불구하고 그것을 기각하지 못하는 오류'를 말한다. 예를 들어, "신약이 효과가 있다"는 것이 사실인데도, "효과가 있다는 증거를 찾지 못했다"고 결론내리는 경우이다.
③ 통계학에서 제1종 오류를 범할 확률을 유의수준(significance level)이라 하며 α(알파)로 표시하고, 제2종 오류를 범할 확률은 β(베타)로 표시한다.

| 20 | 조직이론 > 기대이론, 기대감, 수단성, 유인가 | 답 ② |

| **정답해설** | ② 기대감(Expectancy)은 자신의 노력(Effort)이 특정 성과(Performance)를 가져올 것이라는 주관적인 믿음의 정도를 의미한다. 지문에서 설명하는 '노력이 보상으로 이어질 것'이라는 믿음은 기대감과 수단성이 합쳐진 개념으로, 기대감에 대한 정확한 정의가 아니다.
| **오답해설** | ① 동기부여 이론은 '무엇'이 동기를 유발하는가에 초점을 맞추는 내용이론과, 동기가 '어떻게' 형성되고 행동으로 이어지는가의 '과정'에 초점을 맞추는 과정이론으로 나뉜다. 기대이론은 개인이 특정 행동을 선택하는 인지적 과정을 설명하므로 대표적인 과정이론에 해당한다.
③ 수단성(Instrumentality)은 특정 수준의 성과(Performance)를 달성하면 그에 상응하는 보상(Reward)이 주어질 것이라는 믿음의 정도를 의미한다. 즉, 성과가 보상을 얻기 위한 수단이 된다고 인식하는 정도이다.
④ 유인가(Valence)는 개인이 특정 보상(Reward)에 대해 느끼는 매력이나 가치, 선호의 강도를 의미한다. 동일한 보상이라도 개인에 따라 그 중요성이나 매력도는 다를 수 있다.

| 21 | 재무행정론 > 성인지예산제도 | 답 ① |

| **정답해설** | ① 우리나라 「국가재정법」에 따라, 정부는 2009년에 처음으로 2010 회계연도 성인지예산서 작성하여 국회에 제출하였다. 이는 법적으로 성인지예산서가 최초로 제출된 사례이다.
| **오답해설** | ② 성인지예산제도의 목적은 예산이 남성과 여성에게 미치는 영향을 분석하여, 그 결과를 바탕으로 예산을 양성에게 평등하게 배분하고 성차별을 개선하여 성평등(gender equality)을 증진시키는 데 있다. 특정 성인 '여성성'을 지원하는 것이 아니라 양성평등을 지향하는 제도이다.
③ 성인지예산제도는 1984년 호주에서 '여성 예산(Women's Budget)'이라는 이름으로 처음 도입되었다.
④ 우리나라의 성인지예산제도는 「국가재정법」에 따라 예산뿐만 아니라 기금까지 적용 대상에 포함한다. 정부는 성인지예산서와 별도로 성인지 기금운용계획서를 작성하여 국회에 제출해야 한다.

| 22 | 지방행정론 > 분권화 정리 | 답 ④ |

| **정답해설** | ㄴ. 지역 간 외부효과가 있다면 중앙정부나 광역정부가 담당하는 것이 바람직할 것이다.
ㄷ. 생산비용이 동일하고 외부효과가 없다면 지역주민의 선호를 파악하기 쉬운 지방정부가 담당하는 것이 공공서비스 생산의 효율성을 높일 수 있을 것이다.
| **오답해설** | ㄱ. 오츠(W. Oates)의 분권화 정리(1972)란 지역 공공재의 생산을 어느 단계의 정부가 담당하든 동일한 비용이 든다면, 각 지방정부가 스스로의 판단에 의해 그 지역에 적정한 양의 지역 공공재를 공급하는 것이 중앙정부에 의한 공급보다는 효율적이라는 주장이다.

| 23 | 재무행정론 > 이용, 전용, 한정성 원칙 | 답 ② |

| **정답해설** | ② 기관, 장, 관, 항 간의 상호 융통을 이용이라 한다.
| **오답해설** | ① 이용은 원칙적으로 국회의 의결과 기획재정부장관의 승인이 필요하다.
③ 항(項)은 입법과목이며, 이를 융통하기 위해서는 국회의 의결이 필요하다.
④ 이용과 전용은 예산 한정성 원칙의 예외이다.

24 행정환류론 > 옴부즈만 제도 답 ②

| 정답해설 | ② 이론적 설명이라기보다는 현실적 문제를 지적한 것으로 보인다.

| 오답해설 | ① 원칙은 신청이 있어야 하지만 예외적으로 직권으로도 조사활동에 착수할 수 있다.

③ 옴부즈만은 입법기관에서 임명하는 것이 일반적이나 국회의 제청에 의해 행정수반이 임명하는 옴부즈만도 존재한다.

④ 옴부즈만은 행정기관의 결정에 대해 직접 취소·변경할 수 있는 권한을 갖지 않는다.

25 조직이론 > 빅데이터 답 ①

| 정답해설 | ① 빅데이터의 주요 특징 중 하나는 다양성(Variety)이다. 이는 정해진 형식의 정형 데이터뿐만 아니라, 텍스트, 음성, 영상, 이미지(사진) 등 형식이 없는 비정형 데이터까지 모두 포함한다는 의미이다. 따라서 사진은 빅데이터의 중요한 일부이다.

| 오답해설 | ② 빅데이터는 비정형 데이터의 폭발적인 증가와 함께 주목받았지만, 기존의 데이터베이스처럼 정해진 구조를 가진 정형 데이터 역시 빅데이터의 분석 대상에 포함된다.

③ 사물인터넷(IoT) 기술의 발달로 우리 주변의 다양한 센서에서 막대한 양의 데이터가 실시간으로 생성되고 있다. 이는 빅데이터를 구성하는 데이터의 양(Volume)과 생성 속도(Velocity)를 급격히 증가시킨 주요 원인 중 하나이다.

④ 빅데이터의 특징 중 하나인 속도(Velocity)는 데이터의 빠른 생성 속도와 함께 이를 실시간으로 처리하고 분석하는 능력을 의미한다. 금융거래 사기 탐지, 실시간 추천 시스템 등 많은 분야에서 실시간 처리가 중요하게 활용된다.

지방직 7급

해설 &
기출분석 REPORT

지방직 7급 기출 POINT

- **Point 1** 지방행정론의 비중이 높으며, 「지방자치법」의 세부 조문까지 암기 수준으로 학습해야 한다.
- **Point 2** 주요 행정 이론을 비판적 관점에서 비교·분석하는 고난도 문제가 출제되므로 심층 학습이 필요하다.
- **Point 3** 생소한 학자나 최신 사례를 활용해 상위권 변별력을 가르는 '킬러 문항'에 대비한 폭넓은 학습이 요구된다.

2026년 지방직 7급 시험 대비전략

- **Point 1** 비중이 높은 지방행정론을 먼저 마스터한 후, 이를 기반으로 다른 파트를 연계 학습하는 것이 효율적이다.
- **Point 2** 단순 이해를 넘어, 주요 법령의 숫자, 핵심 키워드 등 함정 포인트를 중심으로 정밀하게 암기해야 한다.

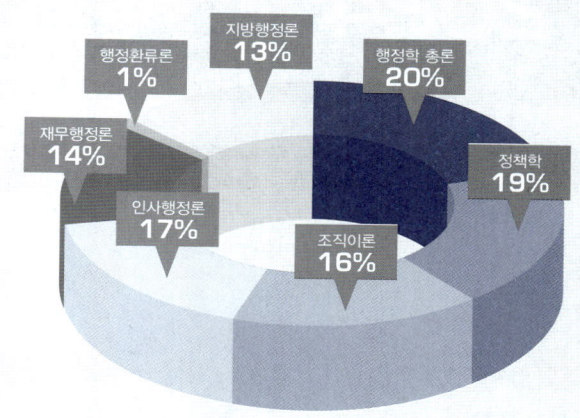

▲ 최근 4개년 평균 출제비중

연도	총평	행정학 총론	정책학	조직 이론	인사 행정론	재무 행정론	행정 환류론	지방 행정론
2024	**기출 중심, 법령·제도 세부 규정의 적극 반영!** · 신공공관리론·뉴거버넌스, 정책결정모형 등 기출 주제 대거 출제 · 「국가재정법」, 「지방재정법」, 「지방자치법」의 구체적 조항 출제	30% (6문항)	15% (3문항)	10% (2문항)	15% (3문항)	15% (3문항)	0% (0문항)	15% (3문항)
2023	**기출과 기본 개념 중심, 무난한 시험!** · 전반적으로 기출·기본서 개념을 토대로 한 문제 다수 출제 · 주주 자본주의와 이해관계자 자본주의 등 신주제로 변별력 확보	20% (4문항)	20% (4문항)	15% (3문항)	20% (4문항)	10% (2문항)	0% (0문항)	15% (3문항)
2022	**익숙한 주제도 새로운 표현으로 출제!** · 기출 주제를 변형·응용한 문항이 다수 출제 · 단순 암기가 아닌 개념의 정확한 이해와 적용 능력 필요 · 민간위탁, 비용효과분석, 재정준칙 등 익숙한 주제를 새로운 선지로 구성	20% (4문항)	20% (4문항)	15% (3문항)	15% (3문항)	15% (3문항)	5% (1문항)	10% (2문항)
2021	**기출 기반이지만 체감 난도 상승!** · 시험 제도 개편 이후 첫 지문이 길어져 시간 관리 중요 · 단순 암기가 아닌 개념 간 비교·논리적 이해를 요구하는 문제 다수 출제 · 세부 법령·신주제 대비가 합격을 좌우	10% (2문항)	20% (4문항)	25% (5문항)	20% (4문항)	15% (3문항)	0% (0문항)	10% (2문항)

2024 11월 2일 시행 지방직 7급 (Ⓐ책형)

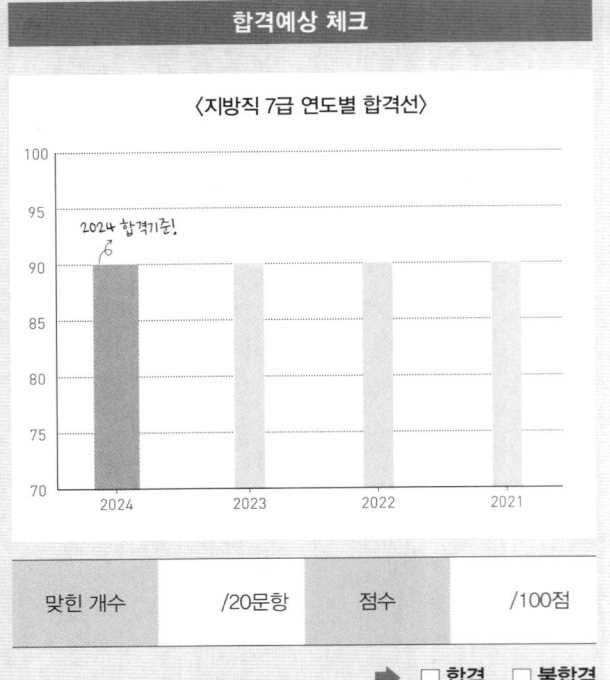

문항	정답	영역	문항	정답	영역
1	④	행정학 총론	11	③	행정학 총론
2	②	조직이론	12	②	재무행정론
3	②	정책학	13	④	정책학
4	③	행정학 총론	14	②	인사행정론
5	④	정책학	15	④	인사행정론
6	①	재무행정론	16	①	재무행정론
7	④	행정학 총론	17	①	행정학 총론
8	④	행정학 총론	18	②	지방행정론
9	①	지방행정론	19	③	조직이론
10	④	지방행정론	20	②	인사행정론

▼ 영역별 틀린 개수로 취약영역을 확인하세요!

| 행정학 총론 | /6 | 정책학 | /3 | 조직이론 | /2 | 인사행정론 | /3 |
| 재무행정론 | /3 | 행정환류론 | –/0 | 지방행정론 | /3 | | |

➡ 나의 취약영역 : _____

※해당 회차는 〈1초 합격예측 풀서비스〉의 데이터 누적 기간이 충분하지 않아 오답률, 선지 선택률 기재를 생략하였습니다.

---

1 행정학 총론 > 신공공관리론, 뉴거버넌스   답 ④

| **정답해설** | ④ 신공공관리론은 민간의 경영기법을 도입하여 행정의 효율성과 성과를 높이는 것을 핵심 가치로 삼는다. 반면, 뉴거버넌스는 다양한 사회 주체들의 참여와 협력을 통해 정책문제를 해결해 나가는 과정을 중시하므로, 과정의 투명성, 참여, 책임성 등 민주성의 가치에 더 큰 비중을 둔다.

| **오답해설** | ① 신공공관리론이 시장지향적 경쟁원리를 강조하고, 뉴거버넌스가 정부, 시장, 시민사회 간의 네트워크를 통한 신뢰 기반의 조정을 강조한다.
② 신공공관리론이 국민을 서비스의 대상인 '고객(customer)'으로 보고, 뉴거버넌스는 국정 운영의 파트너인 '시민(citizen)'으로 본다.
③ '방향잡기(steering)'는 신공공관리론과 뉴거버넌스 모두에서 강조되는 정부의 역할이다. '노젓기(rowing)'는 직접적인 서비스 집행을 의미하며, 이는 전통적인 관료제 모형의 특징이다. 뉴거버넌스는 정부 혼자 방향을 잡는 것이 아니라 다양한 참여자와 함께 방향을 잡는다는 점에서 차이가 있을 뿐, 노젓기를 강조하지는 않는다.

2 조직이론 > 성숙·미성숙이론, 직무특성이론, 공정성이론, 업적·만족이론   답 ②

| **정답해설** | ② 해크먼(J. Hackman)과 올드햄(G. Oldham)의 직무특성이론은 직무 자체가 동기부여의 원천이 될 수 있다고 보고, 의미 있는 경험, 책임감, 결과에 대한 지식이라는 3가지 심리상태를 유발하는 5가지 핵심 직무 특성으로 기술 다양성, 과업 정체성, 과업 중요성, 자율성, 환류(피드백)를 제시했다.

| **오답해설** | ① 사회문화적으로 학습된 욕구를 성취욕구, 권력욕구, 친교욕구로 구분한 학자는 매슬로우(A. Maslow)의 욕구계층이론을 발전시킨 맥클랜드(D. McClelland)이다. 아지리스(C. Argyris)의 성숙·미성숙이론은 개인은 미성숙 상태에서 성숙 상태로 성장하려는 경향이 있는데, 조직이 이를 저해하여 부적응을 야기한다고 보는 이론이다.
③ 아담스(J. Adams)의 공정성이론은 개인이 자신의 노력(투입) 대비 보상(산출)의 비율을 타인(준거인물)의 투입 대비 산출 비율과 비교하여, 불공정성을 느낄 때 이를 해소하려는 동기가 유발된다고 보는 이론이다. 타인과의 비교는 이 이론의 핵심적인 요소이다.
④ 목표의 난도와 구체성이 동기부여를 결정한다고 주장하는 이론은 로크(E. Locke)의 목표설정이론이다. 포터(L. Porter)와 롤러(E. Lawler)의 업적·만족이론은 성과가 만족의 원인이라는 전제하에 노력, 성과, 보상, 만족 간의 복잡한 인과관계를 설명하는 기대이론의 발전된 모형이다.

| **3** | 정책학 > 옹호연합모형, 정책하위체제 | 답 ② |

| **정답해설** | ② 옹호연합모형은 정책신념의 변화나 연합 간의 역학관계 변화를 통한 정책변동을 설명하는 이론으로, 이러한 의미 있는 변화를 관찰하기 위해서는 10년 이상의 장기적인 시각이 필요하다고 강조한다.

| **오답해설** | ① 옹호연합모형은 특정 정책 영역에 참여하는 다양한 행위자들로 구성된 정책하위체제를 기본적인 분석단위로 삼아, 이 안에서 벌어지는 연합들의 경쟁과 협력을 통해 정책과정을 설명한다.
③ 정책 중재자(policy broker)는 특정 신념을 관철시키기보다는, 대립하는 옹호연합 간의 갈등을 조정하고 타협안을 도출하여 정책적 해결을 모색하는 역할을 수행하는 행위자를 의미하며, 이 모형의 주요 구성요소 중 하나이다.
④ 옹호연합모형은 정책하위체제에 영향을 미치는 외부 환경 요인을 안정적 변수(기본적「헌법」구조, 천연자원 등 잘 변하지 않는 요소)와 역동적 변수(사회경제적 조건의 변화, 타 정책 영역의 결정 등 상대적으로 변화 가능성이 큰 요소)로 구분하여 분석한다.

| **4** | 행정학 총론 > 실체설, 과정설 | 답 ③ |

| **정답해설** | ③ 공익은 한정된 사회적 자원을 어떻게 배분할 것인지 결정하는 중요한 기준이 된다. 특정 정책을 추진할 때 발생하는 사회 전체의 비용과 편익을 분석하고 평가하는 과정에서, 무엇이 더 공익에 부합하는지를 가치판단의 기준으로 삼아 자원배분의 우선순위를 정하게 된다.

| **오답해설** | ① 공익을 사익 간의 타협과 조정의 산물로 보는 것은 과정설의 입장이다. 실체설은 공익이 사익을 초월한 별도의 실체로서 존재한다고 본다.
② 정부나 관료를 사익 간의 경쟁을 조정하는 소극적 '심판'이나 '중재자'로 보는 것은 과정설의 입장이다. 실체설은 정부나 관료가 공익을 적극적으로 규정하고 실현하는 주체적 역할을 수행한다고 본다.
④ 행정가치는 그 자체로 목적인 본질적(궁극적) 가치와, 본질적 가치를 달성하기 위한 도구인 수단적 가치로 나뉜다. 공익, 자유, 형평, 평등, 정의 등은 행정이 궁극적으로 추구해야 할 본질적 가치에 해당하고 효율성, 합리성, 민주성, 책임성 등은 수단적 가치에 해당한다.

| **5** | 정책학 > 혼합주사모형, 최적모형, 쓰레기통모형, 앨리슨모형 | 답 ④ |

| **정답해설** | ④ 앨리슨(G. Allison)모형의 합리적 행위자 모형(모형 I)은 국가를 단일한 의사결정 주체로 간주한다. 이 모형에서 국가는 명확한 국가 이익(전략적 목표)을 가지고 있으며, 이 목표를 극대화하기 위해 모든 대안을 합리적으로 검토하여 최선의 정책을 선택한다고 가정한다.

| **오답해설** | ① '문제성 있는 선호'는 쓰레기통모형이 적용되는 조직화된 무정부 상태의 특징 중 하나이다.
② '불명확한 기술' 역시 쓰레기통모형이 적용되는 조직화된 무정부 상태의 특징으로, 조직 구성원들이 목표달성 수단을 잘 이해하지 못하는 상태를 의미한다. 드로어(Y. Dror)의 최적모형은 합리성에 초합리성(직관, 판단력)을 더하여 최적의 결정을 추구하는 규범적 모형이다.
③ '문제 중심의 탐색'은 회사모형(조직모형)의 개념으로, 조직이 문제가 발생했을 때 비로소 그 문제를 해결하기 위한 대안 탐색에 나서는 제한된 합리성을 설명하는 용어이다. 반면, 쓰레기통모형에서는 문제, 해결책, 참여자, 선택기회가 서로 독립적으로 흐르다가 우연히 결합하여 의사결정이 이루어진다고 본다.

| **6** | 재무행정론 > 예산총계주의, 수입대체경비 | 답 ① |

| **정답해설** | ① 제시문에서 설명하는 '수입대체경비' 제도는 특정 수입과 지출을 직접 연계하여, 예산에 계상된 금액을 초과하여 수입이 발생하면 그 초과 수입을 관련 경비에 직접 지출할 수 있도록 허용하는 제도로, 이는 예산의 원칙 중 하나인 예산총계주의 원칙에 대한 예외에 해당한다.

| **오답해설** | ② 예산사전의결 원칙은 예산이 국회의 심의·의결을 거쳐 집행되어야 한다는 원칙이다. 수입대체경비는 법률에 근거하여 초과지출 권한이 사전에 부여된 것이므로 사전의결 원칙의 예외로 보기는 어렵다.
③ 예산공개성 원칙은 예산과정과 내용을 국민에게 공개해야 한다는 원칙으로, 수입대체경비의 집행 내역도 결산을 통해 공개되므로 공개성 원칙의 예외는 아니다.
④ 예산기구 상호성은 현대적 예산원칙에 속한다.

| **7** | 행정학 총론 > 요금재, 집합재, 시장재, 공유재 | 답 ④ |

| **정답해설** | ④ 비경합성과 비배제성을 특징으로 하는 국방, 외교 등은 공공재이다.

| **오답해설** | ① 요금재는 규모의 경제로 인해 자연독점이 발생하기 쉬워, 정부가 직접 공급하거나(예) 상하수도) 공기업을 통해 공급하는 경우가 많다.
② 집합재(공공재)는 요금을 내지 않아도 소비에서 배제할 수 없는 비배제성을 특징으로 하므로, 사람들이 비용을 부담하지 않고 혜택만 누리려는 무임승차(free-rider) 문제가 발생하기 쉽다.
③ 시장재는 경합성과 배제성을 모두 갖추고 있어 시장원리가 가장 잘 작동하는 영역이므로 정부의 개입이 최소화된다.

| **8** | 행정학 총론 > 책임운영기관, 중앙책임운영기관, 소속책임운영기관 | 답 ④ |

| **정답해설** | ④ '책임운영기관'과「공공기관의 운영에 관한 법률」상 '공공기관'은 법적으로 다른 개념이다. 책임운영기관은 정부조직의 일부로서 행정안전부 주관의 자체적인 성과평가를 받고, 공공기관은 정부가 출자한 공기업, 준정부기관 등으로 정부조직이 아닌 별도 법인으로,「공공기관의 운영에 관한 법률」에 따라 기획재정부 주관의 경영실적평가(종합평가)를 받는다.

| 오답해설 | ① 책임운영기관은 정부조직을 총괄하는 행정안전부장관이 예산을 담당하는 기획재정부장관, 그리고 해당 기관의 소관 업무를 관장하는 중앙행정기관의 장과 협의를 거쳐 책임운영기관을 설치하거나 해제한다.
② 책임운영기관은 특허청과 같이 기관 자체가 하나의 중앙행정기관(청)이면서 책임운영기관인 경우 '중앙책임운영기관'으로, 국립과학수사연구원처럼 중앙행정기관에 소속된 기관일 경우 '소속책임운영기관'으로 구분된다.
③ 소속책임운영기관의 장은 전문성과 책임성을 확보하기 위해 내·외부 전문가를 대상으로 한 공개모집 절차를 거치며, 신분은 임기가 정해져 있는 임기제 공무원으로 임용된다.

| 9 | 지방행정론 > 특별조정교부금 | 답 ① |

| 정답해설 | ①「지방재정법」에 따르면, 조정교부금은 일반적 재정수요에 충당하기 위한 일반조정교부금과 특정한 재정수요에 충당하기 위한 특별조정교부금으로 구분하여 운영하되, 특별조정교부금은 민간에 지원하는 보조사업의 재원으로 사용할 수 없다.
| 오답해설 | ②「지방재정법」은 국가와 지방자치단체가 공동으로 이해관계를 갖는 사무(단체위임사무)에 대해서는 원활한 처리를 위해 국가가 경비의 전부 또는 일부를 부담하도록 규정하고 있다.
③「지방재정법」에 따르면, 국가가 처리해야 할 사무를 지방자치단체에 위임하여 처리하는 경우(기관위임사무), 그 경비는 원칙적으로 국가가 전액 부담해야 한다.
④「지방재정법」에 따르면, 국가는 정책적 필요나 지방자치단체의 재정적 필요가 인정될 때 예산의 범위 내에서 지방자치단체에 보조금을 교부할 수 있다.

| 10 | 지방행정론 > 명칭변경, 구역변경 | 답 ④ |

| 정답해설 | ④「지방자치법」에 따르면, 지방자치단체의 구역을 변경하거나 지방자치단체를 폐지하거나 설치하거나 나누거나 합칠 때에는 새로 그 지역을 관할하게 된 지방자치단체가 그 사무와 재산을 승계한다. 만약 지방자치단체의 사무와 재산을 구분하기 곤란하면 시·도에서는 행정안전부장관이, 시·군 및 자치구에서는 시·도지사가 그 사무와 재산의 한계 및 승계할 지방자치단체를 지정한다.
| 오답해설 | ①「지방자치법」에 따르면, 지방자치단체의 명칭과 구역 변경, 폐지·설치·분할·통합(폐치분합)은 원칙적으로 법률로 정해야 한다. 다만, 한자 명칭변경이나 경계변경은 대통령령으로 가능하다.
②「지방자치법」에 따르면, 폐치분합 시에는 관계 지방의회의 의견을 듣거나 주민투표를 거쳐야 한다. 즉, 주민투표를 거치는 경우에는 지방의회의 의견을 듣지 않을 수 있으므로 '반드시' 의견을 들어야 한다는 설명은 옳지 않다.
③ 지방자치단체의 장은 관할 구역과 생활권과의 불일치 등으로 인하여 주민생활에 불편이 큰 경우 등 대통령령으로 정하는 사유가 있는 경우에는 행정안전부장관에게 경계변경이 필요한 지역 등을 명시하여 경계변경에 대한 조정을 신청할 수 있다. 이 경우 지방자치단체의 장은 지방의회 재적의원 과반수의 출석과 출석의원 3분의 2 이상의 동의를 받아야 한다.

| 11 | 행정학 총론 > 넛지이론, 자유주의적 개입주의, 행동경제학 | 답 ③ |

| 정답해설 | ③ 넛지이론은 정부나 정책 설계자가 사람들의 선택 환경, 즉 선택설계를 어떻게 구성하느냐에 따라 사람들의 결정이 크게 달라질 수 있다고 본다. 따라서 바람직한 방향으로의 행동 변화를 유도하기 위해 선택설계를 정교하게 디자인하는 것을 중요한 정부의 역할이자 정책수단으로 제시한다.
| 오답해설 | ① 넛지(Nudge)는 사람들의 선택을 금지하거나 경제적 인센티브를 크게 바꾸지 않으면서 행동 변화를 유도하는 방법이다. 세금, 벌금, 보조금과 같은 직접적인 경제적 인센티브 수단은 넛지의 범위에 포함되지 않는다. 넛지는 '자유주의적 개입주의(온정주의)' 원리를 따르지만, 경제적 인센티브보다는 심리적·환경적 수단을 선호한다.
② 넛지이론의 기반이 되는 행동경제학은 인간이 항상 합리적이라는 전통 경제학의 '가정'을 비판하며, '실험'을 통해 인간의 비합리적 행동을 관찰하고 분석하는 귀납적 분석을 핵심적인 연구방법론으로 사용한다.
④ 휴리스틱은 인간이 신속한 판단을 위해 사용하는 직관적인 사고방식이나 지름길을 의미한다. 이는 종종 체계적인 인지적 오류와 행동편향을 유발하는 원인이 되는데 넛지이론은 이러한 휴리스틱으로 인한 오류를 인정하고, 이를 활용하여 긍정적 행동 변화를 유도하고자 한다.

| 12 | 재무행정론 > 총액인건비제 | 답 ② |

| 정답해설 | ㄱ. 총액인건비제는 각 부처에 인건비 예산의 총액 한도만 정해주고, 그 범위 내에서 기구, 정원, 보수 등을 자율적으로 운영하도록 하는 제도로, 각 부처는 성과상여금 등급 및 지급률 등을 자율적으로 결정할 수 있어 보수관리에 대한 자율성이 확대된다.
ㄷ. 총액인건비제 운영지침에 따르면, 각 기관이 조직 및 정원 관리를 효율화하는 등의 의도적 절감 노력을 통해 확보한 인건비 재원은 기관의 성과 향상에 기여한 공무원에 대한 성과상여금, 성과연봉 등의 재원으로 활용할 수 있다.
| 오답해설 | ㄴ. 모든 책임운영기관이 반드시 총액인건비제를 적용해야 하는 것은 아니지만 각 책임운영기관의 특성과 업무 내용에 따라 총액인건비제 적용 여부가 결정될 수 있다.「행정기관의 조직과 정원에 관한 통칙」에 따라 지정된 중앙행정기관 및「책임운영기관의 설치·운영에 관한 법률 시행령」에 따라 지정된 책임운영기관의 경우 인건비 총액의 범위에서 보수결정에 자율성을 부여하는 총액인건비제를 운영할 수 있다.

13. 정책학 > 「정부업무평가 기본법」 답 ④

정답해설 | ㄴ. 「정부업무평가 기본법」에 따르면, "위원회는 위원장 2명을 포함한 15명 이내의 위원으로 구성한다." 위원장은 국무총리와 대통령이 위촉하는 민간위원 1명이 된다.
ㄹ. 「정부업무평가 기본법」에 따르면, '평가대상기관'은 "중앙행정기관, 지방자치단체와 그 소속기관 및 「공공기관의 운영에 관한 법률」에 따른 공공기관"이므로 중앙행정기관과 지방자치단체의 소속기관은 평가대상에 포함된다.

오답해설 | ㄱ. 「정부업무평가 기본법」에 따르면, 정부업무평가위원회는 행정안전부장관 소속이 아니라 국무총리 소속으로 설치된다.
ㄷ. 「정부업무평가 기본법」에 따르면, 각종 평가결과보고서를 종합하여 국무회의에 보고하는 주체는 행정안전부장관이 아니라 국무총리이다.

14. 인사행정론 > 결격사유, 해임, 파산선고, 집행유예, 파면 답 ②

정답해설 | ② 파산선고를 받더라도 '복권'이 되면 그 즉시 결격사유가 해소된다. 지문처럼 복권된 후 '5년이 지나지 아니한 자'라는 추가적인 제한 기간은 법률에 존재하지 않으며, 파산선고를 받고 복권된 사람은 바로 공무원으로 임용될 수 있다.

오답해설 | ① 징계로 해임처분을 받은 때부터 3년이 지나지 아니한 자는 공무원으로 임용될 수 없다.
③ 금고 이상의 형의 집행유예를 선고받고 그 유예기간이 끝난 날부터 2년이 지나지 아니한 자는 공무원으로 임용될 수 없다.
④ 징계로 파면처분을 받은 때부터 5년이 지나지 아니한 자는 공무원으로 임용될 수 없다.

15. 인사행정론 > 직무급 답 ④

정답해설 | ④ 직무급은 '동일노동-동일임금' 원칙에 따라, 개인이 수행하는 직무의 상대적 가치(곤란도, 책임도, 중요도 등)에 따라 보수를 결정하는 제도이다. 따라서 직무급을 성공적으로 도입하기 위해서는 각 직무의 내용과 요건을 파악하는 직무분석과, 이를 바탕으로 조직 내 다른 직무들과의 상대적 가치를 체계적으로 평가하는 직무평가가 반드시 선행되어야 한다.

오답해설 | ① 공무원의 '직무수행능력'을 기준으로 보수를 결정하는 것은 직능급이다. 직무급은 능력(사람)이 아닌 직무(일)의 가치를 기준으로 한다.
② '직무성과'에 따라 보수를 차등 지급하는 것은 성과급이다. 직무급은 성과가 아닌 직무의 난도, 책임도 등에 따라 기본급이 결정되는 보수체계이다.
③ 근속이나 연령을 보수 산정의 기준으로 삼는 것은 연공급이다. 직무급은 이러한 사람 중심의 요소를 배제하고 직무의 상대적 가치에 따라 보수를 정하는 것을 원칙으로 한다.

16. 재무행정론 > 발생주의회계 답 ①

정답해설 | ① 고정자산과 같은 경제적 자원을 회계과정에서 자산으로 인식하고, 감가상각을 통해 체계적으로 관리하는 것은 발생주의 회계의 핵심적인 장점이다. 오히려 현금의 지출 시점에만 거래를 기록하는 현금주의회계에서는 고정자산의 체계적 인식이 어렵다는 단점이 있다.

오답해설 | ② 발생주의는 현금 지출이 없더라도 경제적 가치의 소비가 발생했다면 이를 비용으로 인식한다. 따라서 발생은 했으나 아직 지급되지 않은 비용(미지급비용)을 부채로 계상한다.
③ 발생주의는 수익과 비용의 대응 원칙에 따라, 장기간 사용하는 고정자산의 취득 원가를 내용연수 동안 합리적으로 배분하여 비용으로 인식하는데, 이를 감가상각이라 한다.
④ 발생주의는 현금의 유입·유출 시점이 아닌, 거래나 사건이 발생하여 수익이나 비용이 발생한 시점에 이를 인식하고 기록한다.

17. 행정학 총론 > 공공기관, 지방공기업 답 ①

정답해설 | ① 「공공기관의 운영에 관한 법률」에 따르면, 기획재정부장관은 공기업·준정부기관의 경영실적 평가 결과, 실적이 부진한 기관의 장이나 상임이사에 대해 공공기관운영위원회의 심의·의결을 거쳐 임명권자에게 해임을 건의하거나 요구할 수 있는 권한을 갖는다. 이는 공공기관 운영에 대한 정부의 관리·감독 책임성을 확보하기 위한 장치이다.

오답해설 | ② 「지방공기업법」은 "지방자치단체는 다른 지방자치단체와 공동으로 지방공사를 설립할 수 있다"라고 명시하고 있다.
③ 「공공기관의 운영에 관한 법률」에 따르면, 시장형 공기업은 공기업 중에서 자산규모가 2조원 이상이고(AND), 총수입액 중 자체수입액이 차지하는 비중이 85% 이상인 기관을 말한다. 지문은 조건을 '이거나(OR)'로, 자체수입 비중을 '50% 이상'으로 잘못 설명하고 있다. 한편, 자체수입 비중이 50% 이상인 것은 공기업의 일반적인 지정 요건이다.
④ 「지방공기업법」에 따르면, 지방공사의 자본금은 지방자치단체가 전액 출자하는 것이 원칙이지만, 필요한 경우 자본금의 1/2을 넘지 않는 범위에서 민간(지방자치단체 외의 자)의 출자를 허용하고 있다.

18. 지방행정론 > 지방채 답 ②

정답해설 | ② 지방채 발행 한도액 범위더라도 외채를 발행하는 경우에는 지방의회의 의결을 거치기 전에 행정안전부장관의 승인을 받아야 한다.

오답해설 | ① 지방채증권은 지방자치단체가 증권발행을 통해 조달하는 채무이고, 차입금은 중앙정부나 금융기관으로부터 융자금에 의해 조달하는 채무이다.

③ 지방채 차환이란 기존에 발행된 지방채의 만기가 도래하거나, 더 유리한 조건으로 자금을 조달하기 위해 새로운 지방채를 발행하여 기존 채무를 상환하는 것을 의미한다.
④ 「지방재정법」 제12조 제1항의 내용이다.

| 19 | 조직이론 > 조직군생태학 | 답 ③ |

| **정답해설** | ③ 환경 변화에 적응하기 위한 조직 관리자의 '전략적 선택'을 강조하는 것은 조직의 자율성과 능동성을 인정하는 임의론적 관점의 조직이론(예 전략적 선택이론)이다. 조직군생태학은 이와 반대로 관리자의 전략적 선택보다는 환경의 선택을 강조하는 결정론적 입장을 취한다.
| **오답해설** | ① 조직군생태학은 특정 환경에 더 잘 맞는(적합한) 조직 형태가 선택되어 살아남고, 그렇지 못한 조직은 도태된다고 본다. 즉, 조직의 성공(생존)은 환경과의 적합성에 달려있다는 것이다.
② 구조적 타성은 조직군생태학의 핵심 개념으로, 이는 기존 조직이 내부적·외부적 요인으로 인해 환경 변화에 신속하게 적응하기 어렵다는 것을 의미한다. 이 때문에 기존 조직의 적응보다는 새로운 조직의 생성과 기존 조직의 소멸을 통해 조직군 전체의 변화가 일어난다고 본다.
④ 조직군생태학은 개별 조직의 변화보다는, 특정 환경 내에서 유사한 형태를 띠는 조직들의 집합인 조직군(population)의 생성, 변화, 소멸 과정을 분석의 단위로 삼는다.

| 20 | 인사행정론 > 「공무원 행동강령」 | 답 ② |

| **정답해설** | ② 「공무원 행동강령」은 대통령령이므로, 원칙적으로 대통령을 수반으로 하는 행정부 소속 공무원에게 적용된다. 입법부(국회), 사법부(법원), 헌법재판소, 중앙선거관리위원회는 독립된 헌법기관으로서, 「부패방지 및 국민권익위원회의 설치와 운영에 관한 법률」 제8조에 따라 각각 국회규칙, 대법원규칙, 헌법재판소규칙, 중앙선거관리위원회규칙으로 자체적인 행동강령을 제정하여 운영하고 있다.
| **오답해설** | ① 우리나라 「공무원 행동강령」의 법적 형식은 대통령령으로, 국회에서 제정하는 법률보다 하위의 규범이다.
③ 「공무원 행동강령」 제15조는 공무원의 외부강의 등에 대한 신고 의무와 사례금 수수 제한에 대해 상세히 규정하고 있다.
④ 「공무원 행동강령」은 「부패방지 및 국민권익위원회의 설치와 운영에 관한 법률」 제8조에 따라 공무원이 준수해야 할 행동기준을 규정함을 목적으로 한다고 명시하고 있다. 즉, 상위 법률의 위임에 따라 제정되었다.

2023 10월 28일 시행 지방직 7급 (Ⓑ책형)

문항	정답	영역	문항	정답	영역
1	③	인사행정론	11	①	인사행정론
2	③	행정학 총론	12	④	조직이론
3	①	행정학 총론	13	④	인사행정론
4	④	행정학 총론	14	②	인사행정론
5	①	재무행정론	15	②	지방행정론
6	④	행정학 총론	16	③	재무행정론
7	①	지방행정론	17	②	정책학
8	④	조직이론	18	②	정책학
9	③	지방행정론	19	②	정책학
10	②	조직이론	20	②	정책학

➡ 영역별 틀린 개수로 취약영역을 확인하세요!

| 행정학 총론 | /4 | 정책학 | /4 | 조직이론 | /3 | 인사행정론 | /4 |
| 재무행정론 | /2 | 행정환류론 | –/0 | 지방행정론 | /3 | | |

➡ 나의 취약영역: _____

※해당 회차는 〈1초 합격예측 풀서비스〉의 데이터 누적 기간이 충분하지 않아 오답률, 선지 선택률 기재를 생략하였습니다.

---

1 인사행정론 > 직위분류제, 개방형 인사제도　　답 ③

| 정답해설 | ③ 공직 내부에서 수평적 인사배치가 용이한 것은 계급제이다.
| 오답해설 | ① 직위분류제는 직무를 기반으로 공직을 분류하므로 직무에 맞는 전문가의 채용이 쉽다.
② 직무급은 직무의 난도와 책임도에 따라 보수가 지급되는 제도로 직위분류제와 부합한다.
④ 직위분류제는 특정 직무를 담당하기 위해 임용되었으므로 그 직무가 폐지되면 퇴직하는 것이 원칙이다.

2 행정학 총론 > 시장재, 공유재, 요금재, 집합재　　답 ③

| 정답해설 | ③ 요금재는 배제가 가능하므로 시장에서 공급이 가능하다. 다만 자연독점의 문제가 발생하므로 정부의 개입이 나타난다.
| 오답해설 | ① 사회적 규제에 대한 설명이다. 사회적 규제는 민간재의 영역에도 적용된다.
② 공유재는 소유권이 없으므로 과다 소비가 나타나고 이에 대응하기 위해 공급 비용을 누가 부담할 것인가에 대한 논쟁이 발생한다.
④ 집합재는 비배제성을 지니므로 무임승차의 문제가 야기된다.

3 행정학 총론 > 가외성, 공익 실체설, 기계적 효율성, 수평적 형평성　　답 ①

| 정답해설 | ① 가외성은 조직의 실패 확률을 감소시켜 체제의 신뢰성과 안정성을 높여준다.
| 오답해설 | ② 공익을 사익의 총합이거나 사익 간 타협 또는 집단 간 상호작용의 산물로 보는 것은 공익 과정설이다.
③ 행정의 사회목적 실현과 다차원적 이익들 간의 통합 조정 등을 내용으로 하는 것은 사회적 효율성(능률성)이다.
④ 다른 사람은 다르게 취급하고, 실적과 능력의 차이로 인한 상이한 배분을 용인하는 것은 수직적 형평성과 관련된다.

4 행정학 총론 > 사이먼(H. Simon), 애플비(P. Appleby)　　답 ④

| 정답해설 | ④ 사이먼(H. Simon)은 행정연구의 과학화를 위해 논리실증주의에 입각하여 가치와 사실을 엄격히 구분할 것을 주장했다. 그는 행정학의 연구대상을 검증 가능한 '사실'의 영역에 한정해야 하며, 가치판단적인 요소는 연구에서 배제해야 한다고 보았다. 제시문처럼 기존의 행정원리를 비판한 것도 이러한 과학적 접근을 강조하기 위함이었다.
| 오답해설 | ① 윌슨(W. Wilson)은 「행정의 연구」라는 논문을 통해 정치가 국가 의지를 결정하는 과정이라면, 행정은 이를 집행하는 과정으로 보아 정치와 행정을 분리하는 '정치행정이원론'을 주장했다.

이는 행정의 독자성과 전문성을 확보하기 위한 것이었다.
② 애플비(P. Appleby)는 정치와 행정은 분리될 수 없는 연속적인 과정이라고 주장하며 '정치행정일원론'을 대표하는 학자이다. 그는 행정이 가치 판단적인 성격을 띤다고 보았다.
③ 굿노(F. Goodnow)는 정치를 국가 의지의 표현, 행정을 국가 의지의 집행으로 구분하여 '정치행정이원론'의 이론적 토대를 마련한 학자이다.

| 5 | 재무행정론 > 헌법재판소, 중앙선거관리위원회 | 답 ① |

| **정답해설** | ㄱ. 헌법재판소는 「국가재정법」에 명시된 독립기관으로, 정부가 예산요구액을 감액할 경우 특별한 절차를 따라야 한다.
ㄴ. 중앙선거관리위원회는 「국가재정법」에 명시된 독립기관으로, 예산편성 시 그 독립성이 존중된다.
| **오답해설** | ㄷ. 국민권익위원회는 국무총리 소속의 중앙행정기관으로, 「국가재정법」상 예산 감액 시 특별 절차를 거쳐야 하는 독립기관에 해당하지 않는다.
ㄹ. 국가인권위원회는 독립성이 보장되는 기관이지만, 「국가재정법」에서 열거한 독립기관에는 포함되지 않으므로 해당 절차의 적용을 받지 않는다.

| 6 | 행정학 총론 > 주주 자본주의 모델, 이해관계자 자본주의 모델 | 답 ④ |

| **정답해설** | ④ 이해관계자 자본주의 모델은 장기적인 관점에서 기업의 지속가능한 성장을 추구한다. 단기적인 이익보다는 장기적인 신뢰 관계와 평판을 중요시하므로 단기 업적주의와는 거리가 멀다. 오히려 단기 업적주의는 주주 자본주의 모델에서 분기별 실적 발표나 단기 주가 부양에 대한 압박으로 나타나기 쉬운 특징이다.
| **오답해설** | ① 주주 자본주의 모델은 기업의 소유권을 가진 주주의 이익을 가장 우선시하며, 기업 경영의 궁극적인 목표를 주주 이익의 극대화(주가 상승, 배당 등)에 두는 관점이다.
② 주주 자본주의 모델에서는 주주의 이익을 대변하는 이사회가 경영진을 감시하고 통제하는 역할을 수행한다. 또한 주가 하락, 적대적 인수합병(M&A) 위협 등 자본시장을 통한 규율이 중요한 기업규율방식으로 작동한다.
③ 이해관계자 자본주의 모델은 기업을 주주뿐만 아니라 근로자, 고객, 협력업체, 지역사회 등 다양한 이해관계자들의 공동체로 인식한다. 따라서 경영 목표 역시 특정 집단의 이익 극대화가 아닌, 여러 이해관계자들의 이익을 조화롭게 증진시키는 데에 있다.

| 7 | 지방행정론 > 주민투표, 주민소송, 주민소환 | 답 ① |

| **정답해설** | ① 「지방자치법」에 따르면, 주민은 지방자치단체의 장에게 주민투표의 실시를 청구할 수 있으며, 주민투표의 대상·발의자·발의요건, 그 밖에 투표절차 등에 관한 사항은 따로 법률(「주민투표법」)로 정한다.
| **오답해설** | ② 「지방자치법」에 따른 주민감사청구는 지방자치단체의 사무처리가 법령에 위반되거나 공익을 현저히 해친다고 판단될 때, 시·도에서는 주무부장관에게, 시·군·자치구에서는 시·도지사에게 감사를 청구하는 제도로, 해당 지방자치단체장이 아닌 상급기관의 장에게 청구해야 한다.
③ 주민소송은 주민감사청구를 거친 주민이 그 감사결과에 불복할 경우 제기할 수 있는 소송으로, 2006년부터 시행되었다.
④ 「주민소환에 관한 법률」에 따른 주민소환의 대상은 지방자치단체의 장과 지역구 지방의회의원이다. 선거구 없이 정당 득표율에 따라 선출되는 비례대표 지방의회의원은 주민소환 대상에서 제외된다.

| 8 | 조직이론 > ERG이론, 2요인이론, 공정성이론, 기대이론 | 답 ④ |

| **정답해설** | ④ 지문에서 설명하는 '노력 → 성과 → 보상 → 만족 → 환류'로 이어지는 과정과, 그 과정에서 '개인의 능력, 자질, 역할인지' 등을 변수로 포함하는 복잡한 모델은 브룸(V. Vroom)의 기대이론이 아니라, 이를 확장·발전시킨 포터(L. Porter)와 롤러(E. Lawler)의 업적-만족이론에 대한 설명이다. 브룸(V. Vroom)의 기대이론은 노력(E) → 성과(P) → 보상 간의 관계를 기대감(Expectancy), 수단성(Instrumentality), 유의성(Valence)이라는 세 가지 핵심 개념으로 설명하는 데 중점을 둔다.
| **오답해설** | ① 앨더퍼(C. Alderfer)의 ERG이론은 매슬로우(A. Maslow)의 욕구계층이론을 발전시킨 것으로, 욕구가 항상 하위에서 상위로만 이동하는 것이 아니라, 상위 욕구가 충족되지 않고 좌절될 경우 하위 욕구에 대한 갈망이 더 커지는 '좌절-퇴행' 접근법을 제시한 것이 특징이다.
② 허즈버그(F. Herzberg)의 2요인이론에 따르면, 동기부여에 영향을 미치는 요인은 두 가지로 구분된다. '직무환경 개선'과 같은 위생요인은 충족되지 않으면 불만족을 유발하지만, 충족된다고 해서 적극적인 동기부여를 하지는 않는다. 반면, '창의적 업무 할당을 통한 직무성취감 증대'와 같은 동기요인은 충족되었을 때 만족감과 적극적인 동기부여를 유발한다. 따라서 두 요인은 동기부여에 미치는 영향이 다르다.
③ 아담스(J. Adams)의 공정성이론은 개인이 자신의 노력(투입) 대비 결과(보상)의 비율을 다른 사람의 것과 비교하여, 불공정하다고 인식할 때 이를 해소하기 위해 동기부여가 된다고 본다. 즉, '인식된 불공정성' 자체가 긴장감을 유발하고, 이 긴장감을 감소시키려는 행위가 동기로 이어진다는 것이다.

| 9 | 지방행정론 > 직무이행명령, 지방분쟁조정위원회, 중앙분쟁조정위원회 | 답 ③ |

| **정답해설** | ③ 시·도와 시·군 및 자치구 간 또는 그 장 간의 분쟁을 심의·의결하는 것은 중앙분쟁조정위원회이다.
| **오답해설** | ① 「지방자치법」에 따르면, 행정안전부장관이나 시·도지사는 해당 지방자치단체 상호 간의 분쟁이 공익을 현저히 해쳐 조속한 조정이 필요하다고 인정되면 당사자의 신청이 없더라도 직권으로 조정을 할 수 있다.

② 「지방자치법」에 따르면, 행정안전부장관이나 시·도지사는 분쟁조정위원회의 결정 사항이 성실히 이행되지 아니하면 그 지방자치단체에 대하여 지방자치단체의 장에 대한 직무이행명령 규정을 준용하여 이행하게 할 수 있다.
④ 「지방자치법」에 따르면, 중앙분쟁조정위원회는 행정안전부에 설치되며, 시·도 간의 분쟁이나 서로 다른 시·도에 속하는 시·군·자치구 간의 분쟁 등을 심의·의결한다.

| 10 | 조직이론 > 조직문화 | 답 ② |

| 정답해설 | ㄱ. 퀸(R. Quinn)과 로보그(R. Rohrbaugh)가 제시한 경쟁가치모형은 조직 효과성에 대한 가치가 서로 경쟁적인 상태에 있다고 가정한다. 이 모형은 조직의 구조(유연성-통제)와 초점(내부지향-외부지향)이라는 두 가지 축을 기준으로 합리적 목표모형(시장문화), 내부과정모형(위계문화), 인간관계 모형(공동체 문화), 개방체제 모형(혁신문화) 등 네 가지 조직문화 유형을 도출한다.
ㄷ. 레빈(Lewin)은 조직 변화가 성공적으로 이루어지기 위한 3단계 과정을 제시했다. 1단계는 기존의 관행이나 태도를 녹이는 해빙(unfreezing), 2단계는 새로운 방향으로 변화를 시도하는 변화(moving 또는 change), 3단계는 새로운 변화가 다시 과거로 돌아가지 않도록 정착시키고 안정화하는 재동결(refreezing)이다.
| 오답해설 | ㄴ. 홉스테드(Hofstede)의 문화차원 이론에서 '권력거리(Power Distance)'는 사회 구성원들이 권력의 불평등한 분배를 수용하는 정도를 의미한다. 권력거리가 큰 문화는 불평등을 당연하게 여기고 권위주의적이며, 상하 관계가 분명하고 의사소통이 하향적인 경향이 있다. 지문에서 설명하는 '평등한 관계 중시, 활발한 의사소통, 분권화'는 권력거리가 작은 문화의 특징이다.

| 11 | 인사행정론 > 도표식평정척도법 | 답 ① |

| 정답해설 | ① 도표식평정척도법은 여러 평정요소와 등급으로 구성되며, 평정자가 각 요소에 해당하는 등급을 선택하여 평가한다. 그러나 '리더십', '성실성'과 같은 평정요소의 의미나 '우수', '보통'과 같은 등급의 기준이 모호하여 평정자마다 다르게 해석할 수 있는 자의성(주관 개입)이 개입되기 쉽다는 단점이 있다.
| 오답해설 | ② 가감점수법은 평정기간 중 특별한 공로나 과오가 있을 때마다 점수를 더하거나 빼는 방식으로, 제시된 설명처럼 정해진 평정요소와 등급에 표시하는 방법과는 다르다.
③ 서열법은 평정대상자 전체를 비교하여 종합적인 우수성에 따라 순위를 매기는 방법으로, 평정요소별 등급에 표시하는 방식이 아니다.
④ 체크리스트 평정법은 평정대상자의 특징이나 행동을 나타내는 표준 문장들을 나열하고, 평정자가 그중 해당되는 항목을 체크하는 방식이다. 평정자가 등급을 매기는 것이 아니라 해당 여부만 체크한다는 점에서 차이가 있으며, 오히려 평정자의 자의적 해석이나 주관을 배제하기 위해 고안된 방법 중 하나이다.

| 12 | 조직이론 > 자원의존이론, 조직군생태론, 혼돈이론, 상황론적 조직이론 | 답 ④ |

| 정답해설 | ④ 상황론적 조직이론의 핵심 명제는 "유일 최선의 방법은 없다(There is no one best way)"이다. 이 이론은 조직이 처한 기술, 규모, 환경 등 다양한 '상황 요인'에 따라 가장 효과적인 조직구조와 관리방법이 달라진다고 주장한다. 따라서 '모든 상황에 적합하고 유일한 최선의 조직설계와 관리방법을 찾을 수 있다'는 설명은 상황이론의 기본 입장을 정면으로 부정하는 것이므로 옳지 않은 설명이다.
| 오답해설 | ① 자원의존이론은 조직이 생존에 필요한 자원을 획득하기 위해 외부 환경에 의존할 수밖에 없다고 보면서도, 환경에 의해 일방적으로 결정되는 수동적 존재가 아니라고 본다. 오히려 조직이 환경과의 상호작용 속에서 권력 관계를 형성하고, 합병, 제휴, 로비 등 능동적이고 전략적인 선택을 통해 환경을 조직에 유리하게 관리하고 통제할 수 있다고 주장한다.
② 조직군생태론은 다윈의 진화론적 관점을 조직에 적용한 이론으로, 개별 조직을 분석단위로 삼지 않고, 유사한 조직들의 집합인 '조직군'을 분석단위로 한다. 이 이론은 환경이 조직의 형태를 선택하며, 환경에 적합한 조직만이 생존하고 그렇지 못한 조직은 도태된다고 본다. 따라서 조직을 환경의 선택에 좌우되는 수동적인 존재로 간주한다.
③ 혼돈이론은 불안정하고 예측 불가능해 보이는 혼돈 상태 속에서도 일정한 질서와 규칙성이 존재한다고 본다. 이를 통해 복잡하고 동태적인 조직 현상을 총체적으로 이해하는 데 도움을 줄 수 있다. 그러나 이론 자체가 추상적이고 복잡하여, 이를 현실 조직의 문제해결을 위한 구체적이고 실용적인 처방으로 연결하기 어렵다는 한계를 가진다.

| 13 | 인사행정론 > 기준타당성, 시보임용 | 답 ④ |

| 정답해설 | ④ 「국가공무원법」에 따르면, 신규 채용 공무원은 시보임용을 거치는 것이 원칙이나, 대통령령으로 정하는 특정 경력이나 자격이 있는 경우 시보임용을 면제하거나 그 기간을 단축할 수 있다.
| 오답해설 | ① 「국가공무원법」에 따르면, 국가기관의 장은 국가안보 및 보안·기밀에 관계되는 분야를 제외하고 대통령령 등으로 정하는 바에 따라 외국인을 공무원으로 임용할 수 있다. 이는 전문성이 요구되는 분야 등에서 개방성을 높이기 위함이다.
② 기준타당성은 시험성적이 특정 기준(미래의 직무수행능력 등)을 얼마나 잘 예측하는지를 나타내는 타당성이다. 따라서 임용시험 성적과 임용 후의 실제 근무성적 간의 상관관계가 높다면, 그 임용시험은 미래의 직무 성과를 잘 예측한 것이므로 기준타당성이 높다고 평가할 수 있다.
③ 「국가공무원법」에 따라, 국가기관의 장은 시간선택제 공무원 등 통상적인 근무시간보다 짧게 근무하는 공무원을 임용할 수 있다. 이는 일과 가정의 양립 지원 등 유연한 근무 형태를 보장하기 위한 제도이다.

14. 인사행정론 > 공직윤리, 이해충돌 방지 의무, 주식백지신탁 답 ②

| 정답해설 | ② 「지방공무원법」(외국 정부의 영예 등을 받을 경우)에 따르면, 공무원이 외국 정부로부터 영예나 증여를 받을 경우에는 소속 기관장이나 지방자치단체장이 아닌 대통령의 허가를 받아야 한다.

| 오답해설 | ① 「공익신고자 보호법」에 따르면, 공익신고자의 동의 없이 그의 인적사항이나 그가 공익신고자임을 미루어 알 수 있는 사실을 다른 사람에게 알려주거나 공개 또는 보도할 경우, 징역 또는 벌금에 처해질 수 있다.

③ 「공직자윤리법」은 공직자의 공·사적 이해충돌을 방지하기 위한 여러 제도를 두고 있으며, 대표적인 예가 고위공직자가 직무 관련성 있는 주식을 보유하지 못하도록 하는 주식백지신탁제도이다. 또한 공직자가 수행하는 직무가 자신의 재산상 이해와 관련되어 공정한 직무수행이 어려운 상황이 일어나지 않도록 노력해야 한다는 이해충돌 방지 의무를 규정하고 있다.

④ 「공직자윤리법」에 따라 일정 직급 이상의 공무원은 재산을 '등록'할 의무가 있다(재산등록의무자). 그러나 이들 모두의 재산이 언론 등을 통해 '공개'되는 것은 아니다. 재산 '공개' 대상은 대통령, 국회의원, 지방자치단체장 등 국민의 직접적인 감시가 필요한 고위공직자로 한정된다. 따라서 재산등록의무자가 재산공개대상자보다 훨씬 넓은 개념이며, 등록의무자 모두가 공개대상인 것은 아니다.

15. 지방행정론 > 재정자립도, 재정자주도, 재정력지수 답 ②

| 정답해설 | ② 재정자주도는 일반회계 세입 중 지자체가 자율적으로 사용할 수 있는 재원이 얼마나 되는지를 나타내는 지표로, (자체수입 + 자주재원) / 일반회계 예산규모 × 100으로 계산한다. 한편, 보통교부세의 교부기준은 재정력지수이고, 재정자주도는 차등보조율의 기준으로 활용되고 있다.

| 오답해설 | ① 재정자립도는 지방자치단체 전체 세입(일반회계 기준)에서 지방세와 세외수입 등 자체적으로 벌어들인 수입이 차지하는 비중을 나타내는 지표로, (지방세 + 세외수입) / 일반회계 예산규모 × 100으로 계산한다. 하지만 이 지표는 국고보조금이나 지방교부세 등 중앙정부 이전재원의 규모와 용도를 반영하지 못해, 실제 지자체가 자율적으로 사용할 수 있는 재원의 크기를 보여주지 못하므로 실제 재정력과 차이가 있다는 비판을 받는다.

③ 재정력지수는 지방자치단체의 기준재정수요액 대비 기준재정수입액의 비율을 의미하며, 이 지수가 1보다 높으면 재정력이 좋아 중앙정부의 보통교부세를 받지 않고, 1보다 낮으면 재정력이 약해 보통교부세를 받게 된다.

④ 주민 1인당 지방세 부담은 지방세 총액 / 주민등록인구 수로 계산하며, 해당 지역 주민의 평균적인 세금부담 수준을 나타낸다. 이 수치가 안정적이거나 높다는 것은 그 지역의 소득 수준이나 경제 활동이 활발하여 세입 기반이 튼튼하다는 것을 의미하므로, 세입구조의 안정성을 판단하는 참고 자료로 활용될 수 있다.

16. 재무행정론 > 예산과정 답 ③

| 정답해설 | ③ 국회에 제출된 예산안은 먼저 소관 상임위원회에서 예비심사를 거친 후, 각 상임위의 예비심사 결과를 바탕으로 예산결산특별위원회에서 종합적인 심사를 진행하고, 최종적으로 본회의에 부의하여 의결한다. 즉, 심사 순서는 '소관 상임위원회(예비심사) → 예산결산특별위원회(종합심사) → 본회의(의결)' 순이다.

| 오답해설 | ① 「국가재정법」에 따라, 각 중앙관서의 장은 매년 5월 31일까지 다음 연도의 예산요구서를 작성하여 기획재정부장관에게 제출해야 한다.

② 「국가재정법」에 따라, 정부는 국회에 제출한 예산안에 대해 부득이한 수정이 필요할 경우, 국무회의 심의와 대통령 승인을 거쳐 수정예산안을 다시 국회에 제출할 수 있다.

④ 「국가재정법」에 따라, 기획재정부장관은 회계연도마다 국가결산보고서를 작성하여 국무회의 심의와 대통령 승인을 받은 후, 다음 연도 4월 10일까지 감사원에 제출하여 결산검사를 받아야 한다.

17. 정책학 > 브레인스토밍, 델파이 답 ②

| 정답해설 | ② 다른 정부(외국, 타 지자체)의 정책을 정책대안으로 고려하는 것을 '정책이전' 또는 '정책학습'이라고 한다. 정책이전의 성공 가능성을 높이려면, 해당 정책이 성공한 지역과 우리 지역의 사회·문화적·정치적·경제적 배경이 가급적 유사(동질적)해야 한다. 배경이 너무 다른(이질적인) 지역의 정책을 그대로 도입할 경우, 예상치 못한 부작용이 발생하거나 정책이 실패할 확률이 높다.

| 오답해설 | ① 점증주의는 기존의 정책에서 소폭의 수정이나 개선을 통해 점진적으로 변화를 추구하는 접근방식이다. 따라서 과거에 성공했던 정책이나 현재 시행 중인 정책, 또는 다른 지역에서 이미 검증된 정책을 참고하는 것은 급진적인 변화보다는 안정성을 추구하는 점증주의 대안탐색 방법에 해당한다.

③ 브레인스토밍과 델파이기법은 전문가나 관련자들의 주관적이고 직관적인 판단, 창의적인 아이디어를 활용하는 대표적인 질적 예측 방법이다. 이러한 기법들은 새로운 정책대안을 만들어 내는(개발) 과정뿐만 아니라, 특정 대안을 채택했을 때 어떤 결과가 나타날지 예측하는 과정에서도 유용하게 활용된다.

④ 브레인스토밍의 핵심 원칙은 비판을 금지하고, 자유분방한 분위기에서, 질보다 양을 추구하며, 타인의 아이디어에 편승하여(hitchhiking) 더 나은 아이디어를 내는 것이다.

18. 정책학 > 분배정책, 보호적 규제정책, 상징정책 답 ②

| 정답해설 | ② 리플리(R. Ripley)와 프랭클린(G. Franklin)은 보호적 규제정책을 제시하였는데, 이는 소수자나 사회적 약자, 그리고 일반대중을 보호하기 위해서 개인이나 집단의 권리 행사나 행동의 자유를 제한하는 정책이다.

| 오답해설 | ① 돈이나 권력 등을 많이 소유하고 있는 집단으로부터 그렇지 못한 집단으로 이전시키는 정책은 재분배정책이다.

③ 정책목표를 달성하기 위해 민간에게 인적·물적 자원을 부담시키는 정책은 추출정책이다.
④ 로위(T. Lowi)의 정책유형 구분은 상호배타성이라는 분류의 요건을 만족시키지 않고 있다는 평가를 받는다. 즉, 정책 간의 명확한 구분이 곤란하다는 의미이다.

19 정책학 > 비동질적집단 사후측정설계, 진실험, 준실험   답 ③

정답해설 | ③ 비동질적 통제집단설계는 준실험의 일종으로, 무작위배정을 하지 않는다는 점에서 진실험과 근본적인 차이가 있다. 무작위배정은 정책 외 다른 요인들이 결과에 미치는 영향을 체계적으로 제거하여 내적 타당성을 높이는 가장 강력한 장치이다. 따라서 무작위배정이 없는 비동질적 통제집단설계는 통계적 보정 등을 거치더라도 진실험과 동일한 수준의 내적 타당성을 확보하기는 원칙적으로 어렵다.

오답해설 | ① 사후적 비교집단 구성(비동질적집단 사후측정설계)은 정책집행 후에 비교집단을 구성하고, 두 집단의 결과만을 비교한다. 이때 정책에 참여한 집단과 그렇지 않은 집단이 처음부터 다른 특성을 가지고 있었을 가능성이 크며, 이러한 선정효과는 정책효과와 뒤섞여 정책의 순수한 효과를 측정하기 어렵게 하므로 내적 타당성을 심각하게 저해하는 요인이 된다.
② 진실험은 무작위배정을 통해 내적 타당성이 가장 높은 설계이지만, 완벽하지는 않다. 실험과정에서 통제집단이 실험집단의 정책내용을 알게 되어 이를 모방하거나, 반대로 실험집단과 경쟁하려는 심리가 발동하는 등의 문제가 발생할 수 있다. 이러한 상호작용은 두 집단 간의 순수한 차이를 왜곡시켜 내적 타당성을 훼손할 수 있다.
④ 내적 타당성은 무작위배정을 사용하는 진실험이 인과관계 추론에 있어 더 우수하다. 반면, 현실 세계에서는 정책대상을 무작위로 나누는 것이 비윤리적이거나 정치적으로 어려운 경우가 많다. 따라서 실제 상황에 적용하기에는 유연한 준실험이 더 용이한 경우가 많다.

20 정책학 > 자체평가, 특정평가, 합동평가   답 ②

정답해설 | ② 「정부업무평가 기본법」에 따르면, 중앙행정기관의 장은 자체평가위원회를 구성하여야 하며, 평가의 공정성과 객관성을 확보하기 위해 위원 정수의 3분의 2 이상을 민간위원으로 위촉해야 한다.

오답해설 | ① 「정부업무평가 기본법」에 따르면, 중앙행정기관의 자체평가 결과에 문제가 있어 재평가가 필요하다고 판단될 경우, 재평가를 실시하는 주체는 국무총리이다. 국무총리는 정부업무평가위원회의 심의·의결을 거쳐 재평가를 실시할 수 있다.
③ 「정부업무평가 기본법」에 따르면, 여러 부처와 관련된 시책이나 주요 현안에 대한 특정평가를 실시하는 주체는 국무총리이다.
④ 「정부업무평가 기본법」에 따르면, 지방자치단체가 처리하는 국가사무나 국고보조사업 등에 대한 합동평가를 실시하는 주체는 행정안전부장관이다. 행정안전부장관은 관계 중앙행정기관의 장과 합동으로 평가를 실시할 수 있다.

2022

10월 29일 시행 지방직 7급 (Ⓐ책형)

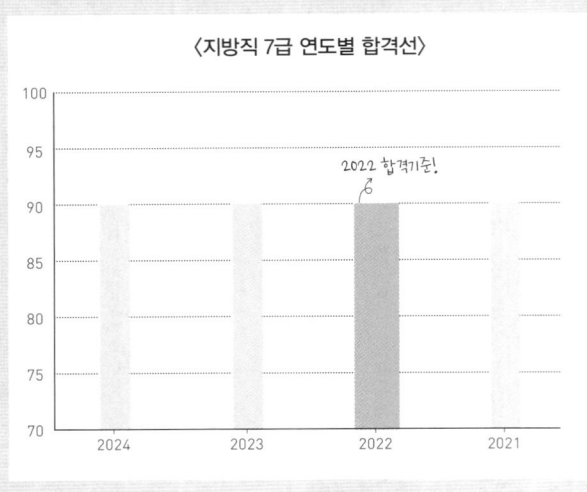

문항	정답	영역	문항	정답	영역
1	②	행정학 총론	11	①	인사행정론
2	④	행정학 총론	12	②	인사행정론
3	②	행정학 총론	13	③	조직이론
4	④	정책학	14	④	인사행정론
5	①	재무행정론	15	④	행정환류론
6	③	정책학	16	④	행정학 총론
7	③	재무행정론	17	③	조직이론
8	③	조직이론	18	①	지방행정론
9	①	정책학	19	④	정책학
10	④	재무행정론	20	②	지방행정론

※ [정답해설]과 [오답해설] 선지의 50% 표시는 〈에듀윌 합격예측 풀서비스〉를 통해 수집된 선지 선택률을 나타냅니다.

---

1 행정학 총론 > 정치행정일원론 오답률 20% 답 ②

| 정답해설 | ② 80% 애플비(P. Appleby)는 정치와 행정이 연속적·정합적이기에 양자를 구분하는 것은 어렵다고 주장한 정치행정일원론자이다.

| 오답해설 | ① 12% 행정을 효율성을 추구하는 관리로 보는 것은 정치행정이원론의 입장이다.
③ 4% '시간과 동작연구'를 통해 행정의 생산성을 극대화하고자 한 것은 과학적 관리법이고, 이는 정치행정이원론과 관련된다.
④ 4% 고위 관리가 관리해야 할 원리로 기획, 조직, 인사, 지휘, 조정, 보고, 예산 등을 강조한 학자는 귤릭(L. Gulick)이며, 그는 정치행정이원론자이다.

---

2 행정학 총론 > 신행정학, 발전행정론, 공공선택론, 신공공관리론 오답률 39% 답 ④

| 정답해설 | ④ 61% 시민들의 공유된 가치를 관료가 협상하고 중재해야 한다고 주장하는 이론은 신공공서비스론이다. 신공공관리론은 정부의 방향잡기 역할을 강조한다.

| 오답해설 | ① 8% 신행정학은 사회문제의 해결을 위한 적실성 있고 실천력 있는 학문을 추구하였다.
② 23% 발전행정론은 개방체제를 전제로 하므로 환경이 행정에 영향을 미칠 수 있음을 인정한다. 그리고 더 나아가 행정에 의한 능동적인 환경변화의 가능성도 강조한다.
③ 8% 공공선택론은 분권이나 관할권의 중첩을 가능하게 하는 제도적 장치를 통해 고객의 요구에 민감할 수 있는 공공서비스 공급체계를 구축하고자 하였다.

---

3 행정학 총론 > 민간위탁 오답률 17% 답 ②

| 정답해설 | ② 83% 민간위탁은 정부가 비용을 전액 지불하므로 민간 기업뿐만 아니라 비영리단체도 그 대상이 될 수 있다.

| 오답해설 | ① 6% 민간위탁은 정부가 비용을 전액 지불하고 생산을 민간에 맡기는 형식의 공공서비스 생산방식이다.
③ 6% 민간위탁은 민간의 인력을 활용하므로 신분이 보장되는 공무원을 활용하는 것보다 고용이나 인건비의 운영에 있어 유연성을 확보하기 쉽다.
④ 5% 쓰레기수거업무나 도로건설업무와 같이 단순 사실행위이거나 민간의 전문기술이 활용될 필요가 있는 분야는 민간위탁의 대상이 될 수 있다.

오답률 TOP 3

4 정책학 > 비용효과분석   오답률 57%   답 ④

| 정답해설 | ④ 43% 국방, 치안, 보건 등 화폐가치로 환산하기 곤란한 분야에는 비용효과분석을 적용하기 쉽다.

| 오답해설 | ① 29% 정책대안의 비용과 효과를 모두 화폐단위로 측정하는 것은 비용편익분석이다.
② 17% 사회적 후생이란 사회적 만족감을 화폐가치로 환산한 것을 의미한다. 그러므로 사회적 후생과 쉽게 연결되는 것은 비용과 편익을 모두 화폐가치로 환산하는 비용편익분석이다.
③ 11% 비용효과분석은 효과단위를 화폐로 환산하지 않으므로 시장가격에 대한 의존도가 낮다.

---

5 재무행정론 > 기능별 분류, 조직별 분류, 경제성질별 분류   오답률 19%   답 ①

| 정답해설 | ① 81% 예산의 기능별 분류는 정부가 하는 일을 기준으로 예산을 분류하는 방법이다.

| 오답해설 | ② 3% 정부가 무엇을 구입하는 데 얼마를 쓰느냐와 관련된 것은 예산의 품목별 분류이다.
③ 2% 누가 얼마를 쓰느냐와 관련된 것은 조직별 분류이다.
④ 14% 국민경제에 미치는 효과와 관련된 것은 경제성질별 분류이다. 한편, 시민을 위한 분류는 예산의 기능별 분류를 의미한다.

---

6 정책학 > 점증모형   오답률 20%   답 ③

| 정답해설 | ③ 80% 급격한 개혁과 새로운 환경을 반영하는 혁신적 정책결정을 설명하기 용이한 것은 합리모형이나 최적모형이다.

| 오답해설 | ① 8% 점증모형은 기존 정책을 토대로 하여 그보다 약간 개선된 정책을 추구하는 방식으로 결정한다.
② 5% 점증모형은 일단 불완전한 예측을 전제로 하여 정책대안을 실시하여 보고 그때 나타나는 결과가 잘못된 점이 있으면 그 부분만 다시 수정 보완하는 방식을 택하기도 한다.
④ 7% 합리모형에서 훌륭한 정책이 완벽한 대안의 비교·분석에 의한 정책이라고 한다면, 점증모형에서 훌륭한 정책은 다자간의 타협과 조정에 의해 생산된 것이다.

---

7 재무행정론 > 국가재정운용계획, 예비타당성조사   오답률 49%   답 ③

| 정답해설 | ③ 51% 예비타당성조사는 경제성 분석은 물론 정책성 분석을 동시에 실시한다. 경제성 분석은 비용편익비율, 순현재가치, 내부수익률 등을 중심으로 타당성 여부를 검토하는 것이고, 정책적 분석은 지역경제 파급효과, 균형발전을 위한 낙후도 평가, 정책의 일관성 및 추진 의지, 사업의 위협요인, 상위계획과의 연계성, 환경영향 등의 검토가 이루어진다.

| 오답해설 | ① 26% 국가재정운용계획은 재정운용의 효율성과 건전성을 제고하기 위하여 당해 회계연도를 포함한 5회계연도에 대한 재정운용목표와 방향을 제시하는 재정운용 계획으로, 기존의 단년도 예산편성에서 벗어나 거시경제 및 재정여건에 대한 전망을 바탕으로 재정수지·국가채무 등 재정운용의 목표를 사전에 설정하고 전략적인 재원배분 방향을 제시함으로써 보다 안정적이고 예측 가능한 재정정책의 추진이 가능하게 되었다.
② 5% 총액배분자율편성제도를 말한다. 총액배분자율편성제도는 정부 각 기관에 배정될 예산의 지출한도액은 중앙예산기관과 행정수반이 결정하고 각 기관의 장에게는 그러한 지출한도액의 범위 내에서 자율적으로 목표달성 방법을 결정하는 자율권을 부여하는 예산관리모형이다.
④ 18% 총사업비관리제도에 관한 설명이다.

---

8 조직이론 > 조직군생태론, 거래비용이론, 상황론적 조직이론, 대리인이론   오답률 36%   답 ③

| 정답해설 | ③ 64% 상황론적 조직이론은 규모, 기술, 환경 등의 한정된 변수를 기반으로 일반성과 규칙성을 발견하고자 한다.

| 오답해설 | ① 16% 조직군생태론은 조직군을 분석단위로 채택하고 있다.
② 14% 거래비용이론은 조직 밖에서 발생하는 거래비용에 관심을 둔다.
④ 6% 주인-대리인 문제는 조직 외는 물론 조직 내에서도 발생한다.

---

9 정책학 > 내부접근형, 동원모형, 외부주도형, 공고화모형   오답률 28%   답 ①

| 정답해설 | ① 72% 내부접근모형은 정책과 관련된 내외 집단에 의해 주도된 후 공중의제로는 확산되지 않는다.

| 오답해설 | ② 15% 동원모형은 최고책임자가 주도하고 행정PR을 통해 대중으로 확산시키는 모형으로, 다원화된 선진국보다는 정부의 힘이 강한 후진국에서 자주 볼 수 있는 의제설정모형이다.
③ 6% 외부주도형은 언론이나 일반대중의 요구나 공감에 의해 정부의제로 채택되는 모형으로, 정부가 민간의 요구에 민감하게 반응하는 다원주의 혹은 선진국 사회에서 자주 볼 수 있다.
④ 7% 공고화모형은 민간의 지지를 받고 있으므로 정부의 동원 노력이 상대적으로 불필요하다.

오답률 TOP 1

10 재무행정론 > 재정준칙, 채무준칙, 수지준칙, 지출준칙, 수입준칙   오답률 78%   답 ④

| 정답해설 | ④ 22% 재정수입준칙은 세입 감소를 내용으로 하는 신규 입법 시 반드시 이에 대응되는 다른 의무지출의 감소나 세입의 증가 등 재원조달 방안이 동시에 입법화되도록 의무화하는 준칙이다. 조세지출이란 조세감면 등으로 인한 수입의 감소를 의미하며, 수입준칙이 마련될 경우 이러한 조세지출을 위해서는 반드시 다른 지출의 감소나 재원의 조달방안을 마련하여야 하므로 재정건전성의 악화를 막을 수 있다.

| 오답해설 | ① 8% 국가채무준칙은 GDP 대비 국가채무비율을 일정 수준에서 유지 혹은 단계적으로 감소하도록 하는 제약 조건을 가하거나 국가채무의 한도를 정하는 준칙이다.

② 30% 재정수지준칙은 매 회계연도마다 또는 일정 기간 재정수지를 균형이나 일정 수준으로 유지하도록 하는 준칙이기에 경기변동에 따른 정부의 적극적이고 능동적인 재정정책을 제약하여 경제 안정화를 저해할 수도 있다는 비판이 있다.
③ 40% 재정지출준칙은 총지출 한도, 분야별 명목·실질 지출한도, 명목·실질 지출 증가율 한도 등을 설정하는 준칙으로, 수입보다는 지출에 초점을 맞추고 있으므로 경제성장률이나 적자규모의 예측과는 무관하다.

11 인사행정론 > 계급제, 직위분류제   오답률 33%   답 ①

| 정답해설 | ① 67% 보직 관리 범위를 제한하여 공무원의 시야를 좁게 만드는 측면이 있는 것은 직위분류제이다.
| 오답해설 | ② 5% 직위분류제는 직무분석에 입각한 합리적 인사운영을 가능하게 하여 직무 중심의 인사행정을 수행하는 데 용이하다.
③ 11% 계급제는 폐쇄형 임용을 기반으로 하므로 공무원의 장기근무를 유도하고 직업공무원제의 확립에 용이하다.
④ 17% 직위분류제는 명확한 업무를 기반으로 공무원을 채용하므로 직무의 한계와 책임소재가 명확하다.

12 인사행정론 > 신뢰성   오답률 42%   답 ②

| 정답해설 | ② 58% 시험성적과 본래 시험으로 예측하고자 했던 기준 사이에 얼마나 밀접한 상관관계가 있는가를 검증하는 것은 기준타당성이다.
| 오답해설 | ① 13% 하나의 시험유형 내에서 각 문항 간의 상관관계를 종합하여 시험의 일관성을 검증하는 것은 문항 간 일관성 검사법이다.
③ 13% 시험을 본 수험자에게 일정한 시간이 지난 뒤, 다시 같은 문제로 시험을 보게 하여 두 점수 간의 일관성을 확인하는 것은 재시험법이다.
④ 16% 문제 수준이 비슷한 두 개의 시험유형을 개발하여 동일 통제집단을 대상으로 시험을 보게 한 후 두 집단의 성적 간 상관관계를 분석하는 것은 동질이형법이다.

13 조직이론 > 애드호크라시   오답률 13%   답 ③

| 정답해설 | ③ 87% 애드호크라시는 업무의 배분이 모호하므로 책임소재가 불명확하여 업무를 둘러싼 갈등이 발생할 가능성이 높다.
| 오답해설 | ① 7% 애드호크라시는 사전에 규정된 절차가 없으므로 비정형적인 업무에 유용하다.
② 2% 애드호크라시는 공식성이 낮고 분권성이 높으므로 환경변화에 신속하게 대응하기 용이하다.
④ 4% 애드호크라시는 특정 문제를 해결하기 위해 소수의 전문가들로 구성된 임시조직을 말한다.

14 인사행정론 > 다면평정법, 목표관리제 평정법, 강제배분법, 도표식 평정척도법   오답률 24%   답 ④

| 정답해설 | ④ 76% 도표식평정척도법은 '성실성', '책임감' 등 평가요소를 나열하고, 각 요소별로 '매우 우수'부터 '매우 미흡'까지의 등급을 체크하는 방식이다. 이 방법은 평가요소가 추상적이고 평가기준이 모호하여 평정자의 주관이나 편견(연공서열, 후광효과 등)이 개입하기 매우 쉽다는 단점이 있다.
| 오답해설 | ① 8% 다면평정법(360도 평가)은 평가의 객관성과 공정성을 높이기 위해 상급자뿐만 아니라 동료, 부하, 외부 고객 등 여러 관계자가 평가에 참여하는 방식으로, 이를 통해 한 개인의 역량과 성과를 입체적으로 파악할 수 있다.
② 12% 목표관리제(MBO)는 상급자와 하급자가 함께 협의하여 구체적인 성과목표를 설정하고, 그 달성도를 기준으로 성과를 평가하는 제도로, 이 과정에서 개인의 목표가 조직의 목표와 연계되어 동기부여를 높이는 효과가 있다.
③ 4% 강제배분법은 평가자가 점수를 특정 등급에 몰아주거나(편중) 너그럽게 주는(관대화) 오류를 막기 위해, 평가 등급별로(예 S등급 10%, A등급 20% 등) 인원 비율을 강제로 할당하는 방법이다.

15 행정환류론 > 행정책임, 내부통제   오답률 15%   답 ④

| 정답해설 | ④ 85% 기획재정부와 다른 중앙부처는 모두 행정부 내부의 조직이다. 기획재정부가 예산의 편성과 집행을 관리하며 다른 부처를 통제하는 것은 행정부 내부에서 이루어지는 통제이므로 내부통제에 해당한다.
| 오답해설 | ① 6% 시민단체는 정부 조직에 속하지 않는 민간조직이므로 시민단체의 감시와 견제 활동은 대표적인 외부통제에 해당한다.
② 7% 국회(입법부)는 행정부와는 독립된 국가기관이다. 국회가 법률을 제정하여 행정부의 활동을 규율하는 것은 외부통제의 한 형태이다.
③ 2% 언론 또한 정부로부터 독립된 민간 영역이므로, 언론이 정부의 부당한 행정을 비판하고 감시하는 것은 강력한 외부통제 수단이다.

16 행정학 총론 > 넛지이론, 디폴트 옵션   오답률 35%   답 ④

| 정답해설 | ㄱ. 넛지란 어떤 선택을 금지하거나 경제적 유인을 크게 변화시키지 않으면서 예측 가능한 방향으로 사람들의 행동을 변화시키는 선택설계의 제반 요소를 의미한다.
ㄴ. 넛지는 개인이 올바른 선택을 하도록 개입한다는 측면에서 개입주의를 표방하고 있으나, 개인에게 선택의 옵션을 제공하고, 특정한 선택을 강요하지 않는다는 점에서 자유주의적이다.
ㄷ. 선택설계는 개인의 인지 오류를 이용한 선택설계와 개인의 합리적 선택을 제약하는 환경적 요인의 개선을 통한 개인의 의지적 판단을 통해 행동 변화를 유도하는 선택설계로 구분할 수 있다.

17	조직이론 > 강화이론, 목표설정이론, 업적·만족 이론, 공공봉사동기이론
	오답률 23% 답 ③

| 정답해설 | ③ 77% 포터(L. Porter)와 롤러(E. Lawler)의 업적·만족 이론은 업적에 따른 보상의 공평성 정도가 동기부여에 영향을 준다고 설명하는 이론이다. 이는 만족이 성과를 가져오는 것이 아니라 성과에 따른 보상의 공평성이 만족과 동기부여를 가져온다고 설명하는 것이다.

| 오답해설 | ① 16% 스키너(B. Skinner)의 강화이론은 외적 자극에 의한 학습을 강조하는 이론이다. 그리고 학습이론은 원인보다는 결과에 초점을 두고 이론을 전개한다.
② 4% 로크(E. Locke)의 목표설정이론에 따르면, 구체적이고 난도가 높은 목표를 채택하여야 한다.
④ 3% 공공봉사동기(public service motivation)이론은 공공부문 종사자와 민간부문 종사자의 동기에 차이가 있음을 강조하는 이론으로, 물질적 보상보다는 사회에 대한 봉사하려는 욕망을 강조하므로 외재적 보상을 강조한다는 표현은 옳지 않다.

18	지방행정론 > 『도시한계』, 정부 간 관계, 발에 의한 투표
	오답률 37% 답 ①

| 정답해설 | ① 63% 피터슨(P. Peterson)은 주민과 자본이 자유롭게 이동할 수 있는 개방체제로서의 지방정부는 다른 도시와의 경쟁에서 이기기 위해 노력한다고 보았다. 이에 따라 세금부담을 늘리는 재분배정책(예 복지 확대)은 기피하고, 지역의 경제적 이익을 증대시켜 기업과 부유한 주민을 유치하는 개발정책을 선호하는 경향이 있다고 주장했다.

| 오답해설 | ② 20% 라이트(D. Wright)가 제시한 정부 간 관계 모형은 분리권위형, 포괄권위형, 중첩권위형 세 가지이다.
③ 5% 로즈(R. Rhodes)의 권력의존모형에 따르면, 중앙정부는 법적 자원과 재정자원 측면에 우위가 있고, 지방정부는 정부자원과 인력 및 조직자원에 우위가 있다.
④ 12% 티부(Tiebout) 모형이 성립하기 위해서는 공공서비스 제공에서 외부효과가 존재하지 않아야 한다. 만약 특정 지자체의 공공서비스 혜택이 이웃 지자체 주민에게까지 미치는 외부효과가 존재한다면, 주민들은 세금을 내지 않고 혜택만 누리려는 무임승차 문제가 발생하여 시장 메커니즘이 제대로 작동하지 않기 때문이다.

19	정책학 > 라스웰(H. Lasswell), 드로어(Y. Dror)
	오답률 42% 답 ①

| 정답해설 | ① 58% 정책결정의 방법, 지식, 체제에 관심, 정책결정체제에 대한 이해 등은 모두 상위정책에서 검토되는 내용들이다.
| 오답해설 | ② 21% 정책의제설정이론은 특정 문제가 정부정책에서 배제되는 현상을 설명한 무의사결정론의 논의과정을 배경으로 등장하였다.
③ 7% 라스웰(H. Lasswell)은 정책과정에 관한 지식과 그 과정에 필요한 지식을 모두 강조하였으며, 사실에 대한 객관적 연구뿐만 아니라 규범적 가치에 관한 연구 또한 정책학의 연구대상에 포함시키고자 하였다.
④ 14% 담론과 프레임을 통한 문제구조화는 1970년대 이후 등장하였다. 1950년대에는 운영연구라는 관리과학의 발달과 후생경제학을 기반으로 하는 계량적 분석이 행정학에 적극적으로 도입된 시기이다.

오답률 TOP 2

20	지방행정론 > 탄력세율 제도	오답률 75% 답 ②

| 정답해설 | ㄱ. 탄력세율 제도는 지방자치단체가 특별한 재정수요나 재해 등의 사유가 발생했을 때, 법률로 정해진 일부 세목의 표준세율을 일정 범위(통상 ±50%) 내에서 조정할 수 있도록 하는 제도로, 지방자치단체의 과세자주권을 보장하기 위한 제도 중 하나이다.
ㄴ. 레저세와 지방소비세는 탄력세율의 대상에서 제외된다.
| 오답해설 | ㄷ. 담배소비세와 자동차세의 주행분의 탄력세율은 대통령령으로 정한다.

2021 10월 16일 시행 지방직 7급 (Ⓑ책형)

---

1 조직이론 > 관료제 모형 오답률 24% 답 ③

| 정답해설 | ③ 76% 관료제 모형에서 가장 강조하는 행정가치는 합리성이나 능률성이다.
| 오답해설 | ① 12% 민주성은 1930년대 정치행정일원론이 등장하면서 강조되기 시작한 행정가치이다.
② 10% 형평성은 1960년대 신행정론에서 강조한 행정가치이다.
④ 2% 대응성은 환경변화가 나타난 1960년대 이후부터 강조되기 시작한 행정가치이다.

2 정책학 > 동원형, 외부주도형, 내부접근형 오답률 31% 답 ④

| 정답해설 | (가) 사회문제가 바로 정부의제로 채택된 후 공중의제가 차단되는 것은 내부접근형이다.
(나) 사회문제가 공중의제를 거친 후 정부의제로 채택되는 것은 외부주도형이다.
(다) 사회문제가 정부의제로 채택된 후 행정PR을 통해 공중의제로 확산되는 것은 동원형이다.

3 인사행정론 > 실적주의, 엽관주의 오답률 22% 답 ①

| 정답해설 | ① 78% 실적주의는 엽관주의에 대한 비판으로 등장하였고, 대표관료제가 실적주의에 대한 비판으로 등장하였다.
| 오답해설 | ② 11% 정치행정일원론의 강화는 임명직 관료에 대한 선출직 관료의 통제가 중요해지므로 엽관주의가 다시 강화되고 있다.
③ 6% 행정의 복잡성과 엽관주의의 폐해로부터 행정의 전문성을 확보하기 위한 수단으로 실적주의 임용이 도입되었다.
④ 5% 엽관주의는 집권당의 당원이 관직에 임명되므로 관료기구와 집권 정당의 동질성을 높일 수 있고, 관료들의 정당에 대한 충성심을 확보하기 용이하다.

4 재무행정론 > 기능별 분류, 조직별 분류, 품목별 분류 오답률 35% 답 ②

| 정답해설 | ② 65% 예산지출의 목적 특히 대상(→ 투입물)을 명확하게 하기 쉬운 것은 품목별 분류이다. 만약 목적이 사업의 목적이라면 이는 기능별 분류의 장점이다.
| 오답해설 | ① 15% 회계책임이 명확한 것은 품목별 분류의 장점이다.
③ 10% 예산의 기능별 분류는 예산이 국가의 역할 혹은 사업별로 구성되어 있으므로 국민들의 정부사업을 이해하기 쉽다.
④ 10% 예산의 품목별 분류는 사전에 투입물이 정해져 있으므로 집행의 신축성이 저해된다.

| 5 | 정책학 > 정책결정모형 | 오답률 44% | 답 ④ |

| **정답해설** | ④ 56% 같은 비용으로 최대의 산출을 얻을 수 있는 대안을 선택하고자 하는 것은 합리모형이다.
| **오답해설** | ① 20% 설문은 합리모형에 관한 내용이다. 반면, 시간의 흐름에 따라 환류되는 정보를 분석한 후 수정·보완하는 방식으로 결정이 이루어지는 것은 사이버네틱스모형이다.
② 10% 문제성 있는 선호, 불명확한 기술, 일시적 참여를 전제조건으로 하는 것은 쓰레기통모형이다.
③ 14% 갈등의 준해결이나 타협을 통한 봉합 등은 회사모형의 주요 특징이다.

| 6 | 행정학 총론 > 보호적 규제 정책, 네거티브 규제, 포지티브 규제, 규제샌드박스 | 오답률 41% | 답 ① |

| **정답해설** | ① 59% 종합편성 채널의 운영권을 부여하고, 이를 확보한 방송사에게 일반대중을 위한 규제가 더해지는 것은 경쟁적 규제 정책이다.
| **오답해설** | ② 11% 네거티브 규제는 원칙적으로 허용되는 것이므로 원칙적으로 금지되는 포지티브 규제보다 피규제자들이 선호하는 방식이다.
③ 6% 규제샌드박스란 신기술·서비스가 국민의 생명과 안전에 저해되지 않을 경우 기존 법령이나 규제에도 불구하고, 실증(실증특례) 또는 시장 출시(임시허가)할 수 있도록 지원하는 것이다.
④ 24% 경제적 규제는 편익이 집중되고 비용이 분산되는 형태로 나타나므로 고객정치와 유사하고, 사회적 규제는 비용은 집중되고 편익이 분산되는 형태로 나타나므로 기업가정치와 유사하다.

| 7 | 행정학 총론 > 생태론적 접근 방법, 후기행태주의, 공공선택이론, 역사적 제도주의 | 오답률 19% | 답 ③ |

| **정답해설** | ③ 81% 공공선택이론은 분권이나 관할권의 중첩을 통한 경쟁적 공공서비스의 생산을 강조하는 이론이다.
| **오답해설** | ① 6% 생태론적 접근방법은 환경결정론적 시각을 지니고 있어 행정이 환경에 영향을 미칠 수 있다는 행정의 독립변수적 성격을 간과하고 있다.
② 3% 후기행태주의는 사회문제를 해결하기 위한 규범적이고 가치평가적인 연구를 주장한 학문적 패러다임이다.
④ 4% 역사적 신제도주의에 의하면 새롭게 채택된 정책이나 제도들이 기존의 경로나 관성으로부터 영향을 받기에 원래 의도했던 효과가 나오지 않을 수 있음을 강조한다.

오답률 TOP 2

| 8 | 조직이론 > 집약형 기술, 연속형 기술, 중개형 기술 | 오답률 64% | 답 ④ |

| **정답해설** | ④ 36% 중개형 기술은 집합적 상호의존성과 연결되며, 규칙이나 표준화로 통제하기에 기계적 구조가 나타난다.
| **오답해설** | ① 11% 집약형 기술은 교호적 상호작용과 연결되며, 수평적 의사전달이 활발하게 이루어진다.
② 21% 공학형 기술은 톰슨의 기술분류에 포함되어 있지 않다.
③ 32% 연속형 기술은 순차적 상호의존성과 연결되며, 상호 조정과 수평적 의사전달은 집약형 기술과 관련된다.

| 9 | 인사행정론 > 고충처리, 소청심사 | 오답률 46% | 답 ④ |

| **정답해설** | ④ 54% 고충심사위원회가 청구서를 접수한 때에는 30일 이내에 고충심사에 대한 결정을 하여야 하며, 중앙고충심사위원회의 결정은 위원 3분의 2 이상의 출석과 출석 위원 과반수의 합의에 따른다.
| **오답해설** | ① 18% 중앙고충심사위원회는 보통고충심사위원회의 심사를 거친 재심청구와 5급 이상 공무원 및 고위공무원단에 속하는 일반직 공무원의 고충을, 보통고충심사위원회는 소속 6급 이하의 공무원의 고충을 각각 심사한다.
② 6% 고충처리 제도는 공무원의 근무 조건, 처우, 인사 문제뿐만 아니라 성희롱, 폭력 등 개인의 신상문제까지 폭넓게 다룬다. 이는 신분상 불이익에 한정되는 소청심사청구보다 범위가 넓다.
③ 22% 소청심사위원회의 결정은 처분 행정청을 법적으로 구속하는 기속력이 있지만, 고충심사위원회의 결정은 시정권고의 성격을 가지므로 원칙적으로 법적 기속력이 없다. 다만, 처분기관은 그 권고를 존중해야 한다.

| 10 | 정책학 > 성공적인 정책집행 | 오답률 40% | 답 ② |

| **정답해설** | ② 60% 프레스만(L. Pressman)과 윌다브스키(A. Wildavsky)의 연구는 정책결정과 정책집행을 완전히 분리해서 보는 전통적 접근법을 비판하며 등장했다. 정책을 결정할 때부터 집행과정에서 발생할 수 있는 문제들을 충분히 고려해야 성공할 수 있으며, 집행은 결정과정의 연속이라고 보았다. 따라서 정책결정과 집행은 분리되는 것이 아니라 연계되고 통합되어야 한다.
| **오답해설** | ① 11% 이들은 정책집행 과정을 '공동행위의 복잡성'으로 설명했다. 즉, 정책집행에 관여하는 참여자와 결정점(decision points)의 수가 많을수록, 각각의 동의를 얻어내기가 기하급수적으로 어려워져 정책이 지연되거나 실패할 확률이 높아진다고 보았다. 따라서 참여자의 수는 적을수록 좋다.
③ 10% 정책목표를 달성하기 위한 인과관계의 사슬이 길고 복잡할수록, 그 과정에서 문제가 발생할 확률이 높아진다. 따라서 성공적인 집행을 위해서는 정책 프로그램의 인과논리가 가급적 단순하고 명확해야 한다고 보았다.
④ 19% 정책은 집행과정에서 수많은 장애물에 부딪히기 때문에, 초기에 정책을 강력하게 추진했던 핵심적인 정책가나 후원자가 지속적으로 관심을 가지고 문제를 해결하며 집행과정을 이끌어 나가는 것이 중요하다고 보았다.

| 11 | 인사행정론 > 중앙인사기관 | 오답률 45% | 답 ④ |

| 정답해설 | ④ 55% 비독립단독형 중앙인사기관은 장이 한 사람이며 행정수반 아래 위치하므로 행정수반의 통제가 용이하다.
| 오답해설 | ① 7% 제시문은 비독립단독형 중앙인사기관을 의미한다. 반면, 정치권력의 부당한 개입을 막아 정치적 중립성과 공직의 안정성을 확보할 수 있는 것은 독립합의형 중앙인사기관이다.
② 22% 인사정책의 일관성을 확보할 수 있는 것은 합의형 형태의 중앙인사기관이다.
③ 16% 합의에 따른 결정방식으로 인사의 공정성을 유지하는 것이 중요한 것 역시 독립합의형 인사행정의 특징이다.

| 12 | 조직이론 > 균형성과표, 지시적 리더십 | 오답률 22% | 답 ③ |

| 정답해설 | ③ 78% 허시(P. Hersey)와 블랜차드(K. Blanchard)에 의하면 부하의 성숙도가 높으면 위임형 리더십이 효과적이다.
| 오답해설 | ① 9% 균형성과표(BSC)는 일반적으로 재무관점, 고객관점, 내부과정관점, 학습과 성장관점으로 구성되지만 여기에 인적자원관점, 종업원 만족관점, 환경관점, 커뮤니티관점 등을 추가하기도 한다.
② 7% 민츠버그(H. Mintzberg)는 조직의 5개 구성요소로 전략정점, 기술구조, 운영핵심, 중간관리자, 참모 등을 제시하고 어디에 권한이 강한가를 기준으로 단순구조, 기계관료제, 전문관료제, 사업부제, 임시체제로 조직의 유형을 구분하였다.
④ 6% 베버(M. Weber)는 근대 사회의 가장 합리적인 조직 형태로 이념형 관료제를 제시했고, 법규에 의한 지배, 명확한 계층구조, 문서주의, 비정의성(impersonality), 전문화된 분업 등은 베버(M. Weber)가 제시한 이념형 관료제의 핵심적인 특징들이다.

| 13 | 지방행정론 > 지방분권, 신공공관리론 | 오답률 45% | 답 ③ |

| 정답해설 | ③ 55% 지역 간 평등한(균등한) 공공서비스 제공에 대한 수요가 높아지는 것은 중앙정부의 개입을 통해 전국적인 최저 서비스 수준을 보장해야 할 필요성을 높이는 요인이다. 이는 지방의 자율성보다는 중앙집권적 기능을 강화하는 논리로 작용할 수 있으므로 지방분권화의 확대 이유로 보기 어렵다.
| 오답해설 | ① 12% 내생적 발전전략은 지역의 자체적인 역량과 자원을 활용하여 발전을 도모하는 전략으로, 이를 위해서는 중앙정부의 획일적인 통제보다는 지방정부의 자율성과 권한이 중요하므로 지방분권화의 확대요인이 된다.
② 7% 중앙집권 체제는 경직성으로 인해 지역의 다양한 행정수요에 신속하게 대응하기 어렵고, 권력 집중으로 인한 부패 문제가 발생할 수 있다. 이러한 중앙집권의 폐해는 국가 발전의 저해요인으로 인식되어 지방분권화의 필요성을 높인다.
④ 26% 신공공관리론은 정부운영에 시장원리와 성과주의를 도입하여 효율성을 높이려는 개혁 이론으로, 중앙정부의 역할을 축소하고, 지방정부나 민간부문에 기능을 이양하는 '분권화'와 '민영화'를 강조하므로 지방분권화의 중요한 이론적 기반이 된다.

오답률 TOP1

| 14 | 조직이론 > 모건(G. Morgan) | 오답률 80% | 답 ② |

| 정답해설 | ② 20% '적응적 사회구조로서의 조직'은 모건의 8가지 이미지에 직접적으로 해당하지 않는다. 비록 '유기체로서의 조직'이라는 이미지가 환경에 적응하는 개방체제로서의 조직을 설명하지만, '적응적 사회구조'라는 명칭은 모건이 사용한 8가지 은유의 공식적인 명칭이 아니다.
| 오답해설 | ① 15% '문화로서의 조직'은 모건이 제시한 8가지 이미지 중 하나로, 조직을 공유된 가치, 신념, 의례 등을 지닌 하나의 작은 사회로 간주하는 관점이다.
③ 48% '심리적 감옥으로서의 조직'은 모건이 제시한 8가지 이미지 중 하나로, 조직이 구성원들의 의식이나 무의식을 통제하고 억압하는 측면을 설명하는 관점이다.
④ 17% '흐름과 변환과정으로서의 조직'은 모건이 제시한 8가지 이미지 중 하나로, 조직을 끊임없이 변화하고 자기조직화하는 복잡하고 동태적인 시스템으로 바라보는 관점이다.

| 15 | 재무행정론 > 재정운용계획, 예산안편성지침, 국가결산보고서 | 오답률 37% | 답 ② |

| 정답해설 | (가) 정부는 재정운용의 효율화와 건전화를 위하여 매년 해당 회계연도부터 5회계연도 이상의 기간에 대한 재정운용계획을 수립하여야 한다.
(나) 기획재정부장관은 대통령의 승인을 얻은 다음 연도의 예산안편성지침을 매년 3월 31일까지 각 중앙관서의 장에게 통보하여야 한다.
(다) 기획재정부장관은 「국가회계법」에 따라 회계연도마다 국가결산보고서를 작성하여 대통령의 승인을 얻어 다음 연도 4월 10일까지 감사원에 제출하여야 한다.
(라) 예산의 편성 및 의결, 집행, 그리고 결산 및 회계검사의 단계가 일정한 주기로 반복되는 것을 예산주기 또는 예산순기라고 하는데 우리나라의 경우 통상 3년이다.

| 16 | 인사행정론 > 공직윤리, 국민권익위원회 | 오답률 38% | 답 ② |

| 정답해설 | ② 62% 「공직자윤리법」에 따르면, 취업심사대상자는 퇴직 전 5년 동안 소속하였던 부서 또는 기관의 업무와 밀접한 관련이 있는 취업제한기관에 퇴직일부터 3년간 취업할 수 없다.
| 오답해설 | ① 15% 「공익신고자 보호법」에 따르면, 국민권익위원회는 공익신고자로부터 보호조치 신청을 받으면 지체 없이 필요한 조사를 시작해야 한다. 이는 공익신고로 인해 불이익을 받는 신고자를 신속하게 보호하기 위한 규정이다.
③ 9% 「부정청탁 및 금품 등 수수의 금지에 관한 법률」(청탁금지법)은 퇴직자를 포함한 누구든지 직무를 수행하는 공직자 등에게 직접 또는 제3자를 통하여 부정청탁을 하는 것을 금지하고 있다. 또한 「공직자의 이해충돌 방지법」에 따르면, 공직자는 퇴직자로부터 사적 이해관계와 관련된 부정청탁이나 알선을 받으면

소속기관장에게 신고하고 그 직무의 처리를 회피하는 등의 조치를 취해야 한다. 이는 재직자와 퇴직자 간의 부적절한 유착 관계를 방지하기 위함이다.
④ 14% 「부패방지 및 국민권익위원회의 설치와 운영에 관한 법률」에 따르면, 국민권익위원회는 접수된 부패행위 신고사항을 원칙적으로 접수일로부터 60일 이내에 처리해야 한다. 다만, 조사를 위해 추가 시간이 필요할 경우 30일 범위에서 그 기간을 연장할 수 있도록 규정하고 있다.

| 17 | 지방행정론 > 지방재정조정제도, 지방교부세, 조정교부금 | 오답률 41% | 답 ① |

| 정답해설 | ① 59% 「지방교부세법」상 지방교부세는 보통교부세, 특별교부세, 부동산교부세 및 소방안전교부세로 구분된다.
| 오답해설 | ② 16% 중앙정부가 국가 사무를 지방정부에 위임하거나 지방정부가 추진하는 사업 경비의 전부 또는 일부를 보조하거나 지원하는 제도는 국고보조금이다.
③ 21% 조정교부금은 광역자치단체가 기초자치단체에게 이전하는 재원이다.
④ 4% 국고보조금은 중앙정부의 통제가 강하므로 국고보조금의 비중이 증가하였다면 지방재정의 자율성은 약화될 것이다.

| 18 | 조직이론 > 「전자정부법」 | 오답률 29% | 답 ① |

| 정답해설 | ① 71% 「전자정부법」은 「초·중등교육법」, 「고등교육법」 및 그 밖의 다른 법률에 따라 설치된 각급 학교에도 적용된다.
| 오답해설 | ② 16% 행정기관 등의 장은 5년마다 해당 기관의 전자정부의 구현·운영 및 발전을 위한 기본계획(기관별 계획)을 수립하여 중앙사무관장기관의 장에게 제출하여야 한다.
③ 10% 전자정부의 우수성과 편리함을 국민에게 알리고 국제적 위상을 제고하는 등 지속적으로 전자정부의 발전을 촉진하기 위하여 매년 6월 24일을 전자정부의 날로 한다.
④ 3% 지방자치단체는 정보자원을 효율적으로 관리하고 지역정보화를 통합적으로 추진하기 위하여 지역정보통합센터를 설립·운영할 수 있고, 필요한 경우 국가와 지방자치단체 또는 둘 이상의 지방자치단체가 공동으로 지역정보통합센터를 설립·운영할 수 있다.

| 19 | 재무행정론 > 주민참여예산제도, 예비타당성조사, 예산성과금, 총사업비관리제도 | 오답률 37% | 답 ② |

| 정답해설 | ② 63% 예비타당성조사는 총사업비가 500억 원 이상, 국가의 재정지원 규모가 300억 원 이상인 신규사업을 대상으로 하며, 국회가 의결로 요구한 사업은 반드시 실시하여야 한다.
| 오답해설 | ① 6% 지역주민에 대해 비과세, 감면, 공제 등 세제상 각종 유인장치를 통해 간접적 지원을 해주는 제도는 지방세지출제도이다.

③ 14% 절약된 예산의 일부를 예산성과금으로 지급할 수 있고 다른 사업에 사용할 수도 있다.
④ 17% 총사업비관리제도는 완성에 2년 이상이 소요되는 사업의 총사업비를 통제하기 위해 도입된 제도이다.

오답률 TOP 3

| 20 | 정책학 > 사회실험, 진실험, 준실험 | 오답률 51% | 답 ④ |

| 정답해설 | ㄷ. 실험이란 정책을 본격적으로 실시하기 전에 그 효과를 미리 알아보는 유용한 기법이다.
ㄹ. 준실험은 통제집단은 존재하지만 실험집단과 동질성을 확보하지 못한 상태에서 이루어지는 실험이다.
| 오답해설 | ㄱ. 사회실험이 되기 위해서는 자연과학 실험과 마찬가지로 통제집단 또는 비교집단이 필요하다.
ㄴ. 진실험은 인위적 상황에서 이루어지므로 호손효과가 나타날 수 있다는 문제점을 지닌다.

군무원 9급

해설 & 기출분석 REPORT

군무원 9급 기출 POINT

Point 1 행정학 총론과 재무행정론의 출제 비중이 높아, 두 파트의 완벽한 숙지가 고득점의 핵심이다.

Point 2 생소한 이론이나 세부 법령 등 수험생의 허를 찌르는 지엽적인 '킬러 문항'이 꾸준히 출제된다.

Point 3 지방행정론과 행정환류론(책임·통제) 파트에서도 꾸준히 출제되므로 소홀히 해서는 안 된다.

2026년 군무원 9급 시험 대비전략

Point 1 출제 비중이 높은 행정학 총론과 재무행정론을 먼저 마스터한 후, 다른 파트로 학습 범위를 넓혀나가는 강약 조절이 필수적이다.

Point 2 지엽적인 문제에 대비하기 위해 기본서를 반복적으로 정독하여 익숙함을 높이고, 점차 세부 내용까지 학습 범위를 넓혀나가야 한다.

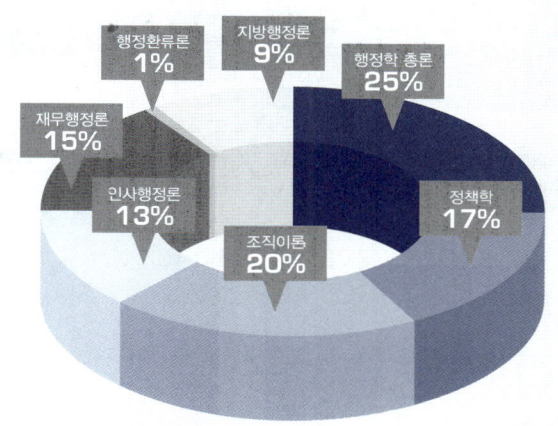

▲ 최근 5개년 평균 출제비중

연도	총평	행정학 총론	정책학	조직 이론	인사 행정론	재무 행정론	행정 환류론	지방 행정론
2025	**기출 범위 내에서 안정적 출제!** · 군 조직의 특수성을 반영한 실무 중심의 문제 출제 · 단순 암기형 문항 축소 및 종합적 이해도 평가 강화 · 기출 기반 학습이 여전히 합격의 핵심 전략으로 작동	20% (5문항)	20% (5문항)	24% (6문항)	12% (3문항)	20% (5문항)	0% (0문항)	4% (1문항)
2024	**난도는 중간, 세밀한 이해가 관건!** · 공유재·공공재, 무의사결정론 등 기본적인 핵심 주제 출제 · 세부 규정·이론 차이를 묻는 형태로 변별력 확보	32% (8문항)	20% (5문항)	16% (4문항)	16% (4문항)	12% (3문항)	0% (0문항)	4% (1문항)
2023	**난도는 중간, 변별력은 응용에서 발생!** · 전반적으로 기출·기본 개념 다수 출제 · 추가경정예산 편성 규정, 고위공무원단 직위제도 등 세밀한 법령 문제 출제	28% (7문항)	20% (5문항)	16% (4문항)	16% (4문항)	12% (3문항)	0% (0문항)	8% (2문항)
2022	**출제 범위 확장, 법령 및 제도 출제 확대!** · 국가재정운용계획, 예산심의 등 세부 조문 문제 출제 · 주민자치회, 시보제도 등 최신 개정 법령 문제로 변별력 확보	20% (5문항)	20% (5문항)	24% (6문항)	8% (2문항)	8% (2문항)	4% (1문항)	16% (4문항)
2021	**무난한 수준, 기본 개념 충실!** · 전반적으로 기존 기출을 반영한 문제 위주로 출제 · 행정학 총론, 조직이론, 인사·재무·지방행정론 등 영역별 고른 출제	24% (6문항)	8% (2문항)	20% (5문항)	12% (3문항)	24% (6문항)	0% (0문항)	12% (3문항)

2025 7월 5일 시행 군무원 9급 (공통 책형)

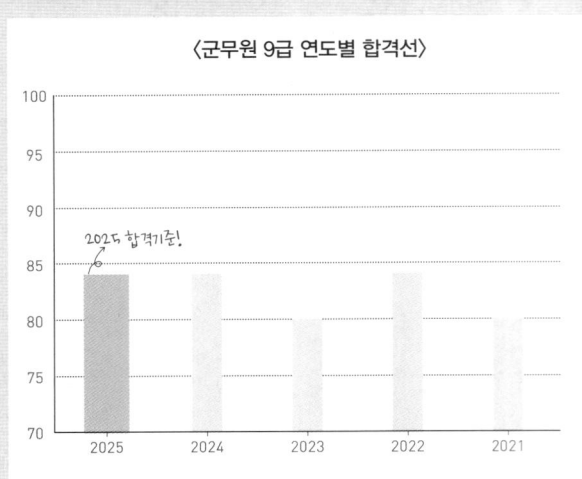

문항	정답	영역	문항	정답	영역
1	④	조직이론	14	③	행정학 총론
2	①	조직이론	15	④	재무행정론
3	①	조직이론	16	④	행정학 총론
4	②	인사행정론	17	①	정책학
5	②	정책학	18	①	인사행정론
6	③	조직이론	19	①	재무행정론
7	③	재무행정론	20	②	정책학
8	②	조직이론	21	③	정책학
9	③	행정학 총론	22	④	재무행정론
10	④	재무행정론	23	②	조직이론
11	④	행정학 총론	24	④	행정학 총론
12	③	정책학	25	①	지방행정론
13	③	인사행정론			

▶ 영역별 틀린 개수로 취약영역을 확인하세요!

| 행정학 총론 | /5 | 정책학 | /5 | 조직이론 | /6 | 인사행정론 | /3 |
| 재무행정론 | /5 | 행정환류론 | -/0 | 지방행정론 | /1 | | |

※ 해당 회차는 〈1초 합격예측 풀서비스〉의 데이터 누적 기간이 충분하지 않아 오답률, 선지 선택률 기재를 생략하였습니다.

---

1 조직이론 > 문서를 통한 명령 답 ④

| 정답해설 | ④ 명령 내용이 복잡하고 여러 단계로 이루어져 있거나, 정확한 수치나 데이터가 포함된 경우, 문서로 전달해야 수명자가 내용을 명확하게 이해하고 언제든지 다시 확인할 수 있다. 이는 전달 내용의 왜곡이나 누락을 방지하는 가장 효과적인 방법이다.

| 오답해설 | ① 긴급을 요하는 경우에는 신속하게 전달할 수 있는 구두 명령이 더 효과적이다. 문서는 작성 및 전달에 시간이 소요되므로 긴급한 상황에는 적합하지 않다.
② 수명자가 숙련되어 있는 경우, 간단한 내용은 구두 명령으로도 충분하며 반드시 문서가 필요한 것은 아니다. 다만, 숙련자에게도 복잡하고 정확성이 요구되는 과업을 지시할 때는 문서 명령이 효과적일 수 있다.
③ 문서는 기록으로 남아 오히려 누설될 경우 증거가 되므로, 극비 사항은 보안이 유지되는 상황에서 구두로 전달하는 것이 더 안전할 수 있다.

2 조직이론 > 행정문화, 일반능력자주의, 상대주의 답 ①

| 정답해설 | ① 일반능력자주의(또는 일반행정가주의)는 특정 분야의 전문기술보다는 종합적인 판단력과 기획력 등 일반적인 능력을 갖춘 인재를 선발하여, 여러 부서를 주기적으로 순환 근무시키는 인사 시스템을 말한다. 이는 한국 공무원 제도의 전통적이고 핵심적인 특징 중 하나이다.

| 오답해설 | ② 상대주의는 절대적인 진리나 규범을 부정하고 모든 것이 상황에 따라 다르다고 보는 태도이다. 이러한 상대주의는 보통 선진국 행정문화의 특징으로 언급된다.
③ 합리주의는 감정이나 관습이 아닌 이성과 논리에 따라 의사결정을 하는 것을 의미한다. 현대 행정은 합리성을 추구하지만, 한국의 행정문화는 전통적으로 혈연, 지연, 학연 등을 중시하는 '연고주의'나 권위를 앞세우는 '권위주의' 같은 비합리적 요소가 강하게 작용한다는 비판을 받기도 한다.
④ 모험주의는 실패의 위험을 감수하고 과감하게 새로운 시도를 하는 성향을 말한다. 한국의 행정문화는 안정성을 중시하고 책임을 회피하려는 경향이 강해, 모험주의보다는 '보수주의' 또는 '위험회피주의'적 성격이 짙다고 평가된다.

3 조직이론 > 명령체계, 집권화, 공식화, 통솔범위 답 ①

| 정답해설 | ① 명령체계(Chain of Command)는 조직의 최고 경영자부터 최하위 사원까지 수직적으로 연결되는 권한의 선(line)으로, 누가 누구에게 지시하고 보고해야 하는지를 명확하게 규정하는 공식적인 보고체계를 형성한다.

| 오답해설 | ② 집권화의 수준이 높은 조직은 주요 의사결정 권한이 조직의 상층부에 집중되어 있다. 반대로 의사결정 권한이 조직의 저층부로 위임되는 것을 분권화라고 한다.
③ 공식화는 조직의 업무가 얼마나 표준화되어 있는지를 나타내는 정도로, 공식화 수준이 높을수록 업무수행 방식이 규칙, 절차, 규정 등으로 명확하게 정해져 있기 때문에, 구성원 개인의 재량권은 감소한다.
④ 통솔범위가 넓다는 것은 한 명의 관리자가 많은 수의 부하 직원을 관리한다는 의미로, 이는 관리자의 계층 수를 줄여 저층구조(flat structure) 또는 수평적 구조를 만든다. 반대로 통솔범위가 좁으면 관리 계층이 많아져 고층구조(tall structure)가 된다.

4 인사행정론 > 엽관주의, 정실주의   답 ②

| 정답해설 | ② 엽관주의는 정당의 승리에 따라 소속 정당원들을 중심으로 대규모로 공직을 교체하는 '전면적 교체'의 성격이 강하다. 하지만 정실주의는 혈연, 지연, 학연 등 개인적 친분이나 연고에 따라 공직을 임용하는 것으로, 정권 교체와 무관하게 발생할 수 있으며 반드시 '전면적'인 교체를 동반하지는 않는다. 두 개념은 공직 임용의 기준이 비실적주의적이라는 공통점이 있지만, 교체의 범위와 핵심 기준(정당 충성도 vs. 개인적 관계)에서 차이가 있다.
| 오답해설 | ① 엽관주의는 선거에서 승리한 정당이 충성도와 공헌도에 따라 지지자들에게 관직을 분배하는 인사제도로, '전리품(spoils)'이라는 단어에서 유래했다. 이는 관직을 집권정당의 소유물로 보는 개념이다.
③ 정실주의는 실적이나 능력보다는 임용권자와의 개인적인 관계(친분, 혈연 등)나 정치적 배경을 중시하여 공직을 임용하는 제도로, 근대적 실적주의가 확립되기 전 영국에서 성행했던 인사 관행에 그 뿌리를 두고 있다.
④ 현대 민주주의 국가에서는 대부분의 공무원을 실적주의에 따라 임용하지만, 국정 철학을 공유하고 강력한 정책 추진을 위해 대통령이나 장관이 임명하는 고위직(정무직 공무원)에는 제한적으로 엽관주의(정치적 임용) 요소가 적용되고 있다.

5 정책학 > 고전적 엘리트 이론   답 ②

| 정답해설 | ② 의도적 무결정(non-decision making)은 지배 엘리트가 자신들의 이익에 반하는 이슈가 공적인 논의의 장에 들어오지 못하도록 의도적으로 봉쇄하거나 억압함으로써 권력을 행사한다는 개념이다. 이는 1960년대 신엘리트 이론가인 바흐라흐(P. Bachrach)와 바라츠(M. Baratz)가 다원주의를 비판하며 제시한 이론으로, 고전적 엘리트 이론이 아닌 신엘리트론으로 분류된다.
| 오답해설 | ① 고전적 엘리트 이론(파레토, 모스카, 미헬스 등)은 어떤 사회든 관계없이 실제로 사회를 이끌어가는 소수의 '지배 엘리트'와, 이들의 지배를 받는 다수의 '피지배 대중'으로 나뉜다고 보는 것이 핵심 전제이다.
③ 고전적 엘리트 이론에서 엘리트는 대중으로부터 독립된 자율적인 집단이며, 대중의 의사나 이익에 구속되지 않고 자신들의 이익과 가치에 따라 지배한다. 따라서 대중에 대해 책임지는 존재가 아니라고 본다.
④ 고전적 엘리트론에 의하면 엘리트 계층은 유사한 사회적 배경, 가치관, 이해관계를 공유하여 강한 동질성을 가지며, 외부인의 진입을 억제하고 그들만의 리그를 형성하려는 폐쇄성을 특징으로 한다.

6 조직이론 > 거래적 리더십   답 ③

| 정답해설 | ③ 거래적 리더십은 리더가 부하에게 명확한 과업과 목표를 제시하고, 그 달성도에 따라 보상이나 처벌을 제공하는 '거래' 관계에 기반한다. 따라서 과업이 명확하고, 과정이 구조화되어 있으며, 성과를 객관적으로 측정하기 용이할 때 효과적이다.
| 오답해설 | ① 부하의 가치관과 신념을 변화시키고, 내적 동기 부여를 통해 리더에 대한 신뢰와 존경을 이끌어내며, 기대를 뛰어넘는 성과를 창출하도록 유도하는 것은 변혁적 리더십이다.
② 리더가 부하를 위해 헌신하고 봉사하는 것을 최우선으로 하며, 그들의 성장과 발전을 돕는 데 초점을 맞추는 것은 서번트 리더십이다.
④ 리더 개인의 비범한 성격, 능력, 매력 등을 바탕으로 부하들의 열광적인 지지와 헌신을 이끌어내는 것은 카리스마적 리더십이다.

7 재무행정론 > 추가경정예산, 수정예산   답 ③

| 정답해설 | ③ 추가경정예산은 예산이 국회에서 의결되어 성립된 이후, 예측하지 못한 재해나 경기 침체 등 부득이한 사유가 발생하여 기존 예산에 변경을 가할 필요가 있을 때 편성하는 예산이다. 이는 예비비나 예산의 이용·전용으로 감당하기 어려운 대규모 재정 수요에 대응하기 위한 것으로, 회계연도 중에 예산을 추가·변경하므로 예산 단일성 원칙의 대표적인 예외에 해당한다.
| 오답해설 | ① 본예산은 회계연도가 시작되기 전에 국회심의를 거쳐 확정되는 당해 연도의 최초 예산을 의미한다.
② 기금은 국가가 특정 목적을 위해 예산과 별도로 신축적으로 운용하는 자금을 말하며, 이는 이미 성립된 예산을 변경하는 절차는 아니다.
④ 수정예산은 정부가 국회에 예산안을 제출한 후, 국회에서 심의·의결하여 확정하기 '이전'에 정부가 내용의 일부를 수정하여 다시 제출하는 예산안이다.

8 조직이론 > 관료제 이론   답 ②

| 정답해설 | ② 베버(M. Weber)는 근대 사회의 합리적 지배 형태를 설명하면서, 관료제를 그 '합법적-합리적 지배'를 실현하는 핵심적인 도구로 보았다. 즉, 관료제를 단순한 업무 분담(분업)이나 협력 체계가 아니라, 권위에 기초한 '지배와 복종의 관계'로 분석하는 것

이 베버(M. Weber) 이론의 핵심이다. 따라서 베버(M. Weber) 이론에 대한 비판이 아니라, 그의 이론적 관점을 설명하는 것에 해당한다.

| 오답해설 | ① 베버(M. Weber)의 관료제 이론은 공식적인 규칙과 구조, 권한 관계에만 초점을 맞춘 '공식적 측면'을 강조한다. 이로 인해 조직 내에서 실제로 중요한 영향을 미치는 인간관계, 사적 감정, 비공식 집단 등 '비공식적 측면'을 간과했다는 비판을 받는다.

③ 베버(M. Weber)의 관료제 이론은 조직 내부의 합리적 구조와 작동원리에만 집중하고, 외부 환경(정치, 경제, 문화 등)이 조직에 미치는 영향을 체계적으로 고려하지 않았다. 이 때문에 '환경과의 관계를 무시한 폐쇄이론'이라는 비판을 받는다.

④ 베버(M. Weber)는 규칙과 절차에 따른 '합법성'을 관료제의 핵심으로 보았으나, 현실에서는 규칙 준수(합법성)에만 집착한 나머지 조직의 본래 목표 달성(효과성 또는 합목적성)을 저해하는 '목표의 전환' 현상이 발생할 수 있다. 즉, 합법성보다 효과성 또는 합목적성이 더 중요할 수 있다는 점을 간과했다는 비판은 타당하다.

| 9 | 행정학 총론 > 행정의 개념 | 답 ③ |

| 정답해설 | ③ 과거에는 정부가 공공서비스를 독점적으로 생산하고 공급하는 경향이 강했으나, 현대 행정에서는 '거버넌스' 패러다임이 강조되면서 민간부문이나 비영리단체(NPO)와 협력하여 공공서비스를 공급하는 경우가 많아졌다. 따라서 '행정이 공공서비스 공급을 독점한다.'는 표현은 현대 행정의 특징을 정확하게 반영하지 못한 것이다.

| 오답해설 | ① 행정이 추구해야 할 궁극적인 가치이자 이념은 '공익'이다. 행정은 사회의 여러 문제를 '공공문제'로 인식하고, 이를 해결함으로써 공동체 전체의 이익을 도모하는 것을 지향한다.

② 행정의 핵심적인 역할은 국방, 치안, 사회복지, 교육 등 국민이 필요로 하는 무형의 서비스나 사회간접자본과 같은 유형의 재화를 생산하고, 이를 국민에게 안정적으로 공급 및 분배하는 활동을 포함한다.

④ 과거 정치행정이원론에서는 정치와 행정을 분리하려 했으나, 현대 국가에서는 행정이 정책결정 과정에 깊숙이 관여하므로 정치와 분리하여 생각할 수 없다. 행정은 입법과정에 전문지식을 제공하고, 정책을 집행하는 과정에서 재량권을 행사하며 실질적인 정책형성에 영향을 미치므로 정치과정과 밀접하게 연계되어 있다.

| 10 | 재무행정론 > 점증주의, 합리주의 | 답 ④ |

| 정답해설 | ④ 점증주의는 합리주의를 비판하며 등장한 이론이다. 합리주의가 명확한 목표 설정 하에 모든 대안을 분석하여 최적의 수단을 찾는 이상적·규범적 모형이라면, 점증주의는 시간, 정보, 능력의 한계 등 현실적 제약을 인정하고 기존 정책에서 소폭 수정하는 현실 기술적 모형이다. 따라서 점증주의를 '합리주의적 의사결정의 대표적인 형태'라고 설명한 것은 옳지 않다.

| 오답해설 | ① 점증주의는 기존 예산을 당연한 것으로 보고(base), 여기에 약간의 증감(increment)만을 논의하는 방식이다. 이로 인해 불필요한 사업이 폐지되지 않고 계속 유지되는 경향이 있어, 예산의 지속적인 팽창을 유발하고 국가재정 건전성을 악화시킬 수 있다는 비판을 받는다.

② 점증주의 예산은 대부분의 예산이 기존 사업에 고정되어 있어 지출구조가 매우 경직적이다. 따라서 경기침체나 과열 등 급격한 경제 상황 변동에 대응하여 재정지출을 신축적으로 조절하는 재정정책 기능을 수행하기 어렵게 만든다.

③ 점증주의 예산은 모든 사업을 원점에서 재검토하는 것이 아니라, 소폭의 증감분만을 놓고 협상하기 때문에 예산심의가 단순해지고 참여자 간의 갈등이 줄어든다. 이는 예산과정의 안정성과 예측가능성을 높이는 정치적 합리성을 확보하는 장점으로 작용한다.

| 11 | 행정학 총론 > 행태론적 접근방법, 방법론적 개체주의 | 답 ④ |

| 정답해설 | ④ 방법론적 개체주의는 사회 현상을 설명할 때 집단, 국가, 계급과 같은 거시적 단위가 아닌, 개인의 특성과 행위의 총합으로 환원시켜 분석해야 한다고 보는 입장이다. 이는 '집단의 고유한 특성'을 인정하는 것이 아니라, 집단의 현상을 이해하기 위해 분석의 단위를 '개인'으로 삼는 것이다.

| 오답해설 | ① 행태론은 자연과학과 같이 사회현상도 객관적으로 관찰하고 계량화할 수 있다고 보는 과학적 실증주의에 기반한다. 따라서 연구자의 가치나 연구대상의 주관적 의식 등 관찰 불가능한 요소는 배제하고, 측정 가능한 '행태'에만 집중한다.

② 행태론에서 연구하는 '행태(behavior)'는 단순히 눈에 보이는 신체적 움직임만을 의미하지 않는다. 설문조사나 인터뷰를 통해 파악할 수 있는 개인의 의견, 태도, 개성 등 심리적 상태나 성향까지 포함하는 포괄적인 개념이다.

③ 행태론은 정치학, 행정학, 사회학 등 여러 사회과학 분야가 결국은 '인간의 행태'라는 공통된 대상을 연구한다고 보았다. 따라서 학문 간의 경계를 넘어 서로의 연구성과와 방법을 공유하고 통합해야 한다는 '학제적(interdisciplinary) 접근'을 강조했다.

| 12 | 정책학 > 정책의 창 | 답 ③ |

| 정답해설 | ③ 킹던(J. Kingdon)이 제시한 세 가지 흐름은 문제(Problem), 정치(Political), 정책(Policy)이다.

| 오답해설 | ① 상황, 언론, 수단은 킹던(J. Kingdon)이 제시한 세 가지 흐름의 공식적인 명칭이 아니다. 특히 '언론'은 이 흐름들에 영향을 주는 요인은 될 수 있으나, 독립적인 흐름 자체는 아니다.

② 문제와 정책은 맞지만, 언론은 킹던(J. Kingdon)의 세 가지 흐름에 포함되지 않는다.

④ 상황과 언론은 킹던(J. Kingdon)의 모형에서 사용하는 공식 용어가 아니다.

| 13 | 인사행정론 > 파면, 해임, 견책, 감봉 | 답 ③ |

| 정답해설 | ③ 견책은 가장 가벼운 징계로, 잘못을 훈계하고 반성하게 하는 처분이다. 견책을 받더라도 공무원 신분은 유지되며, 직무에도 계속 종사하고 보수도 전액 지급된다. 다만, 6개월간 승진 및 승급이 제한되는 불이익이 있다.

| 오답해설 | ① 파면은 공무원 징계 중 가장 무거운 처분으로 공무원 신분이 즉시 박탈된다. 또한, 향후 5년간 공무원 임용이 제한되며, 퇴직급여 및 퇴직수당이 대폭(최대 1/2) 삭감된다.
② 해임 역시 공무원 신분을 박탈하는 중징계로, 파면과의 차이점은 향후 3년간 공무원 임용이 제한되며, 금품비위 등 특정 사유가 아니면 퇴직급여는 삭감되지 않는다는 점이다.
④ 감봉은 1개월 이상 3개월 이하의 기간 동안 보수(봉급이 아닌 각종 수당 포함)의 1/3을 감액하는 경징계이다. 감봉 기간에도 직무에는 계속 종사한다.

| 14 | 행정학 총론 > 정치행정이원론, 엽관주의 | 답 ③ |

| 정답해설 | ③ 정치행정이원론은 엽관주의를 극복하고 실적주의(merit system)를 도입하는 데 결정적인 이론적 기반을 제공했다. 행정을 정치로부터 분리해야 한다는 주장은, 정당에 대한 충성도가 아닌 개인의 능력과 실적에 따라 공무원을 임용해야 한다는 실적주의의 논리를 강력하게 뒷받침했다.

| 오답해설 | ① 정치행정이원론은 19세기 말 미국에서 윌슨(W. Wilson)이 행정학의 독립을 주장하며 제시하였고, 이후 굿노(F. Goodnow)가 이론적으로 체계화하며 발전시켰다. 이들은 행정학의 초기 발전을 이끈 대표적인 학자들이다.
② 정치행정이원론은 당시 만연했던 엽관주의로 인한 부패와 비능률을 비판하며 등장했다. 정당정치의 영향에서 벗어나 과학적 원리에 따른 관리를 통해 행정의 효율성과 전문성을 확보하는 것을 주요 목표로 삼았다.
④ 정치행정이원론은 국가의 의사를 결정하고 정책목표를 설정하는 기능은 '정치'의 영역으로, 결정된 정책을 구체적으로 집행하고 관리하는 기술적 기능은 '행정'의 영역으로 명확히 구분했다.

| 15 | 재무행정론 > 잠정예산, 가예산, 준예산 | 답 ④ |

| 정답해설 | ④ 가예산과 잠정예산은 국회의 사전 의결을 반드시 필요로 한다. 반면, 준예산은 국회의 의결 없이 정부가 「헌법」 규정에 따라 집행할 수 있는 제도이다.

| 오답해설 | ① 잠정예산은 회계연도 개시 전까지 본예산이 의결되지 못할 경우, 정부가 몇 개월분의 예산안을 임시로 편성하여 국회에 제출하고, 국회의 사전 의결을 얻어 집행하는 제도이다.
② 가예산 역시 국회의 사전 의결을 필요로 한다는 점에서 잠정예산과 유사하다. 다만, 집행기간이 1개월 이내로 제한된다는 특징이 있다.
③ 준예산은 현행 대한민국 「헌법」이 채택한 제도로, 예산안이 회계연도 개시 전까지 국회에서 의결되지 못하면, 정부가 국회의 별도 의결 없이 전년도 예산에 준하여 법률상 지출의무가 있는 경비 등 필수경비를 집행하는 제도이다.

| 16 | 행정학 총론 > 민간위탁, 면허, 보조금, 자조활동 | 답 ④ |

| 정답해설 | ④ 지문은 '자원봉사'에 대한 정의이다. 자조활동(Self-help) 또는 공동생산(Co-production)은 서비스의 수혜자인 주민이나 고객이 직접 서비스 생산 과정에 참여하는 것을 의미한다.

| 오답해설 | ① 조세유인 방식은 정부가 직접 서비스를 제공하는 대신, 특정 공공목적에 기여하는 민간 활동에 대해 세금을 감면해 줌으로써 간접적으로 공공서비스 공급을 유도하는 방식이다. 넓은 의미에서 민간의 역할을 활용하는 민간위탁의 한 형태로 분류된다.
② 면허 방식은 정부가 특정 구역 내에서 케이블 TV, 버스 운행, 쓰레기 수거 등과 같은 공공서비스를 공급할 수 있는 권리를 민간 기업에게 부여하는 방식이다.
③ 보조금 방식은 정부가 사회적으로 필요하다고 판단되는 서비스(예 사회복지, 문화예술)를 공급하는 비영리단체 등 민간조직의 활동을 지원하기 위해 재정지원을 하는 방식이다.

| 17 | 정책학 > 내부수익률, 순현재가치 | 답 ① |

| 정답해설 | ① 내부수익률(IRR)은 투자 대비 사업의 수익성을 나타내는 비율이다. 따라서 여러 대안을 비교할 때는 내부수익률이 더 높은 대안일수록 수익성이 높아 더 좋은 대안으로 평가된다.

| 오답해설 | ② 내부수익률은 사업의 총편익 흐름의 현재가치와 총비용 흐름의 현재가치를 일치시켜, 순현재가치(NPV)를 0으로 만드는 할인율(r)을 말한다.
③ 내부수익률(IRR)에 따른 사업의 우선순위와 순현재가치(NPV)에 따른 우선순위는 서로 다를 수 있다. 특히 투자규모가 다른 상호 배타적인 사업들을 평가할 때 이러한 순위 역전 현상이 발생할 수 있으며, 일반적으로는 순현재가치법이 더 우월한 기준으로 인정받는다.
④ 일반적인 사업은 초기에 비용이 발생하고 이후에 편익이 발생하는 현금 흐름을 갖지만, 광산 개발처럼 사업 종료 후 복구비용이 다시 발생하는 비전통적인 현금 흐름을 갖는 사업의 경우, 수학적으로 복수의 내부수익률이 계산될 수 있다. 이는 IRR 방식의 주요 한계점 중 하나이다.

| 18 | 인사행정론 > 근속급, 직무급, 직능급, 성과급 | 답 ① |

| 정답해설 | ① 근속급은 노동의 가치와는 직접적인 관련 없이, 단순히 조직에 근무한 기간(연공서열)이 길어질수록 보수가 증가하는 방식이다. 이는 노동의 대가라기보다는 조직에 대한 충성도나 근로자의 생계비를 보장하려는(생계비 보장의 원칙) 성격이 더 강하다.

| 오답해설 | ② 직무급은 직무의 난도, 책임성, 중요도 등 '직무의 상대적 가치'에 따라 보수를 결정한다. 이는 노동의 내용과 질에 대한 대가이므로 노동 대가의 원칙에 충실한 보수체계이다.
③ 직능급은 근로자가 보유한 자격, 기술, 지식 등 '직무수행능력'의 수준에 따라 보수를 결정한다. 이는 노동을 수행할 수 있는 능력의 가치에 대한 대가이므로 노동 대가의 원칙에 부합한다.
④ 성과급은 개인이나 조직이 달성한 '업무의 결과(성과)'에 따라 보수를 결정한다. 이는 노동의 결과물에 대한 대가이므로 노동 대가의 원칙에 부합하는 대표적인 방식이다.

19 재무행정론 > 품목별예산제도   답 ①

| 정답해설 | ① 품목별예산제도는 지출품목을 매우 상세하게 규정하여 관료의 재량을 최소화하고 예산의 유용이나 남용을 방지하는, 즉 통제를 가장 큰 장점으로 하는 제도이다. 또한, 예산이 구체적인 품목별로 편성되기 때문에 의회 입장에서는 정부가 예산을 어디에 쓰는지 명확히 알 수 있어 예산심의 및 통제가 용이하다.

| 오답해설 | ② 품목별예산제도는 투입(Input) 중심의 예산이므로, 각 부처는 사업 전체의 성과나 중요성을 고려하기보다는 당장 필요한 인건비, 물건비 등 예산품목을 확보하는 데에만 집중하게 될 수 있다. 이는 정책의 우선순위가 소홀히 다뤄질 수 있는 단점으로 작용한다.
③ 품목별예산은 예산이 지출대상(품목)에 따라 인건비, 여비, 시설비, 비품 구입비 등으로 세분화되어 있어, 정부의 재화 및 서비스 구매 활동과 급여 지급을 명확히 통제하고 회계 책임을 묻기에 효과적이다.
④ 품목별예산은 정부가 '무엇을 구매하는지(What)'는 명확히 보여주지만, 그 품목을 '왜 구매하는지(Why)', 즉 어떤 정책목표나 사업성과를 위해 지출하는지에 대한 정보는 제공하지 못한다는 한계가 있다.

20 정책학 > 상향적 접근방법   답 ②

| 정답해설 | ② '정책결정자가 설계한 정책을 중심'으로 정책집행의 전체적인 틀을 체계적으로 파악하는 것은 하향적 접근방법의 특징이자 장점이다. 하향적 접근은 중앙에서 내려온 정책목표가 얼마나 일관성 있게 잘 집행되었는지를 평가하는 데 초점을 맞춘다. 반면 상향적 접근은 중앙의 최초 의도보다는 현장에서 정책이 어떻게 변용되고 재창조되는지에 더 주목한다.

| 오답해설 | ① 상향적 접근은 정책집행에 실제로 참여하는 모든 행위자(지방정부, 민간기관, 비영리단체 등)의 네트워크를 중시한다. 따라서 이들 다양한 조직이 현장에서 어떻게 문제를 해결하고 기여하는지, 그들의 실제 역량을 파악하는 데 유리하다.
③ 상향적 접근은 분석의 출발점이 일선 현장이므로, 정책으로부터 직접 영향을 받는 수혜자나 피해자의 의견, 요구, 반응 등을 생생하게 파악하고 이를 정책과정에 반영하는 데 강점이 있다.
④ 상향적 접근은 구체적인 사례연구를 통해 정책집행 현장에서 일어나는 일들을 매우 상세하고 깊이 있게 기술한다. 이를 통해 정책의 성공과 실패에 영향을 미치는 복잡한 인과관계를 미시적 수준에서 규명하는 데 유리하다.

21 정책학 > 만족모형   답 ②

| 정답해설 | ② 만족모형에서 '만족 수준'의 설정이 주관적이라는 점은 한계로 지적될 수 있다.

| 오답해설 | ① '가치와 사실의 분리 불가능'은 주로 합리모형이 비현실적이라고 비판하거나, 과학적 실증주의를 비판하는 후기행태주의 등에서 제기하는 논점이다. 만족모형에 대한 직접적이고 핵심적인 비판으로 보기는 어렵다.
③ '타성적 정책결정을 조장한다'는 비판은 주로 점증모형에 대한 비판이다. 다만 만족모형 역시 보수적이고 타성적 성격을 지니고 있으므로 이를 점증모형만의 비판으로 단정하기는 어렵다.
④ '안정적 상황에서만 적용 가능하다'는 비판은 주로 기존의 정책에서 약간의 변화만을 추구하는 점증모형에 해당하는 비판이다. 만족모형은 오히려 정보가 불확실하고 복잡한 상황에서 인간이 어떻게 인지적 한계를 가지고 의사결정하는지를 설명하므로, 반드시 안정적 상황에만 국한되지는 않는다.

22 재무행정론 > 예산심의, 예비심사, 예산결산특별위원회   답 ④

| 정답해설 | ㄱ. 정부가 제출한 예산안은 각 소관 상임위원회에서 소관 부처의 예산에 대한 예비심사를 거친다. 이후 각 상임위의 심사결과를 첨부하여 예산결산특별위원회에 회부되어 종합적인 심사를 받게 된다.
ㄴ. 예산결산특별위원회의 종합심사를 마친 예산안은 국회 본회의에 부의(상정)되어 최종적으로 의결되며, 본회의 표결을 통해 다음 연도 예산이 최종 확정된다.
ㄹ. 「국회법」에 따르면, 예산결산특별위원회는 소관 상임위원회의 예비심사 내용을 존중하여야 하며, 소관 상임위원회에서 삭감한 세출예산 각 항의 금액을 증가하게 하거나 새 비목을 설치할 경우에는 소관 상임위원회의 동의를 받아야 한다. 다만, 새 비목의 설치에 대한 동의 요청이 소관 상임위원회에 회부되어 회부된 때부터 72시간 이내에 동의 여부가 예산결산특별위원회에 통지되지 아니한 경우에는 소관 상임위원회의 동의가 있는 것으로 본다.

| 오답해설 | ㄷ. 예산결산특별위원회는 2000년 「국회법」 개정으로 임시적인 특별위원회가 아닌 상설화된 상임위원회의 지위를 갖게 되었다. 활동기한을 정하고 본회의 의결로 연장하는 것은 일반적인 임시 '특별위원회'에 대한 규정으로, 상설 상임위원회가 된 예결위에는 해당하지 않는다.

| 23 | 조직이론 > 과두제의 철칙, 더러운 손의 딜레마 | 답 ② |

| **정답해설** | ② 과두제의 철칙은 독일의 사회학자 미헬스(R. Michels)가 주장한 개념으로, 정당이나 노동조합 등 아무리 민주적인 대규모 조직이라 할지라도, 시간이 흐르면 결국 소수의 지도자(과두, Oligarchy)에게 권력이 집중되고, 이 소수 엘리트는 조직의 본래 목표보다는 자신들의 지위와 권력을 유지하고 강화하는 것을 최우선 목표로 삼게 된다는 법칙이다.

| **오답해설** | ① 더러운 손의 딜레마는 관료가 공익이라는 선한 목적을 달성하기 위해, 어쩔 수 없이 거짓말, 배신 등 도덕적으로 옳지 않은 수단을 사용해야만 하는 윤리적 딜레마 상황을 의미한다.
③ 철의 삼각은 특정 정책 분야를 둘러싸고 이익집단, 담당 행정기관(관료), 그리고 국회 상임위원회가 서로의 이익을 위해 견고한 동맹 관계를 형성하여 정책결정 과정을 좌지우지하는 현상을 의미한다.
④ 베버주의(Weberism)는 막스 베버(M. Weber)의 사회이론, 특히 관료제 이론을 가리키는 말이다. 베버(M. Weber)는 합법적-합리적 지배에 기반한 관료제를 가장 효율적인 조직 형태로 보았으며, 이는 조직의 목표가 리더의 사적 이익으로 변질되는 것을 설명하는 과두제의 철칙과는 다른 개념이다.

| 24 | 행정학 총론 > 정의론 | 답 ④ |

| **정답해설** | ㄱ. 제1원칙인 '평등한 자유의 원칙'의 절대적 우선성에 대한 설명이다. 롤스(J. Rawls)의 정의론에서 개인의 기본적 자유는 그 어떤 사회적, 경제적 이익을 위해서도 희생되거나 침해될 수 없다.
ㄴ. 제2원칙 중 '차등의 원칙'에 대한 설명이다. 롤스(J. Rawls)는 완전한 결과의 평등을 주장한 것이 아니라, 사회적 약자에게 이익이 돌아가는 조건 하에서는 사회·경제적 불평등이 정당화될 수 있다고 보았다.
ㄷ. 제1원칙인 '평등한 자유의 원칙'의 핵심 내용이다. 롤스(J. Rawls)의 정의론의 출발점이자 가장 중요한 원칙은 모든 개인에게 기본적 자유가 차별 없이 평등하게 보장되어야 한다는 것이다.

| 25 | 지방행정론 > 특별지방행정기관 | 답 ① |

| **정답해설** | ① '관할지역 주민들의 직접적인 통제와 참여'가 용이한 것은 지방의회의원이나 단체장을 직접 선출하는 지방자치단체의 특징이다. 특별지방행정기관은 중앙정부의 지휘를 받으며 기관장도 중앙에서 임명되므로, 지역 주민의 통제가 어렵고 지역적 책임성이 약하다는 비판을 받는다.

| **오답해설** | ② 특별지방행정기관은 중앙정부가 국가의 사무를 집행하기 위해 설치한 일선 조직이며, 자치권을 갖지 않는다.
③ 특별지방행정기관은 지역 현장에 위치하여 해당 지역의 정보와 동향을 중앙정부에 보고하고, 중앙정부의 정책을 지방에 전달하며 지방자치단체와 업무 협조를 하는 등 중앙과 지방을 연결하는 역할을 수행한다.
④ 특별지방행정기관은 출입국관리, 공정거래법의 집행, 근로기준의 감독, 국세징수 등과 같이, 지역별로 기준이 달라지면 안 되고 전국적으로 통일성이 확보되어야 하는 국가사무를 주로 담당한다.

2024 7월 13일 시행 군무원 9급 (공통 책형)

합격예상 체크

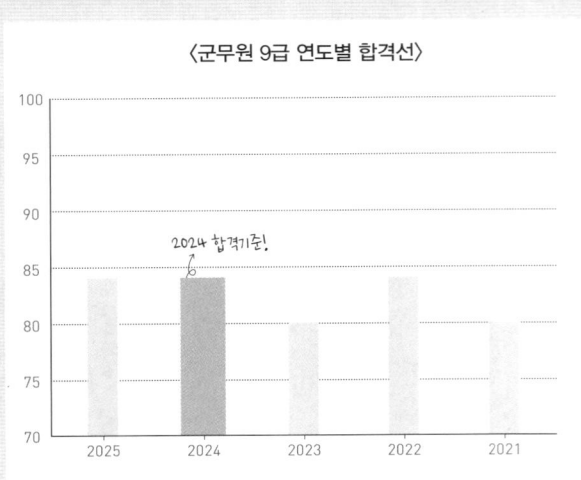

〈군무원 9급 연도별 합격선〉

2024 합격기준

| 맞힌 개수 | /25문항 | 점수 | /100점 |

➡ ☐ 합격 ☐ 불합격

취약영역 체크

문항	정답	영역	문항	정답	영역
1	①	행정학 총론	14	②	인사행정론
2	③	조직이론	15	②	지방행정론
3	②	정책학	16	④	재무행정론
4	③	행정학 총론	17	④	조직이론
5	②	인사행정론	18	③	정책학
6	④	행정학 총론	19	②	행정학 총론
7	①	정책학	20	④	정책학
8	③	행정학 총론	21	②	재무행정론
9	①	행정학 총론	22	①	조직이론
10	④	재무행정론	23	②	인사행정론
11	③	조직이론	24	②	인사행정론
12	④	행정학 총론	25	①	정책학
13	③	행정학 총론			

⬇ 영역별 틀린 개수로 취약영역을 확인하세요!

| 행정학 총론 | /8 | 정책학 | /5 | 조직이론 | /4 | 인사행정론 | /4 |
| 재무행정론 | /3 | 행정환류론 | –/0 | 지방행정론 | /1 | | |

➡ 나의 취약영역: _____

※ 해당 회차는 〈1초 합격예측 풀서비스〉의 데이터 누적 기간이 충분하지 않아 오답률, 선지 선택률 기재를 생략하였습니다.

---

1. 행정학 총론 > 공유재, 경합성, 비배제성 답 ①

| 정답해설 | ① 국방, 치안은 한 사람의 소비가 다른 사람의 소비에 영향을 주지 않는 비경합성과 대가를 치르지 않은 사람을 소비에서 배제할 수 없는 비배제성을 동시에 가지는 공공재(Public Goods)의 대표적인 예이다.

| 오답해설 | ② 공유재는 한 사람이 재화를 소비하면 다른 사람이 소비할 수 있는 양이 줄어드는 경합성을 특징으로 한다. 예를 들어 공유 목초지에서 한 명의 농부가 소를 더 많이 방목하면 다른 농부들이 사용할 수 있는 풀의 양이 줄어든다.
③ 공유재는 재화의 소비로부터 특정인을 배제하기 어려운 비배제성을 특징으로 한다.
④ 공유재는 대가를 지불하지 않아도 소비할 수 있지만(비배제성), 한 사람의 소비는 다른 사람에게 영향을 주기 때문에(경합성) 사람들이 비용을 생각하지 않고 과도하게 소비하여 자원이 고갈될 위험이 있다. 이를 '공유지의 비극'이라 하며, 과잉 소비의 문제가 발생할 수 있다.

2. 조직이론 > 기계적 조직구조 답 ③

| 정답해설 | ③ 복잡하고 불안정하며 불확실성이 높은 환경에 적합한 조직구조는 신축적이고 분권화된 유기적 조직구조이다. 기계적 조직구조는 안정적이고 예측 가능한 환경에서 효율성을 발휘하지만, 급변하는 환경에는 신속하게 대응하기 어렵다.

| 오답해설 | ① 기계적 조직구조는 명확한 규칙과 절차를 통해 업무를 수행하는 높은 공식화와 과업수행 방식이 정형화되어 있는 높은 표준화를 특징으로 한다. 이는 조직의 운영을 안정적이고 예측 가능하게 만든다.
② 베버(M. Weber)의 관료제는 분업, 권위 계층, 공식적 규칙과 규정, 비개인성 등을 특징으로 하는 구조로, 효율성과 합리성을 극대화하는 기계적 조직구조의 대표적인 이론 모형이다.
④ 기계적 조직구조는 업무를 잘게 나누는 높은 수준의 분업과 전문화를 추구한다. 이를 통해 과업 수행의 예측 가능성을 높이고, 조직의 상부에서 용이하게 통제하고 조정할 수 있어 조직 전체의 효율성과 합리성을 높이는 데 유리하다.

3. 정책학 > 무의사결정 답 ②

| 정답해설 | ② 무의사결정은 정책결정자의 단순한 무관심이나 무능력, 또는 자원 부족으로 인해 특정 사안을 다루지 못하는 것과는 구별된다. 무의사결정은 기득권 세력이 자신들의 이익을 지키기 위해 의도적이고 전략적으로 특정 쟁점이 정책의제로 채택되는 것을 봉쇄하고 억압하는 적극적인 권력 행사를 의미한다.

| 오답해설 | ① 바흐라흐(P. Bachrach)와 바라츠(M. Baratz)는 권력에는 두 개의 얼굴이 있다고 주장했다. 첫 번째 얼굴은 정책결정 과정에서 나타나는 직접적이고 관찰 가능한 권력이며, 두 번째 얼굴(어두운 측면)은 기득권 세력이 자신들에게 불리한 이슈가 공론화되는 것 자체를 막는 소극적·간접적 권력으로, 이를 무의사결정이라고 정의했다.

③ 이는 무의사결정의 핵심적인 작동 방식이다. 지배 엘리트나 기득권층은 자신들의 가치나 이익에 도전하는 잠재적 쟁점이나 주장이 표면으로 부상하지 못하도록 다양한 방법으로 억압하거나 좌절시킨다.

④ 무의사결정의 한 가지 방법으로, 기득권 세력에게 위협적인 이슈가 완전히 억압되기 어려울 경우, 그 이슈의 범위를 안전한 수준으로 제한하거나 실질적인 변화를 가져오지 못하는 상징적인 수준의 대안만 논의하도록 유도할 수 있다. 이는 문제의 본질을 회피하면서도 여론을 무마시키는 고도의 전략이다.

---

4 행정학 총론 > 예산극대화모형, 파킨슨의 법칙, 보몰 효과   답 ③

| 정답해설 | ③ 보몰 효과(Baumol's Effect) 또는 '보몰병'은 정부부문(서비스업)이 민간부문(제조업)에 비해 생산성 증가가 더디기 때문에, 시간이 지날수록 정부 서비스의 상대적 비용이 상승하여 정부지출 규모가 팽창(증가)하는 현상을 설명하는 이론이다. 지문에서는 지출 규모가 '감소'한다고 서술하였으므로 명백히 틀린 설명이다.

| 오답해설 | ① 니스카넨(W. Niskanen)의 예산극대화모형에 따르면, 관료들은 자신의 효용(권력, 명성 등)을 높이기 위해 소속 부서의 예산을 극대화하려는 동기를 가진다. 이 과정에서 관료들은 공공재의 사회적 최적 수준보다 더 많은 예산을 확보하려 하므로, 결과적으로 공공재가 과다 공급될 수 있다.

② 파킨슨의 법칙(Parkinson's Law)은 공무원의 수가 실제 업무량과 관계없이 증가하는 경향(부하 배증의 법칙, 업무 배증의 법칙)을 설명한다. 불필요한 기구와 인력의 팽창은 정부지출의 증가로 이어지므로, 공공재가 사회적 필요 이상으로 과다 공급되는 원인이 될 수 있다.

④ 다운스(Downs)는 유권자들이 정책에 대한 정보를 얻는 데 드는 비용이 그로 인해 얻는 효용보다 크기 때문에 정치·정책적으로 무지한 상태로 남는 것이 합리적이라고 보았다(합리적 무지). 이러한 유권자의 무관심은 공공재의 편익을 과소평가하게 만들어, 정치인들이 공공재 공급에 소극적이게 되므로 결국 공공재가 사회적 최적 수준보다 과소 공급되는 결과를 초래할 수 있다.

---

5 인사행정론 > 실적주의, 직업공무원제   답 ②

| 정답해설 | ② 실적주의는 직업공무원제의 전제조건 또는 토대가 된다. 즉, 엽관주의(정치적 충성도에 따른 임용)를 배격하고 능력과 자격에 따라 공무원을 임용하는 실적주의가 먼저 확립되어야, 공무원의 신분보장이 가능해지고 이를 바탕으로 한 직업공무원제가 안정적으로 운영될 수 있다. 그러나 직업공무원제가 실적주의의 구성요소라고 보기는 어렵다.

| 오답해설 | ① 직업공무원제는 공직에 젊고 유능한 인재를 유치하여 장기근속을 유도하고, 내부 승진을 통해 경력을 발전시켜 나가는 것을 전제로 한다. 만약 모든 직위에 외부 전문가를 제한 없이 임용하는 전면적 개방형 충원 제도를 시행한다면, 내부 공무원들의 승진 기회가 줄어들고 장기적인 경력발전 경로가 불투명해져 직업공무원제의 근간이 흔들릴 수 있다.

③ 실적주의는 '직무(job)' 중심의 인사행정으로, 특정 직무에 가장 적합한 사람을 임용하는 것을 강조한다. 따라서 직무의 종류와 난도에 따라 공직을 분류하는 직위분류제와 내·외부의 유능한 인재에게 동등한 기회를 주는 개방형 충원과 친화성이 높다. 반면, 직업공무원제는 '사람(person)' 중심의 인사행정으로, 공무원의 장기적인 경력 관리를 중시하므로 사람의 자격과 능력을 기준으로 등급을 매기는 계급제와 하위 계급부터 충원하여 내부에서 승진시키는 폐쇄형 충원과 가깝다.

④ 직업공무원제는 공무원을 일생의 직업으로 삼도록 유도하는 제도이므로, 조직에 대한 장기적인 기여를 이끌어내기 위해 체계적인 승진 관리, 다양한 보직을 경험하게 하는 전보, 그리고 지속적인 교육훈련 기회 제공을 통해 공무원의 능력 발전을 적극적으로 지원한다.

---

6 행정학 총론 > 경쟁적 규제, 보호적 규제, 포지티브 규제   답 ④

| 정답해설 | ④ 지문은 네거티브(Negative) 규제 방식에 대한 설명이다. 네거티브 규제는 '법률이나 정책에서 금지한 행위가 아니면 모두 허용'하는 방식이다. 반면, 포지티브(Positive) 규제는 '법률이나 정책에서 허용한 행위만 가능'하고, 열거되지 않은 나머지는 모두 금지하는 방식이다.

| 오답해설 | ① 경쟁적 규제는 특정 기업이나 개인에게 특정 재화나 서비스 공급에 대한 권리, 즉 시장진입 자격을 부여하는 방식으로 경쟁을 제한하는 규제이다. 방송사업 인허가, 항공노선 허가, 통신사업자 선정 등이 이에 해당한다.

② 보호적 규제는 국민의 생명, 안전, 건강 등을 보호하고 환경 보전, 차별 해소 등 사회적 가치를 실현하기 위해 기업이나 개인의 활동에 일정한 제약을 가하는 규제이다. 최저임금제, 산업안전 기준, 환경오염물질 배출 기준, 식품안전 규제 등이 대표적인 예이다.

③ 규제를 준수하기 위해 민간부문(기업, 개인)이 부담해야 하는 비용을 규제 순응 비용이라고 한다. 이는 정부예산에 직접 나타나지 않지만, 민간의 자원을 사용하게 만든다는 점에서 세금과 유사한 효과를 가지므로 '숨겨진 조세(hidden tax)'라고 부르기도 한다.

7. 정책학 > 정책네트워크, 정책공동체, 정책문제망, 하위정부 모형   답 ①

정답해설 | ① 정책공동체(Policy Community)는 참여자들 간에 공유된 가치와 신뢰를 바탕으로 안정적이고 협력적인 관계를 유지하므로, 갈등보다는 합의를 통해 공동의 이익을 추구하는 포지티브섬 게임(Positive-sum game)의 성격이 강하다. 반면, 정책문제망(Issue Network)은 다양하고 이질적인 참여자들이 특정 쟁점을 둘러싸고 일시적으로 모여 서로의 이익을 위해 경쟁하고 대립하는 관계이므로, 한 쪽의 이득이 다른 쪽의 손실로 이어지는 제로섬 게임(Zero-sum game)의 성격이 강하다.

오답해설 | ② 정책문제망은 특정 이슈나 쟁점이 부상할 때마다 이해관계를 가진 다양한 행위자들이 참여하여 일시적으로 형성된다. 참여자의 진입과 이탈이 자유롭기 때문에 네트워크의 경계가 불분명하고 개방성이 매우 높은 특징을 가진다.

③ 하위정부(철의 삼각)는 의회 상임위원회, 행정관료, 이익집단이라는 3개의 행위자로 참여자가 엄격히 제한된다. 반면, 정책공동체는 이들 핵심 참여자 외에도 전문가, 학자, 연구원 등 관련 전문성을 가진 행위자들까지 포함하므로 참여자의 범위가 하위정부모형보다 더 넓다.

④ 하위정부 모형(철의 삼각)은 국방, 농업, 보건 등 특정 정책분야를 중심으로 형성된다. 이들 3자(의회 상임위, 관료, 이익집단)는 각자의 이익(예산, 표, 정책적 지원 등)을 위해 긴밀하고 안정적인 관계를 맺고 상호 활발하게 교류하며 해당 분야의 정책결정을 주도한다.

8. 행정학 총론 > 행정과 경영   답 ③

정답해설 | ③ 법적 규제는 행정과 경영을 구분하는 중요한 차이점이다. 행정은 모든 활동이 법률에 근거해야 하고, 법률에 의해 엄격하게 통제받는 '법치행정의 원리'가 적용된다. 반면, 경영은 법의 테두리 안에서 비교적 자유로운 활동이 보장되며, 법은 주로 최소한의 금지사항을 규정하는 역할을 한다. 따라서 행정이 경영보다 훨씬 더 엄격하고 많은 법적 규제를 받는다.

오답해설 | ① 행정과 경영은 목표달성을 위해 조직을 관리한다는 점에서 POSDCoRB(기획, 조직, 인사, 지휘, 조정, 보고, 예산)와 같은 관리기술을 공통적으로 활용한다. 인사관리, 재무관리 등 구체적인 관리기법에서도 유사점을 찾을 수 있다.

② 현대의 거대 조직은 효율적인 목표달성을 위해 계층제 구조, 분업과 전문화, 명문화된 규칙 등을 특징으로 하는 관료제적 성격을 공통적으로 지닌다. 이는 정부조직(행정)과 대기업(경영) 모두에서 나타나는 현상이다.

④ 행정과 경영 모두 조직의 목표를 달성하기 위해 구성원들이 힘을 합쳐 함께 일하는 협동 행위로, 혼자서는 달성하기 어려운 목표를 조직화된 협력을 통해 이루어낸다는 점에서 공통점을 가진다.

9. 행정학 총론 > 책임운영기관, 신공공관리론   답 ①

정답해설 | ① 책임운영기관은 독립된 법인격을 가진 공법인이 아니라, 「정부조직법」에 근거하여 설치된 행정기관이다. 기관장은 전문성과 성과에 대한 책임을 강화하기 위해 임기제 공무원으로 임용되고, 소속 직원들은 「국가공무원법」상의 공무원 신분을 그대로 유지하지만, 기관 자체가 별도의 법인인 것은 아니다.

오답해설 | ② 책임운영기관제도는 정부의 집행기능을 효율화하고 성과를 높이기 위해 도입되었다. 이는 정부부문에 민간의 경영기법과 성과주의를 도입하려는 신공공관리론의 핵심적인 개혁 방안 중 하나이다.

③ 책임운영기관은 성과와 효율성을 지나치게 강조하는 과정에서 수익성이 낮은 서비스나 사회적 약자를 위한 서비스를 소홀히 할 수 있다. 이로 인해 모든 국민에게 동등하게 제공되어야 할 공공서비스의 형평성이 훼손되거나 장기적인 안정성이 저하될 수 있다는 비판을 받는다.

④ 책임운영기관 모델의 가장 기본적인 설계 원리는 중앙부처(소속장관)가 담당하는 정책 결정 기능과 기관이 담당하는 집행(사업) 기능을 분리하는 것이다. 이를 통해 책임운영기관은 집행 기능에 집중하여 전문성과 효율성을 높일 수 있다.

10. 재무행정론 > 예비비, 목적예비비   답 ④

정답해설 | ④ 예비비는 국회의 사전 의결을 받은 해당 회계연도의 예산의 일부이다. 따라서 회계연도 독립의 원칙에 따라 해당 회계연도 내에서만 지출이 가능하며, 다음 연도로 이월하여 사용할 수 없다. 사용하지 않고 남은 예비비는 불용액으로 처리된다.

오답해설 | ① 「국가재정법」에 따르면, 일반예비비와 별도로 특정한 목적을 위해 사용될 목적예비비를 설치할 수 있다. 이 경우 사용 목적을 미리 예산총칙에 지정해야 한다.

② 예비비는 예측할 수 없는 예산 외의 지출 또는 예산초과지출에 충당하기 위하여 편성한다. 이는 예산의 경직성을 보완하고 재정운용의 신축성을 확보하기 위한 제도이다.

③ 정부는 실제 예산편성 시, 재해 복구나 구호 활동에 필요한 재해대책비와 같이 특정한 목적을 위해 사용할 수 있는 목적예비비를 편성하여 운영하고 있다. 공공요금 인상, 환율 변동 등도 예측이 어려운 지출에 해당하여 예비비 사용 대상이 될 수 있다.

11. 조직이론 > 전문적 관료제   답 ③

정답해설 | ③ 전문적 관료제는 복잡하지만 안정적인 환경에 적합한 조직구조이다. 전문가들은 기존에 습득한 표준화된 기술을 활용하여 안정적으로 업무를 수행하는 데 익숙하므로, 새로운 방식의 도입이나 환경 변화에 대한 저항이 강한 경향이 있다. 따라서 환경 변화에 대한 적응 속도가 매우 느리다는 단점을 가진다. 복잡하고 불안정한(동태적) 환경에 적합한 조직은 애드호크라시(Adhocracy)이다.

| **오답해설** | ① 전문적 관료제에서 수행하는 업무는 매우 복잡하여 작업 과정이나 산출물을 표준화하기 어렵다. 따라서 조직은 과업 수행에 필요한 기술(지식)의 표준화에 의존한다. 이는 조직에 들어오기 전 외부(대학 등)에서 장기간의 교육과 훈련을 통해 전문기술을 내재화한 전문가를 채용함으로써 이루어진다.

② 전문적 관료제는 대학, 병원 등이 대표적인 예이다. 다양한 분야의 전문가들이 수평적으로 분화되어 있고(높은 수평적 분화), 각 전문가들은 자신의 전문적 판단에 따라 자율적으로 업무를 수행하므로 공식적인 규칙이나 절차는 적다(낮은 공식화).

④ 민츠버그(H. Mintzberg)는 조직을 5개의 부분(전략 부문, 중간라인, 핵심 운영층, 기술구조, 지원스태프)으로 구분했다. 전문적 관료제에서는 실제적인 전문 업무를 수행하는 의사, 교수 등 핵심 운영층에 권한이 집중되어 있으며, 이들의 역할이 가장 중요하게 강조된다.

| **12** | 행정학 총론 > 공공선택이론, 중위투표자 이론 | 답 ④ |

| **정답해설** | ④ 던리비(P. Dunleavy)의 관청형성모형에 따르면, 고위직 관료들은 단순히 예산을 극대화하기보다는 자신들의 정책적 영향력과 위신, 쾌적한 근무 환경 등 개인적 효용을 극대화하는 방향으로 조직을 만들려고 한다. 이를 위해, 그들은 일상적이고 집행적인 업무나 대규모의 인력관리가 필요한 부문은 분리·민영화하고, 자신들은 소규모 엘리트 중심의 정책결정 및 기획기능에 집중하려 한다. 따라서 소속 조직을 대규모의 계서적 관료조직으로 만들기보다는, 오히려 분권화시키고 핵심 기능 위주로 축소하려는 경향을 보인다.

| **오답해설** | ① 중위투표자 이론에 따르면, 다수결 투표제 하에서는 투표자들의 선호분포상 가장 중앙에 위치한 중위투표자의 선호를 따르는 정책이 채택될 가능성이 높다. 이 모형은 안정적인 균형을 설명하지만, 다른 투표자들이 특정 정책을 얼마나 강렬하게 선호하는지(선호의 강도)를 반영하지 못하므로 사회 전체의 후생을 극대화하는 파레토 효율적 자원배분을 보장하지는 못한다.

② 티부(Tiebout) 가설은 지방정부가 다양한 종류의 공공서비스와 세율을 제공할 때, 주민들이 자신의 선호에 맞는 지역으로 자유롭게 이주('발로 하는 투표')함으로써 자신에게 가장 적합한 공공재를 선택할 수 있다는 이론이다. 이러한 시장원리와 유사한 과정을 통해 지방공공재가 효율적으로 공급될 수 있다고 본다.

③ 공공선택이론은 시민을 정부 서비스의 '소비자'로 간주하고, 이들의 다양한 선호를 존중해야 한다고 본다. 정부의 독점적인 서비스 공급 대신, 공급 주체 간의 경쟁을 도입하고 시민에게 선택권을 부여함으로써 정부가 시민의 요구에 더 민감하게 반응하게 되어 행정의 대응성이 높아진다고 주장한다.

| **13** | 행정학 총론 > 진보주의, 보수주의 | 답 ③ |

| **정답해설** | ③ 조세 감면 확대는 일반적으로 보수주의 정부에서 선호하는 정책이다. 보수주의는 감세를 통해 민간과 기업의 투자 및 소비를 촉진하여 경제를 활성화시킬 수 있다(공급 측면 경제학)고 보며, 정부의 시장 개입을 최소화하는 '작은 정부'를 지향한다. 반면, 진보주의는 정부의 적극적 역할을 위한 재원 마련을 위해 세금 유지를 선호하거나 부유층에 대한 증세를 주장하는 경향이 있다.

| **오답해설** | ① 진보주의는 사회적 평등과 정의를 중요한 가치로 여기며, 역사적으로 차별받아 온 사회적 약자나 소수집단의 권익 보호 및 기회 확대를 위한 정부의 적극적인 역할을 옹호한다.

② 진보주의는 시장의 자율적인 작동이 소득 불평등을 심화시킬 수 있다고 보고, 이를 시정하기 위해 누진세 강화, 사회보장제도 확충 등 정부가 개입하여 부를 이전시키는 소득재분배 정책을 적극적으로 지지한다.

④ 진보주의는 시장실패를 치유하고 공공의 이익을 보호하기 위해 정부가 기업 활동 등에 적극적으로 개입하는 정부규제 강화를 지지하는 경향이 강하다.

| **14** | 인사행정론 > 고위공무원단 | 답 ② |

| **정답해설** | ② 고위공무원단은 국가공무원에게만 적용되는 제도이다. 지방자치단체 소속의 지방공무원은 고위공무원단에 포함되지 않는다. 지방자치단체의 국장급 공무원은 「지방공무원법」의 적용을 받는 고위직 지방공무원일 뿐, 「국가공무원법」상의 고위공무원단 소속은 아니다.

| **오답해설** | ① 「국가공무원법」에 따르면, 중앙행정기관의 실장·국장급 직위와 이에 상당하는 보좌기관은 고위공무원단에 속한다.

③ 「국가공무원법」에 따라, 중앙행정기관 외의 다른 행정부 기관에서도 실장·국장급에 상당하는 직위는 고위공무원단에 포함될 수 있다.

④ 감사원은 일반 행정부와는 별도의 고위감사공무원단제도를 운영한다. 감사원 사무차장, 감사교육원장, 감사연구원장 등은 감사원의 고위직 공무원으로서 고위감사공무원단에 속한다.

| **15** | 지방행정론 > 단층제, 자치계층, 행정계층 | 답 ② |

| **정답해설** | ② 단층제는 광역과 기초의 구분 없이 하나의 지방자치단체만 존재하는 구조로, 세종특별자치시와 제주특별자치도가 이에 해당한다. 제주특별자치도 내의 제주시와 서귀포시는 자치권이 없는 행정시이므로, 실질적인 자치계층은 제주특별자치도 하나뿐이다. 그러나 강원특별자치도와 전북특별자치도는 특별법에 따라 고도의 자치권을 부여받았지만, 그 관할 구역 내에 여전히 자치권을 가진 기초자치단체(시, 군)를 두고 있으므로 중층제 구조를 유지하고 있다. 따라서 이들을 단층제로 분류한 것은 틀린 설명이다.

| **오답해설** | ① 우리나라는 광역자치단체(서울특별시, 광역시, 도, 특별자치도)가 기초자치단체(시, 군, 자치구)를 관할 구역으로 두는 중층제(2계층제)를 원칙적인 지방자치 계층구조로 채택하고 있다.

③ 자치계층은 법적으로 독립된 법인격을 가진 지방자치단체 간의 관계이므로, 상호 대등·협력적인 관계가 원칙이다. 반면, 행정계층은 행정사무의 효율적 처리를 위해 설정된 내부적인 상하계층으로, 상급기관이 하급기관을 지휘·감독하는 관계이다.

④ 자치계층은 선거를 통해 주민대표를 선출하고 자치권을 행사한다는 점에서 주민자치를 실현하는 정치적 민주성에 그 핵심이 있다. 반면, 행정계층은 국가나 상급기관의 정책과 사무를 일사불란하게 집행하여 행정의 통일성과 능률성(효율성)을 확보하는 데 중점을 두는 개념이다.

---

16 재무행정론 > 재정자립도, 특별회계, 기금 답 ④

| **정답해설** | ④ 지문은 재정자주도에 대한 설명이다. 재정자립도는 전체 일반회계 세입 중 지방세와 세외수입 같은 자체재원이 차지하는 비율만을 나타낸다. 반면, 재정자주도는 자체재원에 지방교부세와 같이 용도에 제한이 없어 자율적으로 사용할 수 있는 재원(자주재원)을 더하여 산출하는 지표로, 지자체가 실제 자율적으로 사용할 수 있는 재원의 규모를 보여준다.

| **오답해설** | ① 재정자립도는 지방자치단체의 전체 세입 중 일반회계만을 대상으로 산정한다. 특별회계나 기금의 세입은 제외되기 때문에, 이를 포함한 지방자치단체의 실제 총 재정규모나 능력을 정확하게 반영하지 못하고 과소평가할 수 있다는 한계가 있다.
② 재정자립도는 세입(수입) 측면에만 초점을 맞춘 지표이다. 즉, 전체 예산 중 자체적으로 벌어들이는 수입이 얼마나 되는지만 보여줄 뿐, 그 돈을 얼마나 효율적이고 합리적으로 사용하는지(세출의 질)에 대한 정보는 전혀 제공하지 못한다.
③ 재정자립도는 중앙정부로부터 받는 지방교부세, 국고보조금 등을 모두 '의존재원'으로 묶어서 처리한다. 그러나 지방교부세는 용도가 정해지지 않아 지자체가 자율적으로 사용할 수 있는 일반재원인 반면, 국고보조금은 용도가 엄격히 정해진 특정재원이다. 재정자립도는 이러한 재원의 성격 차이를 구분하지 못하는 문제점이 있다.

---

17 조직이론 > 네트워크구조 답 ④

| **정답해설** | ④ 계층의 통합과 단일의 지도자는 전형적인 전통적 계층제(관료제) 구조의 원리이다. 네트워크구조는 이러한 수직적 계층을 허물고, 여러 명의 리더가 존재하거나 리더가 없는 수평적 관계를 지향한다. 단일 지도자에 의한 통제보다는 참여자 간의 신뢰와 협상에 의해 조정이 이루어진다.

| **오답해설** | ① 네트워크구조는 법적으로 독립된 조직이나 개인들이 참여하여 형성된다. 각 참여자는 자신의 정체성과 독립성을 유지하면서 필요에 따라 협력 관계를 맺는다.
② 네트워크 내에서의 연결과 협력은 상부의 명령이나 지시에 의한 것이 아니라, 공동의 이익과 필요에 따라 자발적으로 이루어진다. 이는 네트워크구조의 핵심적인 동력이다.
③ 독립적이고 자발적으로 모인 참여자들을 하나로 묶어주는 것은 공통된 목표 또는 공동의 과업이다. 이 공동의 목표가 없다면 네트워크는 형성되거나 유지될 수 없다.

---

18 정책학 > 델파이기법 답 ③

| **정답해설** | ③ 장래에 일어날 수 있는 여러 가능성을 탐색하고 각각의 상황에 대한 줄거리, 즉 가상적 시나리오를 구성하는 기법은 시나리오기법이다. 델파이기법은 여러 전문가의 의견을 하나의 합의점으로 수렴시키는 것을 목표로 하는 반면, 시나리오기법은 다양한 가능성을 구체적으로 묘사하는 데 중점을 둔다.

| **오답해설** | ① 예측하고자 하는 문제에 대해 선정된 전문가들에게 1차 설문지를 배부하여 자유롭게 의견을 수집하는 것으로 절차가 시작된다.
② 수집된 의견을 주관자가 통계적으로 처리하여 요약한 결과와 함께 2차 설문지를 다시 동일한 전문가들에게 보내고, 다른 전문가들의 의견을 참고하여 자신의 의견을 수정할 기회를 준다. 이러한 반복적인 피드백(환류) 과정은 델파이기법의 핵심이다.
④ 예측의 정확성과 신뢰도를 높이기 위해 해당 문제나 이슈에 대한 전문성을 갖춘 전문가 집단을 신중하게 선정하는 것은 델파이기법의 성공을 위한 필수적인 첫 단계이다.

---

19 행정학 총론 > 탈신공공관리, 신공공관리 답 ②

| **정답해설** | ② 탈신공공관리는 신공공관리를 완전히 부정하고 대체하는 패러다임이 아니며, 오히려 신공공관리가 강조했던 성과나 효율성의 가치는 유지하면서, 여기에 전통적 관료제가 중시했던 조정, 통합, 형평성 등의 가치를 접목하여 신공공관리를 수정·보완하려는 성격이 강하다. 즉, 신공공관리의 '조정' 또는 '진화'로 보는 것이 일반적인 시각이다.

| **오답해설** | ① 탈신공공관리는 신공공관리가 분권화와 규제 완화를 통해 발생시킨 부처 간 할거주의(분절화), 조정능력 약화 등의 역기능을 바로잡고, 정부 전체의 전략적 방향 설정 및 통제 능력을 다시 강화하기 위해 재집권화와 재규제를 강조한다.
③ 신공공관리가 정부조직을 작게 쪼개는 '분절화'를 추구했다면, 탈신공공관리는 '통합 정부' 또는 '총체적 정부(Whole of Government)'를 지향하며 부처 간 칸막이를 허물고 협력과 구조적 통합을 통해 문제해결 능력을 높이려 한다.
④ 탈신공공관리는 개별 기관의 자율성만 강조하다 보니 정부 전체의 전략적 기획이나 조정능력이 약화되었다는 반성에서 출발했기 때문에, 국정 전반을 총괄하는 중앙의 정치·행정적 역량을 다시 강화하는 것을 중요한 목표로 삼는다.

---

20 정책학 > 증거기반 정책결정 답 ④

| **정답해설** | ④ 증거기반 정책결정은 정책과정에서 증거의 역할을 강조하지만, 정치적 결정 과정을 완전히 대체할 수 있다고 보지는 않는다. 정책결정은 어떤 증거를 선택하고 해석할 것인지, 그리고 어떤 가치를 우선할 것인지에 대한 판단이 개입되는 본질적으로 정치적인 과정이다. 증거기반 정책결정은 이러한 정치적 과정이 보다 합리적이고 효과적으로 이루어지도록 '지원'하고 '보완'하는 역할을 하는 것이지, 정치 그 자체를 대체하려는 것은 아니다.

| 오답해설 | ① 증거기반 정책결정은 정책을 결정할 때 정치적 이념, 개인적 신념, 일화나 직관이 아니라, 과학적 방법으로 검증된 체계적인 증거(evidence)를 바탕으로 해야 한다는 접근방식이다.
② 증거기반 정책결정을 위해서는 정책의 효과를 과학적으로 분석할 수 있는 데이터와 이를 처리·활용할 수 있는 정보시스템, 그리고 분석 역량을 갖춘 인력 등 충분한 정보기반(인프라)이 필수적으로 요구된다.
③ 증거기반 정책결정은 정책의 효과를 측정하고 인과관계를 비교적 명확하게 분석할 수 있는 분야에서 적용하기 용이하다. 임상실험이 가능한 보건정책, 특정 프로그램의 효과를 검증할 수 있는 사회복지나 교육정책, 범죄 예방 프로그램의 효과를 분석하는 형사정책 등이 대표적인 분야이다.

21 재무행정론 > 현금주의회계, 발생주의회계, 감가상각　답 ③

| 정답해설 | ③ 발생주의회계는 자산의 가치 감소분을 그 사용 기간에 걸쳐 배분하는 감가상각을 비용으로 인식한다. 반면, 현금주의회계는 자산을 구매할 때 지출된 현금 전액을 그 시점의 지출로 처리할 뿐, 감가상각이라는 개념을 사용하지 않으며, 따라서 비용으로도 인식하지 않는다.

| 오답해설 | ① 현금주의회계는 현금의 유입과 유출 시점에만 거래를 기록하므로, 회계처리가 단순하고 이해하기 쉬우며, 예산과 지출의 현금흐름을 직접적으로 통제하기 용이하다는 장점이 있다. 반면, 발생주의회계는 복잡한 회계기준과 전문가의 판단이 요구된다.
② 현금주의회계는 현금의 이동이 없는 거래는 기록하지 않으므로, 기부와 같이 대가 없이 자산을 취득하는 무상거래를 인식하지 못한다. 반면, 발생주의회계는 경제적 사건의 발생 자체를 기록하므로, 무상으로 자산을 취득했을 때 자산의 증가(차변)와 순자산의 증가(대변)로 회계처리(이중거래, 즉 복식부기)한다.
④ 발생주의회계는 특정 기간 동안 발생한 모든 수익과 그 수익을 얻기 위해 발생한 모든 비용(감가상각비 등 비현금 비용 포함)을 대응시켜 기록하므로, 해당 기간의 정확한 재정 운영 성과를 파악하는 데 용이하다. 반면, 현금주의회계는 단지 현금의 증감만을 보여주므로 재정 성과를 왜곡할 수 있다.

22 조직이론 > 자아실현적 인간, 통합모형　답 ①

| 정답해설 | ① 상황 조건과 구성원 개개인의 동기 차이를 고려하여 유연하고 다원적인 관리전략을 사용하는 것은 샤인의 복잡인간관에 기반한 상황적응적 관리전략이다. 복잡인간관은 인간의 욕구가 복잡하고 가변적이므로 단일한 관리전략은 없다고 본다. 반면, 자아실현적 인간관은 모든 인간이 자아실현의 욕구를 가지고 있다고 가정하고 그에 맞는 보편적인 관리전략(예 직무확대, 참여 등)을 제시하는 경향이 있다.

| 오답해설 | ② 자아실현적 인간은 직무 자체를 통해 만족과 성취감을 얻으려 한다. 따라서 관리자는 구성원이 잠재능력을 발휘하고 성장할 수 있도록 도전적이고 의미 있는 직무를 부여하는 직무 재설계(직무확대, 직무충실) 전략을 사용한다.
③ 자아실현적 인간은 스스로 목표를 설정하고 책임지며 통제할 수 있는 성숙한 존재로 간주된다[맥그리거(D. McGregor)의 Y이론]. 따라서 관리자는 권위적인 지시와 통제를 하기보다는 구성원의 조력자이자 촉진자로서 그들의 자율성을 존중하고 지원하는 역할을 해야 한다.
④ 아지리스(C. Argyris)는 개인의 자아실현 욕구와 공식조직의 목표 간의 불일치를 지적하며, 양자를 통합할 수 있는 방안으로 구성원들의 의사결정 참여 확대를 제시했다. 이는 개인의 목표와 조직의 목표를 일치시켜 동기를 유발하려는 자아실현적 인간관의 대표적인 관리전략이다.

23 인사행정론 > 백색부패, 체제론적 접근　답 ②

| 정답해설 | ② 법과 제도상의 결함이나 이러한 것들에 대한 관리기구와 운영상의 문제들 또는 예기치 않았던 부작용이 부패의 원인으로 작용한다고 보는 입장은 제도적 접근법이다.

| 오답해설 | ①「부패방지 및 국민권익위원회의 설치와 운영에 관한 법률」에 규정된 부패에 관한 정의이다.
③ 백색부패란 이론적으로는 부패 행위로 규정될 수 있지만, 사회 구성원 대다수가 관행적으로 용인하거나 별다른 죄의식 없이 행해지는 부패를 말하지만 일반적으로 선의의 목적으로 행해지는 부패를 백색부패로 보기도 한다.
④ 고위 공직자나 정치인 등 사회의 핵심 권력을 가진 이들이 자신의 지위를 이용하여 저지르는 부패는 권력형 부패로, 이는 사회에 미치는 해악이 크기 때문에 국민적 공분을 일으키고 강한 사회적 지탄의 대상이 된다.

24 인사행정론 > 역량평가제도　답 ②

| 정답해설 | ② 지문은 다면평가(360도 피드백)에 대한 설명이다. 다면평가는 상급자, 동료, 하급자 등 평가 대상자와 함께 근무하는 다양한 관계의 사람들로부터 평가를 받아 평가의 객관성과 공정성을 높이려는 제도이다.

| 오답해설 | ① 우리나라의 역량평가제도는 2006년 고위공무원단 제도를 도입하면서 고위공무원단 진입을 위한 필수 요건으로 함께 도입되었다. 이는 고위공무원이 되기 전에 필요한 역량을 갖추었는지를 사전에 검증하기 위한 목적을 가진다.
③ 역량평가의 핵심적인 방법은 평가 대상자가 실제 직무에서 마주칠 법한 모의 상황(simulation)을 부여하고, 그 상황에서 나타나는 행동을 관찰하여 역량을 평가하는 것이다.
④ 하나의 과제로는 특정 역량만 측정할 수 있거나, 평가자의 주관이 개입될 여지가 있다. 하지만 역량평가는 여러 과제를 병행하여 특정 역량을 더욱 정확하게 평가하고, 평가 전반의 신뢰도를 높일 수 있다.

25 정책학 > 상향적 접근법, 통합적 접근법, 하향적 접근법 답 ①

| 정답해설 | ① 정책목표의 명확성을 전제로 하고 합리모형에 입각한 이론은 하향적 접근법이다. 반면, 상향적 접근법은 정책목표가 집행과정에서 구체화되고 수정될 수 있다고 보는 비판적 시각에서 출발하며, 일선관료의 재량과 협상과정을 중시하므로 합리모형보다는 점증모형이나 정치모형에 가깝다.

| 오답해설 | ② 엘모어(R. Elmore)는 하향적 접근(전방향적 접근)과 상향적 접근(후방향적 접근)의 장점을 결합한 통합적 접근법을 제시했다. 지문의 내용은 이러한 통합적 시각을 잘 반영한 것으로, 정책의 큰 방향과 목표는 중앙정부가 설정하되(하향적), 구체적인 집행 수단은 현장의 집행 가능성과 현실을 고려하여 선택한다(상향적).

③ 하향적 접근법은 정책결정과 정책집행을 엄격히 분리하고, 정책집행을 이미 결정된 정책목표를 충실히 이행하는 기술적이고 관리적인 과정으로 본다. 따라서 집행기관이나 일선관료들은 결정된 정책내용에 수동적으로 순응하는 역할을 수행해야 한다고 가정한다.

④ 바르다흐(Bardach) 등이 제시한 타협모형(또는 정치적 접근법)은 정책집행을 다양한 이해관계를 가진 참여자들이 서로의 이익을 위해 경쟁하고, 협상하며, 타협하는 일종의 '정치적 게임'으로 간주하며, 성공적인 집행은 이러한 갈등과 저항을 타협을 통해 극복하고 협력을 이끌어내는 능력에 달려있다고 본다.

2023 군무원 9급 (공통 책형)
7월 15일 시행

합격예상 체크

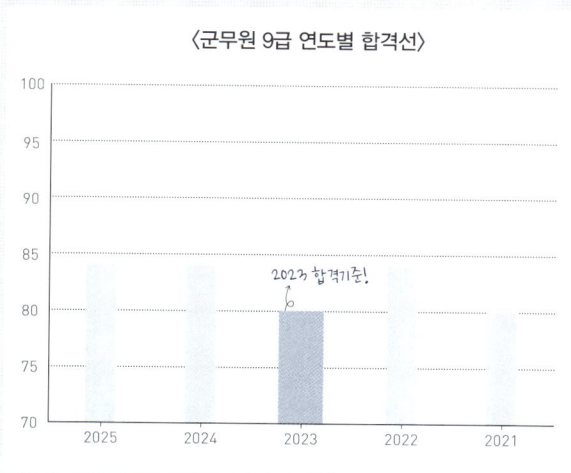

| 맞힌 개수 | /25문항 | 점수 | /100점 |

➡ □ 합격   □ 불합격

취약영역 체크

문항	정답	영역	문항	정답	영역
1	④	행정학 총론	14	②	행정학 총론
2	②	조직이론	15	①	행정학 총론
3	②	정책학	16	③	인사행정론
4	①	조직이론	17	④	인사행정론
5	②	정책학	18	①	재무행정론
6	①	재무행정론	19	②	정책학
7	④	재무행정론	20	③	행정학 총론
8	④	지방행정론	21	④	조직이론
9	③	행정학 총론	22	①	조직이론
10	①	행정학 총론	23	④	인사행정론
11	④	행정학 총론	24	③	인사행정론
12	③	정책학	25	③	지방행정론
13	④	정책학			

⬇ 영역별 틀린 개수로 취약영역을 확인하세요!

| 행정학 총론 | /7 | 정책학 | /5 | 조직이론 | /4 | 인사행정론 | /4 |
| 재무행정론 | /3 | 행정환류론 | -/0 | 지방행정론 | /2 | | |

➡ 나의 취약영역:

※ [정답해설]과 [오답해설] 선지의 50% 표시는 〈에듀윌 합격예측 풀서비스〉를 통해 수집된 선지 선택률을 나타냅니다.

---

1 행정학 총론 > 비교행정론, 생태론적 접근방법, 과학성, 기술성
오답률 40% 답 ④

| 정답해설 | ④ 60% 비교행정론의 목표는 행정의 과학성(이론성)을 추구하는 데 있다. 즉, 미국 중심의 행정이론이 가진 특수성을 극복하고, 여러 국가에 보편적으로 적용될 수 있는 일반 법칙과 이론을 구축하여 행정학을 과학의 반열에 올리고자 했다.

| 오답해설 | ① 13% 리그스(F. Riggs)는 비교행정론의 대표적인 학자로, 개발도상국의 행정체제를 설명하기 위해 '프리즘 사회 모형'과 같은 독자적인 이론을 구축했다.
② 8% 비교행정론은 특정 국가의 행정이 그 나라의 고유한 사회·문화·정치·경제적 환경(생태)에 의해 크게 영향을 받는다고 본다. 이처럼 행정과 환경의 상호작용을 중시하는 생태론적 접근방법은 비교행정론의 핵심적인 연구 관점이다.
③ 19% 비교행정론은 환경결정론에 기반을 두고 있다. 비교행정론에 의하면 후진국의 환경은 바람직하지 않으므로 필연적으로 행정의 발전도 저해하게 되며, 이는 후진국의 국가 발전에 대한 비관적 숙명론으로 귀결된다.

---

2 조직이론 > 5단계 욕구이론, 욕구충족이론, 복잡인관, X·Y이론
오답률 21% 답 ②

| 정답해설 | ② 79% 허즈버그(F. Herzberg)의 욕구충족이원론에 따르면, 위생요인은 충족되지 않으면 불만족을 유발하지만, 충족된다고 해서 만족감이나 적극적인 동기부여를 가져오지는 않고 불만을 예방하는 소극적 요인일 뿐이다. 적극적인 동기부여는 만족요인(동기요인)인 성취감, 인정감, 책임감 등이 충족될 때 이루어진다.

| 오답해설 | ① 12% 매슬로우(A. Maslow)의 욕구계층이론(5단계 욕구이론)은 생리적 욕구, 안전 욕구, 사회적 욕구, 존경 욕구, 자아실현 욕구 순으로 하위욕구가 충족되어야 상위욕구가 발현된다는 고정된 계층(fixed hierarchy)을 가정한다. 이러한 경직성 때문에 비판을 받기도 한다.
③ 6% 샤인(E. Schein)의 복잡 인간관은 인간의 욕구와 동기가 매우 복잡하고, 개인별·상황별로 다르며, 계속 변한다고 본다. 따라서 모든 사람에게 적용되는 단일한 관리전략은 없으며, 개개인의 특성과 상황에 맞는 맞춤형 관리전략이 필요하다고 주장한다.
④ 3% 맥그리거(D. McGregor)의 Y이론은 인간이 일을 통해 만족을 얻고, 자율적이며, 창의적이고, 자기계발과 성장을 추구하는 존재라고 가정한다. 따라서 관리전략 역시 구성원의 자율성을 존중하고, 도전적인 업무와 참여의 기회를 제공하여 그들의 성장 욕구를 충족시키는 방향으로 이루어져야 한다.

| 3 | 정책학 > 규제정책, 분배정책, 상징정책, 구성정책 | 오답률 37% | 답 ② |

| 정답해설 | ② 63% 분배정책은 특정 개인이나 집단에게 이익이나 서비스를 배분하는 정책으로, 재원이 불특정 다수의 납세자로부터 조달되어 갈등이 적은 편이다. 하지만 지문에 제시된 종합소득세(특히 누진세), 저소득층을 위한 임대주택, 노령연금(특히 기초연금) 등은 특정 집단(고소득층, 납세자)으로부터 재원을 확보하여 다른 집단(저소득층, 노인 등)에게 이전하는 재분배정책의 사례이다.

| 오답해설 | ① 13% 규제정책은 국민의 행동에 일정한 제약을 가하는 정책으로 환경규제, 금연정책, 마약단속 등이 대표적이다.
③ 20% 상징정책은 국민에게 자긍심이나 애국심과 같은 심리적 만족감을 주거나, 국민적 통합을 유도하는 정책으로, 국경일 지정, 월드컵과 같은 국제 스포츠 행사 개최, 국군의 날 행사 등이 이에 해당한다. 다만, 상징정책은 로위(T. Lowi)가 언급하지 않은 정책이므로 복수정답의 여지가 있다고 본다.
④ 4% 구성정책은 정부기구의 신설 및 개편, 공무원의 보수나 연금에 관한 사항, 선거구 조정, 행정구역 개편 등 정부와 정치 체제의 구성 및 운영에 관한 규칙을 정하는 정책이다.

오답률 TOP 2
| 4 | 조직이론 > 고전이론, 인간관계론, 관료제 모형 | 오답률 64% | 답 ① |

| 정답해설 | ① 36% 조직관리의 핵심 과제 중 하나는 개인(구성원)의 목표와 조직의 목표가 일치하지 않는 문제를 해결하는 것이다. 아지리스(C. Argyris)가 지적했듯이, 개인의 목표와 조직의 목표는 상충하는 경우가 많다. 따라서 조직은 목표의 일치를 '전제'하는 것이 아니라, 양자 간의 목표를 일치시키거나 통합하기 위해 다양한 관리전략을 수립하고 실행한다.

| 오답해설 | ② 41% 고전이론은 과학적 관리법에 따라 관리자가 구성원을 철저히 통제하는 타율적 관리를 강조한다. 인간관계론 역시 비공식집단이나 사회적 욕구를 활용하여 관리자가 구성원의 행동을 원하는 방향으로 유도한다는 점에서, 그 방식은 다르지만 궁극적으로는 관리자에 의한 타율적 관리의 범주에 속한다. 진정한 자율적 관리는 Y이론 이후에 강조된다.
③ 21% 관료제는 과도한 분업과 전문화, 비인격적인 규칙 강조, 엄격한 계층 구조 등으로 인해 구성원들이 자신이 하는 일의 의미를 잃고, 기계의 부속품처럼 느끼게 되는 인간 소외(alienation) 현상을 유발할 수 있다는 비판을 받는다.
④ 2% 조직이론의 발달과정은 인간을 바라보는 관점이 변화해 온 역사이며, 합리적·경제인(고전이론) → 사회인(인간관계론) → 자아실현인(Y이론 등) → 복잡인(상황이론)으로 인간관이 점차 복잡하고 다원적으로 변화하였으며, 이에 따라 관리전략도 변화해 왔다.

| 5 | 정책학 > 정책의제 | 오답률 25% | 답 ② |

| 정답해설 | ② 75% 정책의제(Policy Agenda) 또는 정부의제는 수많은 사회문제나 정책문제 중에서, 정부가 그 심각성을 인정하고 정책적으로 해결하기 위하여 공식적으로 채택한 문제들의 목록을 의미한다.

| 오답해설 | ① 16% 정책문제는 사회문제 중에서 정책적으로 해결할 필요가 있다고 인식되고 정의된 문제를 의미하지만, 아직 정부가 공식적으로 다루기로 결정한 상태는 아닐 수 있다.
③ 5% 정책대안은 정책의제로 채택된 문제를 해결하기 위해 제시되고 검토되는 여러 가지 구체적인 해결 방안들을 의미한다. 이는 의제설정 이후의 단계이다.
④ 4% 정책주제는 정책과 관련된 포괄적인 소재나 논의의 대상을 의미하는 일반적인 용어로, 정책의제처럼 '정부가 공식적으로 채택했다'는 구체적인 의미를 담고 있지는 않다.

| 6 | 재무행정론 > 준예산, 가예산, 잠정예산 | 오답률 14% | 답 ① |

| 정답해설 | ① 86% 준예산은 현행 대한민국 「헌법」에 규정된 제도로서, 국회에서 예산안이 새로운 회계연도가 개시될 때까지 의결되지 못한 경우, 정부가 특정 범위 내에서 전년도 예산에 준하여 지출할 수 있도록 하는 제도이다. 「헌법」이나 법률에 의해 설치된 기관 또는 시설의 유지·운영, 법률상 지출 의무의 이행, 이미 예산으로 승인된 사업의 계속을 위한 경비에 한해 집행할 수 있다.

| 오답해설 | ② 7% 가예산은 예산이 불성립될 경우 1개월 이내의 예산을 국회의 의결을 얻어 집행하는 제도로, 대한민국 제1공화국 「헌법」에서 규정했으나, 현재는 사용되지 않는 제도이다.
③ 3% 계속비예산은 완성에 수년이 걸리는 공사, 제조 및 연구개발 사업에 대하여 그 경비 총액과 연도별 금액을 정하여 국회의 의결을 얻어 여러 해에 걸쳐 지출하는 제도로, 예산 불성립 시의 대책이 아니라 장기 사업을 위한 예산편성 방식의 하나이다.
④ 4% 잠정예산은 가예산과 유사하게 예산 불성립 시 수개월 분의 예산을 임시로 국회의 의결을 얻어 집행하는 제도를 의미하지만, 우리나라 「헌법」에 명시된 공식적인 제도는 아니다.

| 7 | 재무행정론 > 추가경정예산 | 오답률 43% | 답 ④ |

| 정답해설 | ④ 57% 예산은 국회의 의결을 통해 확정되어야만 집행할 수 있다는 '사전 의결의 원칙'은 예산제도의 근간이다. 추가경정예산도 예외가 아니므로, 국회에서 최종적으로 확정되기 전에는 정부가 임의로 배정하거나 집행할 수 없다.

| 오답해설 | ① 9% 추가경정예산은 본예산이 국회에서 의결되어 성립된 이후, 연도 중에 발생한 새로운 사유로 인해 기존 예산을 변경할 필요가 있을 때 편성하는 예산이다.
② 28% 추가경정예산은 본예산과 마찬가지로 정부의 모든 재정 활동을 포괄한다. 따라서 일반회계뿐만 아니라 특별회계, 그리고 기금운용계획의 변경까지 그 대상으로 한다.

③ 6% 「국가재정법」은 추가경정예산의 편성사유를 엄격히 제한하고 있다. 지문의 내용처럼 '경기침체, 대량실업, 남북관계의 중대한 변화나 경제협력과 같은 대내·외 여건에 중대한 변화가 발생하였거나 발생할 우려가 있는 경우'는 추가경정예산을 편성할 수 있다.

| 8 | 지방행정론 > 지방자치. 정치적 기능. 행정적 기능 | 오답률 24% | 답 ② |

| 정답해설 | ② 76% 지역 간 행정의 통일성 확보는 중앙집권 체제가 추구하는 가치이다. 지방자치는 각 지역의 특수성과 자율성을 인정하기 때문에, 행정 서비스나 정책 내용이 지역별로 달라지는 다양성을 특징으로 한다.

| 오답해설 | ① 12% 지방자치는 주민들이 자신들의 대표를 직접 선출하고 지역의 공공문제 결정에 참여하는 과정을 통해 민주주의의 원리를 학습하고 실천하는 '민주주의의 학교'로서의 기능을 수행한다.

③ 5% 지방자치단체는 중앙정부보다 지역 주민과 더 가깝기 때문에 지역의 특수한 필요나 요구를 더 잘 파악하고 신속하게 정책에 반영할 수 있으며, 이를 통해 행정의 대응성을 높일 수 있다.

④ 7% 각 지방자치단체는 해당 지역의 문제를 해결하기 위해 새로운 정책을 독자적으로 시도해 볼 수 있다. 이는 지방을 국가정책의 '실험장'으로 기능하게 하여, 성공적인 정책이 다른 지역이나 국가 전체로 확산될 수 있는 기회를 제공한다.

| 9 | 행정학 총론 > 뉴거버넌스 | 오답률 23% | 답 ③ |

| 정답해설 | ③ 77% '행정의 경영화와 시장화'를 중시하는 것은 신공공관리론(NPM)의 핵심적인 특징이다. 또한 이러한 경영적 효율성을 강조하는 과정에서 정치적 가치와 행정(관리)을 분리하려는 정치행정이원론적 경향을 보인 것도 신공공관리론이다. 반면, 뉴거버넌스는 다양한 참여자 간의 조정과 협력 과정을 중시하므로 정책의 결정과 집행이 융합되는 정치행정일원론적 성격이 강하다.

| 오답해설 | ① 11% 뉴거버넌스는 신공공관리론(NPM)이 시민을 수동적인 '고객'으로 규정한 것을 비판하고, 시민이 정책과정에 능동적으로 참여하는 '국정의 파트너'이자 주권자로 인식한다.

② 8% 뉴거버넌스는 신공공관리론이 추구했던 행정의 효율성이나 성과라는 가치를 부정하지는 않는다. 다만, 신공공관리론이 지나친 시장주의와 경쟁원리를 도입하여 오히려 공동체 문제를 악화시켰다고 비판하며, 이를 보완하려는 입장을 취한다.

④ 4% 뉴거버넌스의 핵심은 정부의 일방적인 통치가 아니라, 정부, 시장(기업), 시민사회 등 다양한 사회 주체들이 상호 신뢰를 바탕으로 수평적인 네트워크를 형성하고, 파트너십을 통해 함께 사회문제를 해결해 나가는 협력적 통치방식을 강조하는 것이다.

| 10 | 행정학 총론 > 신공공관리론 | 오답률 16% | 답 ① |

| 정답해설 | ① 84% 신공공관리론의 가장 핵심적인 특징은 정부부문에 민간기업의 경영방식을 도입하는 것이다. 이를 위해 공공서비스 공급에 민간과의 경쟁 원리를 도입하고, 행정서비스의 수요자인 국민을 '고객'으로 설정하여 고객 만족을 최우선으로 하는 고객 지향적 행정을 강조한다.

| 오답해설 | ② 6% 신공공관리론은 '작은 정부'를 지향하며 민영화, 민간위탁 등을 통해 정부의 직접적인 역할과 조직을 축소한다. 이로 인해 정부는 정책의 방향을 잡고 조정하는 역할(steering)만 수행하고 직접적인 서비스 제공(rowing)은 민간에 맡기게 되어, 오히려 행정의 공동화(hollowing-out of the state) 현상이 심화될 수 있다.

③ 4% 정부, 시장, 시민사회 간 수평적 네트워크와 평등한 파트너십 관계를 강조하는 것은 신공공관리론 이후에 등장한 뉴거버넌스의 특징이다.

④ 6% 신공공관리론은 전통적 관료제가 절차와 규정 준수 등 과정을 중시했던 것을 비판하며, 투입 대비 산출의 효율성, 즉 결과와 성과를 무엇보다 중요하게 생각한다.

| 11 | 행정학 총론 > 시장실패. 공공재. 외부효과. 불완전경쟁 | 오답률 35% | 답 ④ |

| 정답해설 | ④ 65% 불완전경쟁은 시장지배력을 가진 기업이 생산량을 줄이고 가격을 인상하여 자원의 비효율적 배분을 초래하는 시장실패이며, 정부는 이를 시정하기 위해 정부규제를 시행할 수 있다. 일반적으로 공적 공급은 공공재와 자연독점에 대한 대응책이고, 보조금은 외부효과나 정부비대칭에 대한 대응책으로 거론된다.

| 오답해설 | ① 12% 공공재는 비경합성과 비배제성으로 인해 무임승차 문제가 발생하여 시장에서 과소공급되거나 아예 공급되지 않는 대표적인 시장실패 사례이다. 따라서 정부가 조세를 통해 강제적으로 재원을 확보하여 직접 공급한다.

② 12% 오염과 같은 부정적 외부효과나 예방접종과 같은 긍정적 외부효과는 시장가격에 제대로 반영되지 않아 과다생산 또는 과소생산을 유발하는 시장실패이다. 정부는 이에 대해 조세나 보조금, 규제 등을 통해 개입하여 자원배분의 효율성을 높일 수 있다.

③ 11% 시장에서의 자원배분은 효율성만 강조하기에 형평성을 간과할 우려가 크다. 이에 대해 정부는 사회보장정책을 시행하여 시장의 자원배분을 인위적으로 변경할 수 있다.

| 12 | 정책학 > 고전적 기술자형 | 오답률 25% | 답 ③ |

| 정답해설 | ③ 75% 고전적 기술자형은 정책결정자가 구체적인 목표와 수단을 모두 결정하고 집행자는 정책적 재량권 없이 오직 기술적 재량권만 가지고 이를 충실히 집행하는, 가장 전통적이고 계층적인 관계를 의미한다. 따라서 정책결정자가 집행과정을 엄격하게 통제하며, 집행자는 정책적 재량권이 거의 없거나(이론적으로는 없음) 매우 미미한 특징을 가진다.

| 오답해설 | ① 11% 정책결정자가 추상적인 목표만 제시하고 집행자에게 광범위한 재량권을 부여하는 유형은 재량적 실험가형이다.
② 5% 집행자가 정책과정 전반을 주도하며 막강한 권한과 재량권을 행사하는 유형은 관료적 기업가형이다.
④ 9% 정책결정자가 목표를 수립하고, 집행자들은 정책결정자와 목표나 목표달성을 위한 수단에 관하여 협상하는 것은 협상형이다. 이 유형은 정책결정자가 대략적인 목표를 설정하면, 집행자들이 목표의 구체적인 내용이나 목표달성을 위한 방법 등에 대해 협상하는 형태로, 정책집행자는 단순히 주어진 정책을 따르는 것이 아니라, 협상을 통해 정책의 최종적인 모습에 영향을 미치게 된다.

오답률 TOP 3

13 정책학 > 점증모형, 매몰비용 오답률 53% 답 ④

| 정답해설 | ④ 47% 점증모형은 정책결정에 필요한 모든 정보를 획득하고 분석하기가 현실적으로 어렵다는, 즉 정보의 제약성 또는 정보접근의 한계를 그 논리적 근거로 삼는다. 만약 '정보접근성'이 높고 용이하다면, 이는 오히려 모든 정보를 바탕으로 최선의 대안을 찾는 합리모형의 전제조건에 더 가깝다.

| 오답해설 | ① 34% 매몰비용이란 이미 투입되어 회수할 수 없는 비용을 의미한다. 기존 정책에 막대한 시간, 예산, 노력이 투입된 경우, 이를 무시하고 완전히 새로운 정책을 추진하기는 어렵다. 따라서 기존 정책을 유지하며 점진적으로 수정하려는 경향이 나타난다.
② 7% 실현가능성(Feasibility)은 점증모형의 중요한 근거이다. 정책결정은 다양한 이해관계자들의 동의와 지지가 필요한 정치적 과정이므로, 급격한 변화보다는 기존의 합의를 바탕으로 한 소폭의 변화가 저항이 적고 정치적으로 실현되기가 더 쉽다.
③ 12% 제한된 합리성은 점증모형의 핵심적인 이론적 배경이다. 인간은 인지 능력, 시간, 정보의 한계 때문에 완벽하게 합리적인 결정을 내릴 수 없으므로, 모든 대안을 검토하는 대신 현재의 상황에서 약간만 다른 익숙한 대안들을 중심으로 문제를 해결하려 한다는 것이다.

14 행정학 총론 > 민간위탁, 자원봉사, 면허, 바우처 오답률 27% 답 ②

| 정답해설 | ② 73% 자원봉사의 가장 핵심적인 본질은 금전적 대가를 바라지 않는 무보수성이다. 자원봉사 활동에 수반되는 최소한의 실비(예 교통비, 식비)를 보전해 줄 수는 있지만, 이를 임금이나 대가성 '보수'라고 하지는 않는다.

| 오답해설 | ① 13% 민간위탁(Contracting out)은 정부가 서비스 공급책임을 지되, 공식적인 계약을 통해 민간조직에게 서비스의 생산 및 전달을 맡기는 방식이다.
③ 6% 면허(Franchise)는 정부가 특정 민간 사업자에게 일정한 구역 내에서 특정 공공서비스를 독점적으로 공급할 수 있는 권리를 부여하는 방식으로, 케이블 TV 사업권, 특정 노선의 버스 운행권 등이 그 예이다.

④ 8% 바우처는 정부가 수요자(시민)에게 특정 서비스를 구매할 수 있는 쿠폰(이용권)을 지급하고, 시민이 직접 서비스 공급자를 선택하도록 하는 방식이다.

15 행정학 총론 > 비정부조직, 비영리조직 오답률 38% 답 ①

| 정답해설 | ① 62% 정부가 비정부조직(NGO)의 서비스 생산비용을 재정적으로 지원하는 관계는, 정부와 NGO가 협력하여 공공서비스를 공급하는 보완적(complementary) 관계이다. 반면, 대체적(supplementary) 관계는 정부가 공급하지 않는 서비스를 NGO가 독자적으로 제공함으로써 정부의 역할을 대신하는 관계를 의미한다.

| 오답해설 | ② 4% 뉴거버넌스 패러다임 하에서 정부는 시민사회조직을 더 이상 감시와 통제의 대상이나 적대적 관계로만 보지 않고, 국정운영의 중요한 파트너(동반자)로 인식하고 협력하려는 경향이 점차 확산되고 있다.
③ 19% 비영리조직(NPO)은 일반적으로 공식적 조직, 정부로부터 독립된 민간조직(자율성), 구성원에게 이익을 배분하지 않음(이익의 비배분성), 자치성, 자발성 등을 특징으로 한다.
④ 15% 정부가 자신의 정책에 대한 지지를 확보하거나 효율적인 서비스 전달을 위해 특정 시민사회조직을 의도적으로 육성하고 재정적으로 지원하는 경우가 있다. 이 과정에서 해당 조직이 정부에 대한 자율성을 잃고 종속되는 의존적 관계가 형성될 수 있으며, 이러한 관제 조직의 등장은 국가의 역할이 강한 개발도상국에서 흔히 나타나는 현상이다.

16 인사행정론 > 엽관주의, 개방형 인사 오답률 32% 답 ③

| 정답해설 | ③ 68% 엽관주의는 정권이 바뀔 때마다 공무원이 대거 교체되기 때문에 정책의 일관성이 떨어지고 행정의 안정성을 심각하게 저해한다. 또한 공무원이 국민 전체가 아닌 집권 정당의 이익을 위해 봉사하게 만들어 정치적 중립성을 훼손하는 가장 큰 원인이 된다.

| 오답해설 | ① 11% 엽관주의는 선거에서 승리한 정당이 공직을 임명할 권리를 갖는 제도로, 선거 결과에 따라 공직자가 교체된다는 점에서 민주적 통제와 공직의 교체를 가능하게 한다는 장점이 있다.
② 5% 우리나라 공무원제도는 능력과 자격에 따른 실적주의를 근간으로 하지만, 대통령이 임명하는 장·차관 등 고위 정무직 공무원은 대통령의 국정 철학을 공유하는 인물로 임명되므로, 이는 현대적으로 변용된 엽관주의 요소가 일부 작동하고 있음을 보여준다.
④ 16% 엽관주의는 공직 내부에서의 승진보다는 정당에 대한 공헌도나 충성도를 기준으로 외부 인사를 임용하는 방식이므로, 직업공무원제와 같은 폐쇄형 인사제도와는 달리 개방형 인사제도의 성격을 가진다.

| **17** | 인사행정론 > 전략적 인적자원관리 | 오답률 20% | 답 ④ |

| 정답해설 | ④ 80% 지문은 조직의 목표달성을 위해 개인의 희생을 당연시했던 과거의 권위주의적 관리방식에 가깝다. 현대의 전략적 인적자원관리는 구성원을 조직의 가장 중요한 경쟁력의 원천인 '자산'으로 간주한다. 따라서 개인의 성장 욕구와 조직의 목표를 통합하고 조화시킴으로써 양자가 함께 발전하는 '윈-윈(win-win)' 관계를 추구하며, 개인의 일방적인 희생을 요구하지 않는다.

| 오답해설 | ① 12% 전략적 인적자원관리는 단기적이고 행정적인 업무처리에서 벗어나, 조직의 장기적인 관점에서 목표와 성과 달성에 기여하도록 인적자원을 관리하는 것을 핵심으로 한다.
② 4% 전략적 인적자원관리의 가장 중요한 특징은 조직의 비전과 전략 목표를 인사관리의 모든 활동(채용, 개발, 평가, 보상 등)과 유기적으로 연계(linkage)시키는 것이다.
③ 4% 전통적 인사관리에서 인사업무 책임자는 수동적·지원적 역할에 머물렀지만, 전략적 인적자원관리에서는 조직의 핵심 '자산'인 인적자원을 담당하는 전략적 파트너로서 조직의 전략 수립 단계부터 적극적으로 참여한다.

| **18** | 재무행정론 > 성과주의예산 | 오답률 40% | 답 ① |

| 정답해설 | ① 60% 프로그램을 이용하여 장기적인 계획과 연차별 예산을 유기적으로 연계시키는 것은 계획예산제도(PPBS)의 가장 핵심적인 특징이자 장점이다. 성과주의예산(PBS)은 단위사업의 효율적 관리에 초점을 맞추기 때문에, 거시적인 국가목표나 장기적 기획과의 연계는 미흡하다는 한계가 있다.

| 오답해설 | ② 14% 성과주의예산은 특정 사업이나 활동에 필요한 예산을 총액으로 배정하는 경우가 많다. 이는 예산집행 과정에서 관리자에게 재량권을 부여하여 상황에 맞게 신축적으로 자원을 사용할 수 있게 하므로 행정의 능률성을 높이는 데 기여한다.
③ 14% 성과주의예산은 '단위원가 × 업무량 = 예산액'의 형태로 구성되어 투입(비용)과 산출(업무량) 간의 관계를 명확히 보여준다. 이는 성과 측정을 용이하게 하고, 그 결과를 다음 예산편성에 반영하는 환류(feedback) 기능을 강화시킨다.
④ 12% 성과주의예산은 단위원가와 업무량이라는 객관적이고 과학적인 기준에 따라 예산을 계산하므로, 주먹구구식 예산편성을 지양하고 예산 관리의 효율성을 높일 수 있다.

| **19** | 정책학 > 정책(policy), 정치행정이원론 | 오답률 38% | 답 ② |

| 정답해설 | ② 62% 정치행정이원론에 기초한 행정관리설은 정치가 담당하는 정책결정 기능과 행정이 담당하는 정책집행(관리) 기능을 엄격하게 분리하는 이론이다. 반면, 현대적 의미의 정책(Policy) 연구는 정책의 전 과정, 즉 결정·집행·평가 모두에 정치적 요소가 개입된다고 보는 정치행정일원론적 관점에 가깝다.

| 오답해설 | ① 9% 정책은 한편으로는 특정 사회 문제를 해결하기 위한 공적인 활동이며, 다른 한편으로는 집권한 정부가 자신의 국정 목표와 정치적 이념을 실현하기 위한 수단이라는 이중적 성격을 가진다.
③ 26% 현대 사회의 문제가 복잡·다양해지면서 전문성과 방대한 정보를 가진 행정부(정부)가 정책과정을 주도하는 행정국가화 현상이 심화되고 있다. 이로 인해 법률안 제출 등 정책결정에 있어 행정부의 영향력이 커지고, 상대적으로 입법부의 역할이 위축되는 경향이 나타날 수 있다.
④ 3% 정책은 단 한 번의 결정으로 끝나는 것이 아니라, 사회문제 인지, 정책의제 설정, 정책대안 탐색 및 결정, 정책집행, 정책평가 등 여러 단계로 구성된 동태적이고 순환적인 과정을 거친다.

| **20** | 행정학 총론 > 경제적 규제, 사회적 규제 | 오답률 21% | 답 ③ |

| 정답해설 | ③ 79% 경제적 규제는 특정 기업이나 산업의 시장진입, 가격설정, 생산량, 서비스 품질 등 기업의 가장 본원적이고 핵심적인 경제활동을 직접적으로 제한하고 통제하는 규제이다.

| 오답해설 | ① 11% 정부가 공적인 목적을 달성하기 위해 법적인 권한(공권력)을 바탕으로 민간의 활동에 영향을 미치는 것을 규제라고 한다.
② 6% 규제는 국민의 권리를 제한하고 의무를 부과하는 대표적인 침해적 행정작용이므로, 법치행정의 원칙(특히 법률유보 원칙)에 따라 반드시 국회가 제정한 법률에 그 근거를 두어야 한다.
④ 4% 사회적 규제는 특정 산업 분야에 국한되지 않고 일반 다수를 대상으로 국민의 생명, 건강, 안전을 보호하고 환경보전, 차별 해소 등 사회적 가치를 실현하기 위한 규제를 말한다.

오답률 TOP1

| **21** | 조직이론 > 애드호크라시, 태스크포스, 프로젝트팀 | 오답률 67% | 답 ④ |

| 정답해설 | ④ 33% 네트워크조직은 조직이 핵심 역량만 남기고 나머지 기능(생산, 마케팅, 회계 등)은 외부의 다른 전문 조직들과 계약을 통해 아웃소싱하는 방식으로, 오히려 기능의 대부분을 외부화하고 핵심 기능만 수행한다. 또한, 애드호크라시가 주로 조직 '내부'의 유기적 구조를 지칭하는 반면, 네트워크조직은 조직 '간'의 관계를 의미한다는 점에서 개념적으로 구별된다.

| 오답해설 | ① 14% 태스크포스(Task Force)는 특정 과업을 해결하기 위해 여러 부서에서 인력을 차출하여 구성하는 임시적인 팀이다. 과업이 끝나면 원래 소속으로 복귀하므로, 목적달성 후 해체된다는 설명은 정확하다.
② 38% 프로젝트팀(Project Team)은 태스크포스와 유사하지만, 보통 더 장기적이고 복잡한 프로젝트를 수행한다. 따라서 참여자들은 더 높은 전문성을 요구받고, 장기간 함께 일하면서 팀에 대한 강한 소속감과 정체성을 갖게 되는 경향이 있다.
③ 15% 매트릭스조직은 기능부서의 전문성과 사업부서(프로젝트팀)의 신속성을 동시에 확보하기 위해, 전통적인 기능 중심의 수직적 명령계통과 사업 중심의 수평적 명령계통을 결합한 이원적 권한 구조를 갖는다.

22 조직이론 > 임파워먼트 오답률 30% 답 ①

| 정답해설 | ① 70% 성공적인 임파워먼트는 구성원들에게 권한과 책임을 부여하는 것뿐만 아니라, 그들이 자율적으로 행동하는 데 걸림돌이 되는 장애물을 적극적으로 제거하는 과정을 포함한다. 변화의 장애가 되는 기존의 제도나 구조를 그대로 둔 채 말로만 권한을 부여하는 것은 실질적인 임파워먼트가 아니며, 오히려 구성원들의 냉소와 좌절감만 키울 수 있다.

| 오답해설 | ② 5% 임파워먼트는 구성원들이 실패에 대한 두려움 없이 새로운 아이디어를 자유롭게 제시하고, 이를 실행에 옮겨볼 수 있는 조직문화를 조성하는 것을 중요한 요소로 하며, 이는 창의성과 혁신을 촉진하는 기반이 된다.

③ 15% 통제 위주의 경직된 관료제구조나 연공서열 중심의 낡은 인사 시스템은 구성원들의 자율성과 동기를 저해하는 대표적인 장애물이다. 따라서 실질적인 임파워먼트가 이루어지기 위해서는 이러한 공식적인 제도와 구조를 개혁하는 작업이 반드시 수반되어야 한다.

④ 10% 임파워먼트의 궁극적인 목표는 변화가 조직 전체에 내재화되어 지속 가능하게 만드는 것이다. 이를 위해 변화를 주도했던 특정 팀이 해체된 이후에도, 구성원들이 스스로 변화를 이끌어 나갈 수 있도록 역량을 키우고 문화를 정착시키는 것이 중요하다.

23 인사행정론 > 고위공무원단, 경력개방형 직위 오답률 38% 답 ④

| 정답해설 | ④ 62% 지문에서 설명하는 '민간인과 공무원이 지원하여 경쟁할 수 있는' 직위는 (일반)개방형 직위이다. '경력개방형 직위'는 이와는 구별되는 제도로, 민간의 경험과 전문성을 가진 인재를 공무원으로 신규 채용하여 장기적으로 육성하는 것을 목적으로 하는 제도이다. 즉, 경력개방형 직위는 민간인을 대상으로 하여 공직에 들어와 경력을 쌓도록 하는 제도라는 점에서, 민간인과 현직 공무원이 동등하게 경쟁하는 일반개방형 직위와는 차이가 있다.

| 오답해설 | ① 11% 고위공무원단제도는 부처 간 칸막이를 없애 정부 전체의 시각에서 실·국장급 핵심 인재를 효율적으로 활용하고(적재적소), 외부 전문가 영입(개방) 및 부처 간 경쟁(경쟁)을 통해 성과 중심의 인사관리를 강화하려는 전략적 인사 시스템이다.

② 13% 고위공무원단제도는 과거의 공무원 개인의 신분에 기반한 1~3급의 계급을 폐지하는 대신, 직위(직무)의 곤란성과 책임의 정도에 따라 '가급'(주로 실장급)과 '나급'(주로 국장급)으로 직무등급을 구분하여 관리한다.

③ 14% 고위공무원단 직위는 충원 방식에 따라 개방형, 공모, 자율 직위로 나뉜다. 개방형 직위는 공직 내·외부를 불문하고(민간 전문가 포함) 공개경쟁을 통해 최적임자를 선발하며, 공모직위는 다른 부처 소속 공무원을 포함한 공직 내부의 경쟁을 통해 선발한다.

24 인사행정론 > 직업공무원제, 펜들턴법 오답률 39% 답 ③

| 정답해설 | ③ 61% 미국은 1883년 펜들턴법을 통해 엽관주의의 폐해를 극복하고 실적주의를 도입한 것은 맞다. 그러나 미국의 공직분류체계는 사람의 자격과 신분을 중심으로 하는 계급제(rank system)가 아니라, 직무의 종류와 난도·책임도를 기준으로 하는 직위분류제를 채택하여 발전시켜 왔다. 계급제는 주로 영국, 프랑스, 한국, 일본 등에서 발전한 제도이다.

| 오답해설 | ① 11% 직업공무원제는 유능한 인재가 공직을 일생의 직업으로 선택하여 보람을 느끼고 평생을 바쳐 성실히 근무할 수 있도록 하는 인사 제도이며, 이를 위해 강력한 신분보장이 전제된다.

② 23% 근대 영국에서 직업공무원제가 발달한 중요한 역사적 배경 중 하나는 국왕의 자의적인 인사권을 견제하고, 의회 중심의 안정적인 국정 운영을 뒷받침할 수 있는 영속적이고 중립적인 행정체제를 구축하기 위함이었다.

④ 5% 성공적인 직업공무원제가 정착되기 위해서는 젊고 유능한 인재들이 공직에 매력을 느끼고 들어올 수 있도록 해야 하며, 이들이 정치적 압력 없이 소신껏 일할 수 있도록 임기 동안의 신분을 보장해 주는 것이 핵심적인 제도적 요건이다.

25 지방행정론 > 특별지방행정기관, 지방자치단체 오답률 22% 답 ③

| 정답해설 | ③ 78% 지방자치단체는 국가와는 별개의 독립된 공법인으로서 독자적인 법인격을 가진다. 법인격이 있기 때문에 자신의 이름으로 법률행위를 하고 권리·의무의 주체가 될 수 있다.

| 오답해설 | ① 12% 지역사회 수준에서 행정서비스를 전달하는 공공 주체는 크게 두 가지로 나뉜다. 하나는 중앙정부 부처의 소속으로 특정 국가사무를 집행하는 특별지방행정기관이고, 다른 하나는 자치권을 가지고 지역사무를 처리하는 지방자치단체이다.

② 6% 특별지방행정기관의 대표적인 예로는 세무서, 경찰서, 지방고용노동청, 우체국 등이 있다. 이들은 중앙행정기관의 하급기관으로서 상급기관의 지휘와 감독을 받아 국가사무를 집행한다.

④ 4% 지역에서 제공되는 행정서비스는 주민들의 복지, 안전, 교육, 환경 등 일상생활과 밀접한 관련이 있다는 점에서 '생활행정'이라고 불리며, 주민들과 가까운 곳에서 이루어진다는 의미에서 '근접행정'이라고도 한다.

2022 군무원 9급 (공통 책형)
7월 16일 시행

합격예상 체크

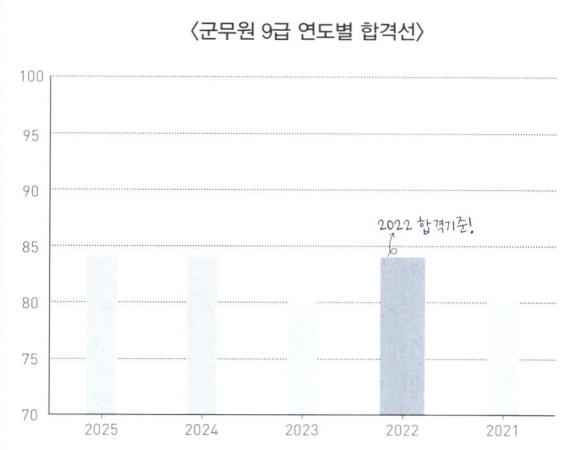

〈군무원 9급 연도별 합격선〉

| 맞힌 개수 | /25문항 | 점수 | /100점 |

➡ ☐ 합격 ☐ 불합격

취약영역 체크

문항	정답	영역	문항	정답	영역
1	③	재무행정론	14	④	행정학 총론
2	②	정책학	15	②	지방행정론
3	④	정책학	16	③	행정학 총론
4	①	행정환류론	17	①	지방행정론
5	③	정책학	18	④	행정학 총론
6	②	지방행정론	19	②	조직이론
7	②	지방행정론	20	④	조직이론
8	④	정책학	21	①	조직이론
9	②	인사행정론	22	②③	인사행정론
10	④	조직이론	23	①	조직이론
11	④	조직이론	24	④	정책학
12	③	행정학 총론	25	①	재무행정론
13	①	행정학 총론			

⬇ 영역별 틀린 개수로 취약영역을 확인하세요!

| 행정학 총론 | /5 | 정책학 | /5 | 조직이론 | /6 | 인사행정론 | /2 |
| 재무행정론 | /2 | 행정환류론 | /1 | 지방행정론 | /4 | | |

➡ 나의 취약영역: _____

※ [정답해설]과 [오답해설] 선지의 50% 표시는 〈에듀윌 합격예측 풀서비스〉를 통해 수집된 선지 선택률을 나타냅니다.

---

1 재무행정론 > 국가재정운용계획   오답률 60%   답 ③

| **정답해설** | ③ 40% 국가재정운용계획은 정부가 재정운용의 방향을 설정하기 위해 수립하는 행정부의 계획으로, 국회에 제출되기는 하지만 이는 국회의원들이 예산안을 심의할 때 참고자료로 활용하기 위함이다. 국회는 예산안에 대해서만 심의하고 의결하여 확정할 권한을 가질 뿐, 국가재정운용계획 자체를 심의하여 확정하지는 않으며, 이 계획은 법적 구속력을 갖지 않는다.

| **오답해설** | ① 25% 「국가재정법」에 따르면, 정부는 매년 해당 회계연도를 포함하여 5회계연도 이상의 기간에 대한 재정운용계획(국가재정운용계획)을 수립하도록 규정하고 있다.
② 15% 국가재정운용계획은 매년 갱신되는 5개년 단위의 중기 재정계획이며, 정부는 다음 연도 예산안을 국회에 제출할 때 이 계획을 첨부하여 함께 제출해야 한다.
④ 20% 국가재정운용계획은 장기적인 국가발전전략과 비전을 중기적 관점에서 구체화하고, 이에 따라 매년 편성되는 단년도 예산이 일관된 방향성을 갖도록 하는 기본 틀(framework)의 역할을 수행한다.

2 정책학 > 전략기획   오답률 65%   답 ②

| **정답해설** | ② 35% 전통적인 의미의 전략기획은 미래에 대한 예측을 바탕으로 장기적인 계획을 수립하는 것이므로, 비교적 안정적이고 예측 가능한 환경에서 유용성이 높다. 반대로, 정치·경제적 변수가 급변하는 불안정한 환경 속에서는 장기계획이 현실과 맞지 않게 될 가능성이 커 유용성이 떨어진다.

| **오답해설** | ① 13% 전략기획은 조직의 미래 생존과 발전을 위해 불확실한 환경 변화를 예측하고, 이에 체계적이고 능동적으로 대응하기 위한 장기적인 목표와 전략을 수립하는 과정이다.
③ 43% 일반적인 정책결정 과정은 다양한 이해관계자들이 참여하여 갈등하고 타협하는 개방적인 정치과정의 성격이 강하다. 반면, 전략기획은 조직 내부의 최고관리층과 기획 전문가들이 중심이 되어 합리적 분석을 통해 진행되므로, 상대적으로 전문가의 역할이 더 강조되는 경향이 있다.
④ 9% 전략기획의 핵심적인 절차는 SWOT 분석처럼 조직의 외부 환경(기회·위협)과 내부 역량(강점·약점)에 대한 체계적인 분석 및 진단을 실시하고, 이를 바탕으로 조직이 달성할 수 있는 실현 가능한 목표와 전략을 설계하는 것이다.

| 3 | 정책학 > 합리모형, 만족모형, 점증모형, 최적모형 | 오답률 40% | 답 ④ |

| 정답해설 | ④ 60% 드로어(Y. Dror)의 최적모형은 합리모형이 비현실적이고 점증모형은 너무 보수적이라고 양쪽 모두를 비판하며 등장했다. 이 모형은 합리모형의 한계를 극복하기 위해, 합리성에 더하여 직관·판단력·통찰력과 같은 '초합리성'을 결합해야 한다고 주장한 규범적 모형이다.

| 오답해설 | ① 19% 합리모형은 의사결정자를 모든 정보를 알고 최선의 대안을 선택할 수 있는 '합리적 경제인'으로 가정한다. 이 모형은 이상적인 의사결정 절차를 제시하는 데 중점을 두기 때문에, 현실 정치에서 나타나는 이해관계자 간의 갈등이나 권력 관계 등 정책과정의 역동성을 제대로 반영하지 못한다는 비판을 받는다.
② 12% 사이먼(H. Simon)의 만족모형은 인간의 인지적 한계를 인정하는 '제한된 합리성'을 전제로 한다. 조직은 완전한 합리성을 추구하지만, 조직 내의 개인 결정자는 그 한계로 인해 최선의 대안이 아닌 '만족스러운' 대안을 선택할 수밖에 없으므로, 조직이 추구하는 합리성과 개인이 실현 가능한 합리성 간의 괴리를 인정하는 것이다.
③ 9% 점증모형은 정책결정이 다양한 이해관계자들이 서로의 이익을 위해 상호작용하며 타협하고 조정하는 정치적 과정의 산물이라고 본다.

| 4 | 행정환류론 > 행정개혁, 가외성 | 오답률 33% | 답 ① |

| 정답해설 | ① 67% 조직이론에서 가외성(redundancy)은 기능의 중복으로 인해 비효율을 유발하는 측면도 있지만, 한편으로는 특정 기능이 실패했을 때 다른 기능이 이를 보완하여 전체 시스템의 안정성과 신뢰성을 높이는 긍정적 역할도 한다. 따라서 행정개혁을 담당하는 조직이 중복적으로 존재하는 것은, 하나의 조직이 저항에 부딪혔을 때 다른 조직이 개혁을 계속 추진할 수 있게 하는 등 오히려 개혁의 실패 위험을 줄이는 요인이 될 수 있다.

| 오답해설 | ② 8% 개혁의 목표, 내용, 추진 일정 등이 명확하지 않고 모호할 경우, 조직 구성원들은 개혁의 필요성에 공감하지 못하고 미래에 대한 불확실성과 불안감을 느껴 소극적이 되거나 저항하게 된다.
③ 13% 행정개혁으로 인해 새로운 업무방식이나 기술이 도입될 때, 구성원들이 자신에게 요구되는 지식이나 기술이 부족하다고 느끼면 변화에 대한 두려움과 심리적 불안정으로 인해 개혁에 저항하는 경향이 있다.
④ 12% 많은 행정개혁은 법률이나 대통령령 등 관련 법규의 제·개정을 필요로 한다. 그러나 입법과정이 지연되거나 정치적 반대로 무산될 경우, 개혁은 동력을 잃고 실패하게 되며, 이는 개혁에 대한 강력한 제도적 저항 요인으로 작용한다.

| 5 | 정책학 > 정책결정요인론 | 오답률 58% | 답 ③ |

| 정답해설 | ③ 42% 정책결정요인론은 정치변수가 정책에 미치는 영향을 과학적으로 입증하기 위해, 정당 간 경쟁 정도, 투표율, 제도적 장치 등 정치체제의 속성을 측정 가능한 정량적 변수로 전환하여 통계 분석에 적극적으로 활용했다. 이 연구의 방법론적 특징 자체가 계량분석이다.

| 오답해설 | ① 22% 초기 정책결정요인론은 사회·경제적 환경이 정치체제를 거쳐 정책에 영향을 미친다는 단선적인 인과모형을 설정했다. 이로 인해, 반대로 정책이나 정치체제가 사회·경제적 환경에 영향을 미치는 환류(feedback) 과정을 고려하지 못했다는 비판을 받는다.
② 16% 초기 연구들은 투입(사회·경제적 변수)과 산출(정책내용) 간의 직접적인 관계 분석에만 치중하여, 그 사이에서 사회·경제적 요인을 정책으로 전환하는 정치체제의 구체적인 역할을 제대로 설명하지 못했다. 즉, 정치체제의 매개·경로적 역할을 간과했다는 비판을 받는다.
④ 20% 도슨(R. Dawson)과 로빈슨(J. Robinson) 등 초기 연구자들은 사회·경제적 변수가 정책에 미치는 영향이 정치적 변수보다 크다고 결론내렸다. 이는 후속 연구자들로부터 정치과정의 독자적인 영향력을 과소평가했다는 강력한 비판을 받게 된 핵심적인 이유이다.

| 6 | 지방행정론 > 자치입법권 | 오답률 56% | 답 ② |

| 정답해설 | ② 44% 「지방자치법」은 "지방자치단체는 조례를 위반한 행위에 대하여 조례로써 1천만 원 이하의 과태료를 정할 수 있다."고 규정하고 있다. 과태료는 형벌(징역, 벌금 등)은 아니지만, 의무 위반에 대한 제재라는 점에서 벌칙의 일종이다. 따라서 '형벌의 성격을 지닌 벌칙'이라는 표현이 다소 모호하지만, 지방자치단체가 '벌칙' 자체를 정할 수 없는 것은 아니다.

| 오답해설 | ① 15% 「지방자치법」에 따르면, 지방자치단체는 법령의 범위 안에서 그 사무에 관하여 조례를 제정할 수 있다. 이는 지방자치의 법규가 국가의 법령 체계 내에 있어야 함을 의미하는 '법률 우위의 원칙'을 나타낸다.
③ 16% 자치입법권에 근거하여 지방자치단체가 제정하는 자치법규에는 지방의회가 제정하는 조례, 지방자치단체의 장이 제정하는 규칙, 그리고 교육감이 제정하는 교육규칙이 있다.
④ 25% 조례는 주민의 대표기관인 지방의회의 의결을 거쳐 제정되는 반면, 규칙은 집행기관의 장인 지방자치단체의 장(시장, 도지사 등)이 자신의 권한에 속하는 사무에 관하여 제정하므로 지방의회의 의결을 필요로 하지 않는다.

| 7 | 지방행정론 > 주민참여제도 | 오답률 41% | 답 ③ |

| 정답해설 | ③ 59% 2022년 1월 13일부터 전면 시행된 개정 「지방자치법」에 따라, 주민이 조례의 제정이나 개정, 폐지를 청구하는 청

구기관이 기존의 '지방자치단체의 장'에서 '지방의회'로 직접 청구하는 것으로 변경되었다. 따라서 '지방자치단체의 장에게' 청구한다는 설명은 개정 전 법률에 대한 설명으로, 현재 기준으로는 옳지 않다.

| 오답해설 | ① 17% 「지방자치법」에 근거한 주민소송 제도는, 주민 감사청구를 한 주민이 그 결과에 불복할 경우 위법한 재무회계 행위에 대해 해당 지방자치단체의 장을 상대로 법원에 소송을 제기할 수 있도록 허용하고 있다.

② 11% 「주민소환에 관한 법률」에 따라, 주민들은 선출직 공직자인 지방자치단체의 장(시장, 도지사 등)과 지역구 지방의회의원을 임기 중에 투표를 통해 그 직에서 물러나게 할 수 있다. 법률에 따라 비례대표 지방의회의원은 소환 대상에서 명시적으로 제외된다.

④ 13% 주민참여예산제도는 「지방재정법」에 따라 모든 지방자치단체에서 의무적으로 시행되고 있으며, 주민들이 예산편성 등 예산과정에 직접 참여하여 의견을 제시하고 예산의 투명성과 민주성을 높이는 제도이다.

---

8 정책학 > 구성정책, 규제정책, 분배정책, 추출정책 오답률 44% 답 ④

| 정답해설 | ④ 56% 지문은 재분배정책에 대한 설명이다. 재분배정책은 누진세나 사회보장제도처럼 사회의 한 집단에서 다른 집단으로 부나 소득, 권리를 의도적으로 이전시키는 정책이다. 반면, 알몬드(G. Almond)가 제시한 추출정책은 정부가 활동에 필요한 인적·물적 자원을 국민으로부터 획득(추출)하는 정책으로, 조세 징수나 병역 의무 부과 등이 대표적인 예이다.

| 오답해설 | ① 22% 로위(T. Lowi)의 유형에 따르면, 구성정책은 정부기구의 신설·개편, 선거구 조정 등 정치체제 자체의 구조와 운영규칙을 정하는 정책이다. 이는 국민 전체에게 직접적인 가치나 서비스를 배분하기보다는, 정부 내부의 권력 관계를 규정하는 성격이 강하다.

② 10% 규제정책은 특정 개인이나 기업, 집단의 행동에 일정한 한계를 설정하고 강제력을 통해 통제하는 정책이다.

③ 12% 분배정책은 도로, 항만 건설이나 보조금 지급 등 특정 지역이나 집단에 혜택을 주는 정책이다. 혜택은 특정 집단에 집중되지만 비용은 모든 납세자가 분담하기 때문에 갈등이 적으며, 정치인들이 자신의 지역구에 이익을 가져오기 위해 경쟁하는 '포크배럴(pork-barrel)', 즉 '나눠먹기식' 정치 행태가 나타나기 쉽다.

---

9 인사행정론 > 시보제도 오답률 49% 답 ②

| 정답해설 | ② 51% 시보공무원도 공무원법상 공무원에 해당한다. 다만, 그 적격성을 판단하기 위해 유보 기간(시보 기간)을 두는 것뿐이다. 따라서 공무원으로서 당연히 직위를 부여받아 해당 직무를 수행하며 그에 대한 평가를 받게 된다.

| 오답해설 | ① 18% 「국가공무원법」에 따르면, 시보임용 기간은 정규 공무원의 근무연수에 산입된다. 따라서 연금, 승진소요연수 등을 계산할 때 모두 경력으로 인정된다.

③ 14% 「국가공무원법」상 공무원 임용 결격사유에 '시보 기간 중 면직된 자'는 포함되지 않는다. 따라서 시보 기간 중 근무성적 불량 등을 이유로 면직되더라도, 다시 공무원 시험에 응시하여 합격하면 임용될 수 있다.

④ 17% 시보공무원도 법률상 공무원의 신분을 가지므로, 직권면직이나 징계처분 등 자신의 의사에 반하는 불리한 처분을 받았을 경우, 이에 불복하여 소청심사위원회에 심사를 청구할 권리가 보장된다. 신분보장이 정규 공무원보다 약하다는 것이 절차적 권리까지 박탈하는 것을 의미하지는 않는다.

---

10 조직이론 > 공직동기이론, 신공공관리론 오답률 36% 답 ④

| 정답해설 | ④ 64% 1980년대 이후 확산된 신공공관리론(NPM)은 성과급 등 외재적 보상을 통한 동기부여를 강조했다. 반면, 공직동기이론은 이러한 신공공관리론의 관점을 비판하며, 공무원들은 금전적 보상과 같은 외재적 동기보다 공공에 대한 봉사와 같은 내재적 동기에 의해 더 크게 영향을 받는다고 주장한다. 따라서 공직동기이론은 신공공관리론의 동기부여 방식을 비판하고 보완하는 이론이지, 이를 강조하는 이론이 아니다.

| 오답해설 | ① 13% 공직동기(PSM)이론은 이윤 추구를 제1의 가치로 삼는 민간부문 종사자들과는 달리, 공공부문 종사자들은 공익 추구나 사회에 대한 봉사 등 특별하고 차별화된 가치와 동기 구조를 가지고 있다는 전제에서 출발한다.

② 10% 공직동기이론은 공직자들이 타인에 대한 봉사, 공동체에 대한 헌신, 공익 추구, 정책에 대한 영향력 행사 등 이타적이고 공공 지향적인 가치에 의해 더 강하게 동기가 부여된다고 본다.

③ 13% 공직동기이론의 대표적 학자인 페리(J. Perry)와 와이즈(L. Wise)는 공직동기를 세 가지 차원, 즉 특정 정책에 대한 지지 등 합리적 차원, 공익 봉사 및 사회적 형평 추구 등 규범적 차원, 애국심이나 타인에 대한 연민 등 정서적 차원으로 구성된다고 보았다.

오답률 TOP 3

11 조직이론 > 관료제 오답률 75% 답 ④

| 정답해설 | ④ 25% 관료제의 구성원은 조직 전체의 포괄적이고 일반적인 업무가 아니라, 법규에 따라 명확하게 한정된 자신만의 고유한 전문 분야의 업무에 대해서만 권한을 갖고 책임을 지는 전문직 종사자이다.

| 오답해설 | ① 16% 베버(M. Weber)는 이념형(ideal type)으로서의 관료제를 합법적-합리적 지배가 구현된 조직 형태로 보았으며, 목표달성을 위한 가장 효율적이고 합리적인 수단이라고 평가했다.

② 50% 베버(M. Weber)의 관료제는 가문, 신분, 정실 등 비합리적 요소를 배제하고, 공개경쟁 시험이나 자격에 근거하여 관료를 임용하는 실적주의를 핵심적인 특징으로 한다.

③ 9% 관료제에서는 모든 업무가 자의적이 아닌, 명확하게 규정되고 문서화된 법규와 절차에 따라 처리된다. 이는 업무처리의 통일성과 예측 가능성을 보장한다.

12 행정학 총론 > 정치행정이원론 오답률 76% | 답 ③

| 정답해설 | ③ 24% 정치행정이원론과 과학적 관리법은 행정학의 초기 발전을 이끈 패러다임이다. 반면, 행태주의는 1940년대 이후에 등장하여, 기존의 이원론과 과학적 관리법 등이 규범적이고 비과학적이라고 비판하며 행정 연구의 엄밀한 과학화를 추구했다. 따라서 정치행정이원론이 행태주의적 관점을 지지한다는 것은 옳지 않은 설명이다.

| 오답해설 | ① 22% 정치행정이원론은 정치는 가치판단적인 정책결정 활동, 행정은 결정된 정책을 충실히 집행하는 가치중립적인 관리활동으로 본다. 따라서 행정을 정치적 권력 작용이 아닌, 능률적인 관리현상으로 이해한다.

② 16% 19세기 말 미국에서는 정치적 연고에 따라 공직을 임명하는 엽관주의의 폐해가 심각했다. 정치행정이원론은 이러한 엽관주의를 비판하고 행정의 전문성과 효율성을 확보해야 한다는 주장의 이론적 토대가 되었으며, 이는 실적주의를 도입한 펜들턴법(1883년) 제정으로 이어졌다.

④ 38% 이 지문에서 의미하는 행정국가는 미국의 산업화와 이로 인한 도시문제의 급증을 의미한다. 일반적으로 행정국가는 대공황 이후를 뜻하지만 그 태동은 산업화의 시작과 함께 대두하였기에 상대적으로 옳은 지문이다.

13 행정학 총론 > 공익, 실체설 오답률 42% | 답 ①

| 정답해설 | ① 58% 지문은 실체설에 대한 설명이다. 실체설은 공익이 사익을 초월하는 객관적이고 실재하는 규범적 가치라고 보며, 따라서 정책결정 과정에서 의사결정자가 따라야 할 기준이자 '유용한 안내자' 역할을 할 수 있다고 주장한다.

| 오답해설 | ② 10% 과정설은 공익이라는 별도의 실체는 존재하지 않으며, 민주적이고 적법한 절차에 따라 다양한 사익들이 표출되고, 경쟁하며, 타협하고 조정되는 과정 그 자체나 그 결과물이 바로 공익이라고 본다.

③ 14% 과정설의 관점에서 공무원의 바람직한 역할은 어떤 절대적인 공익을 일방적으로 집행하는 것이 아니라, 서로 경쟁하는 이익집단들 사이에서 공정한 게임의 규칙을 적용하고 중립적인 입장에서 이들의 갈등을 조정하는 역할이다.

④ 18% 과정설을 지지하는 학자들은 실체설이 주장하는 '객관적인 공익'이란 결국 특정 집단이나 지배 엘리트의 특수한 이익을 모든 사회 구성원을 위한 공익인 것처럼 포장하여 자신들의 결정을 정당화하려는 이데올로기적이고 상징적인 수사(rhetoric)에 불과하다고 비판하는 경향이 있다.

14 행정학 총론 > 공무원 부패, 투명성 오답률 29% | 답 ④

| 정답해설 | ④ 71% 투명성은 "햇볕은 최고의 소독약"이라는 법언처럼, 정부의 의사결정 과정과 업무처리 내용을 외부에 공개하여 국민의 감시가 가능하도록 하는 것이다. 부패는 본질적으로 은밀한 환경에서 발생하기 때문에, 투명성을 확보하는 것이 부패의 발생 가능성 자체를 원천적으로 차단하는 가장 근본적이고 중요한 가치로 인식된다. 그리고 투명성이 보장되어야 민주성, 절차성, 형평성 등 다른 가치들도 제대로 작동할 수 있다.

| 오답해설 | ① 11% 형평성은 행정서비스를 공정하게 분배하는 것을 의미하지만 부패를 '방지'하기 위한 가장 핵심적인 수단이나 전제조건으로 보기는 어렵다.

② 11% 민주성은 국민의 참여와 통제를 통해 부패를 견제하는 중요한 가치이다. 하지만 시민들이 정부를 감시하고 통제하기 위해서는 정부의 활동 내용이 우선적으로 공개되어야 한다는 전제가 필요하다.

③ 7% 절차성은 정해진 법과 절차를 준수하게 함으로써 공무원의 자의적인 판단과 부패의 가능성을 줄이는 역할을 한다. 하지만 절차가 제대로 지켜지고 있는지를 확인하기 위해서는 그 과정이 투명하게 공개되어야 한다.

15 지방행정론 > 정부 간 관계, 지주-마름 모형 오답률 67% | 답 ②

| 정답해설 | ② 33% 영국의 중앙-지방 관계를 중세 귀족사회의 지주-마름(steward) 관계에 비유하여 '지주-마름 모형(Stewardship model)'을 제시한 학자는 챈들러(J. Chandler)이다. 그리피스(J. Griffith)는 영국 지방정부는 법률적 제한이 있지만 대체로 중앙정부와 대등한 입장에서 지방정책을 자율적으로 결정한다고 주장하였으며 이는 동반자형에 가깝다.

| 오답해설 | ① 19% 라이트(D. Wright)는 미국의 정부 간 관계(IGR)를 설명하기 위해 각 정부 수준이 독립적인 분리권위모형(대등형), 상호 협력하고 기능이 중첩되는 중첩권위모형(중첩형), 상급정부가 하급정부를 포함하는 포괄권위모형(포함형)을 제시하였다.

③ 35% 로즈(R. Rhodes)는 법적으로는 중앙정부가 우위에 있는 영국에서도, 실제로는 중앙정부가 정책목표 달성을 위해 지방정부의 자원(정보, 집행능력 등)에 의존하고, 지방정부 또한 중앙정부의 자원(재원, 법적 권한)에 의존하는 상호의존적 관계가 형성된다고 보았으며, 이를 권력의존모형으로 설명했다.

④ 13% 무라마쓰 미치오(村松岐夫)는 전후 일본의 중앙-지방 관계를 설명하는 두 가지 경쟁적 모형을 제시했다. 하나는 중앙정부가 지방정부를 강력하게 통제한다는 전통적인 수직적 행정통제모형이고, 다른 하나는 지방정부가 독자적인 정치세력으로서 중앙정부 및 다른 지방정부와 경쟁하고 협상한다는 수평적 정치경쟁모형이다.

16 행정학 총론 > 결사체 민주주의, 공동체주의, 다원주의, 사회자본론 오답률 49% | 답 ③

| 정답해설 | ③ 51% 다원주의는 사회 권력이 다양한 이익집단들에게 분산되어 있으며, 이들 집단 간의 경쟁과 타협을 통해 공공정책이 결정된다고 보는 이론이다. 반면, 개인의 자유를 중시하는 전통적 자유주의와 개인의 책임을 강조하는 보수주의를 절충한 입장을 취하고 있는 것은 공동체주의이다.

| 오답해설 | ① 19% 결사체 민주주의는 국가의 역할을 축소하고 그 기능을 시민들의 자발적 결사체(시민단체, NGO 등)로 이전하여 공공문제를 해결하고 민주주의를 심화시키려는 이론이다. 따라서 시민단체가 활성화된 사회를 이상적인 형태로 본다.

② 21% 공동체주의는 개인의 권리만을 강조하는 자유주의를 비판하며, 공동체의 공동선(common good)과 그에 대한 개인의 책임과 의무를 강조한다. 자원봉사는 이러한 공동체에 대한 책임을 실현하는 중요한 시민적 덕목으로 간주된다.

④ 9% 사회자본론은 사회 구성원들이 공유하는 신뢰, 규범, 네트워크와 같은 무형의 자산이 사회 발전에 중요하다는 이론이다. 이러한 사회자본은 시민들이 시민단체 활동 등 자발적인 사회 참여와 상호작용을 통해 형성되고 축적된다고 보기 때문에, 시민단체의 역할을 긍정적으로 해석하는 중요한 관점을 제공한다.

| **17** | 지방행정론 > 주민자치위원회, 주민자치회 오답률 70% 답 ① |

| 정답해설 | ① 30% 과거 주민자치위원회의 위원은 읍·면·동장이 위촉하였지만, 주민자치회의 위원은 시·군·구청장이 위촉한다.

| 오답해설 | ② 17% 주민자치회의 위원은 주민의 대표인 단체장에 의해 위촉되므로 과거 주민자치위원회보다 주민대표성이 더 강하다.

③ 21% 주민자치위원회는 읍·면·동 행정에 대한 단순 자문기구의 성격이 강했다. 반면, 주민자치회는 지방자치단체로부터 사무를 위탁받아 직접 수행하는 등 실질적인 협의 및 실행기구로서의 위상을 갖는다.

④ 32% 단순 자문기구였던 주민자치위원회는 행정기관(읍·면·동)에 사실상 종속적인 관계에 가까웠다. 그러나 실행기능을 갖춘 주민자치회는 지방자치단체와 대등한 입장에서 협약을 맺고 사무를 처리하는 협력적 동반자(파트너) 관계를 지향한다.

| **18** | 행정학 총론 > 개방체제 오답률 31% 답 ④ |

| 정답해설 | ④ 69% 현대 한국 사회는 급격한 산업화, 도시화, 개인주의의 확산 등으로 인해 전통적인 공동체의식은 오히려 약화되는 추세에 있다. 또한 저출산·고령화, 양극화, 다문화 현상, 다양한 이념 갈등 등으로 인해 사회 환경은 과거보다 훨씬 더 복잡하고 불확실성이 높은 특징을 보인다.

| 오답해설 | ① 11% 세계화(globalization)가 심화되면서, 국가 간의 상호의존성이 높아지고 국제적인 표준이나 규범이 국내 정책에 큰 영향을 미치게 되었다. 따라서 글로벌 환경은 현대 행정에 있어 매우 중요한 변수이다.

② 10% 행정 재량권은 복잡하고 다양한 행정 수요에 신축적으로 대응하기 위해 필요하지만, 재량의 폭이 지나치게 넓고 통제가 미흡하면 담당 공무원의 자의적인 법 해석과 집행으로 이어져 행정의 일관성과 공정성을 해칠 수 있다.

③ 10% 정치와 경제는 밀접하게 상호작용하는 관계이다. 예를 들어, 불안정한 정치 상황이나 비일관적인 정책결정 과정은 기업의 투자심리를 위축시키고 시장의 예측 가능성을 떨어뜨려 경제적 불확실성을 더욱 심화시키는 요인으로 작용할 수 있다.

| **19** | 조직이론 > 애드호크라시 오답률 44% 답 ② |

| 정답해설 | ② 56% 애드호크라시는 낮은 수준의 공식화와 낮은 수준의 집권화를 특징으로 한다는 점은 옳다. 그러나 복잡성 측면에서는 이중적이다. 다양한 분야의 전문가들이 모여 팀을 이루므로 수평적 복잡성(분화)은 높지만, 계층이 거의 없는 매우 평평한(flat) 구조이므로 수직적 복잡성(분화)은 낮다. 다만, 전체적인 복잡성 수준은 관료제에 비해 낮으므로 애드호크라시는 복잡성, 공식성, 집권성이 모두 낮은 것으로 평가된다.

| 오답해설 | ① 14% 애드호크라시는 전통적 관료제가 가진 경직성, 비효율성 등의 한계를 극복하기 위해 등장한 대표적인 탈관료제 조직 모형이다.

③ 12% 애드호크라시는 비정형적이고 창의적인 문제해결에 강점을 가진다. 따라서 환경이 급변하고 불확실하여 혁신과 신속한 적응이 요구되는 상황에 매우 효과적인 조직구조이다.

④ 18% 애드호크라시는 역할과 권한의 경계가 모호하고, 유동적인 구조 속에서 다양한 전문가들이 상호작용하므로 업무과정에서 갈등이 발생하기 쉽다. 또한, 지속적인 혁신에 대한 압박과 불안정한 조직 구조는 구성원들에게 상당한 심리적 스트레스를 유발하는 단점이 있다.

오답률 TOP 1

| **20** | 조직이론 > 전자정부, 지능형 정부, 생애주기별 맞춤형 서비스 오답률 82% 답 ③ |

| 정답해설 | ③ 13% 생애주기별 맞춤형 서비스를 제공은 기존의 전자정부의 특징이다. 지능형 정부는 일상틈새 + 생애주기별 비서형 서비스 제공을 강조한다.

| 오답해설 | ① 29% 새행정학에 의하면 기존의 전자정부가 정부 주도의 정책결정을 강조하였다면 새로운 지능형 정부는 국민 주도의 정책결정을 강조한다.

② 26% 지능형 정부는 부처 간 데이터 칸막이를 해소하고 정보를 연계·통합함으로써, 복지·안전·고용 등 여러 분야가 얽혀 있는 복합적인 사회문제에 대해 종합적인 분석과 대응을 가능하게 한다.

④ 27% 기존 전자정부가 PC 기반의 웹사이트 등 공급자 중심의 채널을 제공했다면, 지능형 정부는 국민의 필요(수요)에 맞춰 모바일 앱, 챗봇, AI 스피커 등 다양한 온라인 채널과 기존의 오프라인 창구를 유기적으로 연계하여 서비스를 제공하는 '멀티채널' 방식을 지향한다.

| **21** | 조직이론 > 귀인이론 오답률 60% 답 ① |

| 정답해설 | ① 40% 판단대상 외 다른 사람들이 동일한 상황에서 동일한 행동을 보이는 정도가 높다면, 그 행동의 원인은 외적 요소에 귀인한다는 것이 켈리(H. Kelly)의 합의성에 관한 내용이다. ①의 지문으로는 그 원인을 파악할 수 없다.

| 오답해설 | ② 20% 특이성(Distinctiveness)이 높은 경우에 해당한다. 특정인이 A라는 상황에서만 특정 행동을 하고, B, C 등 다른 상황에서는 그러지 않는다면(특이성이 높다면), 그 행동의 원인은

그 사람의 성향(내적 요소)보다는 A라는 특정 상황(외적 요소) 때문이라고 판단할 가능성이 높다.
③ 21% 일관성(Consistency)이 높은 경우에 해당한다. 특정인이 A라는 상황에 처할 때마다 과거부터 항상 똑같은 행동을 보인다면(일관성이 높다면), 그 원인을 그 사람의 성향(내적 요소)으로 귀인하는 경향이 강해진다.
④ 19% 합의성(Consensus)이 높은 경우에 해당한다. 나뿐만 아니라 다른 모든 사람들도 A라는 상황에서 똑같은 행동을 보인다면(합의성이 높다면), 그 행동의 원인은 개인의 특성(내적 요소)이 아니라 그 상황 자체(외적 요소)에 있다고 보는 것이 합리적이다.

22 인사행정론 > 중앙인사기관, 중앙인사위원회, 인사혁신처
오답률 32%   답 ②③

| 정답해설 | ② 21% 1999년 비독립합의제 기관으로서 중앙인사위원회가 설치되어 행정자치부와 업무를 분담하였으며, 2004년부터는 중앙인사위원회로 통합되어 정부의 인사기능이 일원화되었다.
③ 47% 2008년 중앙인사위원회의 폐지 이후 2013년까지 행정안전부를 거쳐 안전행정부로 인사관리기능이 독립형 단독제 기관으로 통합되어 운영되었다.

| 오답해설 | ① 21% 1948년 대한민국 정부 수립 이후 비독립형 단독제 기관으로서 총무처를 두고 있었다.
④ 11% 2014년 국무총리 소속으로 인사혁신처가 신설되어 현재까지 비독립형 단독제 기관의 형태로 중앙인사기관이 운영되고 있다.
※ 시험 시행 당시 출제 오류로 복수정답으로 인정된 문제입니다.

23 조직이론 > 우드워드(J. Woodward), 톰슨(J. Thompson), 페로우(C. Perrow)
오답률 62%   답 ①

| 정답해설 | ① 38% 우드워드(J. Woodward)의 연구에 기반을 둔 지문으로 보인다. 우드워드(J. Woodward)에 의하면 소량주문생산은 분권적이고, 대량생산은 집권적이며, 연속공정생산은 다시 분권적이기에 기술의 복잡성과 조직구조는 상관성이 낮다. 반면 페로우(C. Perrow)의 연구에서 일상적 기술은 집권적이고, 비일상적 기술은 분권적이다.

| 오답해설 | ② 15% 우드워드(J. Woodward)는 생산기술을 기술복잡성에 따라 단위생산, 대량생산, 연속공정생산으로 분류했다. 연구결과 대량생산기술의 경우 과업이 표준화되어 있고 예측 가능하므로 위계서열과 규칙을 강조하는 기계적 구조(관료제)가 가장 높은 성과를 보인다고 주장했다.
③ 40% 톰슨(J. Thompson)은 업무처리 과정에서 일어나는 조직 간·개인 간 상호의존도를 기준으로 기술의 유형을 중개형 기술, 길게 연결된 기술, 집약적 기술로 분류하였다.
④ 7% 페로우(C. Perrow)는 기술을 두 가지 차원, 즉 과업수행 중 발생하는 예외적 사례의 많고 적음을 의미하는 '과업의 다양성'과 문제발생 시 해결절차의 명확성 정도를 의미하는 '문제의 분석가능성'을 기준으로 일상적 기술, 공학적 기술, 장인기술, 비일상적 기술의 네 가지로 유형화했다.

24 정책학 > 양적 평가, 비실험적 방법
오답률 44%   답 ④

| 정답해설 | ④ 56% 심층면담 및 참여관찰은 수치화하기 어려운 심층적인 정보와 맥락을 파악하기 위한 연구방법으로, 이는 질적 평가에서 주로 사용하는 데이터 수집방법이다. 양적 평가는 주로 대규모 설문조사, 기존 통계자료, 실험 등을 통해 수치화된 데이터를 수집한다.

| 오답해설 | ① 13% 양적 평가는 통계분석과 같은 계량적 기법을 사용하여 정책의 효과나 영향을 객관적인 수치와 지표로 전환하여 측정하는 평가 방식이다.
② 12% 양적 평가는 정량평가라고도 불리며, 연구설계 방식에 따라 인과관계 규명을 목적으로 하는 실험적 방법(진실험, 준실험)과 상관관계 분석 등에 의존하는 비실험적 방법으로 나눌 수 있다.
③ 19% 양적 평가의 핵심적인 목표 중 하나는 특정 정책(원인)이 의도했던 결과(산출, 영향)를 실제로 유발했는지, 즉 정책과 결과 사이에 인과관계가 존재하는지를 통계적으로 검증하는 것이다.

25 재무행정론 > 예산심의, 예비심사, 종합심사
오답률 45%   답 ①

| 정답해설 | ① 55% 우리나라 국회의 예산심의 절차는 '정부 시정연설 → 각 상임위원회 예비심사 → 예산결산특별위원회 종합심사 → 본회의 의결' 순서로 진행된다. 지문은 종합심사와 본회의의 순서를 뒤바꾸어 설명하고 있어 절차적으로 옳지 않다.

| 오답해설 | ② 10% 예산심의는 국민의 대표기관인 국회가 정부의 재정활동 계획을 사전에 심사하고 승인하는 과정이다. 이는 행정부가 국민의 세금을 제대로 사용할 것인지를 감시하고 통제하는, 입법부의 가장 강력하고 핵심적인 행정부 통제기능에 해당한다.
③ 23% 예산은 한정된 국가재원을 어디에 배분할 것인지를 결정하는 고도의 정치적 과정이다. 따라서 정부·여당은 국정 과제를 반영한 원안을 통과시키려 하고, 야당은 자신들의 이념과 공약을 반영하기 위해 예산을 수정하려 하므로, 정당 간의 협상과 대립이 심의 과정에 큰 영향을 미친다.
④ 12% 의원내각제에서는 행정부(내각)가 의회 다수파에 의해 구성되므로 정부가 제출한 예산안이 거의 그대로 통과되는 경우가 많다. 반면, 우리와 같은 대통령제에서는 행정부와 의회가 엄격히 분리되어 상호 견제하므로, 국회의 예산 수정 권한이 실질적으로 강하게 작동하여 상대적으로 더 엄격한 심의가 이루어지는 경향이 있다.

2021 군무원 9급 (공통 책형)
7월 24일 시행

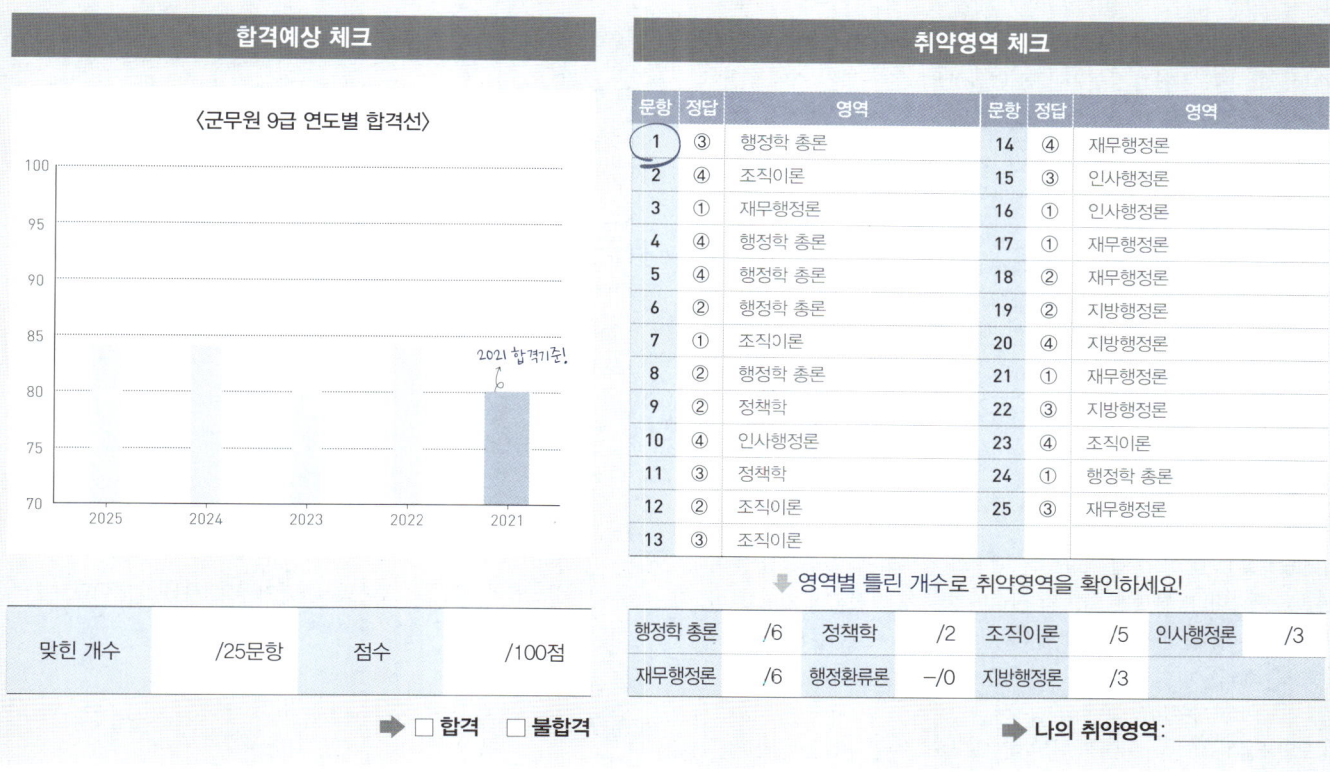

1	행정학 총론 > 신공공관리론, 신제도주의, 신행정학
	오답률 31% 답 ③

| 정답해설 | ③ 69% 신제도주의는 제도가 개인이나 조직의 행태에 중요한 '영향을 미친다'거나 '제약한다'고 보는 관점이지만, 성패를 전적으로 '결정한다'고 보는 결정론적 시각은 아니다. 신제도주의 내에서도 다양한 분파가 있으며, 제도의 영향력과 함께 개인의 전략적 선택이나 다른 환경적 요인의 역할을 인정한다. 따라서 '결정한다'는 단정적인 표현은 신제도주의에 대한 지나친 단순화이자 과장된 설명이다.

| 오답해설 | ① 5% 신공공관리론(NPM)은 정부부문에 민간기업의 경영기법을 도입하여 효율성을 높이려는 개혁 이론으로, 국민을 행정서비스의 '고객'으로 규정하고, 민영화나 경쟁과 같은 '시장원리'를 도입하는 것을 핵심 내용으로 한다.
② 7% 거버넌스 이론은 정부가 단독으로 통치하는 것이 아니라, 정부, 시장(기업), 시민사회가 수평적 네트워크를 구축하여 함께 사회문제를 해결해 나가는 '협치'를 강조한다.
④ 19% 1960년대 후반에 등장한 신행정학(NPA)은 당시 행정학계를 주도하던 행태주의가 가치중립성을 내세우며 사회문제 해결에 소극적이라고 비판했다. 또한 행태주의의 철학적 기반인 논리실증주의가 사회과학 연구에 부적합하다고 보며, 사회적 형평성과 같은 규범적 가치를 적극적으로 추구해야 한다고 주장했다.

오답률 TOP 1

2	조직이론 > 관료제
	오답률 56% 답 ④

| 정답해설 | ④ 44% 과학철학에서 '패러다임(paradigm)'이라는 개념을 대중화시킨 학자는 토머스 쿤(T. Kuhn)으로, 그의 저서 『과학혁명의 구조』는 1962년에 출판되었다. 막스 베버(M. Weber)는 그보다 훨씬 이전인 19세기 말~20세기 초에 활동한 학자이다. 베버(M. Weber)는 관료제를 사회학적 분석 도구인 '이념형(ideal type)'의 관점에서 제시한 것이지, 토머스 쿤(T. Kuhn)이 정의한 '패러다임'의 관점에서 제시한 것이 아니다.

| 오답해설 | ① 2% 베버(M. Weber)가 제시한 이념형(ideal type) 관료제의 가장 핵심적인 특징 중 하나는 명확한 명령체계와 권한의 위계를 갖는 계층제(hierarchy) 구조이다.
② 16% 베버(M. Weber)는 근대 사회의 합리화 과정을 설명하면서, 합리성에 기반한 관료제가 전통적·카리스마적 조직보다 기술적으로 우월하기 때문에 현대 국가, 기업 등 모든 대규모 조직에서 나타나는 보편적인 조직 형태가 될 것이라고 보았다.
③ 38% 1960년대 후반에 등장한 신행정학은 베버(M. Weber)의 기계적 관료제 모형이 경직되고 비인간적이며 환경 변화에 둔감하다고 비판했으며, 그 대안으로 고객 중심적이고, 분권화되었으며, 수평적이고 임시적인 팀 구조를 활용하는 탈관료제 모형을 지향했다.

3	재무행정론 > 발생주의회계제도, 감가상각, 복식부기
	오답률 23%　답 ①

| 정답해설 | 가. 발생주의회계의 중요한 특징 중 하나는 건물, 차량 등 장기간 사용하는 자산(재화)의 가치 감소분, 즉 감가상각을 비용으로 인식하여 회계에 반영하는 것이다. 이는 해당 자산을 사용하여 수익을 창출하는 기간 동안 비용을 합리적으로 배분하기 위함이다.
라. 발생주의회계는 모든 거래를 원인과 결과의 양 측면에서 파악하여 차변(자산 증가/비용 발생)과 대변(부채·순자산 증가/수익 발생)에 동시에 기록하는 복식부기 방식을 통해 구현된다.

| 오답해설 | 나. 현금주의회계의 단점이다. 발생주의회계는 자산, 부채, 순자산의 변동을 모두 기록하는 재정상태표(대차대조표)를 작성하므로, 조직의 총자산과 부채규모를 명확하게 파악할 수 있다.
다. 현금주의회계의 정의이다. 발생주의회계는 현금의 수입·지출 여부와 관계없이, 거래나 사건이 발생하여 경제적 가치의 변동이 생긴 시점을 기준으로 기록한다.

4	행정학 총론 > 행정과 경영
	오답률 8%　답 ④

| 정답해설 | ④ 92% 법적 규제는 행정과 경영의 가장 중요한 차이점 중 하나이다. 행정은 국민의 권리와 의무에 직접적인 영향을 미치므로 「헌법」과 법률에 의해 매우 엄격한 법적 규제를 받는다(법치행정의 원리). 반면, 경영은 법의 테두리 안에서 상대적으로 자유로운 활동이 보장된다.

| 오답해설 | ① 1% 현대 사회의 대규모 조직은 공공부문(행정)이든 민간부문(경영)이든 효율적인 운영을 위해 계층제, 분업, 규칙 등을 특징으로 하는 관료제적 성격을 공통적으로 지니는 경향이 있다.
② 3% 행정과 경영은 조직을 관리한다는 점에서 인사관리, 재무관리, 기획 등 유사한 관리기술을 활용한다. 이는 행정관리설에서 특히 강조하는 유사점이다.
③ 4% 행정은 공익을, 경영은 사익(이윤)을 추구한다는 점에서 목표는 다르지만, 둘 다 설정된 목표를 달성하기 위한 합리적인 수단이라는 점에서는 본질적인 유사성을 가진다.

5	행정학 총론 > 행정이념, 능률성, 민주성, 수평적 형평성
	오답률 6%　답 ④

| 정답해설 | ④ 94% 수평적 형평성은 "같은 것은 같게" 취급하는 것을 의미하고 수직적 형평성은 "다른 것은 다르게" 취급하는 것을 의미한다.

| 오답해설 | ① 1% 행정이 추구하는 가치(행정이념)는 고정불변의 것이 아니며, 시대적 상황과 사회적 요구에 따라 특정 가치의 중요성이 달라진다. 예를 들어, 과거에는 능률성이 강조되었다면 현대에는 민주성, 형평성, 투명성 등 다양한 가치가 함께 강조된다.
② 4% 능률성(efficiency)은 '투입(input) 대비 산출(output)'의 비율, 즉 최소의 비용으로 최대의 성과를 얻는 것을 의미하고, 효과성(effectiveness)은 행정 활동이 본래 의도했던 '목표를 얼마나 달성했는가'를 의미하는 개념이다.
③ 1% 행정의 민주성은 크게 두 가지 차원에서 논의된다. 대외적 민주성은 행정과정에서 국민의 의사를 존중하고 반영하는 것이고, 대내적 민주성은 행정조직 내부를 권위주의적이 아닌 민주적인 방식으로 운영하는 것을 의미한다.

6	행정학 총론 > 신공공관리, 시장성 테스트
	오답률 23%　답 ②

| 정답해설 | ② 77% 신공공관리론은 신자유주의 이념에 뿌리를 둔 '작은 정부'를 지향한다. 즉, 정부의 기능과 규모를 축소하고 그 역할을 민간과 시장에 넘겨야 한다고 주장한다.

| 오답해설 | ① 7% 신공공관리(NPM)는 1970년대 석유 파동 이후 나타난 경제 위기와 정부실패에 대한 반성으로, 1980년대 영국과 미국 등을 중심으로 시작된 정부개혁 운동이며, 전통적인 관료제 모델의 비효율성을 비판하며 등장했다.
③ 3% 신공공관리론은 정부부문에 시장원리를 도입하기 위한 다양한 기법을 적용한다. 공공부문이 민간과 경쟁하도록 하는 시장성 테스트, 서비스 공급에 경쟁 도입, 공기업을 민간에 매각하는 민영화, 기업 활동을 억제하는 규제완화 등이 대표적인 개혁 아이디어이다.
④ 13% 신공공관리론은 단순한 행정기법의 개선을 넘어, 정부의 역할과 운영방식에 대한 근본적인 관점의 전환을 추구했다.

7	조직이론 > 불만요인, 동기요인
	오답률 18%　답 ①

| 정답해설 | ① 82% 허즈버그(F. Herzberg)는 직무만족을 가져오는 요인과 불만족을 가져오는 요인이 서로 다르다고 주장했다. 그는 미충족 시 불만을 유발하는 요인을 위생요인(불만요인)으로, 충족 시 만족감과 적극적인 동기를 유발하는 요인을 동기요인(만족요인)으로 구분했다.

| 오답해설 | ② 6% 아지리스(C. Argyris)는 개인의 성숙과 조직의 공식적 요구 간의 갈등을 다룬 '성숙–미성숙 이론'으로 유명하다.
③ 6% 매슬로우(A. Maslow)는 인간의 욕구가 5단계의 계층을 이룬다고 본 '욕구계층이론'을 주장했다.
④ 6% 브룸(V. Vroom)은 개인의 동기는 노력–성과–보상에 대한 기대감의 함수라고 본 과정이론인 '기대이론'을 제시했다.

8	행정학 총론 > 과학적 관리론, 생태론적 접근방법, 역사적 접근방법
	오답률 44%　답 ②

| 정답해설 | ② 56% 생태론적 접근방법은 행정이 사회·문화·정치·경제적 환경에 의해 어떠한 영향을 받는지를 거시적으로 분석하는 접근법이다. 반면, 조직 내 개인이나 집단의 '사람의 행태'를 과학적으로 연구하는 데 중점을 두는 접근법은 행태론적 접근방법이다.

| 오답해설 | ① 4% 과학적 관리론은 시간연구와 동작연구와 같은 과학적 분석기법을 통해 업무 수행의 유일 최선의 방법(the one best way)을 찾으려 했다. 이는 행정 현상 속에서 보편적인 규칙과 법칙을 발견하려는 시도로 볼 수 있다.

③ 30% 역사적 접근방법은 특정 행정제도의 역사적 변천 과정을 연구하며, 법적·제도적 접근방법은 「헌법」, 법률 등 공식적인 제도와 정부구조를 중심으로 행정을 연구한다. 따라서 두 접근법 모두 행정의 공식적인 제도와 구조에 초점을 맞춘다는 공통점이 있다.

④ 10% 시스템적(체제론적) 방법은 행정을 하나의 체제(시스템)로 보고, 그 체제를 구성하는 하위요소(부분)들과 이들 간의 상호작용, 그리고 체제와 환경 간의 상호작용을 종합적으로 분석한다. 따라서 부분들의 기능과 그들 간의 유기적 상호작용을 이해하는 데 큰 장점을 가진다.

| 9 | 정책학 > 정책, 행정국가 | 오답률 28% | 답 ② |

| 정답해설 | ② 72% 정책은 본질적으로 '한정된 사회적 가치를 권위적으로 배분'하는 활동이다. 어떤 가치를 우선할 것인지, 누구에게 이익을 주고 누구에게 비용을 부담시킬 것인지를 선택하는 과정이므로, 결코 가치중립적(value-free)일 수 없다. '공정성'은 정책이 추구해야 할 중요한 가치 중 하나이지만, '가치중립성'을 지향한다는 설명은 정책의 본질과 맞지 않다.

| 오답해설 | ① 17% 통치기능설은 행정이 단순한 관리나 집행을 넘어, 국가의 중요한 의사결정인 정책결정 기능까지 수행한다는 입장(정치행정일원론)이다. 현대적 의미의 '정책' 연구는 행정의 이러한 적극적인 역할을 인정하는 통치기능설과 밀접한 관련을 맺으며 발전했다.

③ 5% 행정국가화란 사회문제가 복잡·다양해짐에 따라 행정부의 역할이 비대해져, 행정부가 정책결정 과정을 사실상 주도하게 되는 현상을 말한다. '정책'이 현대 국가운영의 핵심적인 활동으로 부상한 것은 이러한 행정국가화 현상과 궤를 같이 한다.

④ 6% 정부실패는 정부의 개입이 자원배분의 효율성을 높이지 못하고 오히려 상황을 악화시키는 것을 의미한다. 잘못 설계되거나 집행된 정책, 또는 정책이 의도하지 않은 부작용을 낳는 경우 등은 정부실패의 직접적인 원인이 될 수 있다.

| 10 | 인사행정론 > 「공직자윤리법」, 주식백지신탁 | 오답률 20% | 답 ④ |

| 정답해설 | ④ 80% 공무원의 상벌(포상 및 징계)에 관한 사항은 「국가공무원법」 및 관련 규정에서 다루는 내용이다. 「공직자윤리법」은 재산등록 및 공개, 이해충돌 방지 등 공직자의 재산 및 직무 윤리에 관한 사항을 규정하는 법률로, 상벌사항의 공개는 그 내용에 해당하지 않는다.

| 오답해설 | ① 6% 주식백지신탁 제도는 고위공직자가 직무 관련성이 있는 주식을 보유하여 발생할 수 있는 이해충돌을 막기 위해, 해당 주식을 매각하거나 수탁기관에 맡겨 처분 또는 관리하게 하는 제도로, 「공직자윤리법」의 핵심적인 내용이다.

② 9% 퇴직공직자의 취업제한 제도는 퇴직한 공직자가 퇴직 전 소속되었던 기관의 업무와 밀접한 관련이 있는 기관에 일정 기간 취업하는 것을 제한하는 '회전문 인사' 방지 제도로, 「공직자윤리법」에 규정되어 있다.

③ 5% 선물신고 제도는 공직자가 직무와 관련하여 외국 또는 외국인으로부터 받은 선물을 신고하도록 의무화하는 규정으로, 「공직자윤리법」에 포함되어 있다.

| 11 | 정책학 > 다원주의, 엘리트주의, 철의 삼각 | 오답률 17% | 답 ③ |

| 정답해설 | ③ 83% 조합주의(Corporatism)는 이익집단 중에서도 국가가 인정한 소수의 거대 이익집단(주로 노동과 자본의 대표)을 정책결정 과정에 공식적인 파트너로 참여시키는 체제이다. 이 과정에서 정부(국가)는 소극적 중재자가 아니라, 적극적으로 개입하고 주도적인 역할을 한다.

| 오답해설 | ① 4% 다원주의(Pluralism)는 사회 권력이 다양한 이익집단에게 분산되어 있다고 보며, 정부는 이들 집단 간의 경쟁을 중재하는 소극적 역할을 한다고 본다. 따라서 정책은 이들 다수 집단 간의 조정과 타협의 산물이다.

② 1% 엘리트주의(Elitism)는 사회의 중요한 정책들이 일반 대중이 아닌, 소수의 지배계급(엘리트)에 의해 결정된다고 보는 이론이다. 이들 소수 엘리트가 자신들의 이익과 가치를 정책에 반영하여 사회 전체를 지배한다고 본다.

④ 12% 철의 삼각(Iron Triangle)은 특정 정책 분야에서 정부관료, 의회 상임위원회, 그리고 관련 이익집단이 서로의 이익을 위해 굳건한 동맹을 형성하여, 다른 참여자들을 배제한 채 해당 분야의 정책결정을 독점하는 현상을 설명하는 이론이다.

오답률 TOP 3

| 12 | 조직이론 > 자질론, 민주형 리더십, 상황론적 접근 | 오답률 46% | 답 ② |

| 정답해설 | ② 54% 민주형 리더십은 부하들을 의사결정 과정에 참여시키고, 쌍방향 의사소통을 통해 의견을 수렴하는 리더십 유형이다. 그러나 의사결정 과정을 공유하더라도 그 결정과 결과에 대한 최종적인 책임은 리더 자신이 진다. 권위와 최종책임까지 부하에게 위임하는 것은 자유방임형 리더십의 특징에 가깝다.

| 오답해설 | ① 7% 자질론은 리더십에 대한 초기 접근법으로, 성공적인 리더는 다른 사람과 구별되는 공통적이고 선천적인 자질을 가지고 태어난다고 보는 관점이다. 즉, "리더는 만들어지는 것이 아니라 태어나는 것"이라고 본다.

③ 28% 하우스(R. House)의 경로-목표모형(Path-Goal Theory)은 리더의 주된 역할이 부하들이 자신들의 목표를 달성할 수 있도록 '경로'를 명확하게 제시하고 장애물을 제거하여 동기를 부여하는 것이라고 본다. 즉, 리더의 행동이 부하의 동기부여와 성과(리더십 효과)에 어떻게 영향을 미치는지를 설명하는 이론이다.

④ 11% 경로-목표모형과 같은 상황론적 관점에 따르면, 효과적인 리더십은 상황에 따라 달라진다. 과업이 비구조적이고(규정이 없고 모호하며), 부하의 경험과 지식이 부족한 경우에는, 리더가 구체적인 방향과 절차를 알려주는 지시적 리더십이 모호성을 줄여주어 부하의 만족도를 높이고 더 효과적일 수 있다.

13 조직이론 > 학습조직, 네트워크조직, 매트릭스구조, 가상조직
오답률 38% | 답 ③

| 정답해설 | ③ 62% 매트릭스구조는 조직의 수직적인 기능구조(예: 생산부, 마케팅부, 연구개발부)의 장점과, 수평적인 사업구조(또는 프로젝트 구조)의 장점을 결합한 이원적(dual) 권한 구조이다. '계층구조'는 기능구조와 사업구조 모두가 가지고 있는 수직적 측면을 의미하므로, '기능구조와 계층구조를 결합'했다는 표현은 부정확하다. '기능구조와 사업구조를 결합'했다고 해야 올바른 설명이다.

| 오답해설 | ① 18% 센지(P. Senge)가 제시한 학습조직은 조직을 상호 연결된 유기체로 파악하는 시스템적 사고(Systems Thinking)를 가장 중요한 기반으로 한다. 이를 통해 조직 전체의 관점에서 문제를 파악하고 학습하는 능력을 강조한다.

② 9% 네트워크조직은 조직이 모든 기능을 내부에서 수행하는 대신, 핵심 역량에 집중하고 나머지 기능(생산, 유통, 마케팅 등)은 외부의 독립된 전문 조직들과 계약 관계를 통해 수행하는 구조이다.

④ 11% 가상조직은 정보통신기술을 매개로 핵심 기능만 보유한 조직들이 특정 프로젝트나 사업 기회에 대응하기 위해 일시적으로 연합체를 구성하는 형태이다. 따라서 과업이 완료되면 해체되는 잠정적이고 임시적인 성격이 매우 강하다.

14 재무행정론 > 영기준예산, 목표관리예산, 계획예산
오답률 27% | 답 ④

| 정답해설 | ④ 73% 계획예산(PPBS)은 장기적인 기획과 단기적인 예산을 연계시키기 위한 제도로, 경제학자나 기획 전문가 등 소수의 분석가들이 과학적 분석(예: 비용편익분석)을 통해 자원배분을 결정하는 하향식(top-down)이고 집권적인 의사결정 방식이다. 참여보다는 합리적 분석과 중앙의 통제를 강조하므로, 참여적 관리와는 가장 거리가 멀다.

| 오답해설 | ① 12% 영기준예산(ZBB)은 예산을 원점(zero-base)에서부터 다시 검토하는 제도로, 하위 관리자들이 자신의 사업을 설명하고 정당화하는 '의사결정 패키지'를 작성하여 상향적으로 제출하는 과정을 거친다. 이는 예산편성 과정에 하위 구성원들의 광범위한 참여를 요구하는 상향식(bottom-up)·참여적 예산제도이다.

② 7% 목표관리(MBO)는 상급자와 하급자가 함께 협의하여 목표를 설정하고, 그 달성도를 기준으로 성과를 평가하는 제도이다. 목표설정 과정에 부하 직원을 참여시킨다는 점에서 대표적인 참여적 관리기법이다.

③ 8% 브레인스토밍은 특정 주제에 대해 구성원들이 자유롭게 아이디어를 제시하고 토론하는 집단적 창의성 기법으로, 구성원의 자유로운 참여를 핵심 원리로 한다.

15 인사행정론 > 계급제, 직위분류제
오답률 39% | 답 ③

| 정답해설 | ③ 61% 직위분류제보다는 과학적 관리론의 내용에 가깝다. 조직 전체의 업무를 체계적으로 분업화하고, 시간·동작 연구를 통해 '한 사람의 적정 업무량'을 과학적으로 산출하여 능률을 극대화하려는 것은 과학적 관리론의 핵심이다. 물론 직위분류제도 직무를 분석하지만, 그 주된 목적은 능률적인 업무량 산출보다는 직무의 상대적 가치를 평가하여 인사관리(특히 보수, 채용)의 합리성을 확보하는 데 있다.

| 오답해설 | ① 19% 계급제는 공무원 개인의 학력, 자격, 경력 등 사람이 가진 특성(자격과 능력)을 기준으로 등급을 부여하고 공직을 분류하는 사람 중심의 인사제도이다.

② 3% 직위분류제는 특정 직위에 부여된 직무의 종류, 난도, 책임의 정도를 기준으로 공직을 분류하는 직무 중심의 인사제도이다.

④ 17% 직위분류제의 가장 핵심적인 원칙 중 하나는 '동일 직무-동일 보수'이다. 이는 직무의 난도와 책임도가 같다면 동일한 보수를 지급해야 한다는 원칙으로, 보수의 공정성과 합리성을 확보하려는 요구가 직위분류제 발달의 중요한 동기가 되었다.

16 인사행정론 > 개방형 인사, 직업공무원제, 계급제, 직위분류제
오답률 24% | 답 ①

| 정답해설 | ① 76% 직업공무원제는 젊고 유능한 인재를 하위직에 채용하여 평생 근무하도록 하는 폐쇄형 인사제도를 전제로 한다. 반면, 개방형 충원은 공직 내·외부를 가리지 않고 필요한 인재를 수시로 영입하는 제도로, 외부 전문가가 상위직에 임용될 수 있다. 따라서 개방성을 과도하게 확대하면 내부 공무원들의 승진 기회가 줄어들고 경력발전 경로가 불안정해져 오히려 직업공무원제의 확립을 저해할 수 있다.

| 오답해설 | ② 11% 계급제는 '사람'을 중심으로 운영되므로 특정 계급을 가진 공무원을 다양한 직위에 비교적 자유롭게 배치할 수 있어 인력 활용의 탄력성이 높다. 반면, '직무'를 중심으로 운영되는 직위분류제는 특정 직위에 맞는 자격을 가진 사람만을 임용해야 하므로 인력 운용이 상대적으로 경직적이다.

③ 9% 엽관주의는 비능률과 부패를 유발한다는 심각한 단점이 있지만, 선거에서 승리한 정당이 관료를 임명함으로써 국민의 뜻을 행정에 반영하고, 관료의 특권화를 막는 등 행정의 민주적 통제를 강화하는 긍정적인 측면도 있다.

④ 4% 대표관료제는 관료의 출신 배경이 그들의 가치관과 태도에 영향을 미친다는 인식을 전제로 한다. 따라서 사회의 다양한 인구 집단(성별, 지역, 계층 등)의 비율에 맞게 관료를 구성하면, 이들이 정책과정에서 각 출신집단의 이익과 가치를 대변하여 사회 전체의 이익을 더 잘 반영할 수 있다고 본다.

17 재무행정론 > 재정민주주의
오답률 37% | 답 ①

| 정답해설 | ① 63% 예산심의는 국민의 대표기관인 국회(입법부)가 정부(행정부)가 제출한 예산안을 심사하고 수정하며 최종적으로 승인하는 과정이다. 이는 국민의 대표가 정부의 재정 활동을 통제하는 '재정민주주의'의 핵심이자 가장 본질적인 과정이다.

| 오답해설 | ② 6% 예산집행은 국회에서 확정된 예산을 행정부가 사용하는 행정적·관리적 과정이다. 이는 민주적 통제의 대상이 되

는 과정이지, 재정민주주의의 원리가 가장 직접적으로 구현되는 과정은 아니다.
③ 9% 회계검사는 예산이 제대로 집행되었는지를 사후에 확인하고 감독하는 과정이다. 이는 재정적 책임성을 확보하는 중요한 장치이지만, 예산 사용에 대한 사전적인 민주적 통제 과정인 예산심의보다는 관련성이 적다.
④ 22% 예비타당성조사는 대규모 신규 사업에 대해 정부(행정부) 내부에서 그 경제성과 타당성을 사전에 검토하는 기술적·전문적 절차이다. 이는 예산편성 단계에 속하는 행정부의 내부 활동으로, 국민의 대표가 참여하는 민주적 통제 과정과는 거리가 멀다.

| 18 | 재무행정론 > 성과주의예산, 품목별예산, 계획예산 | 오답률 32% | 답 ② |

| 정답해설 | ② 68% 품목별예산(LIBS)은 인건비, 물건비 등 예산을 지출하는 대상(품목)별로 편성하는 제도로, 주된 목적은 정해진 품목에 정해진 금액만 사용하도록 하여 행정부의 재량권을 최소화하고, 의회의 회계 책임 확보 및 통제를 용이하게 하는 것이다.
| 오답해설 | ① 11% 성과주의예산(PBS)은 '업무단위원가 × 업무량'을 통해 예산을 편성하며, 이는 투입 대비 산출의 비율인 능률성(efficiency)을 높이는 데 중점을 둔다. 정책의 목표달성 정도를 의미하는 효과성(effectiveness)을 강조하는 제도는 계획예산(PPBS)이다.
③ 7% 새로운 성과주의(신성과주의)예산은 1990년대 이후 신공공관리론의 영향으로 등장한 제도이다. 이는 과거 성과주의가 단순한 업무량, 즉 산출(output)에 치중했던 것을 비판하고, 정책의 궁극적인 목표 달성 정도인 결과(outcome)와 효과성에 더 큰 관심을 둔다. 따라서 산출물과 효율성에만 관심이 있다는 설명은 부정확하다.
④ 14% 계획예산(PPBS)은 장기적인 국가목표(계획)와 단년도 예산을 연계하여 자원배분의 합리성과 효과성을 높이려는 제도이다. 그러나 과정이 매우 복잡하고 전문가 중심의 하향식 의사결정을 특징으로 하므로, 일반 국민이나 국회의원들이 이해하기 어려워 투명성이 낮고, 정치적 현실을 무시하여 대응성이 떨어진다는 비판을 받았다.

| 19 | 지방행정론 > 지방분권 | 오답률 14% | 답 ② |

| 정답해설 | ② 86% 지방분권이 심화될 경우, 재정 능력이 우수한 수도권이나 대도시 지역은 발전이 가속화되는 반면, 재정기반이 취약한 농어촌 지역은 더욱 낙후되어 지역 간 격차가 오히려 심화될 수 있다. 지역 간 격차를 완화하는 것은 중앙집권적 요소가 더 효과적일 수 있다.
| 오답해설 | ① 1% 지방분권은 중앙정부에 집중된 권한을 지방으로 이양하여 지역 주민의 자치 능력과 참여를 높인다. 이는 풀뿌리 민주주의를 실현하고 행정의 민주화에 기여하는 핵심적인 장점이다.
③ 5% 지방분권은 지역의 특성과 주민들의 요구를 가장 잘 아는 지방자치단체가 직접 정책을 결정하고 집행하도록 한다. 이는 중앙정부의 획일적인 정책보다 지역 현실에 맞는 행정을 가능하게 하여 행정의 대응성을 높인다.
④ 8% 지방분권으로 지방자치단체의 권한과 책임이 커지면, 지방공무원들은 더 큰 자율성을 가지고 소신껏 일할 수 있게 되어 직무 만족도와 사기가 높아지는 긍정적인 효과를 가져올 수 있다.

오답률 TOP 2
| 20 | 지방행정론 > 단체자치, 전래권, 포괄적 위임주의 | 오답률 49% | 답 ④ |

| 정답해설 | 가. 단체자치는 지방자치단체를 국가의 일부로 보고, 자치권은 국가로부터 부여받거나 위임받은 권리라고 인식한다(국가전래설). 이는 자치권을 주민의 고유한 권리로 보는 주민자치의 고유권설과 대비된다.
나. '포괄적 위임주의'는 법률에 금지된 사항 외에는 모든 사무를 처리할 수 있도록 일반적이고 포괄적으로 권한을 부여하는 방식으로, 단체자치의 특징이다. 반면, 주민자치는 국가가 법률로 처리할 수 있는 사무를 개별적으로 지정해 주는 '개별적 지정주의'를 따른다.
다. 전통적인 단체자치에서 중앙정부와 지방자치단체의 관계는 상급-하급 기관으로서의 수직적 감독관계에 가깝다. '기능적 협력관계'는 주민자치의 특징이다. 다만, 단체자치 역시 최근 중앙과 지방의 기능적 협력 관계로 나가고 있다는 표현을 근거로 이 지문을 옳게 처리하였다.
라. 단체자치는 프랑스, 독일 등 유럽대륙 국가에서 절대군주에 대항하여 지역의 자치권을 확보하는 역사적 과정을 통해 발전해 왔다. 이는 영미권을 중심으로 발전한 주민자치와 대비된다.

| 21 | 재무행정론 > 다중합리성 모형, 단절균형이론, 점증주의 | 오답률 28% | 답 ① |

| 정답해설 | ① 72% 욕구체계이론은 심리학자 매슬로우(A. Maslow)가 주장한 인간의 동기부여이론이다. 인간의 욕구는 5단계의 계층을 이루고 있으며, 하위욕구가 충족되어야 상위욕구가 나타난다고 설명한다. 이는 조직관리나 인사행정 분야에서 주로 논의되며, 예산의 결정과정을 설명하는 이론은 아니다.
| 오답해설 | ② 5% 다중합리성 모형은 예산과정이 단일한 경제적 합리성만으로 설명될 수 없으며, 정치적 합리성, 사회적 합리성 등 다양한 합리성이 경합하고 타협하는 과정이라고 보는 예산이론이다.
③ 15% 단절균형이론은 정책이나 예산이 대부분의 기간 동안 점진적으로 변화하다가(균형), 특정 계기로 인해 급격하고 큰 폭으로 변화(단절)하는 현상을 설명하는 이론이다. 예산변동 과정을 설명하는 주요 이론 중 하나이다.
④ 8% 점증주의는 윌다브스키(A. Wildavsky) 등이 주장한 가장 대표적인 예산결정 이론이다. 예산결정 과정이 총체적·합리적으로 이루어지는 것이 아니라, 전년도 예산을 기준으로 약간의 증감을 통해 이루어지는 정치적 타협의 산물이라고 설명한다.

22	지방행정론 > 재정자립도, 재정자주도, 재정력지수
	오답률 39% 답 ③

| 정답해설 | ③ 61% 재정자주도는 지방자치단체의 전체 세입 중에서 자체재원에 지방교부세, 조정교부금 등 용도에 제한이 없어 자율적으로 사용할 수 있는 이전재원을 더한 금액이 차지하는 비율을 나타낸다.

| 오답해설 | ① 25% 재정자립도는 지방자치단체의 전체 세입(일반회계 기준) 중에서 지방세와 세외수입 등 자체재원이 차지하는 비율을 나타내는 지표이다. 이는 지자체가 스스로 살림을 꾸릴 수 있는 능력을 보여주지만, 용도 지정 없이 자유롭게 사용할 수 있는 지방교부세 등은 포함하지 않아 실제 재정적 자율성을 정확히 보여주지 못하는 한계가 있다.
② 9% 재정탄력도는 지역경제가 1% 성장할 때 지방세 수입이 몇 % 증가하는지를 나타내는 지표로, 지방세수가 경제 상황에 얼마나 민감하게 반응하는지를 보여준다.
④ 5% 재정력지수는 지방자치단체의 표준적인 재정수요액 대비 표준적인 재정수입액의 비율을 나타내는 지표이다. 중앙정부가 지방교부세를 배분하는 기준으로 사용되며, 지수가 1 미만이면 재정력이 약한 단체로 분류된다.

23	조직이론 > 과학적 관리론, 기계적 조직, 정의적 행동
	오답률 21% 답 ④

| 정답해설 | ④ 79% 베버(M. Weber)가 강조한 관료제의 특징 중 하나는 몰인정성 또는 비개인성(impersonality)이다. 이는 관료가 업무를 수행할 때 개인적인 감정이나 사적인 관계에 치우치지 않고, 오직 합리적인 법규와 절차에 따라 공정하게 처리해야 함을 의미한다. 즉, 관료에게는 감정이나 충동을 배제하는 비정의적 행동이 요구된다.

| 오답해설 | ① 5% 현대적 의미의 조직이론은 20세기 초 테일러(F. Taylor)의 과학적 관리론에서 그 기원을 찾을 수 있다. 과학적 관리론을 포함한 고전적 조직이론은 조직의 공식적 구조와 효율성을 극대화하는 데 주된 관심을 두었다.
② 13% 관료제를 포함한 고전적 조직이론은 인간을 주로 경제적 보상에 의해 동기부여되는 합리적·경제인으로 가정했다. 테일러(F. Taylor)가 제안한 차등 성과급제(성과에 따라 임금을 차등 지급하는 방식)는 이러한 인간관에 기초하여 생산성을 높이려 한 대표적인 보상 시스템이다.
③ 3% 계층구조(Hierarchy)는 조직이론의 기본적인 개념으로, 권한과 책임의 정도에 따라 상하 등급이 나뉘는 피라미드 형태를 가지며, 의사결정 권한이 상부에 집중되어 명령과 통제가 상명하달 방식으로 이루어지는 것을 특징으로 한다.

24	행정학 총론 > 공공선택론, 방법론적 집단주의, 중위투표자이론
	오답률 28% 답 ①

| 정답해설 | ① 72% 공공선택론은 사회 전체나 집단이 아닌, 합리적이고 이기적인 개인을 기본 분석 단위로 삼아 정치 현상을 설명하는 방법론적 개체주의에 그 이론적 기반을 두고 있다. 방법론적 집단주의는 사회나 집단과 같은 거시적 단위를 분석의 출발점으로 삼는 입장으로, 공공선택론과는 대치된다.

| 오답해설 | ② 9% 공공선택론은 '비시장적 의사결정에 대한 경제학적 연구'로 정의된다. 즉, 투표, 정당 활동, 관료 행동 등 전통적으로 정치학의 영역이었던 현상들을 경제학의 기본 가정(합리적·이기적 개인)과 분석도구를 사용하여 설명하려는 접근법이다.
③ 12% 공공선택론은 시민 개개인의 선호를 최대한 만족시키기 위해 공공서비스 공급자 간의 경쟁을 유도하는 방안을 선호한다. 티부(Tiebout) 가설처럼, 여러 지방정부가 서로 다른 공공서비스를 공급하며 경쟁(관할권의 중첩)하면, 시민들이 '발로 하는 투표'를 통해 자신의 선호에 맞는 곳을 선택할 수 있어 효율성이 높아진다고 본다.
④ 7% 중위투표자이론은 다수결 투표에서 양대 정당이 승리하기 위해 중위(중간)에 있는 투표자의 선호에 맞게 공약을 수렴시킨다고 설명하는 이론이다. 이는 유권자와 정당을 합리적 행위자로 보고 그들의 선택을 분석한다는 점에서 공공선택론의 중요한 하위 이론 중 하나이다.

25	재무행정론 > 예산편성절차, 예산안편성지침
	오답률 38% 답 ③

| 정답해설 | ③ 62% 총액배분·자율편성제도(Top-down Budgeting)는 기획재정부가 설정한 지출 한도 내에서 각 부처가 자율적으로 예산을 편성하도록 하는 제도이다. 사전에 총액이 설정되었으므로 예산사정 과정에서 총액의 적정성을 다시 심의할 필요는 없다.

| 오답해설 | ① 12% 예산편성을 총괄하는 기획재정부는 매년 3월 31일까지 다음 연도 '예산안편성지침'을 각 중앙관서에 통보하고, 5년 단위의 '국가재정운용계획'을 수립한다. 또한 각 부처가 제출한 예산요구서를 심사·조정하는 예산사정 기능을 수행한다.
② 8% 「국가재정법」에 따르면, 각 중앙관서의 장은 기획재정부장관이 통보한 예산안편성지침에 따라 소관 예산요구서를 작성하여 매년 5월 31일까지 기획재정부장관에게 제출해야 한다.
④ 18% 「국가재정법」에 따르면, 정부는 대통령의 승인을 받은 예산안을 회계연도 개시 120일 전까지 국회에 제출해야 한다. 기획재정부가 편성한 예산안은 국무회의 심의와 대통령 승인을 거쳐 정부의 이름으로 국회에 제출된다.

정답과 해설

2026

에듀윌
7·9급공무원
5개년 기출문제집
행정학

고객의 꿈, 직원의 꿈, 지역사회의 꿈을 실현한다

에듀윌 도서몰	· 부가학습자료 및 정오표: 에듀윌 도서몰 > 도서자료실
book.eduwill.net	· 교재 문의: 에듀윌 도서몰 > 문의하기 > 교재(내용, 출간) / 주문 및 배송

에듀윌 직영학원에서 합격을 수강하세요

언제나 전문 학습 매니저와 상담이 가능한 안내데스크

고품질 영상 및 음향 장비를 갖춘 최고의 강의실

재충전을 위한 카페 분위기의 아늑한 휴게실

에듀윌의 상징 노란색의 환한 학원 입구

에듀윌 직영학원 대표전화

공인중개사 학원 02)815-0600	공무원 학원 02)6328-0600	편입 학원 02)6419-0600
주택관리사 학원 02)815-3388	소방 학원 02)6337-0600	부동산아카데미 02)6736-0600
전기기사 학원 02)6268-1400		

공무원학원 바로가기

꿈을 현실로 만드는
에듀윌

DREAM

공무원 교육
- 선호도 1위, 신뢰도 1위! 브랜드만족도 1위!
- 합격자 수 2,100% 폭등시킨 독한 커리큘럼

자격증 교육
- 9년간 아무도 깨지 못한 기록 합격자 수 1위
- 가장 많은 합격자를 배출한 최고의 합격 시스템

직영학원
- 검증된 합격 프로그램과 강의
- 1:1 밀착 관리 및 컨설팅
- 호텔 수준의 학습 환경

종합출판
- 온라인서점 베스트셀러 1위!
- 출제위원급 전문 교수진이 직접 집필한 합격 교재

어학 교육
- 토익 베스트셀러 1위
- 토익 동영상 강의 무료 제공

콘텐츠 제휴·B2B 교육
- 고객 맞춤형 위탁 교육 서비스 제공
- 기업, 기관, 대학 등 각 단체에 최적화된 고객 맞춤형 교육 및 제휴 서비스

부동산 아카데미
- 부동산 실무 교육 1위!
- 상위 1% 고소득 창업/취업 비법
- 부동산 실전 재테크 성공 비법

학점은행제
- 99%의 과목이수율
- 17년 연속 교육부 평가 인정 기관 선정

대학 편입
- 편입 교육 1위!
- 최대 200% 환급 상품 서비스

국비무료 교육
- '5년우수훈련기관' 선정
- K-디지털, 산대특 등 특화 훈련과정
- 원격국비교육원 오픈

에듀윌 교육서비스 **AI 교육** AI 프롬프트 연구소/AI CLASS(ChatGPT/AICE/노션 AI/중개업 AI 등) **공무원 교육** 9급공무원/소방공무원/계리직공무원 **자격증 교육** 공인중개사/주택관리사/손해평가사/감정평가사/노무사/전기기사/경비지도사/검정고시/소방설비기사/소방시설관리사/사회복지사1급/대기환경기사/수질환경기사/건축기사/토목기사/직업상담사/청소년상담사/전기기능사/산업안전기사/산업위생관리기사/건설안전기사/위험물산업기사/위험물기능사/설비보전기사/에너지관리기사/유통관리사/물류관리사/행정사/한국사능력검정/한경TESAT/매경TEST/KBS한국어능력시험·실용글쓰기/국제무역사/무역영어 **어학 교육** 토익 교재/토익 동영상 강의 **금융/IT/비즈니스** 전산세무회계/ERP정보관리사/재경관리사/정보처리기사/컴퓨터활용능력/SQLD/ADsP **대학 편입** 편입영어·수학/연고대/의약대/경찰대/논술/면접 **직영학원** 공무원학원/소방학원/공인중개사 학원/주택관리사 학원/전기기사 학원/편입학원 **종합출판** 공무원·자격증 수험교재 및 단행본 **학점은행제** 교육부평가인정기관 원격평생교육원(사회복지사2급/경영학/CPA) **콘텐츠 제휴·B2B 교육** 교육 콘텐츠 제휴/기업 맞춤 자격증 교육/대학취업역량 강화 교육 **부동산 아카데미** 부동산 창업CEO/부동산 경매마스터/부동산 컨설팅 **주택취업센터** 실무 특강/실무 아카데미 **국비무료 교육(국비교육원)** 전기기능사/전기(산업)기사/소방설비(산업)기사/IT(빅데이터/자바프로그램/파이썬)/게임그래픽/3D프린터/실내건축디자인/웹퍼블리셔/그래픽디자인/영상편집(유튜브) 디자인/온라인 쇼핑몰광고 및 제작(쿠팡, 스마트스토어)/전산세무회계/컴퓨터활용능력/ITQ/GTQ/직업상담사

교육문의 **1600-6700** www.eduwill.net

- 2022 소비자가 선택한 최고의 브랜드 공무원·자격증 교육 1위 (조선일보) • 2023 대한민국 브랜드만족도 공무원·자격증·취업·학원·편입·부동산 실무 교육 1위 (한경비즈니스)
- 2017/2022 에듀윌 공무원 과정 최종 환급자 수 기준 • 2023년 성인 자격증, 공무원 직영학원 기준 • YES24 공인중개사 부문, 2025 에듀윌 공인중개사 오시훈 필살키 부동산공법 (2025년 8월 월별 베스트) 그 외 다수 • YES24 한국산업인력공단 부문, 2025 에듀윌 산업안전기사 필기 한권끝장 (2025년 7월 월별 베스트) 그 외 다수 • 교보문고 취업/수험서 부문, 2025 에듀윌 공기업 코레일 한국철도공사 실전모의고사 9+2+4회(2025년 2월1일~2월 28일, 인터넷 월간 베스트) 그 외 다수 • 알라딘 시사/상식 부문, 2025 최신판 에듀윌 취업 공기업 기출 일반상식 (2025년 6월 5주 주별 베스트) 그 외 다수 • YES24 컴퓨터활용능력 부문, 2024 컴퓨터활용능력 1급 필기 초단기끝장(2023년 10월 3~4주 주별 베스트) 그 외 다수 • YES24 신규자격증 부문, 2025 에듀윌 SQL 개발자 SQLD 2주끝장+무료특강(2025년 7월 월별 베스트) 그 외 다수 • 인터파크 자격서/수험서 부문, 에듀윌 한국사능력검정시험 2주끝장 심화 (1, 2, 3급) (2020년 6~8월 월간 베스트) 그 외 다수 • YES24 국어 외국어사전영어 토익/TOEIC 기출문제/모의고사 분야 베스트셀러 1위 (에듀윌 토익 READING RC 4주끝장 리딩 종합서, 2022년 9월 4주 주별 베스트) • 에듀윌 토익 교재 입문~실전 인강 무료 제공 (2022년 최신 강좌 기준/109강) • 2024년 종강반 중 모든 평가항목 정상 참여자 기준, 99% (평생교육원 기준) • 2008년~2024년까지 234만 누적수강학점으로 과목 운영 (평생교육원 기준) • 에듀윌 국비교육원 구로센터 고용노동부 지정 "5년우수훈련기관" 선정 (2023~2027)
- KRI 한국기록원 2016, 2017, 2019년 공인중개사 최다 합격자 배출 공식 인증 (2025년 현재까지 업계 최고 기록)